Haarmann (Hrsg.)
Handbuch Grundschule · Band 2

Handbuch Grundschule

Band 2

Fachdidaktik: Inhalte und Bereiche
grundlegender Bildung

Herausgegeben von Dieter Haarmann

2. Auflage

Beltz Verlag · Weinheim und Basel

Über den Herausgeber:

Dieter Haarmann, Prof. Dr., Jg. 1926, Lehrer an Volks- und Realschulen, Studium in Tübingen und Frankfurt, Promotion in Pädagogik, Philosophie und Literaturwissenschaft. Seit 1970 als Studienrat und ab 1971 als Professor an dem von Erwin Schwartz gegründeten Institut für Grundschuldidaktik an der Universität Frankfurt. Von 1974 bis 1988 Vorstandsmitglied des »Arbeitskreis Grundschule« e.V., Herausgeber der Buchreihe »Werkstattbuch Grundschule« bei Beltz.

Die Deutsche Bibliothek – CIP-Einheitsaufnahme

Handbuch Grundschule / hrsg. von Dieter Haarmann. –
Weinheim ; Basel : Beltz.
  (Beltz-Praxis)
NE: Haarmann, Dieter [Hrsg.]
Bd. 2. Fachdidaktik : Inhalte und Bereiche grundlegender
  Bildung. – 2., erg. Aufl. – 1994
  ISBN 3-407-62147-7

2., ergänzte Auflage 1994

Lektorat: Peter E. Kalb

© 1993 Beltz Verlag · Weinheim und Basel
Herstellung: Lore Amann
Satz (DTP): Satz- und Reprotechnik GmbH, Hemsbach
Druck: Druck Partner Rübelmann GmbH, Hemsbach
Umschlaggestaltung: Atelier Warminski, Büdingen
Umschlagfoto: Michael Seifert, Hannover
Printed in Germany

ISBN 3-407-62147-7

Inhaltsverzeichnis

Handbuch Grundschule: Dokument einer Reform II

Voraussetzungen und Formen grundlegender Bildung in der Primarstufe unseres Schulwesens suchte der erste Band dieses Handbuches zu umreißen. Dabei wurde deutlich: Die Grundschule stand seit ihrer Gründung 1919 und nicht minder seit ihrer Reform 1969 unter zwiespältigem Auftrag: Als Schöpfung der ersten deutschen Republik hatte sie erstmals »allen Kindern des Volkes« gleiche Chancen weiterführender Bildung zu eröffnen, als Produkt der Reformbewegung sollte sie eine von Leistungsdruck und -angst befreite »Pädagogik vom Kinde aus« ermöglichen. Daß die zum einen erforderliche Begabungs-Auslese in Widerspruch geraten mußte zum andererseits geforderten Reifungs-Schonraum, blieb solange unbeanstandet, als man auszulesende »Begabung« und zu schonende »Reifung« für Naturgegebenheiten hielt, auf die von außen kaum Einfluß zu nehmen sei. Erst nachdem in den sechziger und siebziger Jahren die Abhängigkeit beider Größen vom sozialen Umfeld und von sozialen Erfahrungen erkannt worden war: ›Begabung‹ als (auch) schichtenspezifische Lernvoraussetzung und ›Reifung‹ als anregungsbedingter Lernfortschritt, erst da wurde der Funktionswiderspruch der Grundschule zwischen »Leistungsrennbahn« (SCHWARTZ) und »Gartenlauben-Idylle« (WEINERT) als Ärgernis bewußt. Als Ärgernis deshalb, weil sichtbar wurde, daß die selektive »Leistungsrennbahn« doch wieder den von Hause aus Begünstigten (und Begüterten) zugute kam, während der »Schonraum« den Kindern des niederen Volkes mit »volkstümlicher Bildung« nur das Notwendigste bot: Grundschule als Institution der Mittelschicht im Widerspruch zum Bildungsbedarf der Gesellschaft wie zum Bildungsrecht des einzelnen.

Wenn dieser Widerspruch dadurch gelöst oder zumindest gemildert erscheint, daß heute – über zwanzig Jahre nach der Proklamation »ausgleichender und freisetzender Erziehung« in der Grundschule (SCHWARTZ) – gut 70% der Viertkläßler auf höhere oder mittlere Schulen übergehen und die Hauptschule, ehemals Volksschul-Oberstufe, zur Restschule herabgesunken ist, dann wurde dies z.T. auf eine die Kinder deformierende Weise bewirkt: durch »Verlust der Sinnlichkeit« zugunsten abstrahierender »Wissenschaftsorientierung«, durch »lernzielorientierten« Leistungs- und Konkurrenzdruck anstelle solidarischen und kooperativen Lernens. Aber mit dieser Überlegung wird das Problem als nicht nur programmatisch-schulorganisatorisches, sondern auch als didaktisch-unterrichtspraktisches wahrnehmbar.

Wenn in der öffentlichen wie fachlichen Diskussion die Grundschule nach wie vor von den einen gemessen wird an ihren Vor-Leistungen für die weiterführenden

Schulen, insbesondere die Gymnasien *(Grundschule als »Vor- oder Zubringerschule«)*, von den anderen an ihrer Fähigkeit, auf die Bedürfnisse der Kinder hier und heute einzugehen *(Grundschule als »Kinderschule« oder »Lebensraum für Kinder«)*, dann korrespondieren diese Erwartungen natürlich mit entsprechenden didaktischen Konzepten. Denn was die meisten Vertreter/innen mittlerer und höherer Bildungsgänge von der Grundschule erwarten und für eine leistungsgerechte Auslese voraussetzen, ist ein systematisch geplanter, gelenkter und überprüfter Unterricht, der individuelle Leistung erst feststellbar, vergleichbar und damit meßbar macht, während Kindsein und Kindbleiben nur möglich erscheint, in einer anregungsreichen, aber »offenen« Lernwelt – offen für freies, spielerisches, entdeckendes, erkundendes, »tastendes« (FREINET) Lernen, das vom Kind und seinen Interessen ausgeht, dabei auch Fehler, Irr- und Umwege riskiert, aber in seinen »Erfolgen« nur schwer meßbar ist.

Sicher ist das Nebeneinander solch »offener« kindorientierter und »geschlossener«, stoff- und leistungsbezogener Unterrichtskonzepte in der Grundschule von Anfang an zu verfolgen, ebenso wie partikuläre Versuche, diesen Gegensatz methodisch zu überbrücken, etwa im Arbeitsschulgedanken. Aber nach dem Grundschulkongreß 1969 schien der Gegensatz wieder unversöhnlich aufgebrochen: die antiautoritäre und Free-School-Bewegung auf der einen Seite, konzeptdeterminierte, wissenschafts- und lernzielorientierte Curricula auf der anderen. Wenn der Arbeitskreis Grundschule, voran Erwin SCHWARTZ, in dieser Situation eher auf Kontinuität in der Entwicklung setzte, als auf eine radikale, wenn auch »realistische Wende« (Heinrich ROTH), so scheint der Gang der Dinge dem recht zu geben: Der vormalige didaktische Dualismus, wenn man ihn so nennen darf, ist im Begriff, sich zu einer »bipolaren« Didaktik zu integrieren, in der die vormaligen Gegensätze weder durch faule Kompromisse vernebelt oder in einem vorgeblich »goldenen Mittelweg« nivelliert werden, sondern in ein Verhältnis wechselseitiger, gleichsam spannungserzeugender (eben »polarer«) Ergänzung treten. Konkret gesagt: Kindgemäßheit und Leistungsorientierung, freies und gelenktes Lernen, offene und geschlossene Unterrichtssituationen werden nicht mehr so als unversöhnliche, sich einander grundsätzlich ausschließende Positionen angesehen, sondern erscheinen zunehmend auch von der Sache her als gleichberechtigt geboten und aufeinander bezogen.

Damit tritt aber jene didaktische Bipolarität nicht nur als programmatische Forderung der allgemeinen Didaktik oder der Lehrplantheorie auf, sondern konkretisiert sich deutlich als Strukturprinzip auch der Fachdidaktiken, und zwar in bemerkenswerter Parallelität der Entwicklung in den einzelnen Lernbereichen. Sämtliche Beiträge dieses zweiten Bandes unseres Handbuches belegen dies.

Kapitel I: Hans-Arno HORN zeichnet das Wechselspiel von vorschreibendem und freisetzendem Unterricht zunächst historisch auf der Ebene der amtlichen Lehrpläne in unserem Jahrhundert nach, während Hermann SCHWARZ im gleichen Spannungsfeld die Aufgaben künftiger Grundschulreform anvisiert.

Kapitel II: Die polare Ergänzung von kindlicher Spontaneität und sachlicher Systematik wird inhaltlich greifbar vornehmlich für den Sprachunterricht (Alfred

C. BAUMGÄRTNER), wobei die mündliche Kommunikation sicher die Akzente noch eher auf den subjektiven Pol (Wulf WALLRABENSTEIN) und Lektüre samt Textverständnis mehr auf die sachliche Vorgabe – hier des Kinderbuches – setzt (Peter CONRADY). Die Didaktik des Schriftspracherwerbs hat in diesem Spannungsfeld neue und beachtenswerte Aspekte eröffnet: So die Bedeutung individueller Entwicklungsstufen beim Lesenlernen (Renate VALTIN) und damit die veränderte, wenn nicht gar entbehrliche Funktion der Fibel im Erstleseunterricht (Leonhard BLUMENSTOCK), die Erleichterung des Schriftspracherwerbs durch eine bewegungsgerecht vereinfachte Ausgangsschrift (Gabriele KRICHBAUM) und die Freisetzung kommunikativer wie ichstärkender Textgestaltung (Marion BERGK), wogegen beim Erlernen des Rechtschreibens wieder grammatikalische Strukturen wie »intelligente« Strategien der Lerner zum Zuge kommen (Christine MANN), beim Ausgleich von Lese- und Rechtschreibschwierigkeiten aber eher Maßnahmen der Persönlichkeitsstabilisierung als des »Wahrnehmungstrainings« (Ingrid NAEGELE und Renate VALTIN). Besonderen Raum nehmen die Probleme multinationalen Sprachlernens ein: sei es die Anbahnung interkulturellen Verstehens im Spiel (Ingrid NAEGELE/Dieter HAARMANN) und im sprachlichen Anfangsunterricht (Edith GLUMPLER), sei es die weiterführende Förderung der Kinder anderer Muttersprache (Christa RÖBER-SIEKMEYER), oder früher Fremdsprachenunterricht in der Grundschule im Hinblick auf die Vereinigung Europas (Irmintraud HEGELE).

Kapitel III: Den wohl spektakulärsten Bruch gab es in der Mathematik: Vor gut zwanzig Jahren sollte die fälschlicher Weise so genannte »Mengenlehre« einen ebenso kindgerechten (weil handlungs- und materialbezogenen) wie wissenschaftsorientierten (weil auf abstrahierende Mathematik statt auf »bürgerliches Rechnen« zielenden) Ansatz eröffnen. Das löbliche Vorhaben endete als Flop – sicher weniger, weil das Konzept falsch war, sondern weil die personellen und materiellen Voraussetzungen zu seiner Verwirklichung fehlten. Daß das »Zurück zum Einmaleins« dennoch kein Rückschritt zu sein braucht, weist Jürgen FLOER auf.

Kapitel IV: Auch und gerade im Sachunterricht zeigt es sich, wie scheinbar unversöhnliche Gegensätze einander produktiv ergänzen können: Weder müssen die Entwicklungen von der Heimatkunde zum Sachunterricht (und teilweise wieder zurück) als radikale Brüche angesehen werden (Margarete GÖTZ), noch können im modernen Sachunterricht frei entdeckendes und erkundendes Lernen auf systematische Orientierung einerseits und wissenschaftliche Propädeutik auf subjektive Neugier, Lernfreude und auch »natürliche« Lernstrategien andererseits verzichten (Walter POPP und Ludwig DUNCKER). In der Umwelterziehung haben die emotionalen und ethischen Komponenten ebenso ihr Recht wie die kognitiven und pragmatischen (Rudolf KNIRSCH), so wie »praktisches Lernen« theoretische Einsicht nicht ausschließt, sondern umgekehrt erst ermöglicht (Peter FAUSER/Wolfgang MACK) und zudem Brücken schlägt zum ästhetisch-motorischen Bereich.

Kapitel V: Auch hier scheinen Dissonanzen und Diskrepanzen in Auflösung begriffen. Dies betrifft etwa die Frage, ob Kunst, Musik und Sport fachspezifisch – durch Fachlehrer/innen – wahrzunehmen seien oder fächerübergreifend – durch die

Klassenlehrer/innen bzw. im Team (Klaus MATTHIES); es betrifft die konzeptuelle Kontroverse, ob »musische« oder »ästhetische« Erziehung, und die funktionelle Alternative, ob mehr kritische »Rezeption« oder mehr kreative »Produktion«, den Kunstunterricht (Adelheid STAUDTE) ähnlich wie den Musikunterricht (Rainer SCHMITT). Und auch »Bewegung, Spiel und Sport« müssen weder bildungsideologisch noch praktisch als Gegensätze gehandhabt werden (Renate ZIMMER).

Kapitel VI: Alle hier angesprochenen Widersprüchlichkeiten, polaren Ergänzungen, Alternativen oder wie immer man gegensätzlich Erscheinendes benennen und bewerten mag, kulminieren gedanklich im Begriff »grundlegender Bildung«, ein durchaus nicht eindeutiger, spannungsfreier und »handlicher« Begriff, der aber am Anfang der Grundschule stand (preußische Richtlinien von 1921), beim Grundschulkongreß 1969 wieder aufgegriffen wurde (Band 3 des Kongreßberichtes: »Inhalte grundlegender Bildung«) und neuerdings wieder die Diskussion bestimmt. Hans GLÖCKEL klärt diesen auch für unser Handbuch grundlegenden Begriff ebenso kritisch wie konstruktiv.

Unser Handbuch ist – daran sei nochmals erinnert – nicht enzyklopädisch, sondern problemorientiert angelegt. Dies wird in dem vorliegenden fach- und lernbereichsdidaktischen Band eher Lücken und »weiße Flecke« auffallen lassen als im ersten, dem allgemeindidaktischen Band. So mag man zum Sprachunterricht ein Kapitel über aktuelles Grammatikverständnis ebenso vermissen wie über Verstehen und Interpretieren von Texten. Der eine Aspekt findet sich jedoch integriert in den Beiträgen zum Sprachunterricht allgemein (»Zwischen Systematik und Spontaneität«), zum Rechtschreibenlernen und zum Deutschunterricht für Ausländerkinder, der andere in den Ausführungen zum Kinderbuch. Der Beitrag zur Mathematik schließt natürlich die Behandlung der Geometrie nicht aus, aber im Rahmen des Sachunterrichts hätte manche/r sich vielleicht noch Beiträge zur Friedens- und/oder zur Sexualerziehung, zum Verkehrsunterricht, zur Gesundheits- und Ernährungslehre gewünscht. Hier muß auf spezielle Veröffentlichungen, z.B. in der Reihe »Werkstattbücher Grundschule« des Verlages, verwiesen werden. Für den ästhetisch-motorischen Lernbereich sind wiederum Teilaspekte wie Schultheater/darstellendes Spiel oder Tanz nicht durch gesonderte Beiträge dargestellt, sondern Bestandteile anderer Aufsätze.

Ob und wie freilich der in den folgenden Beiträgen sichtbare Trend zu einer »bipolaren« Didaktik nicht nur falsche oder unnötige theoretisch-konzeptuelle Gegensätze zu überwinden hilft, sondern in der Konsequenz auch dazu beiträgt, konkrete Gegensätze zwischen den Kindern zu überbrücken: zwischen deutschen und ausländischen, behinderten und nicht behinderten, sozial bevorzugten und benachteiligten, lernstarken und lernschwachen, ob also auch diese Integrationsleistung gelingt, die Grundschule endlich zu einer Schule für *alle* Kinder zu machen, das hängt allein von den Lehrerinnen und Lehrern der Grundschule selbst ab. Ihnen ist mit allen guten Wünschen für ihre schwierige Arbeit dieses Handbuch gewidmet.

Dieter Haarmann

I. Grundschul-Lehrpläne im Wandel

Nicht ständig neue Maßnahmen, sondern neue Maßstäbe forderte der Vorsitzende der Aktion »Humane Schule«, Prof. Dr. Paulig. Doch wer setzt diese Maßstäbe: die Wissenschaft mit immer neuen, oft einander widersprechenden Theorien? Die Bildungspolitik mit immer neuen Lehrplänen, Bildungsplänen, Curricula, Rahmenrichtlinien? Oder die Praxis selber aus eigener Erfahrung, Erfindung und Erprobung? In der Tat: So begann die pädagogische Reformbewegung zu Anfang unseres Jahrhunderts – und so sollte es wieder sein. Oder sagen wir besser: Endlich sollte die Praxis als gleichberechtigter Partner von Wissenschaft und Bildungspolitik anerkannt werden. Es gibt Anzeichen: Zum Beispiel erhielt erstmals ein Kultusbeamter, der Hamburger Schulrat i.R. Hermann SCHWARZ, für seine praktischen Verdienste um die Grundschulreform die Ehrendoktorwürde. Das verdient festgehalten zu werden.

HANS-ARNO HORN: Die Lehrpläne der Grundschule – Darstellung der Entwicklung von den ersten Anfängen bis zur Gegenwart

HERMANN SCHWARZ: Grundschulreform heute – Plädoyer für lebensnahes und weltoffenes Lernen

Hans Arno Horn

Die Lehrpläne der Grundschule

Darstellung der Entwicklung von den ersten Ansätzen
bis zur Gegenwart

1. Der Inhaltskanon der Unterstufe der Volksschule bis 1921

Im 19. Jahrhundert entsprachen die vier Grundschuljahre der Unterstufe der achtjäh-
rigen Volksschule. Für diese galt, alle Altersstufen umfassend, dasselbe Erziehungs-
ziel: die Heranbildung eines treuen und brauchbaren Staatsdieners, der sich durch die
Tugenden Gehorsam, Pflichterfüllung, Fleiß und Ordnung auszuzeichnen hatte. Die
Lehrinhalte für die jüngsten Schüler waren demnach begrenzt auf die im späteren Leben von ihnen erwarteten elementaren Kenntnisse und Fertigkeiten in den drei sog.
Kulturtechniken Lesen, Schreiben und Rechnen in Verbindung mit religiösen bzw.
gesinnungsbildenden Themen (vgl. die »Allgemeine Verfügung über Einrichtung,
Aufgabe und Ziel der preußischen Volksschule« vom 15.10.1872).

Der Unterricht vollzog sich nach dem beherrschenden Formalstufenschema der
Herbartianer (Vorbereitung-Darbietung-Verknüpfung-Zusammenfassung-Anwen-
dung), das jeder Volksschullehrer in seiner Seminarausbildung perfekt erlernte. Es
wurde eingebunden in die unverzichtbare Fragetechnik, dogmatisch jeder Stunde zugrunde gelegt, und die Kinder erfuhren auf diese Weise eine enge Führung von Stufe
zu Stufe. **Dominierendes Ziel war die Stoffvermittlung.**

Die spezifischen Äußerungen und Ansprüche kindlichen Lebens in dieser Altersstufe der Sechs- bis Zehnjährigen blieben weitgehend unbeachtet, so daß die Schule
dieser Zeit mit dem Makel der Kinderfeindlichkeit behaftet geblieben ist.

Am Ende des 19. Jahrhunderts regte sich zunehmend Kritik an dieser freudlosen,
auf Strafen basierenden »Lernschule« und deren Formalstufendrill, die zur Veränderung der Schule drängte. So beschrieb HUGO GAUDIG, führender Arbeitsschulpädago-
ge, im Jahre 1909 die Überzeugung vieler Gleichgesinnter:

»Die Formalstufenzeit der deutschen Volksschule ist kein Ruhmesblatt ihrer Geschichte. Daß sich
das Denken ungezählter Lehrer in diese Fesseln hat schlagen lassen, daß dies Schema die schaf-
fende Formkraft bei vielen gelähmt hat, ist eine traurige Wahrheit.«[1]

2. Reform des Anfangsunterrichts (1910–1914)

Die Reformpädagogische Bewegung (vgl. ELLEN KEYS programmatische Schrift
»Das Jahrhundert des Kindes«, schwedische Fassung in der Neujahrsnacht 1899/
1900 erschienen, deutsch 1902) forderte eine Erneuerung des Lebens in allen seinen

Bezügen, primär über einen Wandel in der Erziehung. Demzufolge erhielt die Schulreform einen zentralen Stellenwert. Die revolutionierende Umkehrung der bisherigen Aufgabe der Erziehung kam in der Devise zum Ausdruck, *das Kind* in seiner aktiven Rolle zu sehen, zu verstehen und entwicklungsgemäß zu erziehen bzw. zu unterrichten.[2]

Kindgemäßheit, Selbsttätigkeit, Lebensnähe, Anschauung und Heimat wurden zu Leitprinzipien für eine neue Schule, insbesondere für deren Unterstufe und darüber hinaus mit Nachdruck für den Schulanfang.

Die schrittweise vor sich gehenden Veränderungen in den Schulen setzten bereits im ersten Jahrzehnt des zwanzigsten Jahrhunderts ein, und zwar schwerpunktartig in den Schuljahren 1 bis 4, um sie von dem Ballast des überlieferten kinderfeindlichen Unterrichts zu befreien. Die treibenden Kräfte dafür waren in der Volksschullehrerschaft selbst zu finden, organisiert von dem Deutschen Lehrerverein. Überall im Lande, vornehmlich in den Städten, gelang es, *von der Basis aus* die Reformgedanken in die Öffentlichkeit zu bringen und das Konzept ansatzweise in Einzelversuchen oder in genehmigten Versuchsklassen (wie z.B. in Leipzig oder Hamburg) zu verwirklichen.

Zwei prägnante Beispiele seien kurz vorgestellt:

Die Stadt *Hamburg* nahm eine wichtige Rolle in dieser Entwicklung ein.[3] In einem von WILLIAM LOTTIG, einem führenden Hamburger Schulreformer, im Auftrag der Lehrplankommission der Schulsynode *1908* veröffentlichten Beitrag lesen wir:

»Alle Kräfte des Kindes werden gelöst, gepflegt und entwickelt. Diesen Satz stellen wir an die Spitze unseres Lehrplans für das erste Schuljahr und damit an die Spitze unseres gesamten neuen Lehrplans als die grundlegende Forderung der neuen Pädagogik... Dieser eine kurze Satz schließt in sich das ganze große Gedankengebäude, dem wir heute den Namen ›die neue Schule‹ geben.«[4]

Auf den Antrag der Hamburgischen Schulsynode im Jahre 1912 hin richtete die Oberschulbehörde drei Versuchsschulen ein, um u.a. diesen neuen Lehrplan zu erproben.[5]

Der Leipziger Lehrerverein, der in mehrjähriger theoretischer Arbeit seiner Methodischen Abteilung in den ersten Jahren nach 1900 auf der Grundlage der Arbeitsschulidee[6] das **Konzept des gebundenen Gesamtunterrichts** entwickelte, löste damit überregionale Initiativen aus.

Von der aktuellen Forderung ausgehend, den Kindern den Übergang zur Schule zu erleichtern und deshalb in der Gestaltung der Anfangsschuljahre *»die natürliche geistige und körperliche Entwicklung des Kindes weit mehr als bisher zu berücksichtigen«*[7], entstand der Gesamtunterricht als kindgemäße Alternative zu dem auf formale, verbale Belehrung ausgerichteten Unterricht der alten Schule.

»Unter **Gesamtunterricht***«, so heißt es in dem 1909 verfaßten Gesuch an die Schulbehörde zur Entwicklung von Modellklassen, »verstehen wir einen Unterricht, der im Gegensatz steht zu der heutigen Spaltung der täglichen Unterrichtsarbeit in eine Anzahl meist äußerlich und innerlich voneinander geschiedener Fächer. Er stellt sich dar als eine Konzentration um die* **Sacheinheit***,*

die der Natur des Kindes der Unterstufe entsprechend eine konkrete, in der unmittelbaren An-
schauung gegebene sein muß. Das, was bisher von einander abgeschiedenen Systemen folgte,
gliedert sich organisch ein, sei es als Hilfsmittel der Sachdurchdringung (Lesen, Rechnen), sei es
als Mittel des Ausdrucks (Sprechen, Schreiben, Rechtschreibung, Gesang, Malen und Formen).«[8]

Dieses Modell des gebundenen Gesamtunterrichts – unterschieden von BERTHOLD
OTTOS freiem Gesamtunterricht[9] – vermittelt die neue Sicht des Kindes und des ihr
folgenden Unterrichts in einer reformierten Schule. Die Aufgeschlossenheit der Lehrerschaft für das Neue zeigt sich auch darin, daß sich im Jahre 1910 sämtliche Ele-
mentarlehrer Leipzigs zu diesen Reformvorschlägen bekannten. Ferner erschienen
1912 Vertreter aus fast allen Teilen Sachsens zu einer Tagung in Chemnitz, um sich
mit diesen Ideen vertraut zu machen.

Die Schulbehörde der Stadt Leipzig konnte sich den überzeugend begründeten
Vorstellungen nicht länger verschließen und genehmigte ab 1911 eine zunächst zwei-
jährige Erprobung des Gesamtunterrichts an 23 Versuchsschulen, die zwar nach er-
folgreichem Verlauf fortgeführt, aber durch den Krieg – wie überall – stark beein-
trächtigt wurde.[10]

Der Neubeginn nach 1918 ließ den Ertrag dieser engagierten Reformarbeit voll
zur Wirkung kommen. Wir finden den Gesamtunterricht nicht nur in dem 1920 für
alle Leipziger Schulen eingeführten Lehrplan wieder, sondern darüber hinaus wurde
dieses Unterrichtskonzept zum Fundament der nun gegründeten Grundschule überall
im Lande.

3. Die Grundschule nach 1921

In der Weimarer Reichsverfassung von 1919 wurde die für alle Kinder gemeinsame
Grundschule, die sich in den meisten Ländern als vierjährige Organisation herausbil-
dete, verankert und damit endgültig eine Abkehr von den privilegierten Ersatzformen
der Vorschulen bzw. Vorschulklassen vollzogen. Jetzt waren die institutionellen Voraussetzungen dafür geschaffen, eine eigenständige kindorientierte Grundschulkon-
zeption als Ertrag der reformpädagogischen Aktivitäten zu verwirklichen.

Ohne die an zahlreichen Orten bereits vor 1914 besonders von den Lehrern selbst
entwickelten und erprobten Ideen wie in Leipzig oder Hamburg wären weder die
Gründung der Grundschule noch deren pädagogische Ausgestaltung kaum denkbar
gewesen. Beflügelnd muß weithin der Elan gewesen sein, der überall die Lehrer der
Grundschulen in dieser Herausforderung verband, die pädagogische Aufbauphase
der neuen Schulstufe zu leisten und kindgemäßes Lernen produktiv zu verwirklichen.
Davon zeugt die außerordentlich hohe Zahl der einschlägigen Veröffentlichungen
dieser Jahre bis 1933.

Die entscheidende und bemerkenswerte Weichenstellung für die allgemeine Umsetzung der frühen Reformansätze in die Praxis der ersten Schuljahre bestand jedoch
in der amtlichen Öffnung ihnen gegenüber. *Die preußischen Richtlinien von 1921*[11]
gewannen einen richtungsweisenden Einfluß auf die Entwicklung in den übrigen

Ländern, zumal *1923* von der Reichsregierung *Richtlinien über Zielbestimmung und innere Gestaltung der Grundschule* erlassen wurden, die den preußischen entsprachen.

Zum ersten Male erschienen 1921 mit diesen Richtlinien eigene für die Grundschule, in denen man ihr einen selbständigen Bildungsauftrag zuerkannte. Der durchgreifende Wandel äußerte sich ebenfalls in dem Verfahren: Die Schulbehörde wich von der bisherigen Form der detaillierten Anweisungen ab. Lediglich der **Rahmen der pädagogischen Arbeit** wurde skizziert – eine erstaunlich moderne Einstellung. Die Festlegung des jeweiligen Kollegiums bzw. des einzelnen Lehrers in der gegebenen Situation hob man als primäres Kriterium heraus.

»Bei der Aufstellung der Lehrpläne für die einzelnen Schulen ist der Lehrerschaft in weitestem Umfange Gelegenheit zur Mitarbeit zu geben... Auf welchen Zeitraum der Gesamtunterricht auszudehnen ist, bleibt ebenso wie die Auswahl der Stoffe aus den verschiedenen Lehrfächern und ihre Verteilung nach Klassen oder Jahrgängen der Festsetzung durch die Lehrpläne für die einzelnen Orte oder Bezirke überlassen.«[12]

In dem Amtlichen Schulblatt des Regierungsbezirkes Kassel vom Juli 1922 kommt der veränderte Stil noch deutlicher zum Ausdruck:

»Der Schwerpunkt in der heutigen Lehrplanfrage liegt nicht in Anweisungen der Schulaufsichtsbehörde, sondern in der Einzelerfassung und Einzelbetätigung des Lehrers.« Diese Absicht träte *»am wirksamsten in Erscheinung, wenn* **innerhalb der Schulaufsichtskreise** *durch gemeinsame Arbeit der Lehrerschaft und des Kreisschulrates genauere, aber nicht verbindliche Beispielpläne aufgestellt werden, die den ministeriellen ›Richtlinien‹... und den von der Regierung herausgegebenen Gesichtspunkten Rechnung tragen, aber den Lehrern der einzelnen Schulsysteme ausgiebig Freiheit lassen, die besonderen Verhältnisse ihrer Schule und ihres Schulortes zu berücksichtigen.«*[13]

Als allgemeines Ziel der Grundschule finden wir in den Richtlinien von 1921 folgendes:

»Die Grundschule als die gemeinsame Schule für alle Kinder der ersten vier Schuljahre hat die Aufgabe, den sie besuchenden Kindern eine grundlegende Bildung zu vermitteln... Sie muß deshalb alle geistigen und körperlichen Kräfte der Kinder wecken und schulen und die Kinder mit denjenigen Kenntnissen und Fertigkeiten ausrüsten, die als Grundlage für jede Art von weiterführender Bildung unerläßliches Erfordernis sind.
Im gesamten Unterricht der Grundschule ist der Grundsatz zur Durchführung zu bringen, daß nicht Wissensstoffe und Fertigkeiten bloß äußerlich angeeignet werden, sondern möglichst alles, was die Kinder lernen, von ihnen innerlich erlebt und selbsttätig erworben wird. Deshalb hat aller Unterricht die Beziehungen zur heimatlichen Umwelt der Kinder sorgsam zu pflegen und an den geistigen Besitz, den sie bereits vor dem Eintritt in die Schule erworben haben, anzuknüpfen... Die Selbstbetätigung der Schüler im Spiel, im Beobachten von Natur- und Lebensvorgängen, namentlich auf Lehrspaziergängen und Wanderungen, ferner in der Ausübung von Handtätigkeiten..., ist ausgiebig für die Zwecke des Unterrichts nutzbar zu machen.« (Allgemeines)

Ganz in Anlehnung an die Vorarbeiten des Leipziger Lehrervereins erfolgte die Einführung des **Gesamtunterrichts** für die Anfangsschuljahre, dessen Inhalt vom heimatkundlichen Anschauungsunterricht beigesteuert werden sollte, der im dritten und vierten Schuljahr von der **Heimatkunde** als inhaltlichem Leitprinzip weitergeführt wurde (vgl. M. GOETZ in diesem Band). Die theoretische Begründung der Heimatkunde ging auf EDUARD SPRANGER zurück mit Formulierungen, die die allgemeine emotionale Stimmung der Zeit (1923) kennzeichneten:[14]

»Was ist Heimat? Wie entsteht Heimat? ...
Heimat ist erlebbare und erlebte Totalverbundenheit mit dem Boden. Und noch mehr: Heimat ist geistiges Wurzelgefühl.« (S. 2)
»Da liegen die Wurzeln unserer Kraft! Der Weg zum Menschentum führt nur über das Volkstum und das Heimatgefühl.« (S. 3)

Nach dem verlorenen Krieg legte man großen Wert auf die Erhaltung des Heimatgedankens durch verstärkte Heimaterziehung und griff auf Bestrebungen zurück, die bereits am Ende des 19. Jahrhunderts wirksam gewesen waren. So befaßte sich der 8. Ausschuß »Schule und Heimat« der *Reichsschulkonferenz von 1920* mit diesen Fragen, und in den einstimmig verabschiedeten Leitsätzen wurde die *Heimatschule als unverzichtbare Ergänzung der Arbeits- und Einheitsschule* gefordert.

Auswahl und Anordnung der Inhalte hatten nach dem Konzept der *konzentrischen Kreise* zu geschehen, um in erster Linie »*die Fassungskraft und das geistige Wachstumsbedürfnis der Kinder*« zu berücksichtigen. In dieser Festlegung, vom ersten Schuljahr aus über den unmittelbaren Erfahrungsraum allmählich über die Gemarkung, die Nachbargemeinden, den Kreis zum Land im vierten Schuljahr voranzuschreiten, folgte man der biologisch orientierten Reifungstheorie der damaligen Entwicklungspsychologie. Der *Schulanfang* bekam – wie in der Leipziger Begründung – eine herausgehobene Funktion. Gleichzeitig wurde die Grundschule als **Erziehungs- und Gemeinschaftsschule** charakterisiert, in der die Idee des **Schullebens** besondere Bedeutung fand.

Die Stundentafel zeigte diese Verteilung:

»Fach	Schuljahr			
	1.	2.	3.	4.
Religion		–	4	4	4
Heimatkunde bzw. heimatkundlicher Anschauungsunterricht		–	9	10	11(10)
Deutsche Sprache		–			
Schreiben		–	2	2	2
Rechnen	Gesamtunterricht	–	4	4	4
Zeichnen		–	–	2(1)	2
Gesang		–	1	2(1)	2
Turnen		–	2	2	3(2)
Nadelarbeit		–	–	(2)	(2)
Summe	18	22	26	28

Im ersten Schuljahre sind 3 Stunden für den Religionsunterricht zu verwenden. Der religiöse Anschauungsunterricht ist in den für den Religionsunterricht angesetzten Stunden zu erteilen.«

In dem skizzierten Rahmen gewann die Grundschule bis zum Beginn der dreißiger Jahre, also in einem vollen Jahrzehnt, ihre eigenständige Unterrichtsausprägung und bewährte sich überall, selbst in den Augen der Kritiker aus den weiterführenden Schulen. Wie in keiner anderen Schulform fanden hier die Ideen der Reformpädagogik ihren fundierenden Niederschlag, so daß sich die entwickelnde Grundschulpädagogik mit Recht als Frucht der Reformpädagogik verstand.

4. Nationalsozialistische Ideologie nach 1933

Bald nach der Machtübernahme durch die Nationalsozialisten im Jahre 1933 wurden die notwendigen Maßnahmen des Staates eingeleitet, um die schulische Erziehung als Fundament des politischen Systems auf- und auszubauen. Als Schwerpunkte der Bildung für alle Schularten zeichneten sich ab:

- Führer- und Rassenkult
- Gemeinschaftsideologie
- Unterordnung und Gehorsam des einzelnen
- Verherrlichung der Stärke, des Militarismus und des Kampfes, auch des kriegerischen
- Rollenfixierung der Geschlechter
- Intoleranz gegenüber Andersdenkenden
- Antisemitismus.

Aufgabe der Schule war es fortan,

»gemeinsam mit den anderen nationalsozialistischen Erziehungsmächten, aber mit den ihr gemäßen Mitteln, die Jugend unseres Volkes zu körperlich, seelisch und geistig gesunden und starken deutschen Männern und Frauen zu erziehen, die, in Heimat und Volkstum fest verwurzelt, ein jeder an seiner Stelle zum vollen Einsatz für Führer und Volk bereit sind.«[15]

Die Gestaltungsprinzipien der Reformpädagogik, mit denen sich die Weimarer Grundschule profiliert hatte, also Gesamtunterricht mit Heimatkunde, Gemeinschaftserziehung und Schulleben ließ man zwar in ihrer formalen Struktur unangetastet. Jedoch begann die Führung, sie in bezug auf die **Inhalte** konsequent **politisch** zu durchsetzen. Insbesondere lag es auf der Hand, sich im Zuge der nationalsozialistischen Indoktrination auch der Grundschullehrpläne des ideologischen Erbes der Heimatkundebewegung mit den Sprangerschen Konzeptformulierungen geschickt zu bedienen.[16] In den »Richtlinien für den Unterricht in den vier unteren Jahrgängen der Volksschule« aus dem Jahr 1937[17] (man vermied also offiziell die Bezeichnung »Grundschule«, wohl um den Begriff »Volk« als politisches Bekenntnis zu sichern) wurde im Hinblick auf die neuen »Werte« betont, sie konkretisierten sich besonders im **Heimatkundeunterricht,** der »**im Mittelpunkt des erziehlichen Unterrichts**« stehe. In ihm müsse darauf geachtet werden, »*auch den festen Grund... für den Stolz auf Heimat, Sippe, Stamm, Volk und Führer*« zu legen.[18]

Einige Beispiele aus dem Frankfurter »Bildungsplan für die Grundschule auf gesamtunterrichtlicher Grundlage«, 1935 im Druck erschienen, sollen abschließend angeführt werden:[19]

Erstes Schuljahr:
»Unterrichtseinheit ›Allerlei frohe Ereignisse‹
Die Fahnen flattern – Die Stadt ist geschmückt – Der Führer ist in Frankfurt –... Wie er im Auto durch die Menschenmenge fuhr – Wenn ich das Blumenmädchen gewesen wäre – Wie Hitler die Kinder liebt...«
Zweites Schuljahr:
»Unterrichtseinheit ›Tag der nationalen Einheit‹
Aufstellung in Dreierreihen und Marsch im Gleichschritt – Die Fahnen des Reiches werden gemalt.«
Drittes Schuljahr:
»Unterrichtseinheit ›Wie ein deutscher Junge sein soll‹
Die Jungvolk-Mitglieder der Klasse erzählen von den Führungsbestimmungen, die sie im Dienst erhalten haben, und fragen nach den tieferen Gründen dieser Bestimmungen – Wir besprechen die einzelnen Bestimmungen unter dem Gesichtspunkt: gesunder Körper – gesunder Geist: Abhärtung, Körperstählung, Selbstdisziplin, Kameradschaftlichkeit, innere Anständigkeit – Wir fassen die einzelnen Bestimmungen in Gebote, die wir beachten wollen, und schreiben sie uns auf.«
Viertes Schuljahr:
»Unterrichtseinheit ›Geburtstag des Führers‹
Geschichtliches: Adolf Hitlers Leben... – Die Frage: ›Woher stammt Adolf Hitler?‹ bringt uns zur Anlegung einer eigenen Ahnentafel – Zur Rassenkunde: Was habe ich von meinen Vorfahren geerbt? a) äußerlich:... b) innerlich:... – Die Literatur bringt uns: a) Hitlerworte aus ›Mein Kampf‹; b) Ein Gedicht zu Hitlers Geburtstag – Singen und Zeichnen:... c) Schema zur Ahnentafel.«

Ein Blick in die nach diesen inhaltlichen Vorgaben gestalteten Lehrbücher – sogar die Rechenbücher der Grundschüler waren nicht ausgenommen – läßt das Ausmaß der politischen Indoktrinierung erkennen.

5. Wiederaufbau nach dem Zweiten Weltkrieg (1945 bis Ende der 60er Jahre)

Das Vakuum, in dem sich auch die Schule nach dem Krieg befand, wurde mit der Wiederaufnahme des Unterrichts dadurch zu überwinden versucht, daß man an die bewährten reformpädagogischen Prinzipien und Inhalte der zwanziger Jahre anknüpfte, die also wieder in den Lehrplänen und Büchern ihren Platz erhielten, nachdem das Gedankengut der Nationalsozialisten entfernt worden war. Erst von 1955 an gab es in den Bundesländern neu formulierte Richtlinien und Bildungspläne für die Grundschule, die allerdings keine grundsätzlichen Änderungen brachten. Sie lassen erkennen, daß man mit der unkritischen Übernahme der traditionellen Ziele und Inhalte die gewandelten gesellschaftlichen Bedingungen problemlos bewältigen zu können glaubte. Während man bereits in den fünfziger Jahren Ansätze zu einem Neubeginn in den anderen Schularten für erforderlich erachtete, blieben Kindergarten und Grundschule vorerst in der öffentlichen Diskussion unberücksichtigt, da keine Notwendigkeit gesehen wurde, Bewährtes und Gewohntes aufzugeben.

Bezeichnend dafür war die Feststellung des seinerzeit entscheidenden Gremiums für Veränderungen im Schulwesen, des *Deutschen Ausschusses für das Erziehungs- und Bildungswesen*, in seinem *1959* vorgestellten *Rahmenplan zur Umgestaltung und Vereinheitlichung des allgemeinbildenden öffentlichen Schulwesens:*

»Daß die Grundschule vier Jahre lang alle Kinder einheitlich unterrichtet, ist heute in der Pädagogik und in der Öffentlichkeit kaum noch der Kritik ausgesetzt. Für die Erfüllung ihrer Aufgaben... hat die Grundschule eine pädagogische Haltung und unterrichtliche Verfahren gewonnen, die zwar der weiteren Ausgestaltung und Festigung, aber keiner grundsätzlichen Wandlung mehr bedürfen.« (S. 23)

Einige Passagen aus den *Bemerkungen zur Arbeit der Grundschule*, die der Ausschuß im Jahre *1962* veröffentlichte, mögen diese Aussage konkretisieren:

»Während also die ersten beiden Schuljahre... den häuslich-heimatlichen ›Spielraum‹ fruchtbar zu machen suchen, verlangen die letzten beiden Grundschuljahre schon stärker nach unmittelbarer Wegweisung und Geleit;... (S. 38)
Der Grundschule fällt die Aufgabe zu, den dieser kindlichen Entwicklung entspringenden Kräften Gelegenheit zur Betätigung und Entfaltung zu geben, zugleich aber für Ruhe und Entspannung zu sorgen, in deren Schutz Kinder dieser Altersstufe das Neue, das sich ihnen erschließt, verarbeiten... (S. 38)
Es kommt also darauf an, sie ›in einer äußeren und inneren Ordnung zu bergen und zu binden‹, ihnen einen umhegten Raum zu schaffen, in dem sie in Frieden gedeihen können. (S. 39)
Die vom Wohn- und Schulbezirk der Kinder her erlebte ›Heimat‹ ist das Feld, von dem her der Unterricht die Welt erschließt. (S. 42)
..., Ausgang und Ziel der Schularbeit sollte aber immer der Erfahrungsbereich der Schüler, die räumliche und geistige Kinderheimat sein. Sie gilt es, ganzheitlich-erlebnisbestimmt und ganzheitlich-sachbestimmt zur Sprache zu bringen. (S. 43f.)
Es gilt, ebenso behutsam zu erhalten,..., wie behutsam zu läutern,...: d.h. ebenso behutsam zu hegen wie zu jäten und zu pflanzen.« (S. 44)

Diesen Formulierungen, die sich stellenweise wörtlich an die Richtlinien von 1921 bzw. 1923 anschlossen, liegt die überlieferte biologisch orientierte Entwicklungspsychologie mit ihrem Reifungs- und Phasenkonzept und der Tendenz zugrunde, in einer schulischen Abgeschirmtheit geduldig auf die Entwicklungsfortschritte zu warten. Sämtliche Richtlinien der Bundesländer, die von 1955 bis 1966 datieren, folgten dieser Grundauffassung. Ihre Umsetzung sollte wie bisher nach dem Organisationsprinzip des **Gesamtunterrichts** mit der **Heimatkunde** als inhaltlichem Kern geschehen, dem die übrigen Lehraufgaben weitgehend zugeordnet waren. Die Interpretation des Heimatbegriffs stand in enger Beziehung zu herrschenden Vorstellungen der **volkstümlichen Bildung,** die für die Volksschule, somit auch für die Grundschule einen auf lediglich konkretes, anschauliches Auffassen und Denken begrenzten Lernbegriff forderte. Im Zusammenhang mit diesem Ziel muß auch die **Sozialerziehung** gesehen werden, die unreflektiert Anpassung und Einordnung anstrebte.

Diese Skizzierung soll mit einigen beispielhaften Auszügen abschließend verdeutlicht werden:

Richtlinien für die Volksschulen in Rheinland-Pfalz (1957):

S. 15: »Der Unterricht der ersten beiden Schuljahre
Die dieser Altersstufe gemäße Form des Unterrichts ist der Gesamtunterricht...
Der Gesamtunterricht, dessen Kern heimatkundlicher Anschauungsunterricht ist, entnimmt seine Stoffe vorwiegend der unmittelbaren Erfahrungs- und Erlebniswelt des Kindes...
S. 16: Die Stoffverteilung wird durch den Ablauf des natürlichen Jahres, des Kinderspieljahres und des Kirchenjahres bestimmt.
S. 21: Heimatkunde
Die Heimatkunde befaßt sich mit den Lebensordnungen der Heimat, die geprägt sind durch Landschaft, Geschichte, Brauchtum und Sprache... Durch die Kenntnis der Heimat, durch die Weckung und Pflege des Heimatgefühls will sie zu einer Verbundenheit mit der Heimat führen, aus der später sittliche Kräfte für die eigene Lebensführung und die Mitgestaltung an der heimatlichen Wirklichkeit erwachsen.«

Bildungspläne für die allgemeinbildenden Schulen im Lande Hessen: II Das Bildungsgut B Das Bildungsgut der Volksschule (1957):

S. 163: »Dem ersten und zweiten Schuljahr bleibt die nächste kindliche Erlebniswelt mit Familie, Haus und Hof, Nachbarschaft, Straße, Schule und den nahen Werkstätten und Berufen vorbehalten. Das dritte Schuljahr widmet sich dem Wohnort und der Landschaft seiner engeren Heimat, etwa von dem Umfange eines Kreises. Das vierte Schuljahr wendet sich den Landschaften zu, welche die weitere Heimat bilden und in den Lebensbereich des Kindes spürbar einwirken. Das wird im allgemeinen ein Raum von der Größe etwa eines Regierungsbezirkes sein, ohne daß damit eine bestimmte politische Einheit gemeint wäre... Am Ende des vierten Schuljahres soll das Kind auch einen Überblick über das ganze Land Hessen besitzen.«

Mitte der sechziger Jahre griff die Kritik an Inhalten und Methoden der Grundschule zunehmend um sich, und die Rufe nach der längst fälligen Reform wurden auch in der Öffentlichkeit unüberhörbar.

6. Revision der Lehrpläne (Ende der 60er Jahre bis etwa 1975)

Ausgelöst wurden die Forderungen nach Reformen schließlich auch im Vor- und Grundschulbereich durch Beiträge der Wissenschaft. In erster Linie handelte es sich um anglo-amerikanische Forschungsergebnisse und Erkenntnisse der Humanwissenschaften (der Entwicklungs- und Lernpsychologie, der Soziologie, Begabungsforschung, Völkerkunde und Pädagogik), die bei uns Resonanz fanden.

Folgende Schwerpunkte kristallisierten sich heraus:

- *Frühe Lernprozesse haben eine für die weitere kindliche Entwicklung prägende Bedeutung. Es ist davon auszugehen, daß die frühe und mittlere Kindheit durch erhöhte Lernfähigkeit und Lernbereitschaft gekennzeichnet sind, deren Förderung aufbauende Bedeutung erhält. Unterbleibt sie, besteht die Gefahr langfristig wirkender Vernachlässigung.[20]*
- *Die moderne Entwicklungspsychologie distanziert sich von der bislang besonders für die Grundschulpädagogik maßgebend gewesenen Reifungstheorie, der Phasenlehre, und begünstigt fortan ein Entwicklungsmodell, das in hohem Maße von Umwelteinflüssen, d. h. Lernanregungen – und zwar in frühen Lebensjahren – bestimmt wird.[21]*
- *Die Curriculumforschung setzt neue Maßstäbe für die Lehrplanarbeit, indem Ziel- und Inhaltsfestlegung gesellschaftsrelevant zu begründen (als Legitimierung) sind, Lernziele Stoffziele zu ersetzen haben, Lernsequenzen für deren Umsetzung entworfen werden müssen, denen dem Alter gemäße Lernprozesse folgen können (als Implementierung) und die am Ende auf ihren Erfolg (Effektivität) stets zu überprüfen sind (Evaluierung).[22]*

Die bald weithin verkündeten bildungspolitischen Konsequenzen verdichteten sich in der Auflage, Lernprozesse frühzeitig in unserem Bildungssystem anzuregen und zu fördern, und zwar bei *allen Kindern*, um Chancengleichheit gewährleisten zu wollen. So geriet auch die Grundschule in die längst überfällige Reformdiskussion,[23] eingebunden in die generelle Kritik an der Rückständigkeit der deutschen Schulen insgesamt gegenüber anderen vergleichbaren Industrieländern. Den Anstoß zu der Einsicht, daß ein quantitativer Ausbau und lediglich strukturelle Systemveränderungen ohne Erneuerung der Ziele und Inhalte nach den Erfordernissen der gesellschaftlichen Gegebenheiten wirkungslos bleiben müßten, gab SAUL B. ROBINSOHN mit seiner Schrift **»Bildungsreform als Revision des Curriculum«** 1967. Damit war die curriculare Reform initiiert, die in den Bundesländern allmählich in Gang kam und die Grundschule ebenfalls einbezog.[24]

Der Umwandlungsprozeß in der Grundschule wurde durch einige Aktivitäten entscheidend beeinflußt:

- *Der* **Frankfurter Grundschulkongreß im Jahre 1969**, *der auf die Initiative von ERWIN SCHWARTZ und dem von ihm gegründeten Arbeitskreis Grundschule zurückging, dokumentierte vor Tausenden von Erziehern und Lehrern den Willen der Basis zur Reform. Die drei inhaltlichen Schwerpunkte des Kongresses markierten und konkretisierten das Reformprogramm: Begabung und Lernen im Kindesalter – Ausgleichende Erziehung – Inhalte grundlegender Bildung.*
- *Der* **Deutsche Bildungsrat**, *der 1965 vom Bundespräsidenten ins Leben gerufen worden war, legte in dem* **Strukturplan für das Bildungswesen 1970** *nicht nur das neue Konzept des Bildungswesens vor, sondern präzisierte gleichzeitig die Reformarbeit in der bestehenden Schule. Mit Vorrang wurde die Veränderung der Grundschule gefordert, die als Primarbereich konzipiert werden sollte. Als Kriterien der Reform formulierte der Bildungsrat* **Wissenschaftsorientierung und Kindgemäßheit**.
- *Die* **Ständige Konferenz der Kultusminister der Länder (KMK)** *beschloß 1970 ihre* **Empfehlungen zur Arbeit in der Grundschule** *mit ihren Reformvorschlägen.*

Die Jahre von 1965 bis 1975 waren gekennzeichnet durch eine stürmisch bewegte, euphorisch gefärbte und zuweilen kontrovers geführte Auseinandersetzung um begonnene Reformabsichten in Vor- und Grundschule. Dabei kam es zu einseitigen, z.T. nicht ausreichend strukturierten **Konzepten kognitiver Prägung** wie des frühen Lesenlernens und anderer Trainingsprogramme[25], die sich jedoch im Zuge der wissenschaftlichen Klärung als nicht kindbezogen erwiesen. Die Lehrplanreform der Grundschule zeigt, daß die diskutierten Impulse zur Erneuerung mit ländereigener Gewichtung aufgenommen wurden, und so erfolgte in den Jahren von 1968 bis 1977[26] die Ablösung sämtlicher alter Richtlinien bzw. Lehrpläne.

Berlin (1968/69) und *Nordrhein-Westfalen (1969)* waren die ersten Bundesländer, die neue Entwürfe veröffentlichten, um den Anforderungen der Gegenwart entsprechende Inhalte und Methoden vorzustellen. Dabei legte Nordrhein-Westfalen Wert auf die Zielsetzung, als Curriculumentwicklungsprojekt verstanden zu werden.[27]

Als Ergebnis der Inhaltsreform in den Ländern sei resümiert:

— *In der Terminologie äußerte sich bereits der Wandlungsvorgang: Lernziele, Lernsequenzen und Lernschritte drängten Stoffangaben zurück.*

— *Durch anspruchsvollere Lernprozesse wollte man der von der Wissenschaft propagierten erhöhten Lernfähigkeit der Grundschüler Rechnung tragen.*

— *Die Wissenschaftsorientierung zwang zur Überwindung des Gesamtunterrichts als ungefächertem Integrationsprinzip, da er lerntheoretisch fundiertes und strukturiertes Arbeiten verhindere. Gleichzeitig distanzierte man sich von der Heimatkunde, dem seitherigen Kern des Gesamtunterrichts. Es galt, die ideologische Überfrachtung des Heimatbegriffs ebenso zu revidieren wie den psychologisch und didaktisch nicht mehr in der alten Auffassung haltbaren Anschauungsbegriff, nach dem die Kinder auf eine unmittelbare, enge und sich konzentrisch erweiternde Wirklichkeit festgelegt worden waren. Ersetzt wurde die Heimatkunde durch den Sachunterricht mit naturwissenschaftlich-technischem und gesellschaftlichen Aspekt.*
Allerdings blieb der mit dem Gesamtunterricht verbundene erlebnisbetonte und handelnde Zugang der Kinder zu den Inhalten als weiterhin gültige Forderung erhalten.

— *An die Stelle des Rechnens rückte die moderne Mathematik.*

— *Kommunikationstheoretische und linguistische Erkenntnisse bestimmten den Sprachunterricht.*

— *Auch in den musischen Fächern kamen facheigene Strukturen zur Durchsetzung, vor allem in Musik und Kunst.*

— *Eine zeitgemäße soziale und politische Erziehung beabsichtigte die Anbahnung einer kritischen Auseinandersetzung mit der Realität, in der die Kinder lebten.*

— *Neue Formen des Lehrens und Lernens rundeten das veränderte Bild ab. Im Vordergrund stand das vom Deutschen Bildungsrat vor allem unterstrichene allgemeine Ziel, das Lernen zu lehren bzw. das Lernen zu lernen.*

Die neuen Lehrpläne bestätigen durchweg den Eindruck, daß die notwendige Modernisierung der Lehr- und Lernprozesse in der Grundschule *primär* den Anspruch auf **Wissenschaftsorientierung** zu erfüllen versuchte, dessen Favorisierung im Strukturplan für das Bildungswesen bei eingehender Analyse nicht übersehen werden kann. Dieses Bild gaben auch die Unterrichtsbücher wieder, deren Produktion in diesen Jahren eine bemerkenswerte Blüte erfuhr. Insgesamt geriet man in die Gefahr, *das Kind* als zentralen Bezugspunkt zu vernachlässigen oder oft gar zu übersehen. Eine solch falsch verstandene Verwissenschaftlichung, die sich in einer der Sekundarstufe entlehnten Fächeraufgliederung konkretisierte, bewirkte allerdings eine Umkehrung der Reform. Hinzu kam ein weiterhin überladener Inhaltskatalog.

Insgesamt bewirkte die curriculare Reform dieses Jahrzehnts keine wirklich durchgreifende Erneuerung, sondern im Gegenteil bei der Lehrerschaft eher Verunsicherung, Verfestigung und Reformverdrossenheit; denn es war trotz gewisser Erfolge in der Verbesserung der Situation in den Grundschulen der Länder nicht gelungen, neben neuen Curricula *zugleich* andere ebenbürtige Bedingungsfaktoren wirksam zu verändern wie die Qualifizierung der Lehrer, die Lehrer-Schüler-Interaktionen, die Beziehungen zum außerschulischen Feld, insbesondere zu den Eltern, und institutionelle (z. B. materielle und zeitliche Voraussetzungen) und schulpolitische Aspekte.

7. Überarbeitung und Weiterentwicklung (1975 bis 1992)

Fast alle Bundesländer sahen sich genötigt, ihre Ende der sechziger bzw. Anfang der siebziger Jahre im Zuge der curricularen Reform entstandenen Lehrpläne zu überarbeiten und kritisch auszuwerten. So entstanden – in der zweiten Hälfte der siebziger Jahre beginnend (Hessen und Schleswig-Holstein), jedoch zumeist nach 1980, zuletzt im Saarland (1987) – nahezu überall neue Richtlinien und Pläne. Sie greifen zum einen die weiterwirkenden Reformergebnisse auf und führen andererseits zu den notwendigen Klärungen der Positionen. Das äußert sich zunächst darin, das inhaltliche Angebot reduziert zu haben. Darüber hinaus – und das ist das hervorstechende Charakteristikum – konzentriert man sich wieder *auf die berechtigten Ansprüche und Lernmöglichkeiten der Kinder* und korrigiert frühere Ansätze einseitiger Verwissenschaftlichung. Von situativen Anlässen ausgehend, werden kindliche Erfahrungen in wissenschaftsorientierten Lernprozessen aufzuschließen und zu klären beabsichtigt. Dazu bringt der Sachunterricht überall überzeugende Beispiele. Dem Sachrechnen wird in Mathematik wieder größeres Gewicht beigemessen, ohne auf das erforderliche Erfassen mathematischer Strukturen zu verzichten.

Die Grundschule erfährt ihre Profilierung, indem sie zur **Lebens- und Lernstätte** zurückfindet, in der das vorschulische Lernen als Basis für die strukturierende Fortführung seine unumstrittene Funktion wahrnimmt. Daher erhält der **Schulanfang** mit der Hinwendung zum Kindergarten die gebührende Akzentuierung. Die Betonung **offener Unterrichtskonzepte** steht in engem Zusammenhang mit kindbezogener, handlungsorientierter Förderung unter dem Prinzip des selbsttätigen Lernens, das sich im Sinne der Kontinuität als reformpädagogisches Erbe über die Weimarer Grundschule bis zur Gegenwart mit unverminderter Aktualität ausgewiesen hat. Offener Tagesbeginn, Freie Arbeit, Wochenplan- und Projektarbeit sowie Öffnung zum Gemeinwesen werden in mehreren Plänen direkt angesprochen. Differenzierung und Individualisierung sind die beiden zentralen Elemente des offenen Unterrichts, der darauf ausgerichtet ist, jedem Kind die ihm auf Grund seiner Lernvoraussetzungen notwendige Förderung angedeihen zu lassen, damit es zu seinen Leistungsmöglichkeiten gelangen kann.

Mit dem eindeutigen Hinweis auf die pädagogische *Verantwortung jedes Lehrers* – besonders entschieden in den Entwürfen von Nordrhein-Westfalen und dem Saarland –, seinen **Freiraum** nach den spezifischen Gegebenheiten im Verständnis der Pläne als Richtlinien voll auszuschöpfen, werden Perspektiven für einen modernen Grundschulunterricht gesetzt, der lebendiges Agieren der Kinder und motivierendes Anregen der Lehrer anstrebt.

Das Konzept Nordrhein-Westfalens besticht zudem durch einen dreijährigen Entwicklungsprozeß, an dem die Grundschulen des Landes unmittelbar beteiligt waren, so daß von einem weitgehend basisgesteuerten Curriculumvorhaben gesprochen werden kann. Schließlich sei noch auf die vorwärtsweisende Intention hingewiesen, die auch das Saarland formuliert, daß sich jede Grundschule in engem Kontakt mit ihrem Umfeld ihr eigenes pädagogisches Profil bzw. Programm aufbaut.

Die Verwirklichung der in diesen gegenwärtigen Richtlinien und Lehrplänen eröffneten, vielfach an die Reformpädagogik angelehnten Innovationen wird letztlich davon abhängen, ob es in den nächsten Jahren gelingt, *die unabdingbaren Rahmenbedingungen* zu schaffen. In erster Linie ist es heute dringend erforderlich, *mehr Zeit* für die Erziehungsbemühungen verfügbar zu haben, um den Kindern innerhalb der Schule wirklich eine Lebensstätte zu ermöglichen, in der ihnen außerhalb häufig unerfüllte existentielle Ansprüche gewährt werden können: Geborgenheit, Sicherheit, Vertrauen und Anerkennung als Grundbedingungen jeden Lebens und auch schulischen Lernens.

8. Nachtrag: Lehrplansituation 1994 (Dieter Haarmann)

Interessante strukturelle Neuerungen weisen die jüngsten Lehrplanentwicklungen auf. Die Lehrplanfortschreibung in *Baden-Württemberg* zeigt das Bemühen, die bislang unverbundenen Anforderungen der Unterrichtsfächer auszurichten auf eine ganzheitliche Persönlichkeitsentwicklung und abzustimmen auf die individuellen Lern- und Leistungsmöglichkeiten der Kinder. Hierzu wurden die jahresübergreifenden Fachpläne abgelöst durch **Jahrgangspläne** mit **fachverbindenden Schwerpunktthemen** u.a. aus den Bereichen Umwelt, Familie, Europa, Friedenssicherung, Gesundheit, Medien und Soziales. Eine ganzheitliche Betrachtung aktueller Lebensprobleme soll damit ebenso ermöglicht werden wie die Förderung von Selbständigkeit und Verantwortungsbewußtsein. Die Eingliederung der bislang in freier Trägerschaft arbeitenden Schulkindergärten als »**Förderklassen**« in die Grundschule mag helfen, den Schulanfang noch kindgerechter zu gestalten.

Der Entwurf des neuen Rahmenplans für *Hessen* geht aus von den **veränderten Lebensbedingungen** der Kinder und bindet die jahrgangsoffenen Fachpläne ein in den Zusammenhang übergreifender Erziehungs- und Bildungsaufgaben: die Gewinnung **lebensbedeutsamer Grunderfahrungen** (etwa über Sinn- und Wertfragen, Raum und Zeit, Natur und Technik, Arbeit und Konsum etc.) sowie die Bewältigung **lebenspraktischer Aufgabengebiete** (wie Gesundheits-, Sexual-, Medien-, Umwelt-, Verkehrs-, Friedens- und Rechtserziehung). Die entscheidenden Wirkungen sollen dabei nicht nur von den – z.T. fächerübergreifenden – Lerninhalten ausgehen, sondern primär von einer als **Lebens- und Erfahrungsraum** der Kinder gestalteten Schule (Aufhebung des 45-Minuten-Taktes, Spiel- und Bewegungszeiten, Raumgestaltung, Feste und Feiern, Regeln und Rituale, soziale Begegnungen, gemeinsames Lernen, freie Arbeit, Wochenplan, Projekte, außerschulische Lernorte etc.). Ein neues Schulgesetz ermöglicht den Schulen, z.B. über Einführung der vereinfachten Ausgangsschrift, ziffernlose Zeugnisse oder die Angliederung einer Förderstufe selbst zu entscheiden. In einem Modellversuch wird ein selektionsfreier **Schulanfang** erprobt mit vorgezogenen halbjährlichen Schulaufnahmeterminen und einem hochdifferenzierten Anfangsunterricht unter variabler Verweildauer.

Erschwert wird die Umsetzung kindgerechter Lehrpläne durch die bundesweite Kürzung der Unterrichts-Wochenstunden im Zuge der Sparmaßnahmen nach der deutschen Vereinigung.

Ab Schuljahr 1994/95 gelten folgende Stundentafeln:

Bundesland	Jahrgänge					zusätzliche Lehrerstunden bis zu	Schülerstunden bis zu
	1	2	3	4	1–4		
Baden-Würtemberg	20	22	24	24	90	10	100
Bayern	22	24	28	29	103	0	103
Berlin	17	20	22	24	83*	40	93*
							* ohne Religion
Brandenburg	19	21	23	24	87	42	97,5
Bremen	18	20	23	24	85	15	85
Hamburg	19	20	22	23	84	16	100
Hessen	20	20	23	24	87	16	100
Mecklenbg.-Vorpomm.	18	21	23	24	86	9	95
Niedersachsen	20	20	24	24	88	20	100
Nordrh.-Westfalen	19	21	23	24	87	4	91
Rheinland-Pfalz	18	22	26	26	92	24	100
Saarland	20	21	26	26	93	n	93 + n
Sachsen	20	22	25	26	93	8	101
Sachsen-Anhalt	21	22	23	25	91	8	99
Schleswig-Holstein	19	21	24	25	89	5	94
Thüringen	22	24	27	27	100	0	100
ehem. DDR (1972)	21	24	27	29	101	0	101

Ein Ausgleich wird gesucht durch den Ausbau von Grundschulen zu »vollen Halbtagesschulen« mit Betreuungsangeboten an festen Öffnungszeiten sowie durch zusätzliche Schüler- und Lehrerstunden für besondere Aufgaben (z.B. Förder- und Integrationsmaßnahmen).

Nach der deutschen Vereinigung stand die Umgestaltung der Grundschullehrpläne in den **neuen Bundesländern** vor besonderen Schwierigkeiten: Es mußte das stark lehrerzentrierte und ideologisch ausgerichtete Lehrplanwerk des SED-Staates ersetzt werden durch ein freiheilich-demokratisches und reformpädagogisch orientiertes Unterrichtskonzept, und das unter drastisch **verschlechterten Arbeitsbedingungen,** wie verkürzter Unterrichtszeit (s.o.), größeren Klassen, höherer Lehrerarbeitszeit und geringerer Besoldung. Vor allem die Reduzierung der Stundenzahl für den Deutschunterricht, dem in der ehemaligen DDR 11 bis 12 Wochenstunden im 1./2. Schuljahr sowie je 14 Wochenstunden im 3. und 4. Schuljahr zur Verfügung standen, dürfte die Lehrer/innen in den neuen Bundesländern vor erhebliche Probleme stellen.

Die inhaltliche Neufassung der Grundschullehrpläne erfolgte z.T. unter Hilfestellung westlicher »Patenländer«; z.B. übernahmen *Sachsen* (1992) und *Thüringen* (1993) das Konzept der **»Heimat- und Sachkunde«** von Bayern und Baden-Württemberg. Doch ging man auch eigene Wege, so *Brandenburg* (1991) in seinem Plan für eine **sechsjährige Grundschule** mit differenzierteren Fachbezügen für die Klassen 5 und 6. Bewährte Ansätze der alten DDR-Pläne werden nur zum geringen Teil weitergeführt, etwa die nun ökologisch ausgerichtete **Schulgartenarbeit** in *Mecklenburg-Vorpommern* (1991) und *Thüringen*. Begegnung mit **Fremdsprachen** sehen lediglich *Brandenburg* und *Sachsen* vor. Ingesamt zeichnen sich die noch als »vorläufig« deklarierten Grundschullehrpläne der neuen Bundesländer durch bemerkenswerte Kürze und Präzision aus; freilich sind die **Fachpläne** noch unabhängig voneinander konzipiert und auch – bis auf die Rahmenrichtlinien von *Mecklenburg-Vorpommern* – in getrennten Heften publiziert. Die allgemeinen Hinweise zu betont **kindorientierter Arbeitsweise,** zu entdeckendem, selbsttätigem, handelndem, projektorientiertem oder fächerübergreifendem Lernen etc. bleiben so weitgehend präambelhaft und erscheinen nicht durchweg didaktisch-methodisch konsequent umgesetzt. Die meisten Pläne begnügen sich mit tabellarisch aufgelisteten, z.T. zeitlich festgelegten Lernziel- und Themenvorgaben, während *Brandenburgs* Rahmenplan problemorientierte Themenvorschläge und verfahrensbezogene Qualifikationen auch argumentativ zu entfalten sucht.

Es wäre zu hoffen, daß ein intensiverer Erfahrungsaustausch zwischen Ost und West auch dazu führte, daß Bewährtes aus den neuen Bundesländern Eingang findet in die »alte« Bundesrepublik: Schulgartenarbeit an jeder Grundschule, mehr Unterrichtzeit für Deutsch, (poly)technisch ausgerichteter Sachunterricht und Ganztagsbetreuung könnten im Westen eine Bereicherung bedeuten bzw. bisher übersehene Lücken schließen.

Anmerkungen

1 GAUDIG, H.: Didaktische Präludien. Leipzig und Berlin, 2. Aufl. 1921, S. 1ff.
2 Begründet wurde diese Forderung mit einer neuen Sicht von den Heranwachsenden vor dem Hintergrund der modernen Kinderpsychologie bzw. Jugendkunde.
3 Vgl. dazu: GLÄSER, J. (Hrsg.): Vom Kinde aus. Arbeiten des Pädagogischen Ausschusses der Gesellschaft der Freunde des vaterländischen Schul- und Erziehungswesens zu Hamburg. Braunschweig 1920. Die meisten Beiträge stammen aus den Jahren 1906 bis 1909.
4 PÄDAGOGISCHE REFORM Zugleich Organ der »Hamburger Lehrmittel-Ausstellung«. Herausgegeben vom Vorstande der Garanten der »Pädagogischen Reform«. XXXII. Jahrgang. Hamburg, Mittwoch, den 17. Juni 1908. Nr. 25. Blatt 1.
5 Versuchsklassen für den Elementarunterricht, d.h. für die ersten Schuljahre gab es auch in Nordhausen, Halle, Dortmund, Leipzig, Berlin, Chemnitz, Bern, Merseburg, Zürich, Dresden, Frankfurt/M. Diese Information ist entnommen: Pädagogische Reform. A.a.O. XXXVI. Jahrgang. Hamburg, Mittwoch, den 25. September 1912. Nr. 39, Blatt 1.
6 Vgl.: LEIPZIGER LEHRER-VEREIN (Hrsg.): Die Arbeitsschule. Beiträge aus Theorie und Praxis. Arbeiten aus der Methodischen Abteilung des Leipziger Lehrervereins. Leipzig 1909. Darin u. a.: Zur Reform des Elementarunterrichts, S. 133 ff.
7 MITGLIEDER DER METHODISCHEN ABTEILUNG DES LEIPZIGER LEHRERVEREINS (Hrsg.): Gesamtunterricht im 1. und 2. Schuljahr. Zugleich ein Bericht über die Leipziger Reformklassen. Leipzig, 2. verbesserte Auflage 1920, S. 1.
8 Ebenda, S. 2.
9 Ebenda, S. 3: Fn. 1) »Der ›Gesamtunterricht‹, wie er hier vertreten wird, unterscheidet sich von dem von Berthold Otto in seiner Erziehungsschule eingeführten. Bei B. Otto ist ›Gesamtunterricht‹ ein besonderes Unternehmen, das neben dem anderen Unterricht einherläuft. Beide Arten pflegen jedoch die freie Diskussion; das ist das Gemeinsame.«
10 Vgl.: SPRINGER, J.: Aus der Praxis des modernen Elementarunterrichtes. Beispiele aus dem freien Arbeitsunterrichte der Unterstufe. Leipzig, zweite, erweiterte Auflage 1920. »Zum Geleit der neuen Auflage. Die lodernden Flammen des Weltenbrandes verglimmen. Die Waffen ruhen. Die Bahn ist wieder frei für ersprießliches Wirken und Schaffen.«
11 RICHTLINIEN ZUR AUFSTELLUNG VON LEHRPLÄNEN FÜR DIE GRUNDSCHULE Berlin, den 16. März 1921.
12 Ebenda, Eingangssätze und Allgemeines.
13 AMTLICHES SCHULBLATT Verordnungsblatt für den Verwaltungsbezirk der Regierung, Abteilung für Kirchen- und Schulwesen in Cassel. No. 7. Juli 1922. XV. Jahrgang, S. 74. Vgl. dazu: Entwurf eines Lehrplanes für den Kreis Biedenkopf. Aufgestellt von dem Lehrplanausschuß des Kreislehrervereins Biedenkopf. Langensalza 1922. Das Vorwort ist von dem damaligen Kreisschulrat Karl Eckhardt unterzeichnet, der in der sich entwickelnden Grundschulpädagogik eine führende Rolle einnahm.
S. 5: »Vorbemerkungen. Die beigegebenen Stoffpläne sollen als Beispiele gelten und sind unverbindlich. Kindes- und heimatgemäße Einstellung und arbeitsschulmäßiges Gestalten vertragen sich nicht mit zu engen Bindungen. Es bleibt dem Lehrkreise jeder einzelnen Schule überlassen, eigne Stoffpläne zu entwerfen...« Vgl. dgl.: Lehrplan für die Grundschule in Merseburg 1922.
14 vgl. dazu bes. SPRANGER, E.: Der Bildungswert der Heimatkunde. Stuttgart, 7. Auflage 1952. Der hier abgedruckte Vortrag wurde am 21.4.1923 gehalten.
15 ERZIEHUNG UND UNTERRICHT IN DER VOLKSSCHULE vom 15.12.1939 (Reichsrichtlinien für die Volksschule). Zit. nach: OTTWEILER, O.: Die Volksschule im Nationalsozialismus. Weinheim und Basel 1979, S. 161.
16 Vgl. dazu: GROTELÜSCHEN, W.: Eduard Spranger und die Heimatkunde. In: E. SCHWARTZ (Hrsg.): Von der Heimatkunde zum Sachunterricht. Braunschweig 1977, S. 24–37. S. 31: »Aber gerade darin

liegt das Erschreckende, daß es nicht nationalsozialistische Grundsätze eigener Art waren, durch die in der Hitlerzeit Unterricht und Erziehung bestimmt wurden, sondern daß der Nationalsozialismus die vorgefundenen Gedanken – sprich Ideologien – nur zu übernehmen brauchte, um sein System zu begründen.«

17 Vgl.: OTTWEILER, O.: a.a.O., S. 131ff. bes. 144 ff.

18 Ebenda, S. 145.

19 Ebenda, S. 139 f.

20 Vgl. dazu bes.: BLOOM, B. S.: Stabilität und Veränderung menschlicher Merkmale. Weinheim/Berlin/Basel 1971. Englische Originalfassung 1964.
BRUNER, J.S.: The Process of Education. Cambridge 1961. Teilübersetzung (S. 33–55): Bereitschaft zum Lernen. In: F. WEINERT (Hrsg.): Pädagogische Psychologie. Köln/Berlin 1967, S. 105-117.

21 Vgl. bes.: ROTH, H. (Hrsg.): Begabung und Lernen. Ergebnisse und Folgerungen neuer Forschungen. Stuttgart 1969.

22 Vgl.: DEUTSCHER BILDUNGSRAT EMPFEHLUNGEN DER BILDUNGSKOMMISSION: Strukturplan für das Bildungswesen. Stuttgart 1970, hier bes. S. 58–69: Curriculum. Dgl.: Zur Einrichtung eines Modellprogramms für Curriculum-Entwicklung im Elementarbereich. Stuttgart 1973. Zur Förderung praxisnaher Curriculum-Entwicklung. Stuttgart 1974.

23 Vgl. hierzu bes.: SCHWARTZ, E.: Ist die Grundschule reformbedürftig? In: Westermanns Pädagogische Beiträge H.8/1966, S. 389 ff., H.11/1966, S. 529ff. und H.12/1966, S. 572 ff.
Zu diesem und auch den anderen Punkten dieses Beitrags wird folgendes Werk empfohlen: NEUHAUS, E.: Reform der Grundschule. Darstellung und Analyse auf dem Hintergrund erziehungswissenschaftlicher Erkenntnisse. 5., überarbeitete und erweiterte Auflage der »Reform des Primarbereichs«. Bad Heilbrunn/Obb. 1991.

24 Ohne direkte Verbindung mit den ländereigenen Curriculumreformansätzen – wenn auch in der Folge nicht ohne partiellen Einfluß auf die schulische Realität – standen die in Deutschland ersten Projekte einer wissenschaftlichen Curriculumentwicklung, finanziert zunächst aus Stiftungsmitteln, die sich gleichermaßen der in den Mittelpunkt der kritischen Auseinandersetzung gerückten Vor- und Grundschulphase widmeten. Besonders sind zu nennen: a) das CIEL-Programm der Stiftung Volkswagenwerk seit 1968; b) das Marburger Grundschulprojekt, das sich von 1971 an als schulnahe Curriculumentwicklung etablierte.
BENNWITZ, H./WEINERT, F. (Hrsg.): CIEL. Ein Förderungsprogramm zur Elementarerziehung und seine wissenschaftlichen Voraussetzungen. Göttingen 1973.
GARLICHS, A./KNAB, D./WEINERT, F. (Hrsg.): CIEL II. Fallstudie zu einem Förderungsprogramm der Stiftung Volkswagenwerk zur Elementarerziehung. Göttingen 1983.
KLAFKI, W.: Schulnahe Curriculumentwicklung und Handlungsforschung im Marburger Grundschulprojekt. In: Schroedel Auswahl Reihe A 15. Hannover 1977, S. 7–33.

25 Vgl. bes.: LÜCKERT, H.-R. (Hrsg.): Begabungsforschung und Bildungsförderung als Gegenwartsaufgabe. München/Basel 1969.
SCHMALOHR, E.: Möglichkeiten und Grenzen kognitiver Frühförderung. In: Zeitschrift für Pädagogik, H1/1970, S. 1–25.

26 Siehe dazu: HORN, H.A.: Neue Richtlinien und Lehrpläne für die Grundschule. Eine vergleichende Analyse. In: Die Grundschule, H.4 Oktober '70, S. 26–35.
BOLSCHO, D.: Lehrpläne zum Sachunterricht. Eine synoptische Bestandsaufnahme des Sachunterrichts in den Lehrplänen der Länder der Bundesrepublik Deutschland. Köln 1978.

27 RICHTLINIEN UND LEHRPLÄNE FÜR DIE GRUNDSCHULE Schulversuch in Nordrhein-Westfalen. Wuppertal/Ratingen/Düsseldorf 1969, hier bes. S. 10.

HERMANN SCHWARZ

Grundschulreform heute

Plädoyer für lebensnahes und weltoffenes Lernen

Als Hauptakteure der Erneuerung haben Pädagoginnen und Pädagogen in Vorschul- und Grundschulklassen unter nicht selten schwierigen Bedingungen Zuwendung zu Kindern, innere Kraft, neue Ideen und enorme Arbeit in die Grundschule gebracht. Sie haben neue, offenere Formen des Unterrichts entwickelt und erprobt, aber auch Bewährtes erquicklich und ergiebig gestaltet. In Ausbildungsseminaren der Universität und des Studienseminars, auf Vorschul- und Grundschultagungen, in Fortbildungskursen, Lernwerkstatt, Arbeitskreisen von Lehrern und Eltern und in verschiedenen Bereichen der Schulverwaltung haben Menschen sich um eine bessere Gegenwart und Zukunft der Grundschulkinder bemüht. Ein Vorstandsmitglied des Arbeitskreises Grundschule, das die Grundschulen Europas bereiste, hat festgestellt, daß die westdeutsche Grundschule konzeptionell und an manchen – wenngleich noch zu wenigen – Stellen auch praktisch ihre Reform stärker vorangebracht hat, als wir es ohne Vergleich erkennen können.

Unter Grundschulreform verstehe ich die rational begründete, entschieden und zugleich behutsam realisierte Umgestaltung der Grundschule zum Zwecke ihrer Verbesserung. Es geht darum, bessere Bedingungen für die Lebens- und Lernentwicklung der Kinder zu schaffen, den in Schulgesetzen, Richtlinien und Lehrplänen niedergelegten gesellschaftlichen Erfordernissen gerecht zu werden, den Erkenntnissen der Erziehungswissenschaft über das Lernen von Kindern zu entsprechen und auf die tiefgreifenden Veränderungen der Heranwachsenden konstruktiv zu reagieren.

Da außerhalb der Schule vielfältige Einflüsse destruktiv auf Kinder und Jugendliche wirken, wir dem gesetzlichen Erziehungs- und Bildungsauftrag mit den bisherigen Mitteln nicht hinreichend gerecht werden und wir den Erkenntnissen, wie Grundlegung der Bildung beschaffen sein muß, zu weit hinterherhinken, müssen wir im Interesse der Kinder die Verbesserung der Grundschule verstärken.

1. Aktuelle Schwerpunkte der Grundschulreform

Ziel der Reform bleibt die gemeinsame, ganze Halbtagsschule, die alle Kinder, Mädchen und Jungen, behinderte und nicht behinderte, Kinder aus unterschiedlichen sozialen Milieus, aus unterschiedlichen Konfessionen und unterschiedlichen Kulturen zusammenführt: zu wechselseitiger Bereicherung der einzelnen und Stärkung ihres Miteinanders (vgl. K.-H. BURK in Band I). Diese Schule hat, für alle Kinder von 8 bis 13 Uhr dauernd, genügend Zeit und damit hoffentlich auch ruhige Gelassenheit für ein vertrauengebendes, besinnliches, anregendes und heiteres Zusammenleben und für stetiges, interesseweckendes, gründliches Lernen. Diese Schule hat verläßliche Anfangs- und Schulschlußzeiten. Vorher und nachher nimmt sie diejenigen Kinder in ihre Obhut, die dessen bedürfen. In besonderen Fällen ist die Grundschule Ganztagsschule.

Ich unterlasse es, die pädagogische Konzeption einer sich reformierenden Grundschule auszubreiten. Gestern schrieb mir eine Hamburger Schulleiterin, sie freue sich, wenn die Grundschule ermutigt und kritisch begleitet werde. In der letztgenannten Funktion wähle ich hier 5 Punkte zur Gestaltung des Unterrichts aus, auf die wir nach meiner Beobachtung mehr achten müßten als bisher:

1. Im hamburgischen Schulgesetz findet sich jener großartige Satz, nach dem die Schule »den jungen Menschen von Anbeginn an als Subjekt innerhalb des Lernprozesses begreifen« soll. Diesem Willen des Souveräns sollten wir entsprechen, indem wir die Kinder durch behutsame Hinführung noch besser als bisher unterstützen, zunehmend selbstverantwortlich sich an Regeln haltend mit Erfolg zu lernen und als Gruppe der Lernenden ihre großen Fähigkeiten zur Mitgestaltung des Unterrichts einzubringen. Es wird immer noch unterschätzt, was Kinder können, wenn wir ihnen zur Seite stehen.

2. Die Überschüttung der Schule mit vorgefertigten Arbeitsmaterialien bestimmt im Übermaß die Lerninhalte: denn Hauptauswahlkriterium ist, ob sich das Lernmittel für selbsttätiges Arbeiten eignet; weniger wird beachtet, ob der Inhalt für Gegenwart und Zukunft der Kinder objektiv und, wenn irgend möglich, auch subjektiv bedeutsam ist. Wir müßten stärker im Blick haben, daß Unterricht Kindern zu intensiver Begegnung und Auseinandersetzung mit bedeutsamen Gehalten der Umwelt verhelfen muß, damit sie in dieser Begegnung fähiger und wissender werden. Kinder brauchen die bereichernde Begegnung mit dem sehr guten Kinderbuch, in dem Menschenleben mit Sorge und Freude, Liebe und Ablehnung, Angst und Sicherheit gespiegelt ist; sie brauchen intensive Begegnungen mit dem Gestalteten, dem wirklich guten Bild, der Skulptur. Läppisches und nur gut Gemeintes gehört nicht zur Grundlegung der Bildung. Häufiger sollten wir hingehen zu dem Baum, dem Busch, dem Tier und zu anderen Menschen. Es müßte mehr an bedeutsamen Ereignissen und Problemen gearbeitet werden. Mehr Offenheit der Schule zum Leben würde Interessen und Fähigkeiten der Kinder entwickeln helfen, mit Kultur, Natur und Gesellschaft in Dialog zu treten und zu erfahren, womit es sich im Leben zu befassen lohnt.

3. Mein Eindruck: Das wirkliche Gespräch der Klassengemeinschaft, in dem auch der Sprachschwache hinreichend zu Wort kommt und jeder die Rede des anderen mitzuvollziehen bemüht ist, in dem in die Sache eingedrungen, ein Gedanke entwickelt, Egozentrik reduziert und das Miteinander vertieft wird, – diese Gespräche müßten künftig stärker gepflegt werden als heute. Sich offen – und allmählich auch nachdenklich werdend – austauschen zu können, ist Voraussetzung für unser aller Zukunftsfähigkeit.

4. Lernen durch Herstellung eines Buches, durch Herstellung eines Biotops, durch

Herstellung von Nützlichem und Erfreulichem nimmt glücklicherweise zu, jedoch sind solche gemeinsamen lernfördernden Handlungsvorhaben sehr oft noch Ausnahmen. Auch das Lesen als produktives Erweitern der eigenen Welt wünschte man sich häufiger anzutreffen. Und müßten die Kinder in einer Schule, die zum Schreiben erziehen will, Schreiben nicht täglich in dem Sinn erleben, Wahrgenommenes, Gefühltes, Vorgestelltes, Gewolltes für sich selbst festzuhalten oder es anderen mitzuteilen? Mehr lernen durch Produktivsein gehört in die Grundschule.

5. Neben notwendig bleibender Überprüfung des Arbeitens der Kinder durch uns Erwachsene müßten wir sie noch kontinuierlicher zum Selbstüberprüfen ihrer Arbeit herausfordern und ihnen 4 oder 5 Jahre lang helfen, das zur Gewohnheit zu machen – und zwar sowohl die einzelnen als auch die Gruppe. Schulisches Lernen wird auf diese Weise sicherer und nachhaltiger. Und wenn wir es schaffen, daß Kinder die Eigenkontrolle selbst als lohnend empfinden, leisten wir einen wichtigen Beitrag zum Erreichen eines allgemeinen, in freiheitlichen Staatsordnungen wesentlichen Lernziels.

Fazit: Einem grassierenden Mißverständnis setze ich entgegen: Grundschule hat nicht nur einen gut durchdachten offenen Bezug zum einzelnen Kinde und zur Lerngruppe der Kinder nötig, mehr Offenheit zwischen den Kindern durch Gespräch und Zusammenarbeit, sondern zugleich Offenheit, Vertiefung und Präzisierung ihres Bezugs zu den Gegenständen des Lernens. Wir brauchen nicht nur die kindgerechte, sondern die kind- und sachgerechte Grundschule.

2. Zum Lernen mit Kindern

Mittelpunkt des Lernens der Pädagoginnen und Pädagogen muß das Lernen mit Kindern sein. Das ist leichter gesagt als getan. Meine Generation und noch manche Jahrgänge danach haben nicht gelernt, Lernweisen und Lernprobleme der Kinder hinreichend zu beachten oder gar kontinuierlich zu beobachten. Dieses schließt ja ein, was Grundeinstellung sein müßte: das eigene Lehrenwollen zurückstellen und sich erst in den anderen Menschen, das Kind, hineinzuversetzen. Und weil wir meist nur erkennen, was wir zumindest als Möglichkeit ahnen oder wissen, müssen wir uns bereits vorher der Fülle der inneren Möglichkeiten des Kindes im Umgang mit Menschen und Lerngegenständen bewußt sein, das heißt, sie uns in Studium, Referendariat oder uns fortbildend angeeignet haben. Hinzu kommt das riesige Repertoire an Lernhilfen, in das ich greifen und die ich person- und situationsbezogen modifizieren können muß, um dem Einzelnen und der Gruppe der Kinder zu helfen, Arbeits- und Sozialfähigkeiten zu entwickeln, sich in die größten Kulturleistungen der Menschen, das Lesen, Schreiben, Rechnen, hineinzuarbeiten und grundlegendes Können und Wissen in der Gesamtheit schulischer Lernbereiche zu gewinnen. Lassen sie hierzu bitte einen 70jährigen ein persönliches Wort sagen: Ich habe mit Grundschülern, Beobachtungsstufenschülern, Haupt- und Realschülern als Lehrer gearbeitet und habe 18jährige Jugendliche, Studierende und junge Kolleginnen und Kollegen in Kursen oder Seminaren angeleitet – es gibt nichts Anspruchsvolleres für Lehrerinnen oder Lehrer, als die notwendige Feinheit der Arbeit in der notwendigen Breite des Grundschulunterrichts zu leisten. Und weil diese hohen Ansprüche bestehen, müssen die Akteure der Reform, die Pädagoginnen und Pädagogen der Grundschule, sich selbst viel abfordern, und Verwaltung und Politik müssen ihnen mit einem kleine und große Initiativen umfassenden Maßnahmenbündel helfen.

Zu dem Bündel der Hilfen gehören: Fördern der Kindertagesheime – Senken der Vorschulklassenfrequenz auf die Frequenz der Kindergärten – Kooperativer Unterricht – Kollegium als Reformgemeinschaft – Zeit für Zusammenarbeit mit den Eltern – Intensivierte Lehrerfortbildung – Koordinationsstunden – Außerschulisches Lernen der Pädagoginnen und Pädagogen – Sonderpädagogen an Grundschulen für Integration – Pädagogen anderer Kulturen an Grundschulen – Öffentlichkeitsarbeit – Klassengrößen für individuumsgerechtes Unterrichten – Hinreichende Unterrichtszeit.

Aus diesem Bündel greife ich hier nur einige Beispiele heraus:

3. Kooperativer Unterricht

In der Schulklasse haben Grundschulpädagoginnen und -pädagogen es fast ausschließlich mit von ihnen abhängigen Kindern zu tun und erleben unmittelbare Unterrichtskritik von als sachkundig anerkannten Erwachsenen höchst selten. Diese jahrhundertealte Berufsbesonderheit ist einer der Gründe dafür, daß nicht wenige Lehrerinnen und Lehrer ihre Unterrichtsweise leicht absolutsetzen, nicht zweckdienlich genug weiterentwickeln und manchmal sogar lernbehindernde Unterrichtsstile nicht korrigieren. Aufgrund Nichtgewöhntseins an unmittelbar handlungsbezogene Verbesserungsvorschläge für den eigenen Unterricht wird deren Nutzen verkannt und – werden sie doch einmal gegeben – emotional abgewehrt. Die relativ gering entwickelte Fähigkeit, kritische Ratschläge rational aufzunehmen, und die entsprechende Scheuheit der anderen, sie zu äußern, ist so weit verbreitet, daß wir von einem entwicklungshemmenden Tabu sprechen müssen.

Kritik-Tabuisierung und reformhemmendes Nicht-Befragen eigener Gewohnheiten aufzubrechen, hat sich *kooperatives* Unterrichten als geeignet gezeigt, bei dem ein Team von 2 Lehrerinnen oder Lehrern zumindest einige Wochenstunden die Kinder gemeinsam unterrichtet.

Der tiefgehendste Vorteil ist dabei *der beim Handeln und Reflektieren im Miteinander sich vollziehende Lernprozeß.* Beim anderen mich vergewissern können, mit ihr oder ihm mich beraten, an ihr oder ihm mich orientieren, mich auseinandersetzen und eigenes Handeln nachvollziehbar begründen müssen – das läßt gründlicher bedachte Konzepte und Praktiken entwicklen. Und die Gefahr, daß vorhandene Kritikscheuheit die Ergiebigkeit des Voneinanderlernens mindert, wird allmählich geringer. Das Verantwortlichsein beider stärkt die Bereitschaft offenzulegen, was man der Kinder wegen zu tun für geboten hält. Weil kontinuierliche gemeinsame Arbeit den Kontext besser erkennen läßt, aus dem die Partnerin handelt, und weil man die Partnerschaft nicht beschädigen möchte, wird Kritik in der Regel als verständnisgetragene Bitte geäußert. Deshalb und weil Kritikabwehr, um etwas verdecken zu wollen, entfällt, und weil nicht nur die eine der anderen, sondern auch die andere der einen sich stellen muß, wird die Kritikaufnahmefähigkeit erhöht.

Daß das Spektrum an Sichtweisen und Lernhilfen eines Pädagoginnenteams vielfältiger wird und man zu zweit Binnendifferenzierung besser realisieren kann als allein, liegt auf der Hand. Und indem beide jeweils die Hauptverantwortung für die Lernbereiche übernehmen, in denen jeweils ihre Kompetenzschwerpunkte liegen, wird der Unterricht sachgerechter, ohne daß man, weil sie als Klassenlehrerteam arbeiten, die in der Grundschule möglichen Nachteile eines Fachlehrersystems in Kauf nehmen müßte.

Eines der leidigsten Probleme der Grundschule, die für jüngere Kinder schädliche Unstetigkeit des Unterrichts bei Ausfallen einer Pädagogin wäre durch ein Sich-Vertretenkönnen der beiden Kooperationslehrerinnen mitgelöst. Und: Der Besuch vormittäglicher Fortbildungsseminare mit Hospitationen würde kein Problem mehr sein. Die Verantwortlichen sollten daher Kooperationsunterricht fördern mit dem Ziel, allmählich ein Zweipädagogensystem entstehen zu lassen, das nicht unbedingt alle Stunden des Vormittags umfassen muß.

In meinem Kopf höre ich schon die Stimmen derer, die sagen: ›Das geht nicht!‹, und halte bei solch' starken Berufsveränderungen Bedenken auch für verständlich. Denn aufzugeben ist einiges: daß man nicht mehr als alleiniger Erwachsener das Sagen hat und – schlimmer – daß man die Liebe der Kinder nun teilen muß. Aber man kann Ängste und Vorbehalte durch Sich-Einüben in kooperatives Arbeiten überwinden, und der Gewinn ist groß!

Einführen ließe sich das System auf der Grundlage freiwilliger Beteiligung – der Kosten für Mehrstunden wegen eventuell zunächst nur mit einigen Kooperationsstunden in den beteiligten Klassen. Es sehr lange bei Beteiligung der einen und Nicht-Beteiligung der anderen Pädagoginnen und Pädagogen zu belassen, wäre jedoch fragwürdig: die einen würden sich mit Sicherheit bessere Teamfähigkeit und ein höheres Niveau des Könnens erwerben als die anderen, eine Chance, die im Grunde doch alle haben müßten. Daher sollte man schon heute möglichst überall unter Verwendung von Teilungsstunden zumindest damit beginnen, kooperativ zu unterrichten.

Mit hoher Wahrscheinlichkeit – die Erziehungswissenschaftler bitte ich dem mit systematischer Empirie nachzugehen – wäre das Zweipädagogensystem die für ein Verbessern der grundlegenden Schulbildung in Deutschland wirksamste Maßnahme, die Bildungspolitiker treffen können. Eine Schulverwaltung, die hierbei vorangige, machte sich um die Zukunft des Schulwesens verdient.

Kooperative Lehrerteams, wenn sie sich abkapseln, können allerdings das werden, was jüngere Menschen ›Beziehungskiste‹ nennen, kein schönes Wort für eine menschliche Beziehung; aber die Ringsum-Verbretterung der Kiste weist treffend auf das Risiko des Sich-Beschränkens auf nur die eigenen Sichtweisen. Auch Teams haben die Infragestellung ihres Unterrichts und das Einbringen weiterführender Ideen von außen nötig; daher kann kooperativer Unterricht kein Ersatz für das Kollegium als Lerngruppe und kein Ersatz für Lehrerfortbildung sein.

4. Das Lehrerkollegium als Lerngruppe

Froh können wir sein, daß – auch aufgrund von Hilfen durch Erziehungswissenschaftler und Schulverwaltung – die Zahl der Lehrerkollegien zunimmt, die sich als Lern- und Reformgemeinschaften verstehen. Diese Entwicklungstendenz sollte noch stärker als bisher gefördert werden, denn die selbst gewollte und selbst verantwortete Arbeit aller Beteiligten an der Erneuerung der eigenen Schule ist wesentliche Voraussetzung notwendiger Umdenkprozesse und wirksamen Reformhandelns; und da eine starke Heterogenität der pädagogischen Grundeinstellungen in Kollegien extrem reformhindernd sein kann, ist Hilfe von außen oft dringend anzuraten. So ist vermeidbar, daß Reformen sich auf einzelne Klassen beschränken und dort in Gefahr kommen, mangels Zustimmung und Unterstützung steckenzubleiben.

Beginn des Nachdenkens mit den eigenen Fragen, Problemen und Interessen; Klärungs- und Lösungssuche in Kenntnis der Bedingungen vor Ort; Hinzuziehen praxiserfahrener Experten aus erfolgreichen Reformschulen und Moderatoren aus dem Hochschulbereich; Sich-Verständigen auf gemeinsame Ziele; eine langfristig angelegte projektartige Arbeitsweise des Kollegiums; Einbau von Selbstkontrollinstanzen – so wird das Risiko einer nur kurzatmigen Reformaufwallung am ehesten vermieden.

Wenn ein Kollegium sich mit Grundschulreform nicht lediglich als Arbeitsinhalt befaßt, sondern sich bei der Erarbeitung selbst an die – auch für Erwachsene geltenden! – Prinzipien und Formen des Lernens hält, in denen die Schüler lernen sollen, ist das die intensivste Reformvorbereitung. In kontinuierlichem Dialog selbständig und kooperativ auf als notwendig erkannte Ziele hinarbeiten, vereinbarte Regeln einhalten, Mitverantwortung übernehmen, Toleranz üben, Ergebnisse selbst und im Miteinander überprüfen usf. – solche Arbeitsweisen und Sozialhaltungen werden im Lernen der Schulklasse wahrscheinlich erst dann überall zentrale Werte werden können, wenn sie von den Pädagoginnen und Pädagogen selbst (und auf den weiteren Leitungsebenen der Schule) durch entsprechendes eigenes Handeln verinnerlicht worden sind und so nicht nur verfahrenstechnisch, sondern als eigene Lebens- und Lernhaltung der nächsten Generation glaubwürdig vermittelt werden können.

5. Zur Lehrerfortbildung

In der Lehrerfortbildung ist zwar schon Beachtliches geleistet, jedoch müssen sich die Verantwortlichen dazu noch Neues einfallen lassen: Wie kann man denjenigen

Pädagoginnen und Pädagogen, die sich – vorwiegend aus Mangel an Zeit und Kraft – nur ungenügend fortbilden, zu wirksamer Fortbildung verhelfen? Man muß sich klar sein, daß ungleiche Fortbildung die ohnehin vorhandene Ungleichheit der Lernchancen von Kindern noch vergrößert.

Soll erreicht werden, daß die in Schulgesetzen, Richtlinien und Lehrplänen proklamierten Lernziele nicht Worte bleiben, muß Fortbildung in der Gesamtbreite der Aufgaben der Grundschule in die Breite aller Klassen der Grundschule wirken. Aus meiner Sicht ist das nur zu lösen, indem Fortbildung fest eingeplanter Bestandteil schulischer Arbeit wird.

Genügen würde es nicht, traditionelle Fortbildungsformen nur auszuweiten: Fortbildung in Form von Referaten und Gesprächen behält zwar ihren Wert, besonders, wenn das Aufgenommene durch sorgfältige Erprobung und·eventuell Modifizierung in das eigene Handeln integriert werden kann – aber diese Formen reichen nicht. Fortbildung ist am stärksten, wenn Pädagoginnen und Pädagogen durch Beobachten und Reflektieren von Lernsituationen und Möglichkeiten alternativen Unterrichtens so betroffen werden, daß sie anfangen, die in den eigenen Tiefenstrukturen verwurzelten Formen und Stile in Frage zu stellen und auf die neuen Orientierungen hin zu verändern.

Das zu erreichen, ist möglich, indem Unterricht – anderer und eigener – im Miteinander von Kolleginnen und Kollegen aus der gleichen Klassenstufe mehrerer Schulen unter Beteiligung kompetenter Stufenberater gemeinsam beobachtet und kritisch, verständnisvoll und ermutigend auf eigenes Handeln hin reflektiert wird. Das, was Hamburg in der ›dezentralen‹ Lehrerfortbildung aufgebaut hat, ist Keimzelle dieses Systems. Dieses Modell – verstärkt, vertieft, ausgeweitet, nicht sporadisch, sondern regelmäßig ergänzt durch Veranstaltungen stufenkompetenter Experten aller Lernbereiche (auch und gerade aus dem Kreis der Hochschullehrer) – könnte der Grundschule sehr großen Nutzen bringen

Eine Fortbildung dieser Effizienz ist – wenn allen die Teilnahme während des Unterrichtsvormittages möglich gemacht wird – neben kooperativem Unterricht der zweite Hauptschlüssel, mit dem die Bildungspolitik das Tor zu einem entschieden verbesserten Grundschulunterricht öffnen könnte und sollte.

6. Zur Koordination der Bildungseinrichtungen

Kinder werden in unterschiedlichen Milieus von unterschiedlichen Menschen unterschiedlich erzogen: Eltern; Kinderpflegerinnen und viele Erzieherinnen in Kindergärten und Tagesheimen; Sozialpädagoginnen und meist mehrere Lehrerinnen in der Grundschule; viele Lehrerinnen und Lehrer in weiterführenden Schulen. In diesem System blicken wir selten über die Grenzen des eigenen Bereichs. Den für gedeihliches Aufwachsen jüngerer Kinder nötigen Erziehungszusammenhang schreiben wir in Kooperationsempfehlungen; aber wir enthalten den Kindern vor, langfristig, zusammenhängend, stetig und dadurch nachhaltig positive Gewohnheiten des Arbeitens und sozialen Verhaltens zu entwickeln. Besonders an den Nahtstellen zwischen Tagesheim und Grundschule und zwischen Grundschule und Sekundarstufe werden Kinder nicht selten durch gegensätzliche Anforderungsstrukturen zu stark belastet. Unter einem Vielerlei von Einflüssen haben sich manche Kinder gegenüber pädagogischen Bemühungen bereits eine Immunschicht zugelegt.

Müßten wir daher nicht zumindest dem Gespräch zwischen den Pädagogen der einzelnen Erziehungs- und Bildungsbereiche mehr Aufmerksamkeit schenken? Durch wechselseitige Einblicke, durch Aufklären über Ziele, Prinzipien und Formen der jeweils anderen Bildungsstufe oder -einrichtung, durch Absprachen über einzelne Kinder, durch Verständlichmachen oder Modifizieren des eigenen Handelns könnten wir die gespaltene Erziehung und Bildung unserer Zeit neu zu verknüpfen suchen.

> Wir sollten endlich ernst machen mit der Parole, die Kinder aus anderen Bildungseinrichtungen ›abzuholen‹, und sollten sie nach dem Abgeben an obere Klassen eine Zeitlang beobachtend begleiten. Das brächte Stärkung der Kinder und des Lernens der Pädagogen.

Erneut an die Schulen lediglich zu appellieren, taugt dazu nicht; denn auch problembewußte Pädagoginnen, Pädagogen und Leitungen der Schulen schaffen wegen der Alltagslasten in der Regel die Abstimmungsarbeit mit den oft zahlreichen anderen Einrichtungen nicht. Nur indem Koordinationsgespräche und wechselseitige Besuche durch zweckgebundene Zuweisungen von Lehrerstunden zur festen Einrichtung auch der Grundschule werden, läßt sich das Nebeneinander zum Miteinander der Erziehenden und Bildungseinrichtungen verändern.

(Leicht gekürzte Wiedergabe des Festvortrages von Schulrat i.R. Dr. h.c. HERMANN SCHWARZ anläßlich seiner Ehrenpromotion am 20.11.1990 durch den Fachbereich Erziehungswissenschaften der Universität Hamburg; aus: Dokumentation Erziehungswissenschaft, Schriften aus dem FB 06 der Universität Hamburg, Heft 1/1991, S. 15–24).

II. Lernbereich Sprache

Spätestens seit Wilhelm von Humboldt ist bewußt, daß die Sprache – und zwar geschriebene wie gesprochene – zwei Seiten hat: eine subjektiv-kommunikative als »wirkende Kraft« und eine objektiv-regelhafte als »gestaltetes Werk«. Entsprechend hat auch der Sprachunterricht seine zwei Seiten: den spontanen Spracherwerb des Kindes (durch Nachahmen, Probieren, Selbstgestalten) und die systematische Sprachbelehrung durch die Erwachsenen (mittels Regelvermittlung, Kontrollieren und Korrigieren). Viele Wege führen damit zur Sprache, vielfältige Probleme tun sich auf vor allem beim Erwerb der Schriftsprache und beim Erlernen fremder Sprache.

ALFRED CLEMENS BAUMGÄRTNER

Zwischen Systematik und Spontaneität

Veränderungen im Deutschunterricht der Grundschule

1. Von den siebziger zu den neunziger Jahren

In den letzten beiden Jahrzehnten haben sich Wandlungen im pädagogischen Denken vollzogen, die auch die Didaktik und Methodik des Deutschunterrichts verändert haben. Wenn man Vereinfachungen nicht scheut, kann man folgende Entwicklungen herausheben:

- Die Konzeption des lernzielorientierten Unterrichts hat sich immer deutlicher als ein pädagogisches Laufgitter erwiesen, das Spontaneität und Kreativität bei Lehrern wie Schülern einschränkt. Nicht ohne Grund ist in diesem Zusammenhang von einer »Neuauflage des Herbartianismus« gesprochen worden[1]. In bewußtem Gegensatz dazu wurden Formen eines in vielfältiger Hinsicht »offenen Unterrichts« entwickelt.
- Zugleich wurde erkennbar, daß die kommunikationstheoretische Fundierung des Unterrichts zwar alte Verengungen behoben, zugleich aber neue herbeigeführt hat. Was den Deutschunterricht betrifft, gewannen die nicht-kommunikativen Sprachfunktionen (vor allem die heuristische) wieder an Bedeutung.
- Überdies stellte sich die im Zeichen eines wissenschaftsorientierten, weitgehend an der Fachsystematik ausgerichteten Unterrichts eingetretene Überbewertung kognitiver Lernziele sowie rational-intellektueller Unterrichtsverfahren als negativ heraus. Reaktion darauf war ein neues Bemühen um Kindorientierung sowohl bei der Auswahl und der Kombination als auch bei der Vermittlung der Unterrichtsgegenstände. Bezeichnenderweise sind auch die Zielsetzungen der nach 1970 extrem propagierten »Frühförderung« revidiert worden.

Solche Entwicklungen haben – im Sinne des Titels dieses Beitrags – zu einer immer noch nicht ganz ausgetragenen Spannung zwischen Systematik und Spontaneität geführt. Das soll in den folgenden Abschnitten im Blick auf zentrale Lernfelder des Deutschunterrichts der Grundschule konkretisiert werden.

2. Schriftspracherwerb

Im Bereich des Schriftspracherwerbs sind einige ehemals intensiv diskutierte Kontroversen nahezu gegenstandslos geworden (vgl. dazu VALTIN und BLUMENSTOCK in diesem Band). So wurde der Streit zwischen den Vertretern der synthetischen und der analytischen Lehrmethoden im wesentlichen zugunsten einer konvergierenden Methodenintegration überwunden, die von beiden Verfahrensweisen, die positiven Momente übernahm und die Schwächen beider zu vermeiden suchte. Daß Erstschreiben und Erstlesen in möglichst enger Verbindung miteinander stehen, im Idealfall sogar identisch sein sollten, ist heute ebenfalls weitgehend Konsens. Auch der Frage nach der Erstschrift wird keine große Bedeutung mehr zugemessen. Wie Erhebungen gezeigt haben, sind solche Details beim Lesen- und Schreibenlernen von einem bestimmten Zeitpunkt innerhalb der Entwicklung des Kindes an nicht mehr relevant. Auch bei einem Blick auf die Geschichte des Schriftspracherwerbs läßt sich feststellen, daß die Lernenden nach allen Methoden und an Hand allen Materials ihre Lernaufgabe – wenn vielleicht auch mit unterschiedlichem Arbeits- und Zeitaufwand – bewältigt haben.

Wichtiger erscheint heute die Spannung zwischen einem straff gelenkten, eng geführten und von der jeweiligen Fibel vorgegebenen planmäßig zu erarbeitenden Lehrgang im Lesen und Schreiben und freieren Formen des Schriftspracherwerbs, die den voneinander abweichenden Lernvoraussetzungen, dem unterschiedlichen Lerntempo und den divergierenden individuellen Lernweisen der Schüler gerecht zu werden versuchen. Daß es einen »Lerngleichschritt« im Lese- und Schreibunterricht nicht geben kann, ist längst zum Gemeinplatz geworden. Den Lerngleichschritt verhindert bereits die Ausgangssituation am Beginn des ersten Schuljahrs: Einige Kinder können schon lesen[2], andere haben wenigstens erste Umgangserfahrungen mit der Schrift gemacht, und eine dritte Gruppe steht dem graphischen Zeichensystem als etwas völlig Neuem gegenüber.

> Der Unterschied zwischen planmäßig herbeigeführten und sich spontan einstellenden Lernsituationen im Schreib- und Leseunterricht ist jedoch, wie überall, eine Scheinalternative; hier liegt kein Gegensatz-, sondern ein Ergänzungsverhältnis vor.

Der planmäßig und zumeist frontal durchgeführte Lese- und Schreibunterricht ist differenzierend und individualisierend durch Einzel-, Partner- und Gruppenarbeit zu ergänzen, ebenso durch den selbstbestimmten Umgang der Schüler mit Arbeitsmitteln, Spielen und Bilder- und Kinderbüchern sowie durch Drucken und Kleben von Texten in offenen Phasen des Unterrichts. Im Zusammenhang freierer Formen des Lesen- und Schreibenlernens ist auch die Konzeption von Jürgen REICHEN zu erwähnen[3]. Offen für die unterschiedlichen Lernvoraussetzungen und Lernmöglichkeiten der Kinder sollten jedoch auch die Fibeln selbst sein. Zu den Texten, die von allen Schülern auf Grund des jeweiligen Standes des Leselehrgangs rezipiert werden können, muß

– als Additum zum Fundamentum des für alle verbindlichen Textbestandes – ein Zusatzangebot von Texten für **die** Kinder treten, die zur Zeit der Einschulung in einem gewissen Ausmaß bereits lesen konnten oder die beim Lesenlernen schneller vorangekommen sind.

3. Förderung des mündlichen Sprachgebrauchs

Im Laufe der späten sechziger und frühen siebziger Jahre hat sich in der Sprachdidaktik, ausgelöst vor allem von den Ergebnissen der Untersuchungen BASIL BERNSTEINS[4], der von Bernstein selbst keineswegs intendierte Formalismus eines »kompensatorischen Sprachunterrichts« in einem erheblichen Ausmaß durchgesetzt, der milieubedingte Defizite in der Sprache vor allem der Unterschichtkinder ausgleichen sollte. Bezeichnend für diese Tendenz ist eine in der zweiten Hälfte der sechziger Jahre erstmals erschienene, aber bis heute mit einigen Veränderungen immer wieder nachgedruckte Gesamtdarstellung des Faches Deutsch, die »Didaktik der deutschen Sprache« von HERMANN HELMERS.

Trotz gelegentlicher Beteuerung des Gegenteils propagierte HELMERS letztlich doch eine zweckrationalisierte Art des »pattern drills« im zeitgenössischen Fremdsprachenunterricht, wie er namentlich in den damals installierten Sprachlabors üblich war. Dazu paßt die von Helmers ebenfalls vertretene Hochschätzung des programmierten Lernens.

Leitgedanke der mündlichen Sprachförderung bei Helmers war, »*den Schüler zum grammatisch richtigen Gebrauch der Muttersprache zu führen*«[5]. Die Veränderungen, die im Laufe der folgenden Jahre im Bereich der Förderung mündlicher Kommunikationsfähigkeit eingetreten sind, lassen sich an Hand einer andersartigen Lernzielbestimmung in der zweiten Hälfte der achtziger Jahre verdeutlichen: »*Miteinander reden können*« lautet sie in einem für diese Entwicklung exemplarischen Beitrag[6] (vgl. WALLRABENSTEIN in diesem Band). Sie bezeichnet die Abwendung vom isolierten pattern drill zur multifaktoriell bestimmten Kommunikationsförderung, bei der grammatische Richtigkeit nur ein Teilmoment unter vielen anderen ist und die paraverbalen Momente (Stimmhöhe, Tonlage, Klangfarbe usf.) ebenso wie die nonverbalen, den Sprachprozeß begleitenden (Mimik, Gestik, Augenkontakt usf.) eine wichtige Rolle spielen, nicht anders als die sprachprozeßerweiternden positiven wie negativen Handlungen und schließlich auch die Möglichkeiten des »Sprechens über das Gespräch«, also der Metakommunikation.

Auch hierbei kann es sich um kein Entweder-Oder handeln.

Selbstverständlich hat die Einführung in das Sprechen zwischen Menschen als hochkomplexe Interaktionsform des Sprachgebrauchs unbedingten Vorrang vor anderen Aufgaben des Sprachunterrichts.

Angesichts bestimmter, von spezifischen Schwierigkeiten der Schüler ausgelöster Gelegenheiten haben indessen auch die von HELMERS und seinen Nachfolgern in ihrem Stellenwert freilich zu hoch angesetzten gezielten, isolierten kompensatorischen Übungen zu bestimmten morphologischen oder syntaktischen Phänomenen ihr Recht. Die Grenzen sollten hier freilich, auch aus motivationalen Gründen, eng gezogen werden.

4. Schreiben, nicht nur an und für andere

Nach der »kommunikativen Wende« um 1970 schien Schreiben in der Schule nur noch »Schreiben an und für andere« zu sein, und das im Sinne einer »Ernstfalldidaktik« zur Durchsetzung von Schülerinteressen (»Wir möchten einen Abenteuerspielplatz«, »Wir wollen eine andere Pausenordnung« usf.)[7]. Dabei wurde die kommunikative Sprachfunktion zu Ungunsten anderer, etwa der heuristischen (Schreiben, um sich über etwas klarzuwerden) oder der konservierenden (Schreiben, um etwas festzuhalten) überakzentuiert. In der zweiten Hälfte der siebziger Jahre zeichneten sich jedoch bereits Ansätze ab, eine solche Vereinseitigung der Schreibdidaktik zu überwinden (vgl. M. BERGK in diesem Band).

Für diese Entwicklung ist charakteristisch, daß der sonst so sehr der Kommunikationstheorie verpflichtete Detlev C. KOCHAN bereits 1977 darauf hinwies, »daß eine an kommunikativen Funktionen und Strukturen festgemachte Schreibdidaktik Gefahr läuft, diejenigen Arten des Schreibens zu vernachlässigen bzw. ganz zu übergehen, die sich weniger am Adressaten als den Schreiber auf sich selbst verweisen«, nämlich »als ein Individuum mit einer je eigenen sozialen Biographie und mit daraus erklärbaren und zu verstehenden Wünschen, Versagungen, Einstellungen und Handlungen«[8].

Damit ist der Beginn dessen bezeichnet, was später »personenbezogenes Schreiben«[9] oder »personales Schreiben«[10] genannt wurde und heute als Schreibmöglichkeit in der Schule weitgehend akzeptiert ist. Dabei handelt es sich um eine Form des Schreibens, in der, wie Dietrich BOUEKE und Frieder SCHÜLEIN es formuliert haben, »das schreibende ›Ich‹ selber im Mittelpunkt steht und seine Wahrnehmung von sich selber, seine Wahrnehmung von der Welt und seine Wahrnehmung von den anderen im Schreibprozeß formuliert«[11]. Schreiben dient so der Selbstfindung, der Selbstvergewisserung und der Gewinnung von Ich-Identität – Schreiben als »pädagogisches, in gewissem Sinne sogar therapeutisches Mittel«[12].

Diese Konzeption läßt sich auf zweifache Weise kennzeichnen, zunächst inhaltlich, das heißt durch die Textarten, die bevorzugt realisiert werden sollen; in der Grundschule handelt es sich dabei vor allem um die sprachliche Fassung eigener Erlebnisse und Erfahrungen, um die Aufzeichnungen von Träumen und Tagträumen, um erlebnisbetonte Erzählungen und Schilderungen, Sprachspiele sowie um Versuche mit literarischen Formen. Hier liegen selbstverständlich Verbindungen zum Li-

teraturunterricht nahe, bzw. gehen die beiden Lernbereiche Schreiben und Literaturunterricht ineinander über.

> Zur inhaltlichen Grundlinie kommt eine methodische: Personales Schreiben ist nur möglich auf der Basis von Freiheit und Freiwilligkeit; es kann nicht angeordnet werden.

5. Sprachbetrachtung und Grammatikunterricht

Es war eine der großen Hoffnungen der Deutschdidaktik in den siebziger Jahren, die Probleme des Grammatikunterrichts durch die »Linguistisierung« des Faches, also durch die Übernahme vor allem strukturalistischer Sprachbeschreibungsmodelle, namentlich der Generativen Transformationsgrammatik Noam CHOMSKYS, bewältigen zu können. Das hatte der Systemlinguistik erneut große Aufmerksamkeit von seiten der Sprachdidaktiker eingebracht, was zugleich zu einem neuen Interesse an einem systematischen, eben am grammatischen System der Sprache und weniger am Schüler orientierten Unterricht führte. Sprachdidaktische Veröffentlichungen der frühen siebziger Jahre befaßten sich in ihrer Mehrzahl eher mit dem Problem, auf welche Weise Ergebnisse der neueren Linguistik den Schülern vermittelt werden könnten, statt mit der Frage, warum das zu geschehen habe. In diesem Zusammenhang hat Dietrich BOUEKE auf ein bezeichnendes »terminologisches Mißverständnis« hingewiesen: »*Im ›generativen‹ Modell war von ›sprachlicher Kompetenz‹ die Rede, die mit eben diesem Modell abgebildet werde, und dies führte zu dem Kurzschluß, auf dem Weg über die Verwendung dieses Modells im Grammatikunterricht könne man die sprachlichen Fähigkeiten der Kinder unmittelbar beeinflussen*[13].«

Als Gegenposition zu einem solchen systembezogenen sprachdidaktischen Ansatz darf man den »situativen Grammatikunterricht« ansehen, der sich in der zweiten Hälfte der siebziger Jahre manifestiert hat. Wie Wolfgang BOETTCHER und Horst SITTA ausgeführt haben, ist sein Grundgedanke, schulische Lebenssituationen und Lebenserfahrungen der Schüler zum Ausgangspunkt sprachlicher (aber nicht nur sprachlicher) Reflexion zu machen, also aufzuarbeiten, was die Schüler in für sie relevanten Kommunikationssituationen Tag für Tag erfahren[14] – »Situation« verstanden »*als bedeutungsvoller Ausschnitt der von einer Person erfahrenen Wirklichkeit, der für diese Person kohärent, zusammenhängend ist*«[15]. Selbstverständlich gestattet ein solcher Situationsbegriff keine Vorentscheidungen über die Auswahl der aufzuarbeitenden sprachlichen Phänomene oder gar deren Systematik.

In der Schulpraxis durchgesetzt hat sich freilich eher die Konzeption des »integrativen Grammatikunterrichts«, die eine Systematik der zu behandelnden Kommunikationssituationen zuläßt, die der Unterrichtsarbeit Kurscharakter verleiht und somit eine kontinuierliche Förderung der Sprachfähigkeit der Schüler ermöglicht.

> »*Ausgangspunkt aller sprachlichen Reflexion ist hier*«, so WOLFGANG MENZEL, »*die einzelne Sprachhandlung, sind Situationen, sprachrelevante Inhalte.*«

In dem von ihnen gesetzten Rahmen »*wird diskutiert, gelesen, geschrieben, es werden Texte behandelt usw. – und es wird, wo es sich anbietet oder notwendig ist, auf grammatische Kategorien Bezug genommen*«[16]. Dies gilt in gewisser Weise auch für den Rechtschreibunterricht (vgl. MANN in diesem Band).

6. Umgang mit Texten

In den siebziger Jahren dominierte das Konzept des kritischen Lesens, das, wie andere Konzeptionen vor ihm, von der Vorstellung geprägt war, es gäbe **den** Sinn eines Textes, den man mit Hilfe entsprechender Analyseverfahren freilegen und dann kritisch betrachten könne. Diese Vorstellung wurde fragwürdig, als Erkenntnisse der Rezeptionsästhetik in das literaturdidaktische Denken einzudringen begannen. Eine häufig zitierte Passage von Hans Robert JAUSS markiert einen Wendepunkt auch für den Umgang mit Literatur in der Schule: »*Das literarische Werk ist kein für sich bestehendes Objekt, das jedem Betrachter zu jeder Zeit den gleichen Anblick darbietet. Es ist kein Monument, das monologisch sein zeitloses Wesen offenbart. Es ist vielmehr wie eine Partitur auf die immer erneuerte Resonanz der Lektüre angelegt*[17].«

Literaturdidaktiker, die sich dieser Auffassung vom Rezeptionsprozeß anschlossen, mußten die Ansicht aufgeben, Lesen sei Sinn*entnahme*, wie etwa Christian WINKLER es unter dem Leitgedanken des »sinnfassenden Lesens« verstanden hat[18]. Lesen wurde zu einem Akt der Sinn*gebung*, bei dem jeder Leser die »Leerstellen« oder »Unbestimmtheitsstellen« namentlich fiktionaler Texte nach Maßgabe seiner individuellen Voraussetzungen je anders füllt[19]. Den nötigen geistigen Freiraum im Unterricht vorausgesetzt, schließen auch die Schüler den vermuteten Sinn eines Textes zunächst einmal an ihr eigenes Weltverständnis an, aktualisieren den Text individuell, lesen ihn projektiv[20] (vgl. CONRADY in diesem Band).

> Für den Literaturunterricht bedeutete dies den Abschied von der lange Zeit praktizierten Vorstellung, es gäbe für jeden Text eine bestimmte, allein richtige Interpretation – womöglich festgeschrieben von der Autorität eines Literaturwissenschaftlers – und der Lehrer als Experte in literarischen Angelegenheiten habe sie den Schülern zu vermitteln.

Damit war die Textdeutung des Lehrers zu *einer* Möglichkeit unter anderen geworfen, und die Sinnvermutungen der Schüler waren von nun an nicht weniger ernst zu nehmen als seine eigene. Mehr noch: Gerade die Interpretationsversuche der Schüler wurden zur Basis des Unterrichts.

7. Kreativität im Literaturunterricht

Die von der Konzeption des kritischen Lesens geforderte Betrachtung des literarischen Textes aus der Distanz, wobei sein Gehalt zunächst einmal in Frage gestellt wurde, konnte mit der damit notwendigerweise verbundenen einseitigen Ausrichtung auf kognitive Momente, verbunden mit der Vernachlässigung der affektiv-emotiven, nicht das wecken, was Voraussetzung jedes Literaturunterrichts ist, nämlich Freude am Lesen. Wie Gerhard HAAS es formulierte, hat der Literaturunterricht auf solche Weise »weithin den aufgeklärten Nichtleser« produziert[21].

Dieses Scheitern einer rein rationalen, kritisch-analytischen Beschäftigung mit Literatur hat in den achtziger Jahren zur Herausbildung einer neuen literaturdidaktischen Konzeption geführt, bei der auf die Entwicklung von Lesefreude und auf Lust am Text gezielt wurde, geweckt vor allem durch die eigene Produktivität der Schüler/innen.

Sie sollten nicht länger Objekt vorgeplanter Belehrung sein; ihre Subjektivität wurde ins Spiel gebracht. Medium der Texterfassung wurden nun vor allem ihre kreativen Kräfte, wie dies bereits zu Beginn unseres Jahrhunderts im Zusammenhang der pädagogischen Reformbewegungen, namentlich der Kunsterziehungsbewegung, gefordert worden war (vgl. MATTHIES, STAUDTE u.a. in diesem Band).

Die praktischen Möglichkeiten eines kreativ-produktiven Umgangs mit Texten sind breit gestreut: Texte können in bildnerische Gestaltungen umgesetzt werden (Herstellen von Illustrationen, Schutzumschlägen und Werbeplakaten, Entwickeln einer Bildergeschichte in Anlehnung an einen Text usf.); erzählende Texte können als Pantomime oder als Stegreifspiel aufgeführt oder zu einem – unter Umständen mit Musik begleiteten – Spieltext umgestaltet werden; Texte können umgeschrieben werden: durch Veränderung der Erzählperspektive, durch Versetzen der Handlung in eine andere Zeit oder durch Übertragung in eine andere literarische Gattung; Texte können expandiert werden: durch die inhaltliche Ausgestaltung von im Text selber knapp gehaltenen Darstellungen von Schauplätzen, Personen, deren Gedanken und Empfindungen, durch das Fortführen einer Geschichte mit offenem Ende; Texten kann mit Gegentexten begegnet werden usf.[22] Im Rahmen dieser literaturdidaktischen Konzeption sind eine ganze Reihe praktikabler grundschulspezifischer Umgangsformen mit literarischen Texten entwickelt worden.

8. Buchpädagogik

Nach allem, was wir über die Herausbildung von Leserpersönlichkeiten wissen, muß Buchpädagogik möglichst früh ansetzen (vgl. CONRADY in diesem Band). Leseerziehung beginnt, lange bevor das Kind lesen gelernt hat, mit Erzählen, Vorlesen und Bilderbuchbetrachten und mit Gesprächen über das Gehörte und Gesehene. Dabei erfährt das Kind unmittelbar, daß es Freude bereitet, Geschichten und Berichte, Gedichte und Lieder zu hören, nachzuerzählen, nachzusprechen oder nachzusingen. Selbst »Lesen« kommt auf dieser Stufe schon zustande, wenn das Kind sich den Text zu einem Bild gemerkt hat und ihn bei der Wiederbegegnung auswendig aufsagt. Auch das Malen von Bildern zu Texten wird allmählich möglich, ebenso das Erfinden eigener Geschichten auf Grund eines Erzählimpulses, der von einem Text oder Bild ausgeht. Solche Geschichten können von Erwachsenen aufgeschrieben und von den Kindern illustriert werden. Auf diese Weise stellen sie ihr eigenes, ganz persönliches Bilderbuch her, was ihre Bindung an das Phänomen Buch weiter verstärkt[23].

All dies weckt bei den Kindern den Wunsch, lesen zu lernen, um wie die Erwachsenen selbständig mit Büchern umgehen zu können. Diese Leselernbereitschaft kann jedoch gerade dann reduziert werden, wenn das Kind in der Grundschule lesen zu lernen beginnt. Damit wird nicht so sehr auf die Mühe gezielt, die Lernen, wie immer wir es organisieren, mit sich bringt, sondern auf die zum Teil demotivierenden Texte, an denen Lesen gelernt wird. Die Klagen über die sprachliche Fragwürdigkeit und die inhaltliche Dürftigkeit vieler Fibeln sind bekannt[24] (vgl. BLUMENSTOCK in diesem Band). Das Kind, das vor Beginn der Schulzeit Geschichten voller Anschaulichkeit und Spannung, vielleicht auch von großer sprachlicher Differenziertheit und Intensität gehört hat – denken wir an die Märchen der Brüder Grimm! –, soll nun selber Texte nach dem Muster von »M M Mama – O O Oma« lesen. Der Weg zum Buch scheint da mit einemmal unendlich lang geworden zu sein. (Daß derartige Texte auch eine negative Auswirkung auf den Sprachgebrauch eines Kindes haben, hat Dietrich PREGEL überzeugend nachgewiesen.) Gerade während des Leselehrgangs im ersten Schuljahr käme es also darauf an, durch das individuelle Betrachten von Bilderbüchern mit entsprechenden Texten in freien Lesestunden sowie durch das Vorlesen von Geschichten die Motivation zum Lesenlernen immer wieder neu zu verstärken.

Ein analoges Problem erhebt sich nach Abschluß des Erstleseunterrichts angesichts des Textangebots der Lesebücher und seiner Vermittlung im Unterricht. Vom Lesebuch führt nicht zwangsläufig ein Weg zum Lesen von Büchern. Dieser Weg kann sogar verbaut werden, wenn die Lesebuchtexte, die einen Teil der Klasse überfordern und einen anderen unterfordern, alleiniger Lesestoff bleiben und zudem auf eine Weise behandelt werden, die nur wenig zur Weckung von Lesefreude beiträgt. Schon in der Grundschulzeit muß zum Lesebuch ein reichhaltiges Angebot alternativer Lesemöglichkeiten treten, das sowohl die individuellen Fähigkeiten als auch die individuellen Bedürfnisse der Schüler berücksichtigt (vgl. CONRADY in diesem Band). Wie dieses zusätzliche Leseangebot den Schülern präsentiert wird – in einer »Leseecke«, einer Klassen- oder Schulbibliothek, durch Bücherkisten aus der Stadtbücherei usf. –, ist eine Frage der Zweckmäßigkeit, die im Blick auf die örtlichen Gegebenheiten gelöst werden muß.

Was die Förderung des Lesens ganzer Bücher, vor allem aus der Kinderliteratur, angeht, sind im Laufe der letzten Jahre eine ganze Reihe von Möglichkeiten erprobt worden: Sie reichen von freien Lesestunden, Vorlesestunden und Buchvorstellungen über Besuche von Bibliotheken und Buchhandlungen bis zu Autorenlesungen und der Gründung von Leseclubs. Mit solchen Maßnahmen, hat Klaus GERTH – wir verdanken ihm viele Hinweise dieser Art – geschrieben, bekomme Schule »einen neuen Charakter: es geht dort bisweilen ebenso zu wie in der Freizeit; und ›Lesen in der Schule‹ ist nicht immer nur eine geforderte Leistung, sondern auch ein Vergnügen«[25].

9. Gemeinsame Grundlinien

Die vorstehende knappe Überschau über einige neuere Entwicklungen im Bereich der Deutschdidaktik und ihre Auswirkungen auf den Unterricht der Grundschule hat sicher gezeigt, daß ihnen – neben der Abkehr von bestimmten, die Unterrichtsarbeit zum Nachteil für ihre Ergebnisse dominierenden globalen Theorien und Konzeptionen – ein positives Moment gemeinsam ist, nämlich eine entschiedene Hinwendung zur Schülerindividualität:

– Beim Schriftspracherwerb wird versucht, durch eine Differenzierung des Arbeitsmaterials – auch innerhalb einiger Fibeln – den unterschiedlichen Lernvoraussetzungen der Schüler und ihrem individuellen Lerntempo gerecht zu werden.
– Die Förderung des mündlichen Sprachgebrauchs ist weitgehend von einem mechanischen Drill isolierter Sprachformen weggekommen und zielt auf die Steigerung der Gesprächsfähigkeit der Schüler ab, wobei deren Lebenswelt die Gesprächsinhalte bestimmt.
– Die Form des personalen Schreibens ermöglicht den Schülern, sich selbst zum Gegenstand sprachlicher Darstellung und damit heuristischer, auf Selbsterkenntnis zielender Prozesse zu machen.
– Vor allem der situative Grammatikunterricht als Aufarbeitung tatsächlich erfahrener Kommunikationssituationen kann – neben dem sachlichen Ertrag einer Einsicht in Grundsituationen der Sprachverwendung – ebenfalls dazu beitragen, sich und andere besser zu verstehen, aber auch der systematischer angelegte integrative Grammatikunterricht geht immerhin von Sprachverwendungssituationen aus, mit deren Erscheinen im Leben der Schüler wenigstens zu rechnen ist.
– Beim Umgang mit Texten im Sinne der Rezeptionsästhetik bringen die Schüler ihre eigenen Deutungen in den Reflexionsprozeß ein, während die vielfältigen Formen der produktionsorientierten Arbeit ihnen gestattet, durch Entfaltung ihrer eigenen Kreativität die Ergebnisse Fremder zu rezipieren.

Selbstverständlich sollen auch Gefahrenmomente bei einem solch strikt schülerorientierten Deutschunterricht nicht übersehen werden: Ein differenzierter und individualisierter Schriftspracherwerb darf nicht dazu führen, daß der Erstunterricht im Lesen und Schreiben den Kurscharakter verliert, den er **auch** haben muß; wie bereits gesagt, haben bei der Förderung der mündlichen Kommunikationsfähigkeit auch gelegentliche auf sprachliche Einzelphänomene gerichtete Übungen ihren Wert; personales Schreiben kann nicht nur zur Selbstvergewisserung, sondern auch zu autistischer Selbstbespiegelung führen, unter der die sozialen Kontakte leiden; bei einer bloß situationsbezogenen Reflexion über Sprache droht der Blick auf deren Gesamtzusammenhang verloren zu gehen; die ja doch nur innerhalb eines bestimmten Rahmens gegebene Deutungsbreite literarischer Texte darf nicht zum Anlaß willkürlicher und dann vom Text nicht mehr zu rechtfertigender Sinnzuschreibungen werden; und schließlich sind literarische Texte nicht nur Spielmaterial für Schüler, sondern haben einen Eigenwert, der respektiert sein will.

Anmerkungen

1 E. GERR: Von geschlossenen zu offenen Lernformen. – In: Lehrer Journal – Grundschulmagazin, 1991, H. 2, S. 4–7. – Hier: S. 4.

2 Vgl. E. NEUHAUS-SIEMON: Frühleser. Ergebnisse einer Fragebogenerhebung in den Regierungsbezirken Unterfranken und Köln. – In: Zeitschrift für Pädagogik, 1991, Nr. 2, S. 285–308.

3 Vgl. J. REICHEN: Lesen durch Schreiben. – Zürich[4] 1990.

4 Vgl. B. BERNSTEIN: Studien zur sprachlichen Sozialisation. – Düsseldorf 1972.

5 H. HELMERS: Didaktik der deutschen Sprache. Einführung in die Theorie der muttersprachlichen und literarischen Bildung. – Stuttgart 1969. – S. 63.

6 Vgl. A. LINKE und H. SITTA: Gespräche: miteinander reden. – In: Praxis Deutsch, 1987, H. 83, S. 14–25.

7 Vgl. W. BOETTCHER u.a.: Schulaufsätze – Texte für Leser. – Düsseldorf 1973.

8 C.D. KOCHAN: Schreiben für sich und über sich. Ein Aufgabenfeld der modernen Schreibdidaktik. In: Praxis Deutsch. 1977. H. 26, S. 11–17. – Hier: S. 13.

9 Vgl. W. BOETTCHER: Schreiben im Deutschunterricht der Sekundarstufe I – Bilanz, Neuansätze. – In: Mitteilungen des deutschen Germanistenverbandes, 1982, S. 4–14.

10 Vgl. D. BOUEKE und F. SCHÜLEIN: »Personales Schreiben«. Bemerkungen zur neueren Entwicklung der Aufsatzdidaktik. – In: D. BOUEKE und N. HOPSTER (Hrsg.): Schreiben lernen. – Tübingen 1985. – S. 277–301.

11 BOUEKE und SCHÜLEIN, a.a.O., S. 283.

12 J. FRITZSCHE: Aufsatzunterricht und semantisches Lernen. – In: Projekt Deutschunterricht. Bd. 10.: Kommunikative Übungen – Sprachgebrauch. Stuttgart 1976. S. 1–18. – Hier S. 17.

13 D. BOUEKE: Systematischer oder integrativer Grammatikunterricht? Zur Methodik des Sprachunterrichts. – In: Wieviel Grammatik braucht der Mensch? Loccumer Protokolle, 1982, Nr. 27, S. 68–81. – Hier: S. 70.

14 Vgl. W. BOETTCHER und H. SITTA: Der andere Grammatikunterricht. – München 1978.

15 W. BOETTCHER und H. SITTA: Grammatik in Situationen. – In: Praxis Deutsch, 1979, H. 34, S. 12–21. – Hier: S. 17.

16 W. MENZEL: Grammatikunterricht. – In: Jürgen BAURMANN und Otfried HOPPE (Hrsg.): Handbuch für Deutschlehrer. Stuttgart 1984. – S. 339–361. – Hier: S. 344.

17 H.R. JAUSS: Literaturgeschichte als Provokation. – Frankfurt 1970. – S. 171f.

18 Vgl. C. WINKLER: Sinnfassendes Lesen. – In: Alexander BEINLICH (Hrsg.): Handbuch des Deutschunterrichts im 1. bis 10. Schuljahr. Bd. II. Emsdetten[5] 1970. – S. 851–882.

19 Vgl. W. ISER: Die Appellstruktur der Texte. Unbestimmtheit als Wirkungsbedingung literarischer Prosa. – Konstanz 1970.

20 Vgl. G. FRANK und J. STEPHAN: Der Schüler als Leser. Textrezeption und Literaturunterricht. – Freiburg 1979.

21 G. HAAS: Lesen in der Schule – nicht (nur) für die Schule. – In: Westermanns Pädagogische Beiträge, 1976, H. 10, S. 585–591. – Hier: S. 590.

22 Vgl. G. HAAS: Handlungs- und produktionsorientierter Literaturunterricht in der Sekundarstufe I. – Hannover 1984. – G. WALDMANN: Grundzüge und Praxis eines produktionsorientierten Literaturunterrichts. – In: N. HOPSTER (Hrsg.): Handbuch »Deutsch« für Schule und Hochschule. Sekundarstufe I. Paderborn 1984. – S. 98–141.

23 J. APPELT: »Lesen« vor dem Lesen. – In: H.J. IPFLING (Hrsg.): Leseerziehung an Grund- und Hauptschulen. Bericht über einen Kongreß des Bayerischen Lehrer- und Lehrerinnenverbandes. – München 1989. – S. 25–31.

24 Vgl. D. PREGEL: Sprache und Texte in Leselehrgängen. – In: J. OSSNER und H. MELENK (Hrsg.): Methoden der Sprachdidaktik. Methoden im Sprachunterricht. Beiträge des V. Symposiums Deutschdidaktik. – Ludwigsburg 1984. – S. 100–113.

25 K. GERTH: Literarisches Leben in der Schule. In: Praxis Deutsch, H. 52, 1982, S. 15–21. – Hier: S. 16.

WULF WALLRABENSTEIN

Miteinander sprechen

Mündliche Kommunikation als Basis des Sprachlernens

1. Einführung

Wie verstehen wir heute die Formel »Mündliche Kommunikation« angesichts veränderter Kinder in einer Grundschule mit vielfältigen Innovationen? Wie stellen wir uns eine sinnvolle und ermutigende Praxis des Sprachlernens vor – bei sich neu entwickkelnden gesellschaftlichen Bedingungsfeldern mit z.T. sinnentleerten und problemhaltigen Perspektiven für Kinder? Wie kann das Miteinandersprechen im Schulalltag, die Gesprächserziehung im Deutschunterricht, die Verständigung im Unterricht das notwendige Zusammenleben unterschiedlichster Kinder unterstützen?

Wenn wir einen Augenblick diesen Fragen nachsinnen, gerät der untrennbare und bedeutsame Zusammenhang von Sprache und Erziehung in den Blick. Er erinnert uns an die Verpflichtung, die fundamentalen sprachlichen Anlagen und Kompetenzen der Kinder in der Grundschule zu fördern und zu fordern. Aber wie?

Die pädagogische Verantwortung beginnt schlicht in der Bereitschaft, Kinder offen beim Sprechen zu »erleben«, bei den einfachsten kommunikativen Handlungen im Unterricht, also dann, wenn wir einem Kind zuhören, es ernst nehmen, uns auf seine Äußerungen einlassen, seine Persönlichkeit und sein Handeln achten: Es ist der zweite Schultag von 26 Kindern einer ersten Klasse. Nach der Einschulung hat sich die Lehrerin für die erste gemeinsame Arbeit etwas Besonderes ausgedacht. Die Kinder sitzen im Stuhlkreis – in ihrer Mitte liegt eine große, goldfarben strahlende Scheibe, die von der Lehrerin angefertigt wurde und nun ein spannender Gesprächsanlaß ist: »Was ist das? – Na klar, ein Goldtaler! – Nee, das ist eine große Sonne! – Da, die ist für unsere Klasse. – Dann fehlen aber noch die Strahlen…« Die Kinder sind von dieser Idee begeistert, die Lehrerin ist begeistert, daß die Klasse gleich so kreativ reagiert, und man beschließt, daß alle Kinder Strahlen für die gemeinsame Sonne im Klassenraum basteln und an die Scheibe ankleben. Die Lehrerin: »Kinder, ich hab' schon alles vorbereitet, da sind die Scheren, da ist Papier, und nun geht es los! – Was ist mit dir, Natalie?« Die Angesprochene schaut ziemlich unglücklich aus und sagt in die Stille hinein: »Das finde ich ganz doof, das mache ich nicht!«

Die Lehrerin läßt sich nicht »provozieren« (sie nimmt die Aussage von Natalie nicht als »Provokation« wahr) und fragt zurück: »Möchtest du etwas anderes machen?« Das Kind daraufhin: »Ja, wenn das leichter ist…« Schon in dieser schlichten

Rückfrage liegt die Chance, das Kind über die mündliche Kommunikation wirklich zu erleben, Einblick in seine Lebenswelt zu nehmen.

In dem kurzen Gespräch, daß sich aus der Fragehaltung der Lehrerin ergibt, wird eine Vorliebe von Natalie deutlich: Sie kritzelt am liebsten mit dem Bleistift. Die Lehrerin ermutigt sie, das nun auch hier zu tun. So kritzelt Natalie herum und tut das, was sie schon kann – dabei entstehen auf ihrem Blatt kleine Strichmännchen. In diesem Augenblick kommt ein anderes Mädchen dazu, das bis jetzt fröhlich mit kräftigen Plakafarben leuchtende Strahlen für die Sonne gemalt hatte – eine Tätigkeit, die dieses Mädchen schon aus dem Kindergarten kannte. Das Kind schaut neugierig Natalie über die Schulter:»Oh, das ist ja toll, diese Kinder hier, die kann man ja auf die Strahlen setzen…«

So wird Natalie (etwas überrumpelt) in den gemeinsamen Arbeitsprozeß hineingezogen und ihre Kritzelfiguren auf den Sonnenstrahlen verhelfen der Klasse zu einer besonders schönen, nicht klischeehaften Sonne, die im Abschlußkreis von allen bewundert wird. Der zweite, nun erfahrungsbezogene Gesprächsanlaß entsteht wie von selbst:»Was sind eigentlich Strahlen?« – Die Kinder erzählen, fragen, versuchen, sich verständlich zu machen, bis sich die Lehrerin einmischt und sagt:»Kinder, das ist wirklich schwer zu erklären, aber unter uns gibt es jetzt jemanden, der strahlt!« Svenja und Mathias erahnen die direkte »Sprach-Bildung« und schauen Natalie an…

2. Rahmen

Eine zusammenfassende Deutung dieser Unterrichtsszene soll nun in der Perspektive »Kind«, »Erwachsener« und »Funktionen mündlicher Kommunikation« grundlegende, *theoretische Elemente* entfalten:

2.1 Das Kind

● Das Sprechen hat seinen Ursprung in den unmittelbaren Erfahrungen der Alltagswelt, Kinder beziehen sich in der mündlichen Kommunikation auf die Wirklichkeit, die sie erleben, in der sie sich erleben (ein selbstbestimmtes kreatives Handeln ist für Natalie noch nicht ein produktives Lernmuster, das sie über Sprache umsetzen kann).

● Sprache ist vielfältig und geschmeidig; die mündliche Kommunikation erlaubt dem Kind, die Fülle der Erfahrungen auszudrücken und sie so über Begriffe und Kategorien zu verwenden, daß ein handlungsstiftender Sinn für die Mitmenschen entsteht (»strahlen« – »Strahlen«).

● Beim Sprechen kann das Kind die verschiedenen Bereiche seiner Umwelt verknüpfen, das »Hier und Jetzt« überspringen; Zeiten, Räume und andere Welten integrieren und diese anderen mitteilen und vergegenwärtigen (»… und diese Kinder hier, die kann man ja auf die Strahlen setzen…«).

2.2 Der Erwachsene

● Ein behutsames Sich-Einlassen auf die individuellen Lernmuster und Sprecher-
  fahrungen ist für die Lehrerin und den Lehrer an kommunikative Sensibilität bei
  der einzelnen Sprechhandlung zu binden, immer wieder zu überprüfen und wei-
  terzuentwickeln, um die Veränderungen, Sprechmuster und Botschaften der Kinder zu verstehen und zu fördern (die Appell-Seite der Botschaft von Natalie).
● Der mündliche Sprachgebrauch als wesentlicher Bestandteil des Lernens vor und
  während der Grundschulzeit ist ohne die prägenden kommunikativen Handlungs-
  erfahrungen in institutionellen Systemen (Familie, Schule) nicht denkbar und erfordert deshalb überlegte (Sprech-)Inszenierungen von Unterricht (z.B. das offene System Morgen/Abschlußkreis).
● Die Förderung der Fähigkeit des Sprechens mit der Ausbildung bestimmter Fertigkeiten vom Erzählen, Berichten bis zum Argumentieren bedeutet für die Leh-
  rerin/ den Lehrer auch die Berücksichtigung sozio-kultureller Sprechnormen, um
  den Weg vom kontextbefangenen, ich-bezogenen Sprachverhalten zum auch
  sachbezogenen und analytischen Gebrauch von Sprache aufzuzeigen: Neue
  Sprachnormen lernt das Kind zuerst im Bereich der mündlichen Kommunikation
  (»Das finde ich ganz doof…«).

2.3 Die Funktionen mündlicher Kommunikation

Aus den Perspektiven »Kind« – »Erwachsener« sollen nun die »Funktionen mündlicher Kommunikation« abgeleitet und zusammengefaßt werden. Handlungsleitend
für den Unterricht ist demnach ein

● **grundschulpädagogischer Aspekt:** Mündliche Kommunikation ist zugleich
  zentrales Medium *und* Gegenstand des Unterrichts und muß deshalb für den gesamten Grundschulbereich als Sprach*förder*unterricht verstanden werden;
● **lernorientierter Aspekt:** Eine Sprechförderung kann heute nur integrativ an den
  äußerst individuellen Lernmustern und Lernvoraussetzungen deutlich unterschiedlicher Kinder mit einer lebensweltlichen Perspektive ansetzen;
● **methodischer Aspekt:** Mündliche Kommunikation erhält durch die Öffnung des
  Unterrichts, durch Formen differenzierten und praktischen Lernens, durch die
  Freie Arbeit, durch die Projektorientierung einen anderen Stellenwert und erweiterte Möglichkeiten;
● **fachdidaktischer Aspekt:** Der Aufbau einer elementaren Gesprächsgestaltung
  und das von Schülerinnen und Schülern mitbestimmte Konzept offener Sprachlernsituationen sind Grundlagen für die Umsetzung spezifischer fachdidaktischer
  Ziele im Bereich von Reden, Erzählen, Berichten, Argumentieren.

Eine systematisierende Deutung des Unterrichtsbeispiels stellt uns zwar eine Position und die grundlegenden Elemente mündlicher Kommunikation als Basis des

Sprachlernens zur Verfügung, eine explizite, *kritische* pädagogische Perspektive ist damit allerdings nur in Ansätzen gewonnen. Zweifellos ist jedoch ein kritischer Zugriff notwendig, um die übergreifende personale Kompetenz des erziehenden Erwachsenen für ein sinnvolles Sprachhandeln des Kindes sowohl in pädagogisch strukturierten Situationen als auch in seinem Alltag zu fundieren. Welche Hintergründe und Entwicklungen sind also für unsere Thematik so problemhaltig, daß sie die Alltagspraxis und die Umsetzung der skizzierten Position behindern oder gar verhindern?

Ein **erstes** Dilemma ergibt sich aus der widersprüchlichen Zielperspektive der Grundschule zwischen Fördern und Auslese, zwischen Integration und Selektion, zwischen der Normenvielfalt (»Jeder spricht anders«) und einer (unterrichtssprachlichen) Normenenge, zwischen interkulturellem Anspruch und einseitigem, vorwiegend an einer (Mittelschicht-)Sprache orientiertem Leistungsanspruch: Im Augenblick wird das kritische Bewußtsein der siebziger Jahre in bezug auf die Schichtenkorrelation des »Sprechunterrichts« fast völlig von einem allgemeinen kommunikativen und individuellem Zugriff verdeckt.

Eine **zweite** Problemlage wird im Realitätsverlust der Grundschule hinsichtlich ihrer Grundlagen sichtbar: Zunehmend »auffällige« Kinder mit einer stark veränderten Lebenswirklichkeit (z.B. Mediatisierung mit Folgen für die Sprechkompetenz), treffen auf eine Grundschule, die ihren didaktischen Ansatz und die Strukturierung von Sprachlernprozessen auf die »Normalität« früherer Kindergenerationen mit selbstverständlichen kommunikativen Grundkompetenzen bezieht. Heutige Defizite wie »Erörterungstaubheit« (Schwäche, eigenes Handeln sprachlich zu begründen, zu reflektieren) und »Sozialblindheit« (Egozentrik, mangelnde »Wir-Kompetenz«) sind jedoch substantielle Beeinträchtigungen gemeinsamen kommunikativen Handelns und individuellen Sprachlernens.

Ein **drittes** Dilemma ergibt sich aus den deutlich zunehmenden Differenzierungsnotwendigkeiten, dem damit wachsenden Zeitbedarf für die »Sprachlernarbeit« in der Grundschule und der gleichzeitig immer deutlicher erfahrenen *Zeitnot*.

Sprachliches Lernen, Begriffsbildung, Lernberatung in der Freien Arbeit, die »allmähliche Verfertigung des Gedankens« im Sitzkreis, die Sinnfindung in Projekten, das Erlernen der Zusammenarbeit über das gemeinsame Besprechen im »Klassenrat« – alles das braucht zusätzliche Zeit (Kooperationsfähigkeit kann man nicht einfach an die Tafel schreiben), die bei der mündlichen Kommunikation (weil nicht berechenbar) eher eingespart wird als in anderen Lernbereichen. Die Auflösung solcher und anderer Widersprüchlichkeiten reicht weit über den skizzierten Rahmen »Mündliche Kommunikation« hinaus, eine Entwicklung veränderter Vorstellungen für den Lernbereich ist jedoch zwingend notwendig und wird hier ansatzweise versucht.

Die einleitend schon angedeuteten Möglichkeiten sollen jetzt nach einem kurzen »Rückblick« auf die Entwicklung des Lernfeldes »Mündliche Kommunikation« durch Einblicke zu den »Grundsätzen«, »Zielen« und zur »Praxis« präzisiert werden.

3. Rückblick

Die Eigenständigkeit des Mündlichen als Basis des Sprachlernens wird dann besonders deutlich, wenn man die Entwicklungen des Deutschunterrichts bilanziert und die jeweilige Funktion der mündlichen Kommunikation reflektiert. Die Aussage »Reden können sie alle, aber die Rechtschreibung muß kräftig gelernt werden« macht z.B. ein grundlegendes Paradoxon deutlich: Auf der einen Seite wird die mündliche Kommunikations*fähigkeit* als notwendige Voraussetzung jeglicher Unterrichtsarbeit quer durch alle Lernbereiche verstanden, auf der anderen Seite wird ein spezifisches Fördern, Üben, Schulen aufgrund einer diffusen Vorstellung der allgemeinen Sprechfähigkeit z.T. den »harten« Leistungsanforderungen der »Fächer« untergeordnet mit gleichzeitiger Klage über den »Sprachverlust« von Kindern.

Erst in den letzten Jahren ist ein Umdenken zu verzeichnen: Nicht die Abfolge und Orientierung an wechselnden Didaktikmodellen (wie in anderen Lernfeldern des Deutschunterrichts) wirkt nachhaltig auf das Verständnis der mündlichen Kommunikation ein, sondern eine Sensibilisierung für die neu zu bedenkenden *pädagogischen Konzeptionen* des Grundschulunterrichts mit einer für die Verständigung in der Schulklasse bedeutsamen Reflexion und Veränderung der eigenen *pädagogischen Haltung:* Die Aufmerksamkeit richtet sich verstärkt auf *das Kind* mit seinen sprachlich bedingten Lernmustern, seinen biographischen Anteilen im Kommunikationsverhalten, seinen Möglichkeiten als Interaktionspartner, seinen Interessen aus seiner Lebenswelt, seiner Einbettung *in* und seine Abhängigkeit *von* gesellschaftlichen Entwicklungen.

Dies ist dort deutlich zu erleben, wo innovative Möglichkeiten der Unterrichtsarbeit auch über eine Veränderung der Lehrerrolle entwickelt wurden, um verstärkt pädagogische Verantwortung für die neunziger Jahre übernehmen zu können – also beispielsweise im Rahmen einer kooperativen Pädagogik, bei der Zusammenarbeit in Integrationsklassen, bei der Öffnung des Unterrichts, in Morgenkreisen, bei der Lernberatung, beim entdeckenden Lernen, beim Berichten vor der Schulgemeinde, beim Klassenrat usw. Überall dort erhält die mündliche Kommunikation einen veränderten Stellenwert, der als Basis des Sprachlernens sich immer noch auf die nun über hundert Jahre alte Formel von HILDEBRAND (1890) beziehen läßt:

> »1. Der Sprachunterricht sollte mit der Sprache zugleich den *Inhalt* der Sprache, ihre Lebensgehalt voll und frisch und warm erfassen.
> 2. Der Lehrer des Deutschen sollte *nichts lehren,* was die Schüler selbst aus sich *finden* können, sondern alles das sie unter seiner Leitung finden lassen.
> 3. Das Hauptgewicht sollte auf die *gesprochene* und gehörte Sprache gelegt werden, nicht auf die geschriebene und gesehene.
> 4. Das Hochdeutsch, als Ziel des Unterrichts, sollte nicht als etwas für sich gelehrt werden, wie ein anderes Latein, sondern im engsten Anschluß an die in der Klasse vorfindliche Volkssprache oder Haussprache.«

Deutlich wird bei kritischer Überprüfung der Entwicklung des Lernbereichs: Der Umbruch zur »emanzipatorischen Didaktik« der 60er/70er Jahre, die »kommunikative Wende« der 70er Jahre und die »kindorientierte Didaktik« der 80er Jahre haben insgesamt für einen kindgeleiteten *integrativen und offenen Sprachunterricht* der 90er Jahre weniger an Veränderung der Ziele, Prinzipien und Strukturen erreicht als die aktuelle *Integration der Teilbereiche des Deutschunterrichts,* seine *Öffnung* für projektartige Wege, für die Freie Arbeit, für entdeckendes und praktisches Lernen im Zusammenhang von Sache und Sprache, für eine bedachte Individualisierung im Rahmen der Lerngemeinschaft.

Nachweise dafür ergeben sich aus kritischen Fragen nach der heutigen Einschätzung von ehemals für die mündliche Kommunikation *dominanten* Bereichen wie »Rollenspiel«, »sprachkompensatorischer Unterricht«, »Gesprächserziehung«, »Sprechhandlungssituationen« u.a.m.

Die Weiterentwicklung der Differenzierung und Öffnung der Unterrichtsarbeit muß heute über die Standards der Reformdiskussion der Grundschule (Bundesgrundschulkongreß Frankfurt 1989) hinaus in einer Phase der Klärung und Konsolidierung die veränderten gesellschaftlichen Bedingungsfelder für den Lernbereich »Mündliche Kommunikation« stärker berücksichtigen:

- Wie kann beispielsweise das Sprechen eine Institution lebendig machen, die über das bloße Unterrichten hinaus für Kinder Sinnzusammenhänge zwischen ihrer Lebenswelt und der Grundschule stiften muß?
- Wie kann kommunikatives Handeln für Schülerinnen und Schüler Beziehungsnetze knüpfen, die zusammenführen, Sicherheit und Ermutigung vermitteln?
- Wie soll mündliche Kommunikation die Kultivierung gemeinschaftsbezogener Formen wie Klassenrat, Stuhlkreis und Projektarbeit für einen *erziehenden* Unterricht unterstützen?
- Wie läßt sich das Sprechen beim entdeckenden Lernen in der Freien Arbeit so nutzen, daß frontal organisiertes Abarbeiten an Arbeitsblättern und Übungskarteien nicht zu verminderter Anschaulichkeit und Lebensbezug führt?
- Wie kann über die mündliche Kommunikation das »Denken auf eigene Rechnung«, die Beunruhigung, das »In-Frage-Stellen« und das »Fragen-stellen-Können« als notwendige Ergänzung einer bloßen Lernschule vorangetrieben werden?

4. Ziele und Begründungen

Für eine konzeptionell durchdachte und menschlich kompetent ausgeführte Arbeit im Bereich mündliche Kommunikation ist vor allem eine Orientierung an einer wirklichen Verständigung der Kinder über ihre unterschiedlichen Erfahrungen und Deutungen der Lebenswelt in den aus der Arbeit erwachsenen »Sprechlernsituationen« notwendig. Das führt zu vielfältigen kommunikativen Formen des Gesprächs über die Lösung aufregender Fragen; zu selbständig-entdeckendem Forschen mit der Notwendigkeit der Verständigung; zur gemeinsamen Beratung; zu Absprachen über die Organisation der Arbeit; zur Kommunikation über Wissen, Können, Wollen; zur Erfahrungsvertiefung autonomen Handelns durch Gespräche; zur Sinnfindung kindlichen Lebens; zur Subjektwerdung über Sprache und Sprechen u.a.m.

Die hier entfalteten Zusammenhänge können in folgenden *Zielvorstellungen* zur mündlichen Kommunikation erfaßt werden, und zwar so,

- daß der natürliche Spracherwerb im alltäglichen Sprachvollzug und nicht das System Sprache die Grundlagen der beginnenden Sprecherziehung bestimmen sollte,
- daß die sprechend zu bewältigenden Alltagssituationen in Schule, Freizeit und Familie mit ihren Möglichkeiten, Anforderungen und Grenzen der Verständigung maßgebliche Inhalte mündlicher Kommunikation darstellen,
- daß der mündliche Sprachgebrauch, der eine wesentliche Bedingung schulischen Lernens überhaupt vor und während der Grundschulzeit ist, nicht ohne die prägenden Einflüsse bedacht und beurteilt werden sollte, die Kinder und Lehrer aus ihrer Lebenswelt außerhalb der Schule mitbringen,
- daß die Kinder für die allgemeinen Aufgaben der Grundschule, die prinzipiell über die Schule hinausweisen, und für spezielle Lernziele in besonderer Weise gefordert und gefördert werden müssen, da die Sprechfähigkeiten und der Wille zur Verständigung äußerst unterschiedlich entwickelt sind.

Diese Ziele verweisen auf zwei wichtige sprachtheoretische Bedingungen:
Die in den individuellen Spracherwerbsprozessen erlernte sprachliche Fähigkeit, Analogien zu bilden, mit Begriffen Vorstellungen zu entwickeln und Regeln der Verknüpfung sprachlicher Einheiten (Grammatik im weitesten Sinne) zu übernehmen, sind Verallgemeinerungsprozesse, die wir umgangssprachlich auch als »Erfahrung« bezeichnen. Nun sind die bei solchen Verallgemeinerungsprozessen ablaufenden sprachlichen Lernvorgänge nur dann sinnvoll zu erklären, wenn wir auch davon ausgehen, daß die Lernenden die erwähnte innovatorische Fähigkeit besitzen, neue sprachliche Ausdrucksformen mit den erworbenen Regeln des Zeichengebrauchs zu erfinden.

Eine solche Vorstellung verweist auf einen hermeneutisch-pragmatischen Sprachbegriff (vgl. Apel 1973), zugleich auf den energetischen Charakter von Sprache, wie ihn schon Wilhelm von Humboldt als die der »*Sprache einwohnende Kraft, das allen gemeinschaftlich vorliegende Gebiet in das Eigentum des Geistes umzuschaffen*« bestimmt hat. Diese Denkfigur hebt auf den Zusammenhang der »Sprachlerngeschichte« des Subjektes mit seiner sozialen »Bildungsgeschichte« ab. Ein bestimmter Sinn eines sprachlichen Zeichens, die Deutung eines neuen Zusammenhanges, kann sich erst durch den sozialen Gebrauch dieses Zeichens, durch die sprachlichen Handlungen im Kontext anderer Handlungen, entwickeln.

5. Praxis

Das unserer Argumentation zugrunde liegende Verständnis mündlicher Kommunikation bedeutet in der Praxis eine sich gegenseitig bedingende Förderung der Fähigkeit des Sprechens und eine Ausbildung von bestimmten Fertigkeiten. Diese Förderung und Ausbildung können in erster Linie nicht durch eine von außen gesetzte Veränderung der Inhalte und Ziele über curriculare Vorgaben erreicht werden, sondern eher durch eine *Öffnung der Lern- und Gesprächssituationen* für die Kinder und mit ihnen.

Die Pädagogin und der Pädagoge sollten die elementaren Kontakt- und Mitteilungsbedürfnisse der Kinder im Unterricht so fördern und fordern, daß die angeführten Ziele

- in Form des *ungebundenen Sprechens, Erzählens und Berichtens* einerseits ungeplant verfolgt werden und andererseits
- allmählich in den Formen des *planenden Sprechens als argumentatives, sachbezogenes und positionsgebundenes Reden,* verbunden mit geplanten Lernzielen, geübt werden.

Welche konkreten Möglichkeiten sich dabei als Sprechanlässe, Gesprächssituationen, Sprechübungsspiele, Sprach- und Rollenspiele ergeben, soll abschließend über eine Skizzierung des Miteinander Sprechens in offenen Lernsituationen veranschaulicht werden:

Die mündliche Kommunikation wird bei solchen Unterrichtskonzepten vielfältig genutzt. Kinder müssen durch eigenaktive Sprachlernprozesse in einer anregungsreichen Lernlandschaft, z.B. bei entdeckendem Lernen bei der Freien Arbeit, Begriffe selbst erschaffen, neue Erkenntnisse auf den Begriff bringen, müssen sich über Planungen und Arbeitsvorhaben verständigen, Situationen selbständig definieren, bei Projekten sich auf unterschiedliche Sprachteilnehmer einstellen, im Helfersystem in offenen Situationen Gelerntes sprachlich adressatenbezogen weitervermitteln usw.

Insgesamt schafft also die Öffnung durch die Veränderung der Lern- und Kommunikationsprozesse eine Fülle von neuen Sprachlernsituationen, die angesichts von zunehmender Sprachlosigkeit und Sprachzerstörung bei Kindern einer zum passiven Sprachgebrauch erziehenden Massenkommunikationsgesellschaft eine wachsende Bedeutung erhalten. Besonders im Morgenkreis, Abschlußkreis und im Klassenrat werden diese Funktionen deutlich:

- *Kinder erzählen* von schulischen und außerschulischen Erfahrungen, werden Erlebnisse los, finden einen Kreis zur Darstellung ihrer Probleme.
- *Das einzelne Kind* kann sich vor und in einer Gruppe sprachlich entfalten und muß doch die Bedürfnisse der Gemeinschaft berücksichtigen.
- *Arbeitsergebnisse, Lerngegenstände und Fragen* können Anlaß für sachbezogene Verständigungen und Impulse für neue Lernprozesse im Bereich Mensch, Tier, Sache und Umwelt werden.

- *Das Besprechen von Konflikten,* die Verarbeitung schmerzlicher sozialer Lernprozesse, das Eingliedern in die Gruppe, das Philosophieren über ethische und moralische Probleme, die Entwicklung von Verantwortung, Verständnis und Rücksichtnahme sind in der Gesprächsrunde mit kultivierten Gesprächsregeln über das gemeinsame Beziehungsnetz möglich.
- *Die Entwicklung von Regeln* und Ritualen, die dem einzelnen Kind Schutz und Sicherheit geben, kann sinnvoll über einfachste Gesprächsregeln (Kinder leiten den Kreis, führen ein Protokollbuch, haben klare Zeichen für »etwas anderes erzählen« oder »dazu möchte ich etwas sagen« usw.) im Kreis begonnen werden. Kinder lernen dabei, Freiheiten verantwortlich zu nutzen, Entscheidungen mitzutragen und notwendige Arbeitsabsprachen selbst zu tätigen.
- *Die Planung und Auswertung der Arbeit,* die gemeinsame Entwicklung eines Tages- oder Wochenplans, die Auswertung von Arbeitsergebnissen, die Koordination von Gruppenaktivitäten bei Projekten, die Vorstellung neuer Lernmaterialien u.a. sind auf die (demokratischen) Möglichkeiten des Kreises angewiesen.

Die Begründung für die zentrale Funktion des Gesprächskreises liegt im Verständnis der Öffnung: Individualisierung und Offenheit erfordern sowohl Eigenverantwortung, Selbsttätigkeit als auch Mitbestimmung, soziale Verantwortung und den weiterführenden Dialog: Offener Unterricht erzeugt eine sprachfördernde Atmosphäre vor allem im Kreis. Ob Morgenkreis, gemeinsame Planung, Abschlußgespräch oder Klassenrat – das notwendige gemeinsame Überlegen, das Äußern und Absprechen von Interessen, das Verständigen über das zu Lernende erfordern die Anstrengung des Begriffs. So erlebt das Kind sein eigenes Ich, sein Wissen, bedeutungsvoll in der Erfahrung, daß auch die Perspektive der anderen etwas gilt, im Austausch von Meinungen und Erfahrungen.

Literatur

Apel, K.-O.: Der transzendentalhermeneutische Begriff der Sprache, in: Ders.: Transformation der Philosophie, Bd. II, Frankfurt/M. 1973.

Barnitzky, H.: Sprachunterricht heute, Bielefeld 1987.

Dehn, M.: Lernbereich: Sprache, in: Enzyklopädie Erziehungswissenschaft, Bd. 7, Stuttgart 1985, S. 419ff.

Fölling-Albers, M. (Hrsg.): Veränderte Kindheit – Veränderte Grundschule, Bd. 75 der Beiträge zur Reform der Grundschule, Frankfurt/M. 1989.

Hameyer, U. u.a. (Hrsg.): Innovationsprozesse in der Grundschule, Bad Heilbrunn 1992.

Hildebrand, R.: Vom deutschen Sprachunterricht in der Schule und von deutscher Erziehung und Bildung überhaupt, Leipzig/Berlin[4] 1890, S. 6.

Kochan, B.: Sprachunterricht, in: Kochan, B./Neuhaus-Siemon, E. (Hrsg.): Taschenlexikon Grundschule, Königstein 1979, S. 476f.

Tymister, H. J./Wallrabenstein, W.: Lernen im Deutschunterricht, Stuttgart 1982.

Wallrabenstein, W. u.a.: Sprache im Anfangsunterricht, München 1981.

Wallrabenstein, W.: Offene Schule – Offener Unterricht, Reinbek 1991.

PETER CONRADY

Kinderbücher – Freizeitmedium, auch fürs Lernen in der Schule

In den Zeiten vor unseren »elektronischen Welten« war die Sprache das zentrale Lernmedium. Das Gesprochene und das Geschriebene, speziell das Gedruckte, beeinflußten anerkannt alle Lebensbereiche. Dabei nahm das »Schwarz-auf-Weiße« bald eine unumschränkte Leitfunktion ein. Gedrucktes ist unabhängig von individuellen Varianten und Einflüssen, hat zeitlich und räumlich Bestand, vermittelt den Eindruck von Wichtigkeit, suggeriert Allgemeingültigkeit, wird z.T. sogar Erfahrungs- und letztlich Lebensersatz.

1. Historische Aspekte

Schon im 18. Jahrhundert lassen sich bei den Büchern für Kinder und Jugendliche die drei grundlegenden thematischen Gruppierungen klar erkennen, die sich (fast) bis in die Gegenwart auswirken:

- Erziehungsgeschichten: Pädagogik an Beispielgeschichten;
  z.B. F. E. v. ROCHOW, »Der Kinderfreund« (1776)
- Erzählungen, die Erziehung und Sachinformationen verbinden;
  z.B. J. H. CAMPE, »Robinson der Jüngere« (1779)
- Sach- und Realienbücher

Diese Themenbereiche wurden bald erweitert um Volkspoesie, Märchen insbesondere, und Abenteuererzählungen, mit allen, bisweilen versteckten Nationalismusansprüchen des vorigen Jahrhunderts. Zudem bildeten sich Bilderbogen und Bildergeschichten als eigenständige mediale Formen aus, z.B. H. HOFFMANN, »Der Struwwelpeter« (1845).

Eine Vielzahl von Autorinnen und Autoren erhoben für sich zum Anspruch, für die Jugend zu schreiben bzw. schreiben zu können. Nicht selten entstand stereotype Reihenliteratur. Gegen diese Strömungen wandte sich die Jugendschriftenbewegung in der Kunsterziehungsbewegung. Führend waren H. WOLGAST (»Das Elend unserer Jugendliteratur«, 1896) und die Jugendschriften-Warte (seit 1893), ein Zusammenschluß von Prüfungsausschüssen für die Begutachtung von Jugendschriften. In dieser Zeit entwickelten sich drei Tendenzen, die bis heute spürbar sind, inzwischen aber stärker ineinander übergehen:

- eine literarkritische Richtung (s. WOLGAST u.a.)
- eine mehr leserpsychologische Richtung (grundlegend: B. ERDMANN/R. DODGE, »Psychologische Untersuchungen über das Lesen auf experimenteller Grundlage«, 1898)
- die Bemühungen der Literaturpädagogik, zunächst die Abkehr von der sog. »Buchschule« durch die reformpädagogischen Aktivitäten.

Es war die Absicht, Kinder früh mit Büchern vertraut zu machen. Das sollte bereits in den ersten Klassen der Volksschule durch gemeinsame Lektüre geschehen. Dafür war es nötig, preisgünstige Bücher/Hefte zu haben (von ABERLE, 1891, Massenlektüre genannt; schon 1856 von HEILAND gefordert). Die erste billige Ausgabe erschien 1898 (Th. STORM, »Pole Poppenspäler«). Auch der Streit, ob das Lesebuch oder das Kinderbuch – Ganzschrift, wie es damals hieß – wichtigstes Medium im Leseunterricht sei, ebbte ab. Die »Richtlinien zur Aufstellung von Lehrplänen für die oberen Jahrgänge der Volksschule vom 15.10.1922« anerkannten die Gleichwertigkeit beider Medien. Sie machten es sogar möglich, das Lesebuch durch ein Kinder- und Jugendbuch zu ersetzen. Neben literarisch abgeschlossenen Texten erschienen bald gattungs- bzw. thematisch gruppierte Textsammlungen und auch Sachhefte, entsprechend den Wünschen der Adressaten. Um 1930 gab es etwa 200 sog. billige Reihen.

Diese Entwicklungen im Bereich der Schullektüre setzten sich nach 1950 verstärkt fort. Daneben gewannen die Taschenbücher immer mehr an Bedeutung, zunächst allerdings nur als Nachdrucke der gebundenen Ausgaben von Kinder- und Jugendliteratur. Seit einigen Jahren erscheinen immer mehr Originalausgaben sogleich als Taschenbuch, das heute auch als *Taschengeldbuch* bezeichnet wird. Dieser Begriff signalisiert einerseits einen niedrigen Preis und die so praktikable unterrichtliche Verwendung und andererseits eine mögliche Verknüpfung von schulischem und außerschulischem Lesen.

2. Thematischer Neubeginn

Um 1970 wurden aufgrund der allgemeinen gesellschaftlichen Veränderungen in der Bundesrepublik Deutschland auch die Inhalte der Kinder- und Jugendliteratur einer scharfen Kritik unterzogen. Alles bisherige galt als »Fluchtliteratur«. Dieser Vorwurf war nicht unberechtigt, weil die Kinder- und Jugendliteratur in der Folge der aggressiven Diskussion über »Schmutz-und-Schund-Literatur« in den 50er Jahren immer deutlicher in die Richtung einer mehr phantastischen Welt driftete, in der gesellschaftliche Strukturen als gegeben angesehen wurden oder unerheblich waren. Allerdings wurden dabei z.B. die ersten wichtigen Bücher zur Aufarbeitung der Nazi-Vergangenheit kaum beachtet, wie H. P. RICHTER, »Damals war es Friedrich« (1961); W. FÄHRMANN, »Es geschah im Nachbarhaus« (1968).

Nach einer kurzen Phase überwiegend sog. antiautoritärer Kinder- und Jugendliteratur (z.B. F.K. WAECHTER, »Der Antistruwwelpeter«, 1970, J. BRENDER/G. STILLER,

»Streitbuch für Kinder«, 1973) kristallisierten sich sechs Themenbereiche heraus (in den folgenden Beispielen wird auf die ersten wichtigen Bücher dieser Art verwiesen):

(1) *Dokumentarische Literatur;*
 z.B. F. HETMANN »Ich habe sieben Leben/Ernesto Che Guevara« (1972) und »Rosa Luxemburg« (1976)
(2) *Realistische Literatur;*
 z.B. P. HÄRTLING, »Das war der Hirbel« (1973) und »Oma« (1975) und »Ben liebt Anna« (1979); M. PRESSLER, »Bitterschokolade« (1980)
(3) *Neue phantastische Literatur,* geprägt von sozialer Fantasie;
 z.B. G. HERBURGER, »Birne kann alles« (1974)
(4) *Psychologisch-phantastische Literatur,* ähnlich den romantischen Kunstmärchen;
 z.B. O. PREUSSLER, »Krabat« (1972); M. ENDE, »Momo« (1973) und »Die unendliche Geschichte« (1979); wichtig auch das Buch von B. BETTELHEIM, »Kinder brauchen Märchen« (1975; dt. 1977)
(5) *Historische Literatur als* »Geschichte der kleinen Leute«;
 z.B. T. RÖHRIG, »Der Fetzer« (1975); D. REICHE, »Der Bleisiegelfälscher« (1977); U. WÖLFEL, »Jakob, der ein Kartoffelbergwerk träumte« (1980)
(6) *Anti-Kriegsliteratur;*
 z.B. G. PAUSEWANG, »Die letzten Kinder von Schewenborn« (1983), T. RÖHRIG, »In dreihundert Jahren vielleicht« (1983)

Erkennbar wird, daß es heute keine »Tabu«-Themen mehr gibt. Auch die Übergänge von der Jugendliteratur zur Erwachsenenliteratur werden fließend.

3. Kinderbuch als Buch für Kinder

Die inhaltlichen Diskussionen in den 70er Jahren führten auch dazu, die medialen Erscheinungsformen der Kinder- und Jugendbücher zu überdenken. Nunmehr wurde anerkannt, daß typografische, linguistische und bildliche Phänomene das Wahrnehmen und Lernen wesentlich beeinflussen. Die bisher erschienenen Bücher waren dahingehend eher negativ zu beurteilen. Der Verlag Maier, Ravensburg, machte 1974 mit der Reihe *Mein erstes Taschenbuch* den ersten umfangreichen Versuch, besonders die medialen Besonderheiten für Grundschulkinder zu beachten. Dieses Konzept wurde allerdings kaum weitergeführt. Erst seit 1981 beim Oetinger-Verlag, Hamburg, dann konsequenter beim Arena-Verlag, Würzburg, 1982 erscheinen Bücher, die »*vor allem den Spaß am Lesen fördern wollen, indem sie lesepädagogische Gesichtspunkte berücksichtigen*« (Arena). Inzwischen gibt es in der Bundesrepublik über 13 Verlage mit 18 Reihen, in denen mehr oder weniger gründlich, jedoch gezielt bei der Gestaltung spezifische Wahrnehmungsfähigkeiten der kindlichen Leserinnen und Leser beachtet werden.

Ein Verlag (Arena, Würzburg) hat diese konzeptionelle Idee auf den gesamten Bereich für Kinder im Grundschulalter ausgeweitet:

- ERSTLESEBUCH (vom 1. Lesejahr an)
- LiLaLeseratz (im 2. und 3. Lesejahr)
- LESEPROFI (ab dem 4. Lesejahr)

Neu (seit 1990) ist die Jugendbuch-Reihe STREIFZÜGE für leseungeübte Jugendliche, die vom Verlag Dürr & Kessler, Bad Honnef, herausgegeben wird, in der bisher sechs Jugendbücher erschienen sind.

4. Neubeginn in der Didaktik

Die Diskussion in den 70er Jahren führte auch dazu, die didaktischen Aspekte des Literaturunterrichts intensiv zu erweitern.

> Die einseitige Orientierung an dem von einer literaturwissenschaftlichen Richtung vorgegebenen Ideal sog. »Hochliteratur«, dem »Schönen-Guten-Wahren«, wurde aufgegeben. Daneben trat die Absicht, Schülern eine vielfältige Auseinandersetzung mit Schriftsprache zu ermöglichen.

Schüler = Leser sollten so aus einer staunend-genießenden Haltung herausgeführt werden. Angestrebt wurde eine mehr fragende und kritisch-distanzierte Bewertung. Es ging darum, die Lernenden zu befähigen, ihre gegenwärtigen und möglichen zukünftigen Lebenssituationen besser zu begreifen und zu reflektieren. Kinderbücher bieten da eine hervorragende Chance, ein wichtiges Thema am Einzelbeispiel konsequent zu entwickeln und auszubreiten (grundlegend: A. KRÜGER, »Kinder- und Jugendbücher als Klassenlektüre«, 1969). So ergänzen sich auch hier thematisch orientierte Lesebücher (i.S. von Anthologien) und Kinderbücher. Zudem erweiterte sich der Textbegriff auf alle Textsorten, auch auf verbale Texte und – im semiotischen Sinne – auf alle Zeichensysteme. Daraus ergibt sich im didaktischen Bereich die Möglichkeit, verschiedene mediale Produkte zum gleichen Thema vergleichend und bewertend zu analysieren. Die Vermittlung von Lesefreude und bleibendem Leseinteresse, die anfänglich vernachlässigt wurde, wird heute wieder stärker betont.

Für die unterrichtliche Arbeit mit Kinderbüchern haben sich verschiedene Möglichkeiten als sinnvoll erwiesen:

- Lesen als Informationsgewinn (sachbezogenes Lesen)
- Lesen als Lerngegenstand (schulisches Lesen)
- Lesen als Vergnügen (literales Lesen)
- verschiedene Tätigkeiten, angeregt durch Kinderbücher; wie: erzählen, fragen, untersuchen,…; spielen, …; schreiben, malen,…

– Themenvergleich mit/in verschiedenen Medien: andere Bücher, Zeitschriften, Zeitungen, Lesebuch, Rundfunk, Schallplatte/CD, Tonbandkassette, Film, Fernsehen/Video

5. Umgang mit Büchern im Unterricht

In den folgenden Anregungen sind vielfältige Hilfen für den Umgang mit Büchern im Unterricht zusammengefaßt. Diese Anregungen beziehen sich zum einen auf ein Buch (5.1) und zum anderen auf »Langzeit«-Arbeiten mit Büchern (5.2).

> Gewarnt wird aber davor, das Buchlesen zu verschulen. Ein Buch sollte darum nie länger als maximal zwei Wochen im Mittelpunkt des Unterrichts stehen, nie extensiv im Sinne des traditionellen Gesamtunterrichts ausgeschlachtet werden. **Zum Lesen verlocken** muß der Maßstab allen pädagogischen Handelns sein.

Auswahl

– Voraussetzungen der Kinder (Lesefähigkeit und Lesefertigkeit)
– Sachbezug des Buches und Erfahrungen der Kinder
– Beziehung der Kinder zur Hauptfigur des Buches
– Freude am Lesen

5.1 Unterrichtliche Möglichkeiten beim Umgang mit einem Buch

(1) Einführung durch Lehrerin/Lehrer, Kinder
– Impulse durch Titel, Umschlagbild, Autorennamen, Verlagsnamen
– Kinder blättern allein/mit der Partnerin/dem Partner, äußern sich dann
– Innenillustration(en)
– Klappentext oder Rezension
– nur Illustrationen betrachten, dann antizipieren
– Ausgang von der Autorin/dem Autoren oder der Illustratorin/dem Illustratoren
– Sachbezug/Erlebnisbereich der Kinder

(2) Häusliche Lektüre (Lesen in Phasen)
– ein Kapitel; eine bestimmte Anzahl von Seiten
– nur einige Kinder lesen zu Hause einen Teil und stellen diesen Teil in der Schule vor
– ausgewählte Kapitel als »Pflicht«-Lektüre, die anderen freiwillig (nicht jeder muß immer alles gelesen haben!)
– gezielte Lese-(inhalts-)Aufgaben
– Hausaufgaben in der Schule vorlesen, darüber sprechen

(3) Unterrichtsmethodische Arbeit
- Kreisgespräch und Meinungsaustausch
- weiterführende Leseaufgaben mit einbringen
- Klärung schwieriger/unverstandener Stellen
- Vergleich zwischen antizipiertem und tatsächlichem Handlungsverlauf
- Vorlesen wichtiger, besonders schöner, lustiger, ... Stellen
- Lesefähigkeit entwickeln und ausbilden
- gestaltendes Lesen, z.B. von Dialogteilen
- erzählen, fragen, untersuchen, ...
- mündliches/schriftliches Weiter-»spinnen«
- weitere Geschichten zum Buch erfinden
- szenische Gestaltung einzelner Stellen
- pantomimische Gestaltung einzelner Stellen
- Dialogisierung, Rollenbuch, Spiel mit Aufführung
- bildnerische Gestaltung
- musikalische Gestaltung
- plastische Gestaltung

(4) Vergleich des Sachthemas mit Darstellungen in anderen Medien:
andere Bücher, Zeitschriften, Zeitungen, Lesebuch, Rundfunk, Schallplatte/CD, Tonbandkassette, Film, Fernsehen/Video

5.2 »Langzeit«-Arbeiten mit Büchern

(1) Feste wöchentliche Lesezeit: Bücherstunde
- gemeinsam betrachten, vorlesen, dann malen, spielen, musizieren
- Lehrkraft/Kind liest Anfangskapitel, Kinder antizipieren, ein Kind liest zu Hause weiter und stellt das Buch in der nächsten Bücherstunde vor
- Kinder lesen eigene oder entliehene Bücher, Lehrerin/Lehrer liest währenddessen mit einer Kleingruppe
- Kinder lesen – vor der Ausleihe – aus spannenden Büchern vor
- Kinder stellen ihr Lieblingsbuch vor: lesen, erzählen, Bilder zeigen
- blättern und schmökern
- Werbeplakat o. ä. für andere erstellen; Figurengruppen zu einem besonders gern gelesenen Buch basteln

(2) Bücherschaukasten
Vorstellen von Büchern zu wichtigen Themen oder zu besonderen Anlässen oder zu preisgekrönten Büchern; immer mit zusätzlichen Materialien, wie Plakate, Bildern, Figuren usw.

(3) Hitliste als klasseninterne »Bestsellerliste«
Rangfolge mit Titelkärtchen an der Pinnwand

(4) **Lesetagebuch**

Notieren und Bewerten von eigenen Leseerfahrungen
- gemeinsames Lesetagebuch
- individuelles Lesetagebuch

(5) **Taschenbuchkoffer** mit etwa 20 Büchern

für Bücherstunde, Vertretungsstunden, Schullandheim

(6) **Klassenbücherei/Schulbücherei (Mediothek)**

für niedrigere Klassen eher klassenbezogen; für höhere Klassen eher schulbezogen

● Buchauswahl
- Lehrerin/Lehrer muß selbst viel lesen
- Lehrerin/Lehrer muß sich informieren: Kataloge, Auswahllisten
- Kinder nach Interessen befragen
- unterschiedliches Anforderungsniveau beachten
- pro Kind mindestens zwei Bücher
- Bestand immer wieder aktualisieren

● Finanzierung
- Klassen- und Schulfest
- Buchausstellungen, Spenden
- Bücher von Eltern (Beschaffenheit? Niveau?)
- Leihgaben aus öffentlichen Büchereien

● Aufstellung der Bücher
- Leseecke, Bücher frei zugänglich
- offene Regale
- Freiflächen
- evtl. Klarsichtfolien, um die Bücher zu schützen
- geordnet nach Themen (Farben)
- Ordnung auf einem Plakat notieren
- Karteikarten als Autorenkartei
- Karteikarten als Sachregister

● Ausleihverfahren
- in Pausen, feste Termine
- Ausleihfristen
- Kinder und Lehrerin/Lehrer gemeinsam
- kostenlos

(7) **Auswahlhilfen** für Privatlektüre geben
- Kataloge, Auswahllisten
- Buchausstellungen
- Bücherclub, Bücherbund

(8) **Öffentliche Bücherei** besuchen
- Absprache
- Vorbereitung der Kinder
- Besuch
- Ausleihe
- Information der Eltern

(9) **Buchhandlung** und Buchabteilungen in Kaufhäusern
Führungen und Veranstaltungen nach Absprache

(10) **Wie entstehen Bücher?**
Lehrerhilfe: KURT FRANZ, »Lesen macht stark« (dtv-junior 7919)
- Autorin/Autor, Illustratorin/Illustrator, Verlag, Druckerei
- selbst Buch erstellen

(11) **Autorenlesungen**
Die Vermittlung von Schullesungen erfolgt durch die Friedrich-Bödecker-Kreise der jeweiligen Bundesländer. Die Autorenverzeichnisse »Autoren lesen vor Schülern – Autoren sprechen mit Schülern« und »Grenzenlos – Autoren, Illustratoren und Übersetzer aus der DDR a. D. reisen zu Schülern« (gegen Schutzgebühr) und die Adresse des Landesverbandes sind zu erhalten: Bundesverband der Friedrich-Bödecker-Kreise e.V., Bundesgeschäftsstelle, Fischtorplatz 23, W-6500 Mainz 1; Tel. (06131) 230888.

(12) **Elternarbeit**
● Informations- und Leseabende für Eltern
Buchausstellungen: Der Börsenverein des Deutschen Buchhandels bietet jedes Jahr mehrere Wanderausstellungen kostenlos an, die thematisch zusammengestellt sind. Auskünfte über: Börsenverein des Deutschen Buchhandels e.V., Referat Wanderausstellungen, Postfach 100442, W-6000 Frankfurt/M. 1

● Auswahllisten:
Empfohlen werden
- Deutscher Jugendliteraturpreis. Hrsg. Arbeitskreis für Jugendliteratur e.V. (jährlich neu)
- Das Buch der Jugend. Hrsg. Arbeitskreis für Jugendliteratur e.V. (jährlich neu)
- von 3–8. Neue Bilderbücher, Spiele, Elternbücher. Hrsg. Deutsches Jugendschriftenwerk (jährlich neu)
Diese drei Broschüren können gegen eine Schutzgebühr bezogen werden vom: Arbeitskreis für Jugendliteratur e.V., Schlörstraße 10, W-8000 München 19.
Die umfangreichste Besprechung von deutschsprachigen Kinder- und Jugendbüchern und Hilfen für Lehrerinnen/Lehrer und Erzieherinnen/Erzieher liegt vor mit

66

den inzwischen 10 Bänden WAS SOLL ICH LESEN? Diese Bände sind zu erhalten bei der Landesarbeitsgemeinschaft Jugend und Literatur NRW, von-Werth-Straße 159, W-5024 Pulheim-Brauweiler (Schutzgebühr).

(13) **Anregungen für Lehrerinnen und Lehrer**

Von einigen Verlagen (Arena, Würzburg; dtv-junior, München; Klett, Stuttgart; Ravensburger Buchverlag, Ravensburg; rotfuchs-Rowohlt, Reinbek; Schneider, München) werden für Lehrerinnen und Lehrer Unterrichtserarbeitungen angeboten. Diese Erarbeitungen sind in der Regel Erfahrungsberichte von Lehrerinnen/Lehrern, die mit ihrer Klasse das jeweilige Buch erarbeitet haben. Es sind keine rezeptartigen Unterrichtsentwürfe, vielmehr Anregungen und Hilfen für die eigene Arbeit, um die Kinder zum Buchlesen zu verlocken. Kinder bekommen so eher Freude am Lesen und werden vielleicht zu Viel-Lesern, auch und gerade wenn wir bei all unserem Handeln bedenken, daß Kindheit heute Medien-Kindheit und Freizeit-Kindheit bedeutet (vgl. M. FÖLLING-ALBERS, Hrsg., Veränderte Kindheit – Veränderte Grundschule, 1989; G. FAUST-SIEHL u. a., Hrsg., Kinder heute – Herausforderung für die Schule, 1990).

Literatur-Anregungen

- *Zu historischen Aspekten:*
  WILD, REINER (Hrsg.): Geschichte der deutschen Kinder- und Jugendliteratur. Stuttgart (Metzler) 1990
  Handbuch zur Kinder- und Jugendliteratur. Stuttgart (Metzler):
  – Vom Beginn der Buchdruckerkunst bis 1570. Hrsg. Theodor Brüggemann/Otto Brunken, 1986
  – Von 1570 bis 1750. Hrsg. Theodor Brüggemann/Otto Brunken, 1991
  – Von 1750 bis 1800. Hrsg. Theodor Brüggemann/Hans-Heino Ewers, 1982

- *Zu allgemeinen und einzelnen Aspekten:*
  DODERER, KLAUS (Hrsg.): Lexikon der Kinder- und Jugendliteratur. Weinheim (Beltz) 1975, Bände 1–4

- *Zur gegenwärtigen Diskussion:*
  DAHRENDORF, MALTE: Kinder- und Jugendliteratur im bürgerlichen Zeitalter. Beiträge zu ihrer Geschichte, Kritik und Didaktik. Königstein (Scriptor) 1980

- *Zur literaturdidaktischen Arbeit:*
  SAHR, MICHAEL/BORN, MONIKA: Kinderbücher im Unterricht der Grundschule. Baltmannsweiler (Burgbücherei Schneider) 1985
  SAHR, MICHAEL: Problemorientierte Kinderbücher im Unterricht der Grundschule. Baltmannsweiler (Burgbücherei Schneider) 1987
  SAHR, MICHAEL: Von Anderland nach Wunderland. Phantastische Kinderbücher im Unterricht der Grundschule. Baltmannsweiler (Burgbücherei Schneider) 1990

Renate Valtin

Stufen des Lesen- und Schreibenlernens

Schriftspracherwerb als Entwicklungsprozeß

In den letzten Jahren sind in der grundlagentheoretischen und didaktischen Diskussion zum Schriftspracherwerb zwei Akzentverschiebungen zu beobachten:

a) Es werden nicht mehr nur Lesen und Rechtschreiben, sondern auch das Schreiben betont, wobei eine *erweiterte Konzeption von Schreiben* verwendet wird. Schreiben wird als komplexe, sprachliche Tätigkeit gefaßt, die verschiedene Komponenten umfaßt: die gedankliche Planung der Mitteilung, die Herstellung eines Textes, die graphomotorische Umsetzung sowie die Anwendung und Beherrschung schriftsprachlicher und orthographischer Normen. Der bislang noch vielen Richtlinien und Lehrgängen zugrundeliegende Schreibbegriff, der Schreiben als formaltechnische Fertigkeit im Sinne des Schönschreibens und der Schreibgeläufigkeit auffaßt, wird damit erheblich erweitert.

b) Die zweite Akzentverschiebung bezieht sich auf die *Rolle des Lernenden*. In Anerkennung der Ergebnisse der kognitiven Entwicklungspsychologie wird die Aktivität des Lernenden stärker betont, der sich seinen Lerngegenstand aktiv strukturiert und rekonstruiert. Das Erlernen des Lesens, Schreibens und Rechtschreibens wird als Entwicklungsprozeß betrachtet.

> D.h., die Lernenden müssen Einsichten in bezug auf Funktion und Aufbau unserer Schrift erlangen und das, was die Erfinder unseres Schriftsystems geleistet haben, für sich neu konstruieren.

Diese Einsichten werden nicht schlagartig von heute auf morgen erworben, sondern allmählich in verschiedenen Stufen, die auch mit der kognitiven Entwicklung des Kindes zusammenhängen und die sich – so zeigt eine einjährige Längsschnittuntersuchung an Vorschülern und Erstkläßlern (Valtin u.a. 1986) – bei jedem Kind beobachten lassen.

1. Lernvoraussetzungen

Vor Darlegung des Stufenmodells möchte ich einige Schwierigkeiten aufzeigen, mit denen Kinder beim Schriftspracherwerb konfrontiert sind. Wir Erwachsene neigen dazu, die Komplexität dieser Lernanforderungen zu unterschätzen, weil wir uns kaum vorstellen können, daß Kinder – zumal, wenn sie in ihrer häuslichen Umgebung nicht die Schriftsprache als Kommunikationsmittel erfahren haben – einen völlig anderen Zugang zu den schriftlichen Zeichen haben als wir.

● Zunächst einmal ist festzuhalten, daß Lesen- und Schreibenlernen eine **Sprachanalyse** erfordert, nämlich: Abstraktion vom Handlungs- und Bedeutungskontext, Konzentration auf die lautliche Seite der Sprache, Gliederung semantischer Einheiten in Wörter sowie Gliederung von Wörtern in Lautsegmente. Voraussetzung ist die Fähigkeit der **Vergegenständlichung** von Sprache, d.h. das Vermögen, Sprache bewußt zum Gegenstand der Aufmerksamkeit zu machen. Bernhard Bosch hat schon 1937 in seinem immer noch aktuellen Buch »Grundlagen des Erstleseunterrichts« (das 1984 in einem Reprint erschienen ist) auf diesen Gedanken verwiesen. Kinder haben Schwierigkeiten, die Aufmerksamkeit bewußt auf die sprachliche Form (zum Beispiel auf den Wortstamm) zu lenken und vom Handlungskontext und Bedeutungsgehalt zu abstrahieren. Auf die Frage: »*Warum heißt Geburtstag Geburtstag?*« antworten 5- und 6jährige Kinder in der Regel wie folgt: »Weil man Geschenke bekommt« oder »weil man dann Kuchen essen kann«. Oder: »Erdbeere heißt Erdbeere, weil sie rot ist«.

● Zum Lesen- und Schreibenlernen gehört auch die Einsicht, daß in einem geschriebenen Satz **alle Redeteile** aufgeschrieben werden. Es ist viel zu wenig bekannt, daß Schulanfängern normalerweise diese Einsicht fehlt: Viele Kinder glauben nämlich, daß nur Hauptwörter bzw. Hauptwörter und Verben aufgeschrieben werden, nicht aber Artikel und andere Funktionswörter. Mit Hilfe eines einfachen Verfahrens kann man prüfen, welche Vorstellungen sich Kinder über den Zusammenhang zwischen geschriebener und gesprochener Sprache machen.

Hier die Beschreibung einer Einzelbefragung: Vor den Augen des Kindes schreibt der Versuchsleiter einen Satz; z.B.: *Das Kind kauft ein Eis.* Im Anschluß daran liest er den Satz mit normaler Betonung vor, ohne einzelne Wörter besonders hervorzuheben, und bittet das Kind, den Satz zu wiederholen. Daran schließen sich folgende Fragen an: »Habe ich irgendwo ›Eis‹, ›Kind‹, ›kauft‹, ›ein‹, ›das‹ geschrieben?« Und: »Wo steht das?« Wo einzelne Textteile vom Kind noch nicht zugeordnet worden sind, deutet der Interviewer darauf und fragt: »Und was steht da?« Zum Abschluß soll das Kind den Satz noch einmal wiederholen.
Fast alle Vorschüler und Kinder der ersten Klasse meinen, nur die Nomen und das Verb seien aufgeschrieben, und sie zeigen ziemlich beliebig auf die Wörter; manche verfolgen auch eine Strategie von links nach rechts bzw. von rechts nach links, was darauf hindeutet, daß sie noch nicht die Einsicht erworben haben, daß es eine Entsprechung zwischen der Reihenfolge der gesprochenen und der geschriebenen Wörter gibt. Auf die Frage nach dem Artikel wissen die meisten Kinder keine Antwort.
Einige Kinder antworten jedoch auch mit originellen Satzerweiterungen, z.B. Niklas, fünf Jahre:

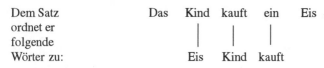

Dem Satz ordnet er folgende Wörter zu:	Das	Kind	kauft	ein	Eis
		Eis	Kind	kauft	

Befragt, was das 1. Wort »Das« bedeutet, antwortet er: »Das Kind geht in einen Eisladen und kauft sich ein Eis«. Auf die Frage, was beim letzten Wort steht, antwortet er: »Das Kind, das hat dem Eis gut geschmeckt.« Auf die abschließende Bitte, noch einmal insgesamt zu wiederholen, was dort steht, antwortet er richtig mit dem Satz: »Das Kind kauft ein Eis« und scheint sich nicht an dem Widerspruch zu stoßen, daß ein- und derselbe geschriebene Satz gleich zwei unterschiedliche sprachliche Muster darstellt.

Dieses Beispiel veranschaulicht, daß beim Schriftspracherwerb eine Einsicht in den Zusammenhang von gesprochener und geschriebener Sprache erlangt werden muß, dergestalt, daß die Reihenfolge der gesprochenen und der geschriebenen Elemente einander entspricht und daß **alle** Redeteile aufgeschrieben werden, auch die Artikel und die Funktionswörter. Zu Schulbeginn verfügen die Lernenden noch nicht über dieses Wortkonzept. Viele Erstkläßler haben sogar noch nach sechs Monaten Schulunterricht Schwierigkeiten, die Anzahl der Wörter in einem mündlich vorgesprochenen Satz zu identifizieren (weitere Ergebnisse und Untersuchungsverfahren dazu bei VALTIN u.a. 1986).

2. Das Stufenmodell der Schreibentwicklung

Im folgenden wird ein Stufenmodell vorgestellt, das es erlaubt, die Leistungen von Spontanschreibern, von sogenannten normal lernenden Kindern und auch von lese- und rechtschreibschwachen Kindern einzuordnen. Im Vergleich zu den vorhandenen Stufenmodellen (DEHN 1987, SPITTA 1986, SCHEERER-NEUMANN 1989), die sich nur auf das Verschriften einzelner Wörter beziehen, sollen hier auch Verschriftungen von Sätzen berücksichtigt werden.

Im Stufenmodell spiegelt sich die Entwicklung von vor allem zwei Erkenntnissen, die sich der Lernende aneignen muß:

– das **Wortkonzept:** In einem Satz werden alle Redeteile aufgeschrieben und zwischen den Wörtern Lücken gelassen,
– das **Phonembewußtsein:** Wörter lassen sich in lautliche Segmente zerlegen, und bestimmten Schriftzeichen sind bestimmte Lautsegmente zuzuordnen.

Die verwendeten Beispiele stammen aus einem ersten Schuljahr. Den Kindern wurden nach jeweils drei bzw. sieben Monaten Schulunterricht die folgenden drei Sätze diktiert:

1. »Ich bin ein Mädchen (bzw. ein Junge)«,
2. »Ich heiße (Name des Kindes einsetzen)« und
3. »Oma und Opa lesen«.

70

Erfaßt werden sollte einerseits, wie die Kinder einzelne Wörter verschriften, und andererseits, wie sie mit Sätzen umgehen (weitere Ergebnisse bei VALTIN u.a. 1986).

Unser Stufenmodell umfaßt sieben Etappen der Schreibentwicklung:

● **Stufe 0 = Kritzelstufe**
Schon dreijährige Kinder beginnen das Schreiben von Erwachsenen nachzuahmen. Schreiben ist für sie Nachvollziehen der Schreibbewegungen und Hinterlassen von Spuren auf Papier, meist ohne Einsicht, daß diese Spuren eine kommunikative Bedeutung haben. Auf dieser und den nächsten beiden Stufen fehlt das Wortkonzept und das Phonembewußtsein.

● **Stufe 1: Phase des Malens willkürlicher Buchstabenfolgen (willkürliche Schreibungen, Pseudo-Wörter)**
Die Kinder schreiben einzelne Buchstaben (zumeist Großantiqua) oder malen buchstabenähnliche Zeichen, aber ohne jeglichen Bezug zur Lautung der Wörter. Nach drei Monaten Schulunterricht wurde der Satz: »Ich bin ein Junge/Mädchen« wie folgt verschriftet:

MR0 ZL
ORA∓ᵗ ⱨ ᴎ
iFEϒ

● **Stufe 2: Vorphonetische Schreibungen**
Die allerersten Ansätze einer lautorientierten Schrift werden erkennbar. Die Abbildung der Rede in Schrift bleibt allerdings rudimentär, die Kinder geben nur einzelne Lautwerte wieder und lassen auch noch ganze Wörter aus. Es wird nicht in Wörter segmentiert bzw. Lücken zwischen den Buchstaben haben keine Funktion. Oliver schreibt:

ƎꝹ0 0L I VᴇЯ

»Ich heiße Oliver.«

O ᴍ ᴍ0 ꝺ A M

»Oma und Opa lesen.«

Hier noch weitere Beispiele für einzelne Wörter auf vorphonetischem Niveau: Meist wird nur der Anlaut verschriftet, z.B. »L« (für Limonade). Bei Wörtern, die mit einem nicht sehr prägnanten Vokal bzw. einem Explosivlaut plus Dauerkonsonant be-

71

ginnen, wird häufig der jeweils zweite, artikulatorisch besonders deutliche Laut verschriftet: »L« (für Elefant), »R« (für Brille).

> Diese Strategie läßt sich auch bei älteren Kindern mit schweren LRS-Schwierigkeiten beob-
> achten. Da sie wissen, daß ein Wort aus einer Buchstabenreihe besteht, setzen sie hinter den
> Anlaut gelegentlich noch weitere Buchstaben, so daß ein Pseudowort entsteht, z.B. »Ilgae-
> den« für klingen, »reiren« für kratzt (weitere Beispiele bei VALTIN 1988).

● **Stufe 3: Halbphonetisches Niveau** (»skelettartige Schreibungen«)
Die wichtigsten Laute werden nun wiedergegeben, häufig wird auch zumindest jede
Silbe durch wenigstens einen Buchstaben markiert.

EHS PETRA

»Ich heiße Petra.«

Es werden auch fast alle Wörter wiedergegeben, nur das von den Kindern als unwe-
sentlich angesehene Wort »und« fehlt häufig. Nur wenige Kinder lassen Lücken zwischen den Wörtern.

Weitere Beispiele für Skelettschreibungen:
FST (Faust), MS (Maus), VOG (Vogel), RTA (Ritter), DILT (Dietlinde). Auf dem
Wege zur phonetischen Strategie sind Kinder, die Übergangskonsonanten auslassen
(GAS für Gans, flik für flink, keis für Kreis, CERA für Zebra).

● **Stufe 4: Phonetisches Verschriften**
Auf diesem Niveau findet sich eine vollständige phonetische Abbildung aller zu hö-
renden Laute. Die Kinder orientieren sich dabei vorwiegend an ihrer eigenen Artikulation, d. h. an ihrer Umgangssprache. Sie sprechen Wörter langsam vor sich hin und
notieren dabei die bei der Artikulation auftauchenden Laute, z.B. »aien« oder »aein«
für »ein«, »ont« für »und«.
Beispiel: Daniela.

Esch Ben Aien
Metschtn

Durch das gedehnte Artikulieren entstehen auch künstlich andersartige Laute: »esch«
statt »ich«, »ben« statt »bin«, »leshn« statt »lesen«. Gelegentlich werden Übergangskonsonanten ausgelassen: »ot« oder »ut« statt »und«.

Petra:

OPA OT OMA LESHN

Bei der Wiedergabe des Satzes »Oma und Opa lesen« setzt Petra, wie einige andere Kinder auch, den Opa an die erste Stelle, ein weiterer Beleg dafür, daß sie sich an ihrer eigenen Sprache orientiert. Auch auf dieser Stufe gibt es noch Kinder, die keine oder nur gelegentlich Lücken zwischen den Wörtern lassen.

Weitere Beispiele für phonetische Verschriftungen: KATA (Kater), LEMSCHN (Lämpchen), Narchbadoaf (Nachbardorf), Tseuich (Zeug).

- **Stufe 5: Phonetische Umschrift und erste Verwendung orthographischer Muster**
Beispiel: Aus den phonetisch geschriebenen Wörtern »unt« bzw. »lesn« wird »und« bzw. »lesen«. Auf dieser Stufe entstehen viele Fehler dadurch, daß Kinder fälschlich orthographische Regelungen dort anwenden, wo sie nicht gefordert sind. Wir sprechen dann von »Übergeneralisierungen«, z.B. »er vragt« (fragt), »mier« (mir), »Oper« statt Opa.

- **Stufe 6: Übergang zur entwickelten Rechtschreibfähigkeit (vollständige, richtige orthographische Wiedergabe von Wörtern)**
Bei vielen Kindern lassen sich Hinweise auf die Verwendung mehrerer Strategien finden. Vor allem unter Streß (bei Zeit- und Leistungsdruck, beim Schreiben von langen und schwierigen Wörtern, z.B. mit Konsonantenhäufungen, bei nachlassender Konzentration gegen Ende eines Diktats oder Textes) ist häufig zu beobachten, daß Kinder auf eine einfachere Strategie als die zunächst angewendete zurückgreifen.

3. Entwicklungsstufen beim Lesenlernen

Zur Entwicklung der Lesefähigkeit hat SCHEERER-NEUMANN (1987) ein Raster vorgelegt, das hier in leicht modifizierter Form übernommen wurde: »*Im Laufe des Lesenlernens ändern sich die bevorzugten Lesestrategien. Es läßt sich über verschiedene Kinder hinweg eine gewisse Systematik in der Entwicklung erkennen. Das bedeutet aber nicht, daß alle Kinder dem gleichen Entwicklungsweg folgen und schon gar nicht im Gleichschritt*« (SCHEERER-NEUMANN, 1987, S. 221).

- **Stufe 1: »Als-ob-lesen«**
Kinder ahmen die äußerlich sichtbaren Verhaltensweisen geübter Leser nach und tun so, als ob sie lesen. Sie halten sich ein Buch (manchmal verkehrt herum) vor die Nase, murmeln vor sich hin oder wiederholen bzw. erfinden Geschichten und sprechen mit unnatürlicher Betonung.

● **Stufe 2: »naiv-ganzheitliches« Lesen**

Die Kinder haben noch keine Einsicht in die Buchstaben-Laut-Beziehung und erraten Wörter, wobei sie sich an einzelnen Buchstaben, gelegentlich auch Einzelheiten von Buchstaben, orientieren (Coca-Cola). Fragt man Kinder dieser Stufe, woran sie ein Wort erkannt haben, erhält man höchst eigenartige Antworten. Jochen erkennt z.B. seinen in Schreibschrift geschriebenen Namen »an dem Regenwurm«, d. h. dem Häkchen des J. Nur selten können Kinder dieser Stufe den Buchstaben einem Lautwert zuordnen.

● **Stufe 3: Benennen von Lautelementen**

Die Kinder haben ansatzweise erkannt, daß Buchstaben Laute darstellen und erraten Wörter häufig aufgrund des Anfangsbuchstabens, wobei sich allerdings häufig Verwechslungen ergeben (»Telefon« statt »Toilette«).

● **Stufe 4: buchstabenweises Erlesen**

Das Kind kennt inzwischen die meisten Buchstaben und deren Laute und versucht nun, jedes Wort buchstabenweise zu lesen. Vielen Kindern gelingt dabei aber noch nicht die Bedeutungsentschlüsselung. So liest Katja: »Gar-tén«, erkennt aber das Wort nicht.

● **Stufe 5: fortgeschrittenes Erlesen: Nutzen von größeren Einheiten**

Das Kind lernt allmählich, größere Verarbeitungseinheiten als den Einzelbuchstaben zu verwenden. Es erkennt mehrgliedrige Schriftzeichen und beginnt, Silben und Morpheme zu nutzen (»Spazier-gang«). Da das Erlesen eines Wortes noch sehr viel Aufmerksamkeit erfordert, haben die Kinder häufig keine Kapazität mehr frei für die Hypothesenbildung, d.h. die Vorauserwartung eines Wortes aufgrund des Satzzusammenhangs.

● **Stufe 6: Automatisierung und Hypothesenbildung**

»Mit der Zeit benötigt die Übersetzung der Buchstaben (bzw. größerer Einheiten) immer weniger Aufmerksamkeit – der Vorgang wird zunehmend ›automatisiert‹. In dieser Hinsicht entlastet, kann sich das Kind stärker auf den Inhalt konzentrieren und mit seiner Hilfe auch Erwartungen über die Weiterführung des Satzes aufbauen. Für grammatikalisch und inhaltlich ›passende‹ Wörter besteht eine höhere ›Reaktionsbereitschaft‹, d.h. das Erlesen einzelner Wörter wird weiter beschleunigt« (SCHEERER-NEUMANN 1987, S 223).

Die nachstehende Tabelle gibt einen zusammenfassenden Überblick über die Stufen bzw. die charakteristischen Zugriffsweisen beim Schriftspracherwerb.

Ob sich die Entwicklungsverläufe zwischen Lesen- und Schreibenlernen tatsächlich so parallel entwickeln, wie die Tabelle suggeriert, ist noch nicht geklärt. Wie die vorliegenden Falldarstellungen (SCHEERER-NEUMANN u.a. 1986) zeigen, sind die Beziehungen zwischen Lesen und Schreiben nicht eindeutig. Einige Kinder lernen erst die

#	Fähigkeiten und Einsichten	Lesen	Schreiben	#
1	Nachahmung äußerer Verhaltensweisen	„Als-ob"-Vorlesen	Kritzeln	1
2	Kenntnis einzelner Buchstaben an Hand figurativer Merkmale	Erraten von Wörtern auf Grund visueller Merkmale von Buchstaben oder -teilen (Firmenembleme benennen)	Malen von Buchstabenreihen, Malen des eigenen Namens	2
3	Beginnende Einsicht in den Buchstaben-Laut-Bezug, Kenntnis einiger Buchstaben/Laute	Benennen von Lautelementen, häufig orientiert am Anfangsbuchstaben, Abhängigkeit vom Kontext	Schreiben von Lautelementen (Anlaut, prägnanter Laut zu Beginn des Wortes), „Skelettschreibungen"	3
4	Einsicht in die Buchstaben-Laut-Beziehung	Buchstabenweises Erlesen (Übersetzen von Buchstaben- und Lautreihen), gelegentlich ohne Sinnverständnis	Phonetische Schreibungen nach dem Prinzip „Schreibe, wie du sprichst"	4
5	Verwendung orthographischer bzw. sprachstruktureller Elemente	Fortgeschrittenes Lesen: Verwendung größerer Einheiten (z.B. mehrgl. Schriftzeichen, Silben, Endungen wie -en, -er)	Verwendung orthographischer Muster (z.B. -en, -er; Umlaute), gelegentlich auch falsche Generalisierungen	5
6	Automatisierung von Teilprozessen	Automatisiertes Worterkennen und Hypothesenbildung	Entfaltete orthographische Kenntnisse	6

Entwicklungsmodell des Lesen- und Schreibenlernens.

alphabetische Strategie beim Schreiben, d.h. sie verschriften (halb-) phonetisch, können aber z.T. nicht lesen, was sie selbst geschrieben haben. Das wurde auch in einer einjährigen Längsschnittstudie von VALTIN u.a. (1986) deutlich. Andere Kinder können schon einzelne Wörter synthetisierend lesen, bevor sie mit dem Schreiben beginnen.

4. Was leistet das Entwicklungsmodell?

Die Erkenntnis, daß es sich beim Schriftspracherwerb um einen Entwicklungsprozeß handelt, ist für Pädagogen unter verschiedenen Gesichtspunkten wichtig:

(1) Individuelle Entwicklungsverläufe
Kinder brauchen Zeit, Raum und Geduld, um ihre Zugriffsweisen zu erproben und im handelnden Umgang mit Schriftsprache (selbst) entdeckend Erkenntnisse zu gewinnen. Die Zeit, die Kinder für das Verbleiben auf einer Stufe benötigen, ist höchst unterschiedlich.

Es läßt sich zeigen, daß Schüler mit LRS (sog. Legastheniker) mit ihren Leistungen im Lesen und (Recht-)schreiben Kindern auf unteren Ebenen der Schriftentwicklung ähneln und daß sie offenbar längere Zeit benötigen, um die unteren Entwicklungsstufen zu verlassen (SCHEERER-NEUMANN 1989).

Bei der vielfach üblichen Form des Frontalunterrichts laufen langsam lernende Kinder Gefahr, hinterherzuhinken, weil ihr Leistungsvermögen und die Lernanforderungen immer mehr auseinanderklaffen. Dadurch stellen sich beim Kind Mißerfolgserlebnisse sowie Beeinträchtigungen des Selbstwertgefühls und der Gesamtpersönlichkeit ein, was in schwerwiegenden Fällen zu dem bekannten Teufelskreis führt.

(2) »Fehler« geben Hinweise auf den Entwicklungsstand

Das Stufenmodell begründet ein neues Verständnis von Fehlern beim Lesen oder Schreiben. Es zeigt, daß alle Kinder Schwierigkeiten haben und daß Fehler ganz normal sind.

Fehler werden nicht (mehr) als Defizite des Kindes angesehen, sondern als durchaus sinnvolle Anzeichen für die Annäherung an einen schwierigen Lerngegenstand.

Wie das Stufenmodell als förderdiagnostisches Hilfsmittel eingesetzt werden kann, soll im folgenden beschrieben werden.

(3) Feststellung des Entwicklungsstandes

Bei den beschriebenen Entwicklungsschritten handelt es sich um Strategien, die die Kinder anwenden, wenn sie ihnen **unbekannte** Wörter lesen oder schreiben sollen. Daneben verfügen die Kinder über einen allmählich anwachsenden Bestand an gelernten Wörtern (dazu gehören z.B. ihr eigener Name, der Name von geliebten Personen oder andere Lieblingswörter). Diese Lernwörter werden zunächst **auswendig** gelernt, und der Wortschatzumfang ist begrenzt. Erst wenn die Buchstabenfunktion erkannt und Buchstaben-Laut-Beziehungen gelernt worden sind, können immer mehr Lernwörter erworben werden. Manche Kinder bleiben aufgrund ihres guten Gedächtnisses für Wortbilder bis zum Ende des ersten Schuljahres völlig unauffällig, da sie die Fibeltexte auswendig kennen und beim Abschreiben keine Schwierigkeiten haben. Den tatsächlichen Entwicklungsstand kann man folglich nur feststellen, wenn Kinder Wörter oder Sätze, die nicht zu ihrem Lernwortschatz gehören, lesen und schreiben. Zur Feststellung der Schreibentwicklungsstufe kann man den Kindern unbekannte Wörter bzw. Sätze diktieren (s. dazu die oben gezeigten Beispiele) oder aber spontane Verschriftungen der Kinder nutzen. Auch Kritzelbriefe, die von den Kindern vorgelesen werden, geben Hinweise (Anregungen und Beispiele dazu in VALTIN/NAEGELE 1986).

Aufschluß über die Lesestrategien erhält man, wenn man das Kind unbekannte Wörter oder Texte vorlesen läßt.

(4) Prinzipien und Fördermaßnahmen

Die Feststellung der Entwicklungsstufe ermöglicht die Auswahl geeigneter Fördermöglichkeiten zur Hinführung zur »*Zone der nächsten Entwicklung*«. Als Grundsatz gilt, eine möglichst optimale Passung zwischen der Aneignungsstufe und dem Lernangebot herzustellen. Klaffen die Lernvoraussetzungen und der Unterrichtsstoff zu weit auseinander, können die Kinder von den Lernangeboten nicht mehr profitieren und bleiben immer weiter zurück.

Der Unterricht im Erstlesen und Schreiben sollte – dies läßt sich als allgemeiner Grundsatz fassen – die Selbständigkeit des Kindes durch sorgsam strukturierte Lernhilfen ermöglichen (vgl. BLUMENSTOCK in diesem Band). Ein wichtiges Hilfsmittel kann dabei eine Fibel sein. Aber auch, wer ohne Fibel arbeitet, kommt nicht umhin, sich über die Gestaltung der Lernangebote Gedanken zu machen. Die Kinder sollten direkt zur Erfassung der Struktur unserer Schrift angeleitet werden und gleichzeitig Anregungen und Freiräume erhalten für selbstentdeckendes Lernen (z.B. mit Hilfe einer Anlauttabelle, wie sie in der Bunten Fibel, 1990, enthalten ist) und selbstbestimmte Tätigkeiten (z.B. freies Schreiben, freie Auswahl von Materialien in den Zeiten der Freiarbeit). Als Leselehrmethode hat sich das analytisch-synthetische Verfahren bewährt, das auch der DDR-Fibel (Unsere Fibel) zugrundelag. Anzustreben ist eine starke Verbindung von Lesen- und Schreibenlernen von Anfang an, damit die Lernprozesse sich gegenseitig unterstützen und durchdringen können. Damit die Vorteile des gleichzeitigen Lesen- und Schreibenlernens voll genutzt werden können, sollte dieselbe Schriftart als Erstlese- und Schreibschrift angeboten werden. Sinnvoll dafür ist die Gremischtantiqua, aber auch ein Einstieg mit Großantiqua, die besonders leicht von Kindern erlernt wird (s. dazu VALTIN 1990). Der Lehrgang sollte für das Lesen und Schreiben Aufgaben enthalten, die zur Einzel- und Partnerarbeit im differenzierenden Unterricht geeignet sind. Neben dem Frontalunterricht sollte Zeit für Freiarbeit vorgesehen werden. (Hinweise zur Freiarbeit, zu Materialien für Differenzierung und zur Einrichtung einer Lesekiste, Spielesammlung und Bücherecke finden sich bei HINNRICHS u.a. 1990, S. 57ff).

Die im folgenden aufgezeigten Beispiele sollen einige Anregungen und Ideen bieten. Eine Systematik und Vollständigkeit wird schon deshalb nicht angestrebt, um die Eigeninitiative der Lehrerinnen und Lehrer nicht zu bremsen.

5. Unterrichtsanregungen

● **Übergang Stufe 1/2**

Lernziele: Vergegenständlichung von Sprache, bewußte Lenkung der Aufmerksamkeit auf die Lautung, Hinführung zum Begriff »Wort«.

Methoden: Durch Sprachspiele, Reimübungen, Zungenbrecher, Silbenklatschen und Wortlängenvergleiche kann die Lautstruktur der Wörter bewußt gemacht werden. Rätsel wie »Ich sehe was, was du nicht siehst«, fördern die Anlauterkennung. Vor allem die Namen der Kinder eignen sich, derartige Wortuntersuchungen vorzunehmen. Da der eigene Name für das Kind eine höchst motivierende Begegnung mit Schrift darstellt, kann man die Namen der Schüler und Schülerinnen als Einstieg in den Lese- und Schreiblehrgang gestalten (vgl. dazu HINNRICHS u.a. 1990, S. 88ff).

● **Übergang Stufe 2/3**

Lernziele: die Funktion der Buchstaben erlernen. Wichtig ist vor allem, darauf zu achten, daß Kinder nicht nur den Buchstabennamen sagen, sondern die Einsicht in die Funktion des Buchstaben als Symbol für einen Laut erwerben.

Methoden: Das funktionsgerechte Erlernen der Buchstaben geschieht am besten durch die Einbettung der zu erlernenden Buchstaben/Laute in einfache Wörter, die analytisch-synthetisch durchgliedert werden. Die ersten Wörter sollten aus eingliedrigen und eindeutigen Schriftzeichen bestehen. Die Verwendung von Buchstabenkarten, die von den Kindern zu Wörtern gelegt werden, unterstützt die Wortsynthese. Durch die Beobachtung der Mundstellung wird die Aufmerksamkeit auf die Laute und die Lautbildung gelenkt.

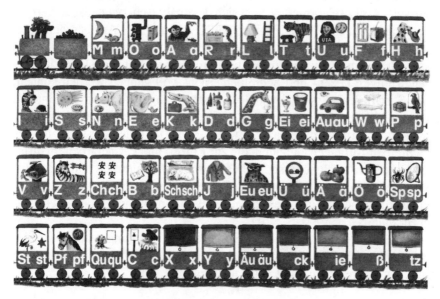

Buchstabeneisenbahn: Anlauttabelle zur »Bunten Fibel«

Mit Hilfe einer Anlauttabelle, in deren Benutzung die Kinder behutsam einzuführen sind, können Buchstaben-Laut-Beziehungen erprobt und gefestigt werden sowie das freie Schreiben erster Wörter angeregt werden. Geeignet dazu ist die »Buchstabeneisenbahn für die Klassenwand«.

Die Kinder können auch eigene Materialien herstellen: Zu jedem Buchstaben wird ein Poster gestaltet, zu dem jedes Kind auf einem Zettel (Abreißblock) seinen Beitrag erbringt: nur den Buchstaben schreiben, Bilder mit Anfangslaut kleben, Wör-

78

ter schreiben etc. Das kommunikative Schreiben sollte angeregt werden, z.B. Kritzelbriefe »schreiben« und vorlesen, Diktieren von Wörtern und Sätzen, Verwenden von Wortkärtchen. Eine enge Verknüpfung von Lesen und Schreiben erleichtert den Kindern das Erlernen der charakteristischen Merkmale der Buchstaben und lenkt die Aufmerksamkeit auf die genaue Durchgliederung des Wortes. Für die Freiarbeit kann eine Lesekiste eingerichtet werden, die Materialien, Spiele und leichte Texte enthält.

● **Übergang Stufe 3/4**
Lernziele: Kenntnis aller Buchstaben und Laute, vollständige Phonemanalyse, Erlesen einfacher Wörter.

Methoden: Wortdurchgliederungsübungen sollten an einfach strukturiertem Wortmaterial erfolgen, wobei es hilfreich ist, wenn mehrgliedrige Schriftzeichen als zusammengehörend gekennzeichnet sind, z.B. dadurch, daß sie auf ein Segmentfeld gedruckt werden, wie Sch-n-ee, M-oh-n. In der Lesekiste sollten kleinere Texte aufbewahrt werden, die von den Kindern in Einzel- oder Partnerarbeit erlesen werden. Geeignet dazu sind u. a. die »Bunten Texte« (Schroedel-Verlag). Bei diesen Heften können die einzelnen Seiten (jeweils Vor- und Rückseite bilden eine Geschichte) herausgetrennt und in Klarsichtfolien aufbewahrt werden. Das freie Schreiben sollte angeregt werden, auch unter Benutzung der Anlauttabelle. Es gibt vielfältige Möglichkeiten, um Schreibanlässe zu schaffen (z.B. einen Kummer-Briefkasten). Zahlreiche Anregungen finden sich in VALTIN/NAEGELE 1986.

● **Übergang Stufe 4/5**
Lernziele: Wegführen von der Schreib-wie-du-sprichst-Strategie, Hinführen zur »Erwachsenenschreibung«.

Methoden: Die Fehlerträchtigkeit der »Schreib-wie-du-sprichst«-Strategie kann den Schülern bewußt gemacht werden durch Untersuchen von Wortbildern, Feststellen der Abweichung von Schrift und Klang und durch Verlängern von Wörtern (Auslautverhärtung). Der Verweis auf Morpheme (Vorsilben: »ver«, »vor«) sowie die Sammlung von Wortfamilien bzw. Wörtern mit gleichen Rechtschreibphänomenen können der Einprägung von Wörtern mit bestimmten orthographischen Mustern dienen.

● **Übergang Stufe 5/6**
Lernziele: Automatisierung des Worterkennens und Hypothesenbildung beim Lesen, Sicherung eines Grundwortschatzes im Rechtschreiben.

Methoden: Durch ein reichhaltiges Angebot an motivierenden Lesetexten und an Übungen zur Vorauserwartung auf Wort-, Satz- und Textebene soll die Leseleistung gesteigert werden. Beim Rechtschreiben ist es wichtig, daß die Schüler und Schülerinnen Arbeitstechniken erlernen, um selbständig üben und ihren Wortschatz erweitern zu können (Was mache ich, wenn ich nicht weiß, wie ein Wort geschrieben wird? Wie schreibe ich ab und übe richtig? Wie gebrauche ich ein Wörterbuch?).

Die Kinder nutzen nun selbständig die Klassenbibliothek, in der zahlreiche Kinderbücher, aber auch Spielesammlungen enthalten sind. Motivierend ist es auch, wenn die Schülerinnen und Schüler ihre eigenen Bücher herstellen (Rätsel- und Gedichtbücher, Spielebücher, Rezeptsammlungen, Berichte über Ausflüge und Klassenfahrten). Die eigene Motivation ist und bleibt der beste Lehrmeister.

Literatur

BOSCH, B.: Grundlagen des Erstleseunterrichts, Reprint der 1. Auflage 1937. Arbeitskreis Grundschule, Frankfurt 1984.

Bunte Fibel. Lese- und Schreiblehrgang nach dem Schlüsselwortverfahren (Version 1: Druckschrift, Version 2: Beginn mit Großantiqua), von J. HINNRICHS und H. WILL-BEUERMANN, Hannover: Schroedel-Verlag 1990.

DEHN, M.: Wie Kinder Schriftsprache erlernen. Ergebnisse aus einer Längsschnittuntersuchung. In: NAEGELE, I./VALTIN, R. (Hrsg.): Rechtschreibunterricht in den Klassen 1–6. Arbeitskreis Grundschule, Frankfurt 1987.

HINNRICHS, J./WILL-BEUERMANN, H./VALTIN, R.: Bunte Fibel. Fibelhandbuch, Hannover 1990.

SCHEERER-NEUMANN, G./KRETSCHMANN, R./BRÜGELMANN, H.: Andrea, Ben und Jana: Selbstgewählte Wege zum Lesen und Schreiben. In: BRÜGELMANN, H. (Hrsg.): ABC und Schriftsprache: Rätsel für Kinder, Lehrer und Forscher. Konstanz 1986.

SCHEERER-NEUMANN, G.: Wortspezifisch: Ja – Wortbild: Nein. Ein letztes Lebewohl an die Wortbildtheorie. Teil 2. In: BALHORN, H./BRÜGELMANN, H. (Hrsg.): Welten der Schrift in der Erfahrung der Kinder, Konstanz 1987.

SCHEERER-NEUMANN, G.: Rechtschreibschwäche als Entwicklungsphänomen, in: I. NAEGELE/ R. VALTIN (Hrsg.): LRS in den Klassen 1–10. Handbuch der Lese-Rechtschreib-Schwierigkeiten, Weinheim 1989.

SPITTA, G.: Kinder entdecken die Schriftsprache – Lehrer bzw. Lehrerinnen beobachten die Sprachlernprozesse, in: R. VALTIN/I. NAEGELE (Hrsg.): »Schreiben ist wichtig!« – Grundlagen und Beispiele für kommunikatives Schreiben(lernen), Arbeitskreis Grundschule, Frankfurt 1986.

VALTIN, R./NAEGELE, I. (Hrsg.): »Schreiben ist wichtig!« – Grundlagen und Beispiele für kommunikatives Schreiben(lernen), Arbeitskreis Grundschule, Frankfurt 1986.

VALTIN, R. u.a.: Kinder lernen schreiben und über Sprache nachzudenken – eine empirische Untersuchung zur Entwicklung schriftsprachlicher Fähigkeiten, in: VALTIN, R./NAEGELE, I. (1986).

VALTIN, R.: Erstunterricht mit Großbuchstaben, in: Grundschule, Heft 3, Heft 5, Heft 7–8, 1990.

Leonhard Blumenstock

Schriftspracherwerb: mit oder ohne Fibel?

1. Das Problem

Seit einigen Jahren erleben wir in der Diskussion um den Schriftspracherwerb (Erstlesen/Erstschreiben) eine Renaissance reformpädagogischer Gedanken, besonders der Anregungen Fritz Gansbergs oder Heinrich Scharrelmanns, beides Lehrer in Bremen am Anfang dieses Jahrhunderts, zum »freien Aufsatz« oder zum Fibelschreiben durch Schüler und Lehrer. In zahlreichen Aufsätzen und Buchveröffentlichungen wird das Thema des freien Lesen- und Schreibenlernens ohne Fibel behandelt (wobei »Fibel« oft mit »Lehrgang im Lesen/Schreiben« gleichgesetzt wird): »Lesenlernen mit eigenen Wörtern« empfahl Ruth Gümbel (1980); einen »Schulanfang ohne Fibeltrott« legten Marion Bergk und Kurt Meiers 1984 nahe. Besonders auf Gedanken des französischen Reformpädagogen Célestin Freinet wird zurückgegriffen, wenn – in oft ausgezeichneten Unterrichtsansätzen – ein freies Schreiben schon im Anfangsunterricht empfohlen wird, mittels Schuldruckerei in echten, lebensnahen Schreibsituationen (etwa Briefkorrespondenz mit anderen Klassen) oder in handschriftlichem Text als »befreiendes« Schreiben.

»Fibel ade«? Die Diskussion scheint bereits abgeschlossen, bevor sie wirklich eröffnet wurde und in die Tiefe gehen konnte. Sind die Argumente, die für und gegen die Verwendung von Lehrgängen beim Schriftspracherwerb erhoben werden können, gründlich abgewogen, oder geht es vor allem um Neuerungen, nicht in erster Linie um Verbesserungen einer bestehenden Schulpraxis? Erneut droht heute nämlich die Gefahr, daß die didaktische Diskussion – getragen vor allem durch Protagonisten – der breiten schulischen Alltagspraxis davonläuft. Nach wie vor wird in ersten Klassen fast ausschließlich mittels Lehrgängen im Lesen und Schreiben unterrichtet. Die Prospekte der pädagogischen Verlage sind voll von Lese- und Schreiblehrgängen unterschiedlicher Art, oft auch sehr traditioneller methodischer Ausrichtung (sogar noch mit elementistisch-synthetischem Ansatz). Diese Materialien werden manchmal sehr restriktiv und gebunden verwendet – ganz im Gegensatz zur Forderung nach mehr Offenheit. Ist in dieser Tatsache lediglich die Beharrung einer reformunwilligen Praxis zu sehen? Oder zeigen die Erfahrungen in der Verwendung von Lehrgangsmaterial dem Lehrer doch, daß er auf diese Hilfen nicht leicht verzichten kann? Weist hier vielleicht die Praxis einer davoneilenden und sich erneut extrem polarisierenden didaktischen Diskussion ihre Grenzen und wirkt sie insofern korrigierend?

Das Problemfeld soll zunächst historisch bearbeitet und dann grundlegend didaktisch diskutiert werden. Dabei wird auch über Lösungswege in der Unterrichtspraxis nachgedacht.

2. Historischer Aufriß

Das Jahr 1969 stellt für die Grundschule insofern ein Eckdatum dar, als der in diesem Jahr stattfindende Frankfurter Grundschulkongreß die damals heftig diskutierten Bildungs- und Schulreformgedanken schlaglichtartig auf die Grundschule hin bündelt und öffentlichkeitswirksam deutlich macht, wie sehr auch die Grundschule innerlich und äußerlich reformbedürftig sei. Die von ERWIN SCHWARTZ herausgegebenen drei Berichtsbände über den »Grundschulkongreß '69« fassen zusammen, worum es den Grundschulreformern damals ging: Durch eine Verbesserung der inneren Lehr- und Lernbedingungen und der äußeren Lernvoraussetzungen sollte die Grundschule allen Kindern möglichst früh optimale Bildungschancen vermitteln, die durch soziale Benachteiligungen im Vorschulalter zahlreichen Kindern vorenthalten würden. Damit sollte der demokratische Bildungsauftrag der Weimarer Grundschule endlich besser als bisher erfüllt werden. Besonders dem frühen sprachlichen Lernen und hier insbesondere dem Schriftspracherwerb wurde eine begabungsfördernde und Bildungsbenachteiligungen ausgleichende Fähigkeit zugetraut. Insofern war es nur konsequent, daß die Anregungen der damals heftig entfachten Curriculumdiskussion unter anderem sehr konsequent auf den Schriftspracherwerb im ersten Schuljahr, besonders auf das Lesenlernen, angewendet wurden. Bis dahin waren die Leseanfänger seit den 50er Jahren überwiegend auf ganzheitlich-analytischem Wege mit Erstlesefibeln unterrichtet worden, die sich meist auf ein Sprach- und Bildangebot an Schüler und Lehrer beschränkten, das methodische Vorgehen aber lediglich grob vorstrukturierten. Weder Lernziele noch genaue Vorgehensweisen waren exakt angegeben. Dieses vermeintliche Defizit, dem auch vielfach das Lernversagen von Schülern im Lesen und besonders im Rechtschreiben angekreidet wurde, sollte nun in neuen Leselehrgängen vermieden werden, die, auf genauen Lernzielangaben beruhend, den Lernfortschritt detailliert steuern und kontrollieren und dem Schüler möglichst minutiös ausgearbeitete Lern- und Arbeitsmaterialien zur Verfügung stellen sollten. Dieses perfektionierte Material sollte ein Versagen von vornherein ausschalten.

Ein solches »rationalistisches« Lernmodell sah als Ideal also den Lehrgang an, der den Schülern »im sicheren Boot des Curriculum« ungefährdet um alle »Lernklippen« herumsteuerte. Zwangsläufig wurde so das Kind durch das Lehrgangsmaterial »fremdbestimmt« und »außengesteuert«, zugleich aber – dies ist positiv zu vermerken – wurde der Leselernprozeß wie nie zuvor eingehend durchdacht und in allen Phasen durch materialorientierte Übungen abgedeckt.

● Der erste Leselehrgang, der sich von der gewohnten Fibelform unterschied, war der Ende der 60er Jahre von PETER HEYER u. a. entwickelte »Leselehrgang des Pädagogischen Zentrums Berlin«.

Operationalisierte Lernziele zu vermeintlich allen wichtigen Teilaspekten des Lesenlernens (Wortbilder erkennen, unterscheiden und speichern, Buchstaben und Buchstabengruppen wiedererkennen, Laute aus Wörtern heraushören, Buchstaben den Lauten zuordnen usw.) wurden in Aufgaben auf Einzelarbeitsblätter übertragen, deren Lösung regelmäßig kontrolliert werden sollte. Damit war die Abkehr vom »Fibel-Buch« als alleinigem Leselehrmaterial und damit einer seit dem 16. Jahrhundert bestehenden didaktischen Tradition vollzogen. In der Folge dieses sogenannten »PZ-Lehrganges« verstehen sich die Schriftsprachlehrgänge bis heute als multimediale Lehr- und Lernangebote mit Leseteil, Arbeitsheft, Schreiblehrgang, Lehrerkommentar und meist weiteren Materialangeboten.

● Die Absicht, Kindern das Lesen möglichst kleinschrittig und additiv über perfekt durchdachtes Material zu vermitteln (»Atomisierung« des Lernens), wurde wohl 1973 in den **»Programmierten Übungen«** zum Westermann Lesebuch 1 von FRANZ BIGLMAIER u. a. am konsequentesten realisiert. Die Lernzielerreichung sollte durch Selbstkontrolle überprüft werden (Abb. 1).

Der Lehrgang im Lesenlernen ist hier in eine kaum noch überschaubare Fülle von Lernzielen und darauf bezogenen Aufgaben (auf insgesamt 256 Arbeitsseiten) aufgelöst. Wie eine Studentin, die als Schülerin mit diesem Lehrgang gearbeitet hatte, sich heute (1991) erinnert, war die Gefahr groß, daß man sich im Material »verirrte« und das eigentliche Ziel, das Lesenlernen, aus den Augen verlor. Kritik an einer solchen unkindgemäßen Fremdsteuerung war durchaus angebracht.

● In den neuen Leselehrgängen der Zeit nach dem Frankfurter Grundschulkongreß gelang es auch, auf intensiven gegenstandstheoretischen linguistischen Überlegungen aufbauend, den alten »Methodenstreit« zu überwinden und in der sogenannten **»Methodenintegration«** die didaktische Hauptfrage in den Mittelpunkt zu stellen: Wie können dem lesenlernenden Kind die Beziehungen zwischen mündlicher und schriftlicher Sprache nahegebracht werden? Besonders wichtig für diese lesemethodische Neuorientierung der Lehrgänge war der 1971 von DIETRICH PREGEL herausgegebene Lehrgang »Lesen heute«.
Auf ihn geht der Begriff der »Methodenintegration« zurück (vgl. dazu BOSCH 1937/1984). Im Gegensatz zu den einseitig lediglich die Elemente (Buchstaben/Laut) bzw. die Ganzheit (Wort oder Satz) von Anfang an berücksichtigenden alten konkurrierenden Lesemethoden, arbeitet PREGEL durchgängig zeitgleich an verschiedenen sprachlichen Einheiten (Laut/Buchstabe, Wortteil, Wort und Satz). Mit Hilfe analytischer und synthetischer Sprachoperationen versucht er, den Kindern die Einsicht in die Beziehungen zwischen diesen Spracheinheiten (also zum

E-B 10

12 A				=
1	Wimpel 		m	nn
2	Sonne 		m	nn
3	Ampel 		m	n
4	Rampe 		m	n
5	Kinder 		m	n
6	Mutter 		M	N
7	Nase 		M	N
8	Nadel 		M	N
9	Maus 		M	N
10	Nagel 		M	N

12 A		▲	■
1	Auf dem Mond	MM	m Mn
2	sind Männer.	nM	nMnn
3	Wie atmen sie	mn	mnn
4	im Raumschiff?	m	mm
5	Männer messen.	Mnnmn	Mmn
6	Anna und Nina	nnnNn	nNn
7	schauen zu.	n	m
8	Komm heim!	nm	mmm
9	Das ist meine Nase	mnN	nNn
10	Die Eisenbahn saust	m	nn

Abbildung 1

Beispiel zwischen Buchstabe und Wort), besonders aber zwischen der lautsprachlichen und der schriftsprachlichen Ebene (etwa die Beziehungen zwischen Lauten im gesprochenen Wort und Buchstaben im geschriebenen Wort) zu vermitteln. Der verwendete Wortschatz basiert auf wissenschaftlichen Sprachstandsanalysen bei Kindern; die Lesetexte sind hinsichtlich der Sortenvielfalt didaktisch genau durchdacht. Auch in diesem Lehrgang spielen also Planungs- und Strukturierungselemente eine wesentliche Rolle (Abb. 2).

**

Optische Identifikation von Wortbildern bei veränderter optischer Lage eines Wortbildes

Wo steckt in der Zeile das gleiche Wort noch einmal? (Punkt in gleicher Farbe unter die gleichen Wörter malen)

blau	gelb	rot	b^{lau}	grün
gelb	rot	gelb	blau	g$_{rü}$n
grün	grün	rot	g^{el}b	blau
rot	g$_{e}$^{lb}	blau	grün	rot

Weißt du, was die „verrutschten" Wörter bedeuten?
(Punkt in gleicher Farbe unter jedes Wort malen)

b ^{l}a$_u$ g$_r$ü^n

$_r$o^t g$_e$$_l$$_b$

***

Antizipierendes Lesen

Identifikation von bekannten Wörtern in unbekanntem, aber teilweise zu erratendem Kontext

Kannst du in den Plakaten bekannte Wörter entdecken? (Bekannte Wörter unterstreichen)

(Alle r auf dieser Seite heraussuchen und einkreisen)

Rasengrün

Sonne
gelber Sand
blaues Meer

Schenkt
rote Rosen

Abbildung 2

● Didaktisch gegenläufige Tendenzen zur rationalistisch planenden Lehr- und Lernauffassung kamen früh ins Spiel: Bereits 1972 wies HANS BRÜGELMANN in einem Bericht über englische Entwicklungsprojekte auf die Vorteile »offener« Curricula hin: Vor allem der Schüler, seine Interessen, Möglichkeiten und Schwierigkeiten könnten in offenen, schulnahen Lernansätzen stärker berücksichtigt werden. Diese Öffnungstendenzen unterstützte der Deutsche Bildungsrat 1974 durch seinen Empfehlungsband »Zur Förderung praxisnaher Curriculum-Entwicklung«. Im Bereich des Lesen- und Schreibenlernens allerdings dauerte es bis in die 80er Jahre, ehe verstärkt die Forderung erhoben wurde, starre Vorplanungen durch situative Lernsituationen, wissenschaftlich analysierten standardisierten Wortschatz durch individuelle Sprache und vorgefertigte Lehrgänge bzw. Fibeln durch Eigenfibeln oder beweglich organisierte Lernangebote zu ersetzen. In der Folge erschienen zahlreiche Veröffentlichungen, die den Ansatz der »freien Arbeit« (im Anschluß vor allem an Freinet schulpraktisch konkretisiert: vgl. etwa IRMINTRAUD HEGELES »Lernziel: Freie Arbeit«), den Gedanken des »offenen Curriculums« und des Schriftspracherwerbs in selbständigem Lernen zusammenführten. Hinzuweisen ist auf die Unterrichtsnähe der Beiträge: Das »Handbuch der Leseübungen«, 1983 vom Autor dieses Artikels in der ersten Auflage veröffentlicht, ermöglichte es Lehrern, sich von der engen Lehrgangsbindung zu lösen und schriftsprachliche Übungen klassenspezifisch einzusetzen. Mehrere Beiträge von HANS BRÜGELMANN brachten Anregungen für einen Schriftspracherwerbsansatz, der keinesfalls ungeplant (BRÜGELMANN »Der Lehrgang im Kopf des Lehrers«), aber doch variabel und vor allem auf den Voraussetzungen beim Kind aufbauend in selbständigem Lernen sich vollziehen müsse. Wie Kinder Schriftsprache lesend und schreibend – beide Aktivitäten werden in den letzten Jahren in enger Verbindung gesehen – im Unterricht selbständig problemlösend individuell erwerben können und wie der Lehrer die Lernfortschritte der Kinder leicht kontrollieren kann (»Lernbeobachtung«), schildert MECHTHILD DEHN in ihrem 1988 erschienenen Buch »Zeit für die Schrift«.

● Daß der Schulanfänger auch im Bereich der Schriftsprache sehr unterschiedliche Lernvoraussetzungen mitbringt, die ein gleichmachendes »Durchziehen« eines Lehrganges als wenig sinnvoll erscheinen lassen, weisen RENATE VALTIN und INGRID NAEGELE in ihrem vom Arbeitskreis Grundschule herausgegebenen »Schreiben ist wichtig« (1986) nach. Zugleich unterstreicht dieses Buch auch eine neue Sicht auf das Erstschreiben, das von Anfang an sinnvoll und kommunikationsbezogen durchgeführt, vor allem aber an frühe vorschulische Schreibversuche von Kindern angebunden werden müsse. Im gleichen Jahre erscheinen erstmals im deutschen Sprachraum zwei intensive Fallstudien von früh und spontan bereits im Vorschulalter schreibenden Kindern (BLUMENSTOCK: Michael schreibt; GABER/EBERWEIN: Ein Kind lernt schreiben). Zusammen mit kleineren Fallstudien (u.a. in BRÜGELMANN 1986, S. 55ff) eröffnen sie eine neue Sicht auf die Rolle des Schreibens im Prozeß des Erwerbs der Schriftsprache:

86

Sie machen deutlich, daß Kinder bisweilen zuerst intensiv schreiben, bevor sie ihre erst ansatzweise vorhandene Lesefähigkeit ausbauen, worauf u.a. bereits MARIA MONTESSORI hinwies: Kinder in ihren Kinderhäusern schrieben begeistert auf alles, was sie vorfinden konnten, auf Wände, Böden, ja sogar auf Brotlaibe! Schreiben kann offenbar für Kinder schon im Vorschulalter etwas sehr Faszinierendes sein, das man ihnen nicht unnötig vorenthalten sollte, etwa aufgrund der didaktischen Auffassung, das Schreiben sei im ersten Schuljahr zeitlich erst nach dem Lesen zu erwerben. Die Beispiele früh schreibender Kinder zeigen auch, daß Druckschrift für Kinder eine leicht zu erlernende und für spontanes kommunikatives Schreiben schnell einsetzbare Schriftart ist, im Gegensatz zur verbundenen Schreibschrift, deren Form- und Bewegungsstruktur schwerer zu durchschauen ist und die daher im Erstunterricht längere Vorübungen nötig macht.

● Interessant ist aber auch die Einsicht, daß völlig korrektes Schreiben besonders in graphomotorischer und orthographischer Hinsicht einem **Entwicklungsprozeß** unterliegt, also nicht in einem einzigen Zugriff erworben wird (vgl. VALTIN in diesem Band). Die Kinder erwerben Schritt für Schritt die Fähigkeit, Schriftsprache zu durchschauen und zu handhaben. Auf dem jeweils erreichten Niveau lernen die Kinder dann weiter (vgl. u.a. BLUMENSTOCK, in BLUMENSTOCK/RENNER 1990, S. 26ff.). Interessant ist vor allem die Beobachtung, daß selbst Vorschulkinder in der Schriftsprache selbständig zu lernen fähig sind, indem sie Anregungen aus ihrer Umwelt (z.B. von lernenden älteren Geschwistern) aufgreifen und sich Schriftsprache aneignen. Einige Beispiele sollen individuelle Varianten häufig vorkommender Entwicklungsschritte gegen Ende des Vorschulalters zeigen (zum Teil noch unveröffentlicht):

▶ **Beispiel 1: Bärbel schreibt »Kritzelschrift« (Abb. 3)**

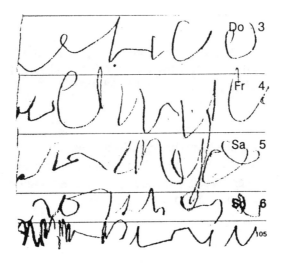

Abbildung 3

Auf Kalenderblättern imitiert das Kind im Alter von vier bis fünf Jahren die Erwachsenen, indem es Zeichen in Linien setzt. Einzelne Buchstabenformen werden bereits eingefügt.

▶ **Beispiel 2: Marco schreibt seinen Namen** (Abb. 4)
Noch im Vorschulalter versucht Marco, seinen ganzen Namen aufzuschreiben. Dabei gelingt ihm nur der Vorname einwandfrei. Seinen Familiennamen (Scherrer) kann er nur teilweise richtig schreiben, vielleicht weil er die schwierige Lautfolge in diesem Wort nicht genügend analysieren kann, vielleicht aber auch, weil er sich die Buchstabenfolge nicht gut genug eingeprägt hat.

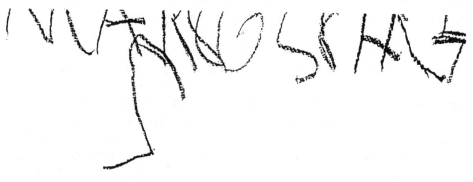

Abbildung 4

▶ **Beispiel 3: Sören schreibt vollphonetisch** (Abb. 5)
Auf dem Computer – zugleich ein Beispiel für die frühe Nutzung moderner Schreibcomputer durch Vorschulkinder – schreibt Sören an seine Eltern einen Liebesbrief. Er analysiert dabei lautlich die gesprochene Sprache und bringt so Laut für Laut als Buchstabenfolge aufs Papier. Orthographisches Wissen ist erst in Ansätzen vorhanden (Ute, ich…).

LIBE UTE ICH HBDI ICHLIB UND DN KLAUS HBICH LIB ICH
WÜNSCH OIC FILGLÜG UND FIL SPAS UNT ICH HPOICH LIP ICH
MÖICH DE IMER ANIEDE N MORKEN MÜSLI

Abbildung 5

▶ **Beispiel 4: Philipp schreibt orthographisch** (Abb. 6)
In einem Brief an seine Mutter wendet Philipp, der vorher ebenfalls häufig phonetisch schrieb, seine neu erworbenen orthographischen Kenntnisse an. Seine Mutter antwortet natürlich auf seine Frage durch Ankreuzen.

Abbildung 6

▶ **Beispiele aus ersten Grundschulklassen** lassen deutlich werden, daß hier spontanes Schreiben ähnliche Lernverläufe wie im Vorschulalter aufweist und daß Kinder sich bereits gegen Ende des ersten Schuljahres schriftsprachlich gut ausdrücken können, wenn man sie ohne unnötige didaktische Einengung oft und relativ frei schreiben läßt oder zu eigenem Ausdruck durch eine Situation anregt: Im Anschluß an das Bilderbuch »Albin hat nie Angst« (von ULF LÖFGREN; Hamburg: Oetinger) durften die Erstkläßler malen und aufschreiben, was ihnen besonders gut gefallen hatte. Die Kinder brachten überwiegend bereits einen oder mehrere Sätze, natürlich in phonetisch-lautorientierter Schreibweise, aufs Papier. Das Beispiel von Anke weist mehrere »Fehler« auf, die auf dieser Lernstufe noch nicht korrigiert wurden, da sie das Schreibvermögen des Kindes überfordern würden (Abb. 7).

Was Macht du
Wen du mit
Löben kiadern
Sch bilst dan Ja dan

Abbildung 7

Frei schreibende Kinder wollen es immer besser können; sie lernen also sehr freiwillig, auch im orthographischen Bereich: Sie wollen so schreiben lernen, wie es die Erwachsenen können. Fehleranalysen bei spontan schreibenden Kindern lassen nicht erwarten, daß sich phonetische Schreibweisen »festsetzen« und eine orthographische Richtigschreibung verhindern. Dies sei an der Schreibentwicklung bei Michael aufgezeigt (BLUMENSTOCK: Michael schreibt, S. 133): Michael schreibt über einen langen Zeitraum das Wort »vielleicht« in allen möglichen Varianten, bis er schließlich und »endgültig« zur orthographisch anerkannten Schreibweise findet. Michael hat sich inzwischen zu einem ganz sicheren Rechtschreiber entwickelt (Abb. 8 – vgl. VALTIN in diesem Band des Handbuches).

Schreibvariationen	Alter (Jahre/Monate)
vileicht	6;0
vieleicht	6;0
Fileicht	6;0
vieleicht, vieleicht	6;1
Fileicht	6;3
vileicht	6;3
fileicht	6;3
vileicht	6;6
vileicht	6;11
vielleicht	9;0

Abbildung 8

● Den vorläufigen Höhepunkt in der didaktischen Bewegung, beim Schriftspracherwerb in der Grundschule mehr Offenheit zu gewährleisten, stellt JÜRGEN REICHENS »Lehrgang« (oder besser: »Materialsammlung als Antilehrgang«) »Lesen durch Schreiben« (1982) dar. Mittels einer Fülle von Lernmaterialien, die nicht in erster Linie vom Lehrer gezielt eingesetzt, sondern möglichst vom Schüler frei gewählt werden sollen, versucht REICHEN, den Schüler selbständig Einsicht in die Struktur der Schriftsprache gewinnen zu lassen. Auf Aufbau und Vorstrukturierung der Materialien wird bewußt verzichtet. Sie sollen Lehrern und Schülern frei überlassen werden. Damit ist auch das bewährte Prinzip des Fortschreitens vom Einfachen zum Schwierigeren außer Acht gelassen. Umwege sollen in Kauf genommen werden. Besonders auffällig wird der Verzicht auf eine Isolierung der Schwierigkeiten bei der Problematik des Buchstaben-Laut-Erwerbs, wo REICHEN auf schrittweise Einführungen verzichtet und den Kindern lediglich eine Bild-Buchstaben-Tabelle bietet, aus denen sich die Kinder selbständig die Buchstaben-Laut-Beziehungen herleiten sollen. »Lesen durch Schreiben« versteht sich als »begabungsüberschießendes Lernangebot« (REICHEN 1987, S. 8), in dem auch Überforderungen bewußt in Kauf genommen werden. Ein solches Vorgehen allerdings muß als unmethodisch und unpädagogisch bezeichnet werden. Nicht nur lernschwache Kinder dürften durch ständige Überforderungen frustriert sein. Eine positive Auswirkung eines solchen »Lernprinzips« auf Lernmotivation und Selbstkonzept von Lernanfängern im Leistungsbereich ist grundsätzlich kaum zu erwarten. Es scheint, daß das Prinzip offenen Lernens hier an seine Grenzen stößt.

3. Problemdiskussion

Die Frage »mit oder ohne Lehrgang/Fibel« ist eigentlich falsch gestellt. Die entscheidende Frage ist, ob das Lernen individuelle Lernvoraussetzungen und -fortschritte berücksichtigt, motivierend und leistungsentwickelnd, möglichst selbständig und problemorientiert, dabei aber für den Lernenden durchschaubar erfolgt oder aber außengesteuert und mechanisch, verwirrend und wenig motivierend. Lehrgangslernen kann dabei sowohl positive wie negative Auswirkungen auf das Schriftsprachlernen haben, je nach Qualität und unterrichtlichem Einsatz der Lehrgangsmaterialien. Die Frage der Lehrgangsverwendung ist also eine sekundäre, auf Lehr- und Lernmittel bezogene, keine primäre didaktische Frage.

> Es geht eigentlich darum, wie Lehrgänge gestaltet und eingesetzt werden können, daß sie gutes Lernen unterstützen und die Vorteile offenen Lernens ermöglichen.

Im folgenden soll an Lernaufgaben und -problemen beispielhaft dargelegt werden, wie lehrgangsgeleitetes und offenes Lernen aufeinander angewiesen sind und wie sie sich wechselseitig ergänzen.

▶ **Beispiel 1: Problematik des Materialangebotes an den Schüler**
  Hier gibt es grundsätzlich drei Möglichkeiten:

● Lehrgangsmaterial, das systematisch aufgebaut und nach vermuteten Schwierigkeiten gestuft aufbereitet ist;
● Material, das keine Lehrgangsstruktur aufweist (nach Art von REICHENS »Lesen durch Schreiben«);
● Lernmaterial, das sich Lehrer und Schüler selbständig für die jeweilige Situation schaffen.

Materialangebote der ersten Art nennt man »gebunden«, der zweiten und dritten Art »offen«. Hierbei ist aber bereits zu erkennen, daß es große Unterschiede in der Offenheit gibt: So ermöglicht gedrucktes »offenes« Material kein so starkes Eingehen auf individuelle Lernbedürfnisse und -probleme wie individuell für eine bestimmte Klasse erstelltes Material, etwa nach der Art einer »Eigenfibel«. Wenn wir im folgenden von »offenem« Material sprechen, ist also vor allem das von Lehrer und Schüler geschaffene gemeint, z.B. der eigene Lesewortschatz (»Lieblingswörter der Schüler«), die frei aufgeschriebenen Wörter oder Sätze, der kleine Lesetext, der vom Lehrer für die Klasse nach einem besonders bewegenden Erlebnis geschrieben wurde (z.B. »Schneeballschlacht bei einem Klassenausflug«), die speziell für die Klasse geschaffenen Bilder zur auditiven Analyse (»Hörwörter«, die einzelnen Schülern dabei helfen sollen, die Laute in gesprochenen Wörtern zu hören) usw.

Bisher vorliegende Lehrgänge oder Fibeln gehen eigentlich davon aus, daß Schulanfänger insgesamt mit gleichen Voraussetzungen beginnen, also mit ausreichend ausgebildeter mündlicher aktiver und passiver Sprachbeherrschung (semantisch, grammatikalisch) und im Schriftsprachbereich mit hoher Lernmotivation, grundsätzlichem Problembewußtsein um die Bedeutung der Schriftsprache in der mitmenschlichen Kommunikation, aber ohne »angewandtes« Schriftsprachwissen und -können. Weder das Ausländerkind mit großen semantischen Problemen noch der bereits fast perfekt lesende Schulanfänger sind »vorgesehen«.

Tatsächlich aber sind die Voraussetzungen zum Schulanfang äußerst unterschiedlich, wie Erhebungen bei Schulanfängern zeigen (Elternbefragung zum Stand der Schriftsprachbeherrschung in Landau/Pfalz zum Schuljahresanfang 1989/90):

- Schüler können bereits gut lesen.
- Einige Schüler haben bereits selbständig geschrieben, zum Teil schon ganze Texte (kleine Briefchen, Computermitteilungen, Schreibmaschinentexte usw.).
- Fast alle Schulanfänger können ihren Namen schreiben, allerdings auf sehr unterschiedlichem kognitivem Niveau (ganzheitlich oder mit Einsicht in die Funktion der Schriftsprache).
- Manche Kinder können einige Buchstaben lesen oder schreiben.
- Einige Kinder bringen nur geringe Voraussetzungen zum Lesen- und Schreibenlernen mit.
- Lernwille und -motivation sind bei den meisten Kindern unterschiedlich.

Diese Unterschiede sind über feststehende (»gebundene«) Lehrgänge nicht genügend zu berücksichtigen. Der Lehrer muß also über den eingeführten Lehrgang hinausgehen, möglichst auf den einzelnen Schüler zu: Den Ausländerkindern beispielsweise müssen Lese- und Schreibwörter geboten werden, die sie verstehen können und die sie auch interessieren, weil sie in ihrer Umwelt eine Rolle spielen. Diese Wörter können aus Gesprächen im Unterricht gewonnen werden. Ein Lehrgang kann sie nicht vorgeben. So erscheinen die Wörter an der Tafel oder auf vorbereiteten Lesekarten. Aber diese eigenen Wörter bergen auch ein Problem, besonders für den Schüler mit geringen Voraussetzungen: Die eigenen »freien« Wörter sind nicht nach lesedidaktischen Kriterien ausgesucht. Es handelt sich oft um lange Wörter oder/und Wörter mit schwieriger Struktur, also etwa mit Konsonantenclustern am Wortanfang (Schneeball, Sprudelflasche usw.). Diese Wörter werden gerne geschrieben, zur Einsicht in die Funktion der Schriftsprache, der Abbildung von Lauten und Lautfolgen durch Schreibzeichen, tragen sie kaum etwas bei. Hier ist es gut, wenn daneben auch ein lehrgangsartig durchdachtes Lernen erfolgt: Dabei kann der Lehrgang natürlich auch vom Lehrer entworfen und muß nicht unbedingt fertig im Buchhandel erworben werden. So bieten gut durchdachte Lehrgänge Wörter an, die leicht zu durchschauen sind (etwa durch Vergleich von Minimalpaaren: Oma-Omi, Opa-Opi, Sina-Sini, Sina-Tina, Toni-Moni, Oma-Opa; vgl. BLUMENSTOCK: Mitmachfibel. Bühl: Konkordia 1992).

▶ **Beispiel 2: Freies Schreiben**
In diesem Zusammenhang ist das freie Schreiben zum Schulanfang und im weiteren Lernverlauf von hoher Bedeutung. Gedanken hierzu können an dieser Stelle nur angerissen werden (vgl. dazu u.a. BLUMENSTOCK/RENNER 1990). Es liegt sehr nahe, die Fähigkeiten früh schreibender Schüler als Beispiel und zur Anregung für andere einzusetzen und auch ihr Einzelwissen, z.B. um Buchstaben-Laut-Beziehungen, immer wieder zur Hilfe für Mitschüler zu verwenden. Die Klassenkameraden wollen nacheifern: Sie versuchen sich auch im Schreiben. Aber hier zeigen sich bereits die Grenzen offenen Lernens: Es müssen bei vielen Schülern erst die Voraussetzungen geschaffen werden:

● Konventionalisierte Buchstabenformen sind zu erlernen;
● Schreibmotorische Voraussetzungen müssen geschaffen werden, damit Buchstaben überhaupt lesbar geschrieben werden;
● Gedanken müssen in Wortfolge formuliert werden, damit sie in geordneter Reihenfolge aufschreibbar sind usw.

Was bei einzelnen Schülern also von Anfang an in Form relativ offenen Lernens ablaufen kann, bedarf bei vielen Schülern zunächst der systematisch aufbauenden Hilfe, damit es zur Ausführung kommen kann. Hier darf das »offene« Lernen nicht zum starren Dogma werden, sondern muß selbst »offen« und variabel eingesetzt werden. Auch das Problem orthographischen Lernens zeigt, wie notwendig es ist, lehrgangsartiges und offenes Lernen miteinander zu verbinden: Manche Schüler, die bereits früh und selbständig Schreiberfahrungen machen, erwerben selbständig auch orthographische Kenntnisse, allerdings nicht allein aus sich heraus, sondern in Imitation von Vorbildern und durch Korrektur von Rechtschreibkönnern. Die Lernentwicklung geht dabei über das phonetisch geleitete Schreiben (beim freien Schreiben) hin zum orthographischen Wissen.

> Freies Schreiben kann also problembewußt machen und Rechtschreibenwollen hervorrufen. Aber das orthographische Können wird allein dadurch nicht genügend aufgebaut. Hier muß Können durch Einsicht in Zusammenhänge und Regelhaftigkeiten systematisch aufgebaut werden.

Dazu gilt es, beispielsweise Analogien aufzuzeigen (Wein, Bein, fein, dein usw.) oder »Wortbausteine« (Morpheme) erkennen zu lassen (»fahr« in »Fahrzeug«, »Fahrbahn«, »fahren« usw.). Diese Einsichten müssen lehrgangsartig aufgebaut werden (vgl. MANN in diesem Band), im Anschluß an freies Schreiben. Strukturierte Lehrgangsmaterialien, die ja auch offen einsetzbar sind (etwa Rechtschreibkarteien) leisten dabei eine wertvolle Hilfe.

▶ **Beispiel 3: Der Erwerb der Buchstaben-Laut-Beziehungen**
Die Einführung der Buchstaben und der Buchstaben-Laut-Beziehungen stellt nach wie vor eine unverzichtbare materiale Grundlage des Schriftspracherwerbs dar. Hier arbeiten Lehrgänge oft besonders systematisch und starr. Seite für Seite werden, meist in Koppelung von Groß- und Kleinbuchstaben, die Elemente eingeführt, häufig offenbar in der Annahme, daß das Lesenlernen umso schneller gelinge, je schneller die Kinder die Buchstaben-Laut-Beziehungen beherrschten. Dabei wird oft an eine selbständig und individuell gesteuerte Aneignung gar nicht gedacht. Auch viele neuere Lehrgänge arbeiten in diesem Bereich so wie die alten Fibeln seit Jahrhunderten. Eine Öffnung tut not: Die Kinder können sich Buchstaben selbst aneignen; die lesenlernenden Vorschulkinder beweisen dies: Wenn ein Kind am Schriftspracherwerb interessiert ist, dann fragt es nach dem Lautwert der Buchstaben oder auch umgekehrt beim Schreiben nach dem einem Laut entsprechenden Buchstaben und dessen Schreibweise. MARIA MONTESSORI läßt daher als Voraussetzung für das Lesen die Buchstaben individuell in unterschiedlichem Lerntempo erwerben; so dürfen sich die Kinder je nach ihrer Merkfähigkeit die Buchstaben aneignen – bald kommen sie dann auch zu selbständigem Schreiben. Neuere Lehrgänge machen sich diese Auffassung zu eigen: REICHEN bietet die Buchstabentabelle zum Selberlernen an; ein neuer »halb-

Abbildung 9

94

offener« Lehrgang (BLUMENSTOCK 1992) enthält ein »Buchstabenschloß«, das es den Kindern ermöglichen soll, über die Bilder den Lautwert der Buchstaben entweder selbständig neu zu erwerben, wenn sie das Verfahren, Wörter auf ihren Anfangslaut abzuhören, einmal beherrschen, oder aber auch vergessene Buchstaben wieder neu auf ihren Lautwert hin zu überprüfen. Damit wird auch von vornherein auf die Illusion verzichtet anzunehmen, Kinder würden bei gleichmäßiger Einführung auch gleichmäßig schnell lernen und behalten (Abb. 9).

Aber genügt Offenheit? Weshalb sollten nicht zur Systematisierung, teilweise auch zur Wiederholung, »sicherheitshalber« vor allem für die langsamen und unselbständigen Lerner, dennoch nach wie vor die Buchstaben nacheinander vollständig für alle Kinder eingeführt und gesichert, ständig in Übungen wiederholt und in einem »Buchstabenhaus« im Klassenraum »festgehalten« werden.

> Offenes und gebundenes Lernen mit Materialien können doch zusammen einen sehr hohen Lerneffekt erreichen.

Wenn ein Lehrgang nicht starr eingesetzt wird, ermöglicht er sogar für schneller lernende Schüler ein Vorlernen – oft zu Unrecht bei Lehrern nicht beliebt: Die Kinder erwerben, weil die Buchstaben so schön nacheinander angeboten werden, schnell eine Übersicht und können ohne Erwachsenenbelehrung aus der »Fibel« lesenlernen.

▶ **Beispiel 4: Das Leseangebot an den Schüler**

Lehrgänge enthalten meist Lesetexte, die auf einen vermeintlichen Leistungsdurchschnitt beim Lesevermögen abgestellt sind. Wenn man mit der gesamten Klasse an einem Lesetext arbeitet, sind die meisten Kinder von der Lesetechnik und vom Leseverständnis her entweder über- oder unterfordert. Dies ergibt sich aus Unterrichtserfahrungen und empirischen Untersuchungen: So ermittelt das Institut für Grundschulforschung der Universität Erlangen-Nürnberg (1989) einen Unterschied von drei oder vier Schuljahren in der Leseleistung am Ende des ersten Schuljahres; d.h. einzelne Kinder könnten bereits im vierten Schuljahr mithalten. Folgende Konsequenzen sind denkbar: Neben das Leseangebot des Lehrganges muß ergänzend ein individualisierendes Angebot treten. Dies ist relativ leicht zu verwirklichen: So kann der Lehrer beispielsweise aus alten Fibeln, Lesebüchern, Leseheften und Kinderzeitschriften Lesetexte ausschneiden, auf Karton aufkleben, mit Folie beschichten, nach Schwierigkeiten ordnen (durch unterschiedliche Kartonfarbe) und so eine Lesekartei erstellen und langsam weiter ausbauen, die Texte unterschiedlicher Schwierigkeit und verschiedener Inhalte enthält. Es ist selbstverständlich, daß bei einer solchen Kartei Geordnetheit und Strukturierung einen selbständigen Zugriff durch die Schüler, also Offenheit, erst ermöglichen.

Wichtige Aspekte sprechen dafür, daß auf lehrgangsartig vorstrukturiertes Material nicht verzichtet werden sollte:

(1) Das Lernen im Schriftsprachbereich ist **hoch komplex**: Es gilt, Buchstaben-Laut-Kenntnisse zu erwerben, auditiv-analytische Fähigkeiten bei der Aufschlüsse-

lung des gesprochenen Wortes zu erlernen, graphomotorische Fähigkeiten aufzubauen und zu automatisieren usw. Viele der genannten Fähigkeiten sind lückenlos zu erwerben; es darf nichts ausgelassen werden (z.B. keine der zahlreichen und variantenreichen Phonem-Graphem-Entsprechungen). Untersuchungen im Bereich der »Legasthenie« deuten darauf hin, daß es sehr wichtig ist, Schülern **geordnetes und umfassendes Wissen** zu vermitteln. Für Lernen dieser Art eignet sich die Lehrgangsstruktur.

(2) Zwar lernen Kinder nicht immer »vom Leichten zum Schwierigeren« in kleinen Lernschritten, wenn sie sich selbst Schriftsprache aneignen. Jedoch handelt es sich bei diesen spontan lernenden Kindern überwiegend um gut begabte, jedenfalls nicht um unterdurchschnittlich begabte Kinder, wie neuere Untersuchungen zumindest vermuten lassen (u. a. auch eigene unveröffentlichte Fallstudien zum frühen Schreiben). Es dürfte besonders für **schwächere Kinder** eine wichtige Hilfe sein, wenn sie in **kleinen Lernschritten** voranschreiten dürfen, das jeweils zu Lernende voll durchschauen können und keine größeren Lernlücken in wichtigen Teilbereichen hinnehmen müssen. Der übersichtliche Lehrgangsaufbau vermag hier ein hohes Maß an Lernsicherheit zu vermitteln. Überforderung ist kein geeignetes »didaktisches Mittel«. Allerdings dürfte beim Lehrgangseinsatz ganz entscheidend sein, daß die Kinder ihn wirklich durchschauen und möglichst selbständig mit ihm arbeiten können, nicht aber »am Gängelband« geführt werden.

(3) Viele Kinder kommen mit **geringen Voraussetzungen** im Lesen und Schreiben in die Schule. Sie sind anderen gegenüber stark benachteiligt, wenn es um freies und spontanes Arbeiten geht. Es gilt, bei diesen Kindern zunächst **Grundfähigkeiten** aufzubauen. Offenes Arbeiten ist sicher bei vielen Kindern früh möglich, nicht aber bei allen. Dies bedeutet aber auch, daß nicht der gleichschrittige und gleichmachende Lehrgang gefragt ist, sondern der möglichst differenziert einsetzbare. Daß bereits lesende oder schreibende Kinder im Lehrgang Übungen durchführen, die sie längst beherrschen, oder daß sie so behandelt werden, als könnten sie noch keinen Buchstaben und kein Wort lesen, liegt allerdings nicht in erster Linie an der Tatsache eines Lehrgangseinsatzes, sondern an der unüberlegten Verwendung vorstrukturierter Materialien durch den Lehrer.

(4) Die Tatsache, daß Lehrer sich bisweilen recht eng an Lehrgänge binden, zeigt auch, daß sich nicht alle im Lehrbereich Schriftsprache völlig sicher und kompetent fühlen. So ist die Entscheidung, ob mit oder ohne Lehrgangshilfe gearbeitet werden soll, auch von der **Person des Lehrers** abhängig zu machen. In jedem Fall bedeutet der Verzicht auf einen Fremdlehrgang, daß der Lehrer sich seinen eigenen Lehrgang selbst schaffen muß.

Entscheidend für den Lernerfolg ist offenbar, wie selbständig, problemlösend und einsichtgewinnend die Kinder im Unterricht arbeiten. Dabei ist nicht ausschlaggebend, ob dies **mit oder ohne Lehrgang** geschieht, sondern wie die vorhandenen vorgefertigten oder selbst erstellten, strukturierten oder unstrukturierten Materialien eingesetzt werden. Die Frage lautet also: Wie können Lehrgangslernen und offenes Lernen effektiv miteinander verbunden werden, wie gelingt **Lernen mit und ohne Lehrgang?**

4. Ein »halboffener« Lehrgang als Mittelweg

Ein »halboffener« Lehrgang versteht sich als Kompromiß zwischen den extremen Positionen des offenen und des lehrgangsgebundenen didaktischen Vorgehens, der die jeweiligen Vorteile der beiden Positionen verbindet. Dieser Ansatz hat sich auch in jahrelanger Erprobung in der Schulpraxis bewährt, deren Bedürfnissen er in hohem Maße entspricht.

Seit mehreren Jahren wurde z.B. die »Mitmachfibel« als halboffener Einführungslehrgang in die Schriftsprache in ständigem Wechselspiel von theoretischer Reflexion und unterrichtspraktischer Erprobung in einem mehrstufigen Verfahren entwickelt. Als Lehrgang vermittelt die »Mitmachfibel« durch strukturierte Materialien Hilfe beim Lernen, versucht aber dabei, möglichst intensiv zu Selbständigkeit zu führen und Ansatzpunkte zu größerer Offenheit beim Arbeiten aufzuzeigen. Grundlegend wichtig ist der Versuch, Lesen und Schreiben eng miteinander zu verbinden. Beide Schriftsprachtätigkeiten werden von Anfang an in enger wechselseitiger Verflechtung ausgeübt; erst nach Erwerb von grundlegenden Einsichten und von Basis-

Abbildung 10

97

fähigkeiten wird in einem gesonderten Lehrgang die Schreibschrift erlernt. Die besondere Chance dieser engen Integration von Lesen und Schreiben (durch Druckschrift) besteht darin, daß die Schüler sehr schnell selbst schriftsprachlich aktiv werden können. Sie lesen und schreiben nicht nur innerhalb der vom Lehrgang angebotenen Arbeitsblätter, sondern auch selbständig in direkter oder nur loser Verbindung oder auch völlig unabhängig von den vorgegebenen Materialien. So beginnt der Lehrgang bewußt mit dem Schreiben und Lesen eigener und fremder Namen, ergänzt durch Malen entsprechender Bilder (in den Bilderrahmen). Dabei läßt die Arbeitsvorgabe »du« viele Möglichkeiten offen: Der/Die Schulfreund/in, die Oma, der Vater oder auch der/die Tischnachbar/in (Abb. 10).

Das lehrgangsübergreifende Tun ist sozusagen integrativer Bestandteil des Lehrgangs (zum Teil über den Lehrerkommentar angeregt): So bietet es sich an, daß die Kinder Fotos von sich selbst mitbringen, eine Klassencollage mit Fotos und Schrift herstellen, später im Schuljahr vielleicht auch ein gemeinsames »Ich-Buch« der ersten Klasse anlegen, in dem sie je nach individueller Schreibfähigkeit etwas über sich schreiben und malen (Lieblingsspielzeug, Lieblingsgericht, Familie usw.). Durch die Lehrgangsmaterialien soll in hohem Maße selbständig-erschließendes Lernen angeregt werden. So sind die Arbeitsblätter des integrativen Basislehrgangs bewußt schwarz-weiß gehalten, um ausgestaltet und ausgemalt zu werden. Die Kinder eignen sich die Materialien in vielfältigen Tätigkeiten an: Sie lesen, schreiben, malen, hören, sprechen, stempeln, schneiden aus, kleben ein …

Didaktische Strukturierung ist dabei selbstverständlich. So wird von ganz leichtem Wortmaterial ausgegangen (Oma-Opa, Toni-Sina …), um den Kindern die Einsicht in die Struktur der Schriftsprache leichtzumachen und sie zu wirklichem Können von Anfang an zu führen. Die wichtigen Sprachoperationen der Analyse und Synthese besonders im auditiv-sprachlichen Bereich werden gründlich aufgebaut und erlernt, beginnend mit der Analyse der Anfangselemente, über die Endpositionen hin zur Binnen- und Gesamtelementenanalyse in Wörtern. Die Sequenzen des Basislehrgangs folgen also einer klaren Lernschrittabfolge. Jede Sequenz enthält auch die einzuführenden Buchstaben/Laute (Vorgabe der Sequenzbuchstaben jeweils auf dem Einstiegsblatt).

Innerhalb der Sequenzen ist die Vorgehensweise variabel, von Lehrer und Klassensituation abhängig. Buchstabenelemente können in traditioneller Weise nacheinander behandelt, von den Kindern aber auch in individuell-selbständiger Weise gelernt werden. Dazu dient auch das bereits erwähnte »Buchstabenschloß«, das allen Kindern von Anfang an zur Verfügung steht. Hier können die Kinder in unterschiedlichem Lerntempo aus den Bildern den Lautwert der Anfangsbuchstaben erschließen.

> Ziel der Arbeitsmaterialien ist zwar, grundlegendes Lernen zu sichern, aufeinander aufbauende Einsichten zu gewährleisten und Lernausfälle zu vermeiden, dabei aber keinesfalls einen Gleichschritt herbeizuführen. Ausdrücklich ist es nicht erforderlich und nicht gewünscht, daß alle Kinder alle Arbeitsblätter in gleicher Weise bearbeiten.

So zeigt sich in der Praxiserfahrung dieses halboffenen Lehrganges, daß sich der theoretische didaktische Ansatz »Erwerb der Schriftsprache in der Verbindung von lehrgangsorientiertem und lehrgangsunabhängigem Lernen« realisieren läßt und eine Integration von Strukturierung und Variabilität (hinsichtlich Zeit, Materialien und lernendem Kind) gelingen kann.

Literatur

BALHORN, H./BRÜGELMANN, H. (Hrsg.): Welten der Schrift in der Erfahrung der Kinder. Konstanz 1987.

BERGK, M./MEIERS, K. (Hrsg.): Schulanfang ohne Fibeltrott. Überlegungen und Praxisvorschläge zum Lesenlernen mit eigenen Texten. Bad Heilbrunn 1985.

BIGLMAIER, F. u.a.: Wir üben lesen. Programmierte Übungen zum Westermann Lesebuch 1. Braunschweig 1973.

BLUMENSTOCK, L.: Einführung in den Gebrauch der Schrift im Erstunterricht. In: RENNER, E. (Hrsg.): Akzente für den Unterricht in der Primarstufe. Heinsberg 1982, S. 125–156.

BLUMENSTOCK, L.: Handbuch der Leseübungen. Vorschläge und Materialien zur Gestaltung des Erstleseunterrichts mit Schwerpunkt im sprachlich-akustischen Bereich. Weinheim (3. Aufl.) 1991.

BLUMENSTOCK, L.: Michael schreibt. Spontanes Schreiben im Vor- und Grundschulalter. Heinsberg 1986.

BLUMENSTOCK, L.: »Mitmachfibel«. Halboffener Lehrgang zum Lesen- und Schreibenlernen in drei Teilen. Bühl/Baden 1992.

BLUMENSTOCK, L./RENNER, E. (Hrsg.): Freies und angeleitetes Schreiben. Beispiele aus dem Vor- und Grundschulalter. Weinheim 1990.

BOSCH, B.: Grundlagen des Erstleseunterrichts (1937), Reprint Arbeitskreis Grundschule, Frankfurt 1984.

BRÜGELMANN, H. (Hrsg.): ABC und Schriftsprache: Rätsel für Kinder, Lehrer und Forscher. Konstanz 1986.

BRÜGELMANN, H.: Kinder auf dem Weg zur Schrift. Eine Fibel für Lehrer und Laien. Konstanz 1983.

BRÜGELMANN, H.: Die Schrift entdecken. Beobachtungshilfen und methodische Ideen für einen offenen Anfangsunterricht im Schreiben und Lesen. Konstanz (2. erw. Aufl.) 1984.

DEHN, M.: Zeit für die Schrift. Lesenlernen und Schreibenkönnen. Bochum 1988.

GABER, H.-K./EBERWEIN, H.: Ein Kind lernt schreiben. Stuttgart 1986.

GÜMBEL, R.: Erstleseunterricht. Entwicklungen – Tendenzen – Erfahrungen. Königstein/Ts. (2. Aufl.) 1986.

HEGELE, I. (Hrsg.): Lernziel: Freie Arbeit. Weinheim 1988.

HEYER, P. u.a.: Leselehrgang des Pädagogischen Zentrums. Weinheim 1971.

PREGEL, D.: Lesen heute. Ein Leselernwerk auf sprachlich operativer und methodenintegrierender Grundlage. Hannover 1971.

REICHEN, J.: Lesen durch Schreiben. Zürich 1982.

VALTIN, R./NAEGELE, I. (Hrsg.): »Schreiben ist wichtig!« Grundlagen und Beispiele für kommunikatives Schreiben(lernen). Arbeitskreis Grundschule, Frankfurt 1986..

GABRIELE KRICHBAUM

Schreibenlernen in der vereinfachten Ausgangsschrift (VA)

1. Vorbemerkungen

Der folgende Beitrag zum Schreiben in der Vereinfachten Ausgangsschrift geht von weitgehender Übereinstimmung darüber aus, daß das Schreibenlernen in der Druckschrift erfolgt. Damit wird im Anfangsunterricht auch bei der Begegnung mit der Schriftsprache die Lebenswirklichkeit der Kinder aufgegriffen und zum Ausgangspunkt des Lernens gemacht.

Gleichwohl wird die VA in der Praxis auch unter dem Gesichtspunkt der Verwendbarkeit als schulische Erstschreibschrift diskutiert. Beim Vergleich der Alphabete auf den folgenden Seiten wird dies insofern berücksichtigt, als auch solche Unterschiede dargestellt werden, deren Bedeutung mit zunehmender Schreiberfahrung und damit schreibmotorischem Training abnehmen. Es ist zweifellos ein Unterschied, ob mit der verbundenen Schrift gleich zu Beginn des ersten Schuljahres oder aber erst nach ein bis sogar zwei Jahren begonnen wird. Die Behandlung der VA als Erstschreibschrift ist aber auch insbesondere nach dem Zusammenschluß der beiden Teile Deutschlands von Bedeutung, da in allen Ländern der ehemaligen DDR die Erstschreibschrift bislang eine verbundene Schrift war (Schulausgangsschrift: SAS).

Grundsätzlich muß auf die Darstellung einer Methodik des Schreibunterrichts verzichtet werden. Dazu wird auf die beigefügte Liste der Fachliteratur verwiesen.

Inzwischen gilt als nachgewiesen, daß anders als früher angenommen, der Schreiblernprozeß im Verhältnis zum Leselernprozeß mindestens gleich schwierig wenn nicht schwieriger ist. Auch wenn die verbundene Schrift zu einem verhältnismäßig späten Zeitpunkt eingeführt wird, kann man nicht davon ausgehen, daß alle Kinder sie von sich aus und mühelos erlernen.

Unabhängig vom Zeitpunkt hat es sich erwiesen, daß der Übergang von der Druckschrift zur VA von den Alphabeten her logisch und für die Kinder einfacher ist als der zur Lateinischen Ausgangsschrift (LA). Damit kann auch als sicher gelten, daß der Übergang zur SAS genauso schwierig ist wie der zur LA.

Die inzwischen hier und da verbreitete Annahme, im Laufe der Zeit entwickle jedes Kind selbständig seine geeignete bewegungsgünstige Handschrift, ohne dazu einer Vorlage als Orientierungshilfe zu bedürfen, ist nicht durch wissenschaftliche Untersuchungen nachgewiesen. Das mit einem Schriftverfall verbundene Risiko des Motivationsverlustes zum Schreiben überhaupt sollte hier zu allergrößter Vorsicht mahnen.

2. Stand der Diskussion

Durch den Zusammenschluß der beiden Teile Deutschlands[1] gibt es derzeit drei Ausgangsschriften für das verbundene Schreiben:

- Lateinische Ausgangsschrift (LA v. 1953 / Abb. 1)
- Schulausgangsschrift der ehemaligen DDR (SAS v. 1968 / Abb. 2)
- Vereinfachte Ausgangsschrift (VA v. 1973 / Abb. 3)

Abbildung 1–3

Hessisches Kultusministerium, Vom Wandel unserer Schriftalphabete

Über die derzeitige Situation berieten auf einer Fachtagung 1991 in Hannover anläßlich des 25jährigen Bestehens der Arbeitsgemeinschaft Schreiberziehung (AGS) Vertreter/innen der Kultusverwaltungen aller alten und neuen Bundesländer mit Experten für Schrift und Schreiben aus Ost und West, Verlagsvertreter/innen und AGS-Mitgliedern aus Hochschule, Schule und Schulverwaltung, um baldmöglichst einen bildungspolitischen Konsens herbeiführen zu helfen.

Obwohl die Kultusministerkonferenz ihren Beschluß von 1953 noch nicht revidiert hat, findet die VA regional unterschiedlich, insgesamt aber zunehmende Akzeptanz und Verbreitung. Damit wird berücksichtigt, daß sie im Gegensatz zur LA

- leicht und schnell erlernbar,
- stabil gegenüber entstellenden und fehlerverursachenden Verformungen,
- eine gute Grundlage für die Entwicklung einer zügigen und individuellen Handschrift ist.

Diese Vorteile sind dadurch entstanden, daß die VA aufgrund wissenschaftlicher Untersuchungen[2] durch Umstrukturierung aus der LA entwickelt wurde. Der Schriftverfall wurde allgemein beklagt. Insbesondere auch Kindern mit motorischen Schwierigkeiten, mit Problemen im Bereich der visuellen Diskriminierung und Linkshändern werden mit der LA unnötige Hürden in den Weg gelegt.

Die SAS ist gegenüber der LA zwar ebenfalls eine reformierte Schrift. Die wesentlichen Nachteile wurden bei ihrer Entwicklung jedoch nicht ausgeräumt. Die vereinfachten Großbuchstaben sind denen der VA ähnlich. Die Kleinbuchstaben wurden strukturell nicht verändert, so daß ihnen dieselben Nachteile anhaften wie denen der LA. Die Einzelheiten gehen aus dem folgenden detaillierten Vergleich der Alphabete hervor. Dieser Vergleich zeigt auch, daß die häufig verbreitete Meinung, die SAS sei die Alternative zur VA, da sie ihr einerseits sehr ähnele, andererseits die ästhetischen Vorteile der LA erhalten geblieben seien, auf einem Vorurteil beruht. Die Diskussion darf sich nicht von dem vermeintlich ästhetischeren Bild der LA leiten lassen. Diese Erwachsenenperspektive wird durch das wenig ästhetische Bild verfallener Schülerhandschriften ad absurdum geführt.

> Die für jegliche pädagogische, methodische und didaktische Entscheidung notwendige Leitfrage muß lauten:
> **Welche Ausgangsschrift ist geeignet, alle Kinder beim Schriftspracherwerb bestmöglich zu unterstützen?**

Daraus folgt: Der Bewertungsmaßstab für eine Schulausgangsschrift ergibt sich aus den Anforderungen, die an eine solche Schrift zu stellen sind:

1. Die Schreibschrift muß klar gegliedert sein. Das erleichtert den Schreib-Lern-Prozeß, indem Auffassen, Merken, Reproduzieren und Automatisieren unterstützt werden (Erlernbarkeit).
2. Die Buchstaben müssen von einfacher, gut lesbarer und in jeglicher Kombination unveränderlicher Form sein (Lesbarkeit).
3. Die Schrift muß sich bewegungsfreundlich schreiben lassen, damit sie sich auch bei Beschleunigung oder in belasteten Schreibsituationen als wenig störanfällig erweist und lesbar bleibt (Formstabilität).
4. Die Schrift muß durch ihre Struktur die Entwicklung einer bewegungsgünstigen und individuellen Handschrift unterstützen (Entwicklungsfähigkeit).

3. Vergleich der Alphabete

3.1 Von der Dreigliedrigkeit zur Zweigliedrigkeit

LA (SAS):
Die Kleinbuchstaben sind dreigliedrig. Sie setzen sich zusammen aus Anstrich, Grundform und Endstrich.

i n a

VA:
Die Kleinbuchstaben sind zweigliedrig. Sie setzen sich zusammen aus Grundform und Verbindungsstrich.

i n a

Diese Umstrukturierung wirkt sich auf Beginn und Ende der einzelnen Buchstaben aus.

Die Kleinbuchstaben beginnen und enden an unterschiedlichen Stellen innerhalb des Mittelbandes.

a m o r
s i l b

Die Kleinbuchstaben beginnen und enden fast alle an der Oberkante des Mittelbandes.

m r i l b

Die Ausnahmen bei »s« und den Linksovalen

s a o

sind der Binnenstruktur angepaßt. In Verbindung mit dem Luftsprung schreiben sich die Linksovale ohne Mühe und fehlerfrei.

Das hat zur Folge, daß Buchstabenverbindungen je nach Buchstabenkombination unterschiedlich ausfallen. Bei unterschiedlichen Verbindungen nehmen die Einzelbuchstaben auch unterschiedliche Form an. Anfang und Ende eines Buchstaben innerhalb einer Buchstabenkombination sind nicht klar auszumachen. Der Normbuchstabe entspricht in der Regel nicht dem geschriebenen Buchstaben. Alle möglichen Buchstabenverbindungen müssen gründlich eingeübt werden. Diese schreibtechnischen Übungen führen unnötig lange zu einer Vernachlässigung der inhaltlichen Seite des Schreibens.

Die Buchstabenverbindungen sind für alle möglichen Buchstabenkombinationen gleich. Alle Buchstaben behalten in jeder möglichen Kombination ihre Form. Der Normbuchstabe entspricht immer dem geschriebenen Buchstaben. Anfang und Ende eines Buchstaben sind immer klar auszumachen. Die Übung spezieller Verbindungen ist nicht erforderlich.

vorarbeiten
vorarbeiten
.or..ar..be..te..

vorarbeiten
vorarbeiten
.or..ar..be..te..

Auf der Suche nach der richtigen Verbindung entstehen bei manchen Kindern Fehlformen, die als Fehler interpretiert werden können.

Bei der VA entstehen diese Verbindungsprobleme nicht. Das ist mit ein Grund dafür, daß die Handschriften generell gleichmäßiger aussehen.

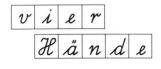

3.2 Reduzierung der Drehrichtungswechsel und Deckstriche

Neben den Geraden und Ecken gibt es beim verbundenen Schreiben im Prinzip zwei Grundbewegungen:

Aus dem Linksoval entwickelt sich durch Linksdrehung die Girlande.

Aus dem Rechtsoval entwickelt sich durch Rechtsdrehung die Arkade.

Wenn im verbundenen Schreiben der Girlande die Arkade bzw. der Linksdrehung die Rechtsdrehung folgt oder umgekehrt, dann findet ein Drehrichtungswechsel statt:

Drehrichtungswechsel innerhalb einer ohnehin komplizierten Buchstabenverbindung.

Drehrichtungswechsel innerhalb eines Buchstabens.

Drehrichtungswechsel kommen aber nicht nur innerhalb der fortlaufenden Schreibbewegung vor. Es gibt sie auch im Anschluß an einen Bewegungsnullpunkt.[2] In diesem Falle sind sie zugleich verbunden mit einem Deckstrich.[1] Ein Deckstrich ist eine deckungsgleiche Linie in entgegengesetzter Schreibrichtung.

Beide Kategorien von Drehrichtungswechseln bereiten vielen Kindern sowohl beim ersten als auch beim weiterführenden Schreiben große Probleme.

In der LA kommen sie sehr häufig vor und werden dennoch vom ungeschulten Betrachter als solche nicht unbedingt wahrgenommen. Im Gegenteil: Der häufige Wechsel der Schreibrichtung erweckt den Eindruck, die LA schreibe sich flüssig. Dabei wird übersehen, daß Flüssigkeit der Schreibbewegung nicht eine Sache der Optik, sondern eine der Bewegung ist. Auch wenn es anders aussehen mag, es sind gerade die Drehrichtungswechsel, die die Schreibbewegung hemmen. Die Schreibrichtung kann nicht eingehalten werden. Sog. Torkelschriften sind das Ergebnis. Die ohnehin komplizierten Buchstabenverbindungen werden durch zusätzliche Drehrichtungswechsel zu unüberwindbaren Hürden.

A - A A A A

B - B B B B

H - x x x x H

Laut - Lut Lat fout

rz - rz rz

a - a a a

an - cn cn

Anders verhält es sich bei der VA. Die Umstrukturierung hat zu einer Reduzierung der Drehrichtungswechsel geführt.

Bei den Linksovalen entfallen die Auf- und Deckstriche am Wortanfang:

am   oft

Im Wortinneren werden sie durch Luftsprünge ersetzt.

ma   macht

Dadurch wird ein erneuter Drehrichtungswechsel vermieden.

a   da   dann   danach

Die Annahme, ein Luftsprung stelle eine Unterbrechung der Schreibbewegung dar, ist ein Vorurteil, das gelegentlich als Beleg dafür angeführt wird, daß sich die VA nicht flüssig und also nicht bewegungsgünstig schreiben lasse. Das Gegenteil ist der Fall. Das Schreibgerät wird hochgenommen, in der Luft wird die Bewegung ungehindert weitergeführt, nach dem Aufsetzen an entsprechender Stelle erfolgt die weitere Linienführung auf der Schreibunterlage. Im Ergebnis verkürzt der Luftsprung den Schreibweg und bewirkt flüssigeres Schreiben.

Die VA schreibt sich überwiegend aus der Linksdrehung. Dies wirkt sich auf die Stabilität des Schriftbildes und auf die Lesbarkeit auch bei solchen Kindern aus, die große Schwierigkeiten haben. Auch Linkshändern kommt die VA deswegen sehr entgegen.

Auch Richtungswechsel nach einem Bewegungsnullpunkt, die zwar nicht mit einer Änderung der Drehrichtung, wohl aber mit einem nachfolgenden Deckstrich verbunden sind, erfordern mühevolles schreibtechnisches Üben und werden dann dennoch häufig fehlerhaft ausgeführt.

n t d r h i k m p u w

In der VA wurden die Deckstriche nach Bewegungsnullpunkten durch Einführung spitzerer Kehren bei den Arkadenformen reduziert.

m n h

Die Konzentration muß sich nicht auf die technisch komplizierte Ausführung des Deckstriches richten.

Unter diesem Gesichtspunkt ist auch das für manchen Betrachter ungewöhnlich wirkende „*t*" zu bewerten.

Es ist eindeutig leichter zu schreiben als das der LA. Der Verwechslungsgefahr zwischen *t* und *A* kann durch methodisches Vorgehen vorgebeugt werden.

Demgegenüber muß beim „*r*" darauf geachtet werden, daß der Deckstrich konsequent durchgezogen wird, damit sich das *r* beim schnellen Schreiben nicht dem *v* nähert.

Für das *s* mußten besondere Regelungen in bezug auf den Verbindungsstrich getroffen werden, damit beim Schreiben der Schreibfluß erhalten bleibt und gleichzeitig die Struktur der VA nicht durchbrochen wird.

Beim Schreiben in der LA muß abgesetzt werden, weil es keine natürliche Buchstabenverbindung gibt.	Durch Verschleifung im Wortinneren wird der Schreibfluß gefördert. Die Struktur der VA wird beibehalten.
Wasser	*Wasser*

Analog dazu wird mit dem *ß* verfahren.

Die konsequente Orientierung an der einmal festgelegten Struktur – Zweigliedrigkeit bei gleichem Beginn und Ende der Kleinbuchstaben – unterstützt das Schreibenlernen. Im Wortinneren ist der Buchstabe erst zu Ende, wenn der Verbindungsstrich gezogen ist. Diese Gewißheit erzeugt Verläßlichkeit und ermöglicht ein Anhalten innerhalb des Wortes an angemessener Stelle, nämlich am Buchstabenende. Die Struktur der VA berücksichtigt die Veränderungen, die, von der LA ausgehend, auf dem Weg zur individuellen Handschrift ohnehin vorgenommen werden. Gleichzeitig begünstigt sie die Entwicklung einer bewegungsfreundlichen individuellen Handschrift und hilft, Fehlformen zu verhindern.

3.3 Die Synchronität der VA

Wörter werden nicht in einem Zug geschrieben. Beim Schreiben wird innerhalb eines Wortes zum Teil mehrfach angehalten. Auf die Automatisierung der Schreibbewegung wirkt es sich günstig aus, wenn die Schreibbewegung durch natürliche Haltestellen strukturiert wird. Als natürliche Haltestellen bieten sich Buchstabenenden und Nullpunkte an. Bei einem Nullpunkt wird die Bewegung auf [0] reduziert, um dann von neuem zu beginnen. Ecken sind immer zugleich auch Nullpunkte.

mein

Je mehr solcher Haltestellen sich anbieten, um so weniger willkürlich ist das Anhalteverhalten beim Schreiben.

Die Umstrukturierung der LA zur VA hat zu einer deutlichen Erhöhung der natürlichen Haltepunkte geführt:

LA (SAS):	VA:
meinen	*meinen*
meinen	*meinen*

Bei einem Halteverhalten, das sich an den natürlichen Haltestellen orientiert, sind Buchstabenform und Bewegungsphasen (1, 2, 3) nicht identisch. Die Buchstaben und damit auch die Wortstruktur werden zerstückelt.

Ein Halteverhalten, das sich an den natürlichen Haltestellen orientiert, führt selbst dann nicht zu einer Veränderung der Struktur, wenn an allen möglichen Haltestellen gehalten wird. Buchstabenenden sind eindeutige Markierungspunkte.

Wegen der niedrigen Anzahl an Orientierungspunkten halten LA-Schreiber oft willkürlich und bei ein und demselben Wort auch an unterschiedlichen Stellen an. (Siehe auch: GRÜNEWALD, »Schrift als Bewegung«, 1981). Dadurch ergeben sich jedes Mal – auch wenn das Ergebnis, nämlich die Wortfigur, jeweils identisch ist – unterschiedliche Bewegungsmuster. Lehrer können das bei ihren Schülern feststellen, wenn sie sie mit Faserschreibern auf saugfähigem Papier schreiben lassen. An jeder Haltestelle wird eine Spur in Form eines Punktes, sog. »Lötstellen«, hinterlassen.

Bei LA-Schreibern liegen diese Haltestellen häufig gerade innerhalb der Buchstabenverbindungen (!). Bei VA-Schreibern dagegen bleiben selbst bei variierendem Anhalteverhalten die Buchstaben- und die Wortstruktur immer erhalten, da sich die Haltestellen selber nicht verändern.

Diese Synchronität von Schrift- und Bewegungsstruktur bei der VA – die Bewegung endet, wenn auch ein Buchstabe zu Ende ist – wird noch erweitert um den Aspekt der zur Schrift und zur Bewegung ebenfalls synchronen Lautstruktur.

-Struktur	LA	VA
Schrift-	*mein*	*mein*
Laut-	*m ei n*	*m ei n*
Bewegungs-		

Beim Schreiben in der VA stellt das Lautieren in Form eines strukturierten Mitsprechens eine wirksame Rechtschreibhilfe dar.

3.4 Die Großbuchstaben

LA:
Die Großbuchstaben der LA sind durch komplizierte Schleifen und Flammenlinien gekennzeichnet.

VA:
Die Großbuchstaben der VA sind denen der Druckschrift angenähert.

A K H L X   *A K H L X*

Diese Veränderung ist auch für den ungeschulten Betrachter offenkundig. Eltern und Lehrer sind von den Vorzügen sehr schnell zu überzeugen, weil sie diese oder ähnliche Veränderungen nachweisbar und offensichtlich in ihrer eigenen Handschrift auch vorgenommen haben. Die Annahme jedoch, daß diese Veränderungen lediglich auf ein Kopieren oder Angleichen der Druckbuchstaben zurückzuführen sei, etwa im Sinne einer schlichten Übernahme z. B. aus ästhetischen Gründen, ist nicht grundsätzlich richtig.

So wie jeder Schreiber bei der Entwicklung seiner individuellen Handschrift Elemente der Ausgangsschrift abbaut oder verändert, damit er flott, flüssig und lesbar schreiben kann, so verändert er auch die Großbuchstaben im Interesse schnelleren und flüssigeren Schreibens durch Reduzierung der Drehrichtungswechsel, Flammenlinien und Schleifen. Diese Veränderungen sind bei der Umstrukturierung der LA zur VA berücksichtigt worden, allerdings mit der Einschränkung, daß vorrangiges Kriterium für eine Ausgangsschrift die Prägnanz der Einzelbuchstaben bleiben muß.

Der VA wird nachgesagt, daß ein Teil ihrer Großbuchstaben nicht mit den Kleinbuchstaben zu verbinden seien, während bei der LA immer die Verbindungen gegeben wären, so daß Wörter stets als »Ganzheiten« entstünden und sich auch als solche präsentierten. Eine Analyse der Großbuchstaben ergibt: In beiden Alphabeten gibt es Großbuchstaben, die direkte Verbindungen mit nachfolgenden Buchstaben eingehen.

LA:

A C E G H J
K L M Qu R
U X Y Z

Die Verbindungen müssen wegen der unterschiedlichen Anfangspunkte der Kleinbuchstaben einzeln eingeübt werden.

E u   *Eule*
E n   *Ente*

VA (ähnlich SAS):

A C E F G H
J K L M Q
R U X Y Z

Die Verbindungen müssen nicht einzeln eingeübt werden. Sie sind der Struktur der Schrift entsprechend stets gleich.

E w   *Eule*
E n   *Ente*

In beiden Alphabeten gibt es Großbuchstaben, die diese direkten Verbindungen nicht eingehen:

LA:

B D F J N O
P S T V W

Die folgenden Buchstaben werden angehängt. Durch den Aufstrich wird optisch eine Verbindung hergestellt, die aber mit der Bewegung nichts zu tun hat. Bewegungsmäßig besteht keine Verbindung.

B aum   *Baum*

VA:

B D J N O P
S T V W

Die folgenden Buchstaben werden strukturtreu angeschoben.

B aum   *Baum*

Einer zu weiten Lückenbildung kann methodisch vorgebeugt werden. Rechtschreibprobleme ergeben sich nachweislich der bisherigen Erfahrungen nicht. Für die Kinder ergibt sich das Problem des Zusammen- oder Getrenntschreibens am Wortanfang grundsätzlich nicht.

4. Hinweise für den Unterricht

Das Schreiben in VA bedarf systematischer und gründlicher Übung. Der Übungsumfang reduziert sich, je später mit dem verbundenen Schreiben begonnen wird.

Mischformen zwischen VA und LA führen zwangsläufig zu Fehlentwicklungen in der Handschrift der Kinder, da sich die unterschiedlichen Strukturen der beiden Alphabete gegenseitig stören.

Der Lehrer/die Lehrerin muß die VA bei Einführung sicher beherrschen (dies gilt ja auch als selbstverständlich bei der LA), da erfahrungsgemäß Fehlformen der Lehrerschrift von den Kindern übernommen werden.

Bei der Einübung der VA steht zunächst das wichtigste Strukturmerkmal – jeder Kleinbuchstabe endet an der Oberkante des Mittelbandes – im Vordergrund des Interesses. Als Regel gilt: jeder Buchstabe wird konsequent zu Ende geschrieben. Innerhalb des Mittelbandes wird nicht angehalten, an der Unterkante nur dann, wenn natürliche Haltestellen dazu zwingen. Der Verbindungsstrich am Wortende wird mit zunehmendem Schreibfluß automatisch reduziert:

i̯ m̃ im̃ im

In der Verbindung von *i̯* und *ȷ̃* wird auf den Verbindungsstrich verzichtet: *ij̃*.

Die Linksovale beginnen etwas unterhalb der Oberlinie des Mittelbandes:. *a̓*. Im Wortinneren erfolgt im Anschluß an den vorhergehenden Verbindungsstrich ein Luftsprung. Zu Anfang wird der vorhergehende Buchstabe konsequent zu Ende geschrieben *da̓*, später dann verkürzt *da*. Der Luftsprung bereitet den Kindern erfahrungsgemäß keine Schwierigkeiten. Sollten sich Probleme mit dem richtigen Abstand ergeben (*da̓ d̓ a̓*), so kann man durch einen Punkt Orientierungshilfe geben: *d̓ · d̓ ·*.

Anders als bei den Arkadenbuchstaben *m̃* und *ñ* muß der Deckstrich beim *r̃* konsequent durchgehalten werden, damit es keine Annäherung an das *ũ* oder das *v̓* gibt.

Das *e̓* gehört zu den Linksovalen. Das kleine Oval hängt an der Oberlinie des Mittelbandes. Auf die VA-eigentümliche Schräglage (*de̓r̃*) ist zu achten. Auch wenn es häufig anders angenommen wird, haben die Kinder keine Schwierigkeiten, das *e̓* zu schreiben. Nur bei unkorrekter Einübung ergeben sich Schwierigkeiten: *e̓* (falsch), *de̓* (falsch).

Das *s̓* bereitet nur dort Schwierigkeiten, wo sich in die Lehrerschrift das LA-*s̓* einschleicht. In diesem Falle kopieren die Kinder leicht die Welle, und es kommt zu Verformungen, wie sie aus der LA bekannt sind. Bei korrekter Schreibweise *s̓* geschieht dies nicht. Es ist darauf zu achten, daß das *s̓* breit genug geschrieben wird, damit das Verschleifen mit dem nächsten Buchstaben gelingt: *Kressesamen̓*.

Bei *A* und *L* ist auf die unterschiedliche Ausführung der Verbindungsstriche zu achten, damit Verwechslungen vorgebeugt wird.

In Regionen, in denen die VA noch nicht sehr verbreitet ist, kommt es gelegentlich zu Konflikten mit weiterführenden Schulen. Die Kinder sollen sich auf die normierte Schreibweise der LA umstellen. Das hier zugrundeliegende Informationsdefizit kann durch eine offizielle Mitteilung der Schulleitung, besser der zuständigen Schulaufsicht behoben werden.

5. VA und Rechtschreibung

Um der immer wieder gestellten Frage, ob denn die VA sich günstig auf die Rechtschreibleistung auswirke, nachzugehen, wurde im Rahmen eines umfangreichen Projekts in Köln[3] eine Längsschnittuntersuchung anhand einer Vielzahl von Schriftproben durchgeführt.

Angesichts des offenkundigen Schriftverfalls sollte ermittelt werden, welche Schwierigkeiten mit der LA verbunden sind. Um der Vergleichbarkeit willen wurden VA- und LA-Schriftproben parallel untersucht, damit auch eventuelle Hürden der VA nicht verschwiegen würden.

Zwei Fragen waren deshalb bei der vorliegenden Untersuchung von besonderem Interesse:
1. Wie werden die Buchstaben der Ausgangsschrift verformt?
2. Welche Veränderungen führen zu Fehlformen bzw. welche Buchstaben und Buchstabenverbindungen sind insofern besonders anfällig, daß sie sich zu Fehlformen entwickeln, die als Rechtschreibfehler interpretiert werden können?

Die Analyse der LA-Schriftproben hat ergeben, daß die LA kaum Möglichkeiten für Veränderungen anbietet, die den Schreibfluß fördern. Im Gegenteil:

Die vielen Flammenlinien veranlassen scheinbar dazu, Großbuchstaben noch weiter zu verschnörkeln.

Deckstriche und Bögen werden so geschrieben, daß Buchstaben bis zur Unkenntlichkeit bzw. Möglichkeit der Verwechslung mit anderen Buchstaben verformt werden.

Das kleine s erhält zusätzliche Haken.

Buchstabenverbindungen sind besonders gefährdet.

Viele Buchstaben, besonders die Großbuchstaben, erhalten im Vergleich zu ihrer ursprünglichen Form andere Proportionen.

In geschriebenen Texten wirkt sich das dann so aus, daß die Lehrkraft beim Lesen und ggf. Korrigieren mehrere Möglichkeiten des Umgangs damit hat:

● Sie kann die Schreibungen als Fehlschreibungen im Sinne der Schreibtechnik interpretieren, entschlüsselt, was das Kind gemeint haben könnte, und verzichtet darauf, einen Fehler anzustreichen.

● Sie kann aber ebensogut, dem Bewertungskriterium der Lesbarkeit folgend, sich dafür entscheiden, Fehlschreibungen als Fehler zu bewerten. Dann bekommt ein Kind für das Wort einen Rechtschreibfehler angestrichen, obwohl es ganz genau weiß, wie das Wort geschrieben wird. Theoretisch hat das Kind das Wort auch richtig geschrieben, technisch hat sich aber ein Fehler eingeschlichen.

Es würde sich lohnen, Schülertexte unter diesem Gesichtspunkt zu analysieren.

Unsere Untersuchung hat ergeben, daß hingegen diese in Fehlern sich auswirkenden Verschreibungen bei der VA so gut wie nicht vorkommen. Auch kritikwürdige Handschriften bleiben doch immer lesbar. Dies ist natürlich von besonderer Bedeutung für Kinder, denen das Schreiben grundsätzlich schwerfällt.

---

6. Schreibkursus für Lehrer/innen

Lehrer/innen, die in ersten Schuljahren unterrichten, mußten sich die LA in mühevollem Training wieder aneignen. Nach langjähriger Erfahrung beherrschen sie die LA relativ sicher und fürchten nun die Umstellung auf die VA. Eigene erste Schwierigkeiten bei der Einübung werden auf die Schulanfänger projiziert. So kommt es zu der Aussage, die VA schreibe sich »sperrig«, bestimmte Buchstaben seien zu kompliziert usw. Dabei wird nicht berücksichtigt, daß LA-gewöhnte Lehrer/innen sich eine neue Arbeitsschrift aneignen und dabei automatisierte Bewegungsabläufe zugunsten neuer Bewegungsabläufe abbauen müssen. Bei Kindern, die erst anfangen, besteht dieses Hindernis naturgemäß nicht.

Die Sorge, beim Umlernen müßte man seine eigene Handschrift »verraten«, ist ganz und gar unberechtigt. Eine vorurteilsfreie Betrachtung ergibt nämlich in den meisten Fällen, daß die VA der eigenen, entwickelten Handschrift sogar entgegenkommt und sich infolgedessen leicht erlernen läßt.

Die folgenden Hinweise sollen helfen, die VA sicher zu erlernen und so unnötigen Problemen im Unterricht vorzubeugen (dazu ausführlich auch KRICHBAUM 1987 a).

Lehrer/innen, die die VA einführen wollen, müssen zuallererst selbst die VA einüben. Die abgebildete Schriftprobe zeigt, welche Fehler sich leicht einschleichen:

Diese Fragen müßt ihr bei der
Erstellung der Spielregeln
beachten!
1. Wer fängt an?
2. Was muß derjenige tun, der
auf ein grünes Feld kommt?

3. Was muß derjenige tun, der
   auf ein blaues Feld kommt?
4. Was muß derjenige tun, der
   auf ein rotes Feld kommt?
5. Wer ist Sieger?
6. Wer ist Verlierer?

- Das »Köpfchen–e« wird zum »knick-e«.
- Das »s« wird nicht verschliffen und erhält einen Drehrichtungswechsel.
- Das »r« wird zu »v« auseinandergezogen.
- Die Arkadenformen »n« und »m« werden ungelenk ausgeführt.
- Insgesamt ist die aus der Linksdrehung sich ergebende stabile Schräglage der VA noch nicht erreicht.
- Die Einzelbuchstaben sind nicht immer korrekt bis zur Oberkante des Mittelbandes geschrieben.

Diese Falschschreibungen sind nicht so harmlos, wie sie auf den ersten Blick erscheinen mögen. Es hat sich herausgestellt, daß die Lehrerschrift von den Kindern mit all ihren Fehlern kopiert wird. Grundsätzlich sind deshalb folgende Regeln zu beachten:

(1) Mischformen zwischen der VA und der LA bringen die Struktur durcheinander. Die strukturbedingten Vorteile der VA kommen so für das Schreibenlernen nicht zum Tragen.

(2) Anders als Kinder müssen sich Lehrer/innen im Verhältnis zu ihrer Handschrift und den geläufigen Arbeitsschriften eine neue Arbeitsschrift aneignen. Das bedeutet, daß sie auf automatisierte Bewegungsabläufe nicht zurückgreifen können, sondern sich stattdessen neue aneignen müssen. Ihre Schreibprobleme sind deswegen nicht übertragbar auf die Kinder.

(3) Beim Schreibenüben gilt die eherne Regel: Ein Buchstabe ist erst dann zu Ende geschrieben, wenn der Verbindungsstrich die Oberkante des Mittelbandes berührt. Diese Regel einzuhalten ist kein Problem für Kinder. Umlernende Lehrer/innen sollten dieser Regel ihre ganze Aufmerksamkeit widmen. Wird sie vergessen, so entstehen bei den Linksovalen automatisch die Formen der LA mit Drehrichtungswechseln und Deckstrichen.

(4) Das »Köpfchen-e« wird vom Umlernen, da als schwierig empfunden, häufig verändert. Eine beliebte Form ist diese: *e*
Solche Veränderungen sind unbrauchbar, da sie bei schnellem Schreiben zu entstellenden Fehlformen führen: *e*
Ein entsprechend der Normvorlage der VA geschriebenes »e« erleidet diese Entstellung nicht.

(5) Der Deckstrich beim »r« muß beibehalten werden, damit eine Annäherung an »v« oder »u« verhindert wird.

(6) Verfallserscheinungen beim »s« bis hin zu einem nicht mehr identifizierbaren Haken können dann verhindert werden, wenn auf die absolut richtige Schreibweise geachtet wird.

7. Schreiben lernen – Gestalten mit Schrift

Jede Lehrkraft weiß, daß Kinder beim Schuleintritt Lesen und Schreiben mit Schule gleich setzen. Bis zum Schuleintritt haben sie schon faszinierende Begegnungen mit Schrift gehabt[4]. Sie haben keinen Grund, Schrift und Schreiben gegenüber eine negative Einstellung zu haben. Den eigenen Namen und ggf. auch Texte mit welchen Zeichen auch immer zu Papier bringen zu können, war eine erregende Möglichkeit der Selbsterfahrung und Selbstdarstellung in und gegenüber der Umwelt. Diese hat auch meistens mit Anerkennung reagiert. Das Erlebnis, daß individuelles und erfolgsorientiertes Lernen mit dem Eintritt in die Schule durch kursartigen Unterricht in einem fremden Zeichensystem (der LA) gebremst und ggf. durch normorientierte Bewertung in Nichtkönnen umgewandelt wird, kommt einer herben Enttäuschung gleich. Die nachhaltigen Folgen können sich u. a. ausdrücken in der Abwehr von allem Schriftlichem und dem allenthalben beklagten Schriftverfall.

Der Erfahrung, daß

– Kindern und Jugendlichen eine positive Beziehung zu ihrer eigenen sowie zu Schrift überhaupt weitgehend fehlt,
– Eltern, Lehrer/innen und Schüler/innen – sofern selbst befragt – den allgemeinen Schriftverfall beklagen,
– alles Schriftliche bei vielen Kindern und Jugendlichen auf Ablehnung stößt,

kann gegengesteuert werden, indem Schülerinnen und Schülern verschiedene Zugänge zur Schrift allgemein und im besonderen zu ihrer eigenen Handschrift eröffnet werden. Dieses Anliegen sollte im Deutsch-, im Kunst-, Sach- und Geschichtsunterricht, vor allen Dingen aber in fachübergreifenden Bezügen realisiert werden. Die Begegnung mit Schrift wird nicht auf technisches Schreiben, auf das Schreiben zum Zwecke des Trainings der Rechtschreibung, des Verfassens von Texten, der Dokumentation von Leistungen beschränkt.

> Das positive Erlebnis des freien, selbstbestimmten Schreibens wird ergänzt durch den **künstlerischen Umgang mit Schrift**. Zusätzlich zu den tradierten schulischen Formen wird Schriftpflege durch künstlerische Gestaltung mit Schrift betrieben.

Je nach Absicht können verschiedene Schriftarten verwendet werden. Die Schrift kann dem eigenen Geschmack entsprechend gestaltet werden. Buchstaben, Wörter und Texte können zu Bildern komponiert werden. Der Umfang mit den vielfältigsten

Materialien sowie die Anwendung der breiten Palette der Techniken eröffnet umfassende Möglichkeiten der Erfahrung mit und des Ausdruckes durch Schrift. Über die Textebene hinaus wird Schrift als Mittel erschlossen, mit dessen Hilfe man in freier Gestaltung Empfindungen ausdrücken, die Umwelt interpretieren, Einzelphänomene künstlerisch gestalten kann. Wenn Schrift von dem instrumentellen verschulten Charakter befreit und als Ausdrucksmittel begriffen wird, dann kann sie entsprechend der Erwartungshaltung des jungen Menschen und seinem Anspruch auf Förderung seiner Persönlichkeit einen wichtigen Beitrag zur Persönlichkeitsentwicklung leisten. So kann

- der Lese- und Schreiblehrgang des Anfangsunterrichts unterstützt,
- die historische Dimension von Schrift erfahren,
- der Aspektreichtum von Schrift bewußt,
- ein Rückfall in überholtem Schönschreibunterricht vermieden werden.

8. Regelungen in den Bundesländern

- Druckschrift: DS
- Lateinische Ausgangsschrift: LA
- Vereinfachte Ausgangsschrift: VA
- Schulausgangsschrift: SAS

Baden-Württemberg: Die LA ist verbindlich vorgegeben.
Bayern: Die DS ist Erstlese- und Erstschreibschrift. Nach Abschluß des Druckschriftlehrgangs wird die LA eingeführt. In den Jahrgangsstufen 3 und 4 kann zur Anbahnung der persönlichen Ausformung der Schrift die VA eingeführt werden. In den Sonderschulen ist die VA von Anfang an zugelassen.
Berlin: Die Wahl zwischen der SAS und der LA ist freigestellt.
Brandenburg: zunächst SAS oder Druckschrift
Bremen: Die Wahl der Ausgangsschrift ist freigegeben.
Hamburg: Die LA wird nach Erlernen der DS oder als Erstschrift eingeführt. Die Verwendung der VA wird vom Amt für Schule in begründeten Einzelfällen auf Antrag zur Erprobung zugelassen.
Hessen: Die Wahl der Ausgangsschrift ist freigestellt.
Mecklenburg: zunächst SAS, VA oder LA
Niedersachsen: Die Wahl der Ausgangsschrift ist freigestellt.
Nordrhein-Westfalen: Die Wahl der Ausgangsschrift ist freigestellt.
Rheinland-Pfalz: Die LA bildet die Grundlage des Schreibunterrichts. Die VA kann auf Antrag mit Genehmigung der Schulbehörde eingeführt werden.
Saarland: Die Wahl der Ausgangsschrift ist freigestellt.
Sachsen: Zunächst: Beibehaltung der SAS

Sachsen-Anhalt:	Zur DS als Leseschrift wird zunächst weiterhin parallel die SAS als Schreibschrift eingeführt.
Schleswig-Holstein:	Als Ausgangsschrift ist die LA zugelassen. Nur wenn alle Erziehungsberechtigten einverstanden sind, kann die VA auf Antrag bei der obersten Schulbehörde eingeführt werden.
Thüringen:	Die Wahl zwischen SAS und LA ist freigestellt. Die VA kann im Sinne eines Schulversuchs eingeführt werden, wenn das zuständige Schulamt einem entsprechenden Antrag der Schule auf der Grundlage eines Beschlusses der Schulkonferenz zustimmt.

9. Ausblick

● Zielgruppe sind Kinder im Alter von 6–8 oder 9 Jahren. Sie haben das gesamte Schulleben und Schullernen noch vor sich. Sie sind um ihrer Persönlichkeitsentwicklung willen auf Erfolgsorientierung und auf Vertrauen in ihre positiven Entwicklungsmöglichkeiten angewiesen. Dies gilt insbesondere auch für den Schriftspracherwerb, der für viele Kinder Diskrepanzerlebnisse mit sich bringt. Deren Bewältigung entscheidet maßgeblich über die künftige Schullaufbahn. Die Verantwortung dafür, daß der Anspruch der Kinder eingelöst wird, tragen die Erwachsenen und insbesondere die Lehrerinnen und Lehrer.

● Beim Erlernen der verbundenen Schrift kann man, abgesehen von eventuell vorausgegangenem Training im motorischen Bereich, nicht auf wirklichen Vorerfahrungen der Kinder aufbauen. Im Gegensatz zur Druckschrift kommen die verbundenen Schriften in ihrer Normvorlage in der Lebenswirklichkeit nicht vor. Da alle Kinder ohne Ausnahme, gleichviel welche Voraussetzungen sie mitbringen, schreiben lernen müssen, ist das Ringen um eine geeignete Ausgangsschrift kein »Nebenthema«. Auch wenn im politischen Raum der Problemdruck wegen anderer drängender Fragen nicht als vorrangig eingestuft wird, so ist der Handlungsbedarf doch unübersehbar.

● Die Ausgangsschrift ist nicht Zielschrift. Sie erfüllt eine tragende Funktion als Lernhilfe auf dem Weg zur Zielschrift, der individuellen Handschrift. Sie erfüllt eine ebenso tragende Funktion auf dem Weg zu der Fähigkeit, Schrift unter ästhetischen Gesichtspunkten in den Blick und in die Hand nehmen zu können. Nur wer erfolgreich schreiben lernt und mit dem Schriftspracherwerb positive Erlebnisse verbindet, der kann die Bereitschaft und die Fähigkeit entwickeln, sich mit der ästhetischen Qualität von Schrift zu befassen. Wo zu erwerbende Fertigkeiten bereits Voraussetzung für die Einübung derselben sind, ist für sehr viele Kinder Mißerfolg programmiert.

Angesichts der Erfahrungen mit den Ausgangsschriften für das verbundene Schreiben und auf der Grundlage der Forschungsergebnisse müssen die Länder in ihren zuständigen Gremien u. a. auf die folgenden Fragen / Probleme eingehen:

116

- Bis zur Entwicklung der VA und der Diskussion um die Druckschrift als Erstlese- und Erstschreibschrift wurden alle Alphabete aus der Perspektive schreibkundiger Erwachsener entwickelt. Dies gilt auch für die Schulausgangsschrift der ehemaligen DDR und die Lateinische Ausgangsschrift. Erst in jüngerer Zeit wurden Forschungsmöglichkeiten entwickelt, die den Lese- und Schreiblernprozeß bei Kindern erhellen. Dürfen diesbezügliche Forschungsergebnisse beim Entwurf von Vorschriften bzw. bei der Entscheidung für oder gegen eine Ausgangsschrift unberücksichtigt bleiben?
- Die mangelhafte Rechtschreibleistung der Kinder und Schulabgänger/innen wird allenthalben beklagt. Darf angesichts der Tatsache, daß die Rechtschreibfähigkeit eine entscheidende Bedeutung für die Lebens- und Berufslaufbahn einnimmt, durch eine Vorschrift die Schulausgangsschrift nicht zugelassen werden, die nachweisbar das orthographisch richtige Schreiben in einigen Bereichen unterstützt und schon dadurch die Chancen vieler Kinder erhöht?
- Antrags- und Genehmigungsverfahren vor Einführung einer Ausgangsschrift wirken sich nachweislich hemmend auf deren Verbreitung aus. Die Verbreitung der VA in den einzelnen Bundesländern läßt deshalb keinen zuverlässigen Schluß auf die Präferenzen der Lehrerschaft zu. Genehmigungsverfahren und erst recht die Verpflichtung auf eine bestimmte Ausgangsschrift verhindern die intensive Auseinandersetzung mit den verschiedenen Alphabeten und damit dem Schreibunterricht.
- Die Sorge, die Eltern könnten im Falle der Einführung der VA den Kindern bei den Hausaufgaben nicht helfen, wird häufig als Argument für die Beibehaltung der LA angeführt. Dabei beherrschen die allerwenigsten Erwachsenen die Lateinische Ausgangsschrift. Im Gegenteil: Aufgrund der eigenen Schriftentwicklung könnten sie tatsächlich, wenn es denn sein müßte, viel leichter die VA erlernen und den Kindern dann hierbei helfen.
- Die Verknüpfung »VA als Schreibschrift wird in dem Augenblick eingeführt, da es Fibeln mit VA als Erstleseschrift gibt« beruht auf einem fachlich überholten Diskussionsstand. Aus vielen Gründen hat sich als Leseschrift die Druckschrift bewährt. Die VA als Leseschrift zu wählen, bedeutete einen Rückschritt, den auch VA-Anhänger nicht wollen können.
- Empfehlung:
  - Die Druckschrift sollte grundsätzlich die Erstlese- und die Erstschreibschrift sein.
  - Als verbundene Schrift sollte sich der Druckschrift die Vereinfachte Ausgangsschrift anschließen.
  - Die Lateinische Ausgangsschrift sollte in den einzelnen Bundesländern zum frühestmöglichen Zeitpunkt auslaufen.

1. Fachliteratur

Zahlreiche Beiträge zur VA in den Zeitschriften »Grundschule« und »Praxis Grundschule« seit 1972

GRÜNEWALD, H.: »Schrift als Bewegung«, Arbeitskreis Grundschule e.V., Frankfurt/M., 1981

ders.: »Schreibenlernen«, Kamps päd. Taschenbücher, Bd. 92, Bochum, 1981

BÄRMANN, F.: (Hrsg.): »Lernbereich: Schrift und Schreiben«, Braunschweig, 1979

SCHORCH, G.: (Hrsg.): »Schreibenlernen und Schriftspracherwerb«, Bad Heilbrunn, 1983

KRICHBAUM, G.: »Wie Kinder schreiben lernen«, Heinsberg, 1985

dies.: (Hrsg.): Mehr gestalten als verwalten, »Einführung der VA an Grundschulen«, Arbeitskreis Grundschule e.V., Frankfurt/M., 1987 a

»Schreiben will gelehrt sein«, Perspektiven und Wege der Schriftvermittlung, 90 Seiten, Arbeitsgemeinschaft Schreiberziehung, Hannover, 1987 (AGS)

»Grundlagen VA«, Druck-Nr. 90/VA/89, Alphabet, Konzeption, Kommentar, AGS

2. Weitere Info-Schriften zur VA (für Lehrer)

KRICHBAUM, G.: »Leitfaden VA«, 16 Seiten, Druck-Nr. 17201/90.

Methodische Hilfen: u. a. Form- und Bewegungsstruktur der VA. Unterrichtshinweise. Tips für Info-Veranstaltungen mit Lehrern oder Eltern. AGS

»Praxis des Schreibenlernens«, Pelikan Hannover. 32 Seiten. Fibel-unabhängiges Schreib-Lehr-System. Umfassender did.-meth. Leitfaden – inkl. VA.

3. Ergänzende Literatur / Materialien

KRICHBAUM, G.: (Hrsg.): Schrift gestalten – Gestalten mit Schrift, Arbeitskreis Grundschule e.V., Frankfurt/M., 1987 b

KRICHBAUM, G./KAWEL, G.: Unterrichtskartei: Mit Schrift gestalten, Braunschweig, 1989

KRICHBAUM, G.: (Hrsg.): Jetzt lesen wir – Jetzt schreiben wir, Frankfurt/M., 1990

Anmerkungen

1 Über die histor. Entwicklung im einzelnen vgl. KRICHBAUM, G., Wie Kinder schreiben lernen, Heinsberg 1985
  WARWEL, K., Entwicklung und Veränderung der Schriftalphabete in deutschsprachigen Gebieten, in: Germanistische Linguistik, 93–94, Marburg/Lahn 1988

2 GRÜNEWALD, H., Schrift als Bewegung, Frankfurt 1981, ders., Schreibenlernen, Bochum 1981

3 Das Projekt untersuchte Möglichkeiten zur Verhinderung von Schulversagen durch gezielte Fördermaßnahmen im Bereich Schrift und Schreiben. Es wurde von der Stiftung Grundschule durch eine AB-Maßnahme ermöglicht. GUNDA KAWEL hat die Schriftproben geordnet, katalogisiert und ausgewertet. Die Veröffentlichung der umfangreichen Arbeit ist vorgesehen. Hier können die Ergebnisse nur angedeutet werden.

4 Vgl. zum folgenden: KRICHBAUM, G. (Hrsg.), Schrift gestalten – Gestalten mit Schrift, Arbeitskreis Grundschule e.V., Frankfurt 1987
  KRICHBAUM, G., KAWEL, G.: Mit Schrift gestalten (Kartei für die Freie Arbeit), Braunschweig 1989

Marion Bergk

Texte schreiben – frei und gebunden

1. Verfassen von Texten ist soziales Lernen

Schreiben von Texten bedeutet heute in Lehrplänen und Didaktiken nicht mehr das gleiche wie Aufsatzschreiben. Der traditionelle Aufsatzunterricht war eine Einzeldisziplin des Deutschunterrichts, welche die individuelle Fähigkeit schulte, eine Erzählung, Schilderung, Beschreibung inhaltlich, stilistisch und grammatisch richtig »aufzusetzen«. Dagegen wird das Verfassen von Texten mehr im Zusammenhang der verschiedenen Kommunikationsmöglichkeiten gesehen: der mündlichen über das Medium Laut- und Körpersprache sowie der schriftlichen über das Medium Text.

Schreiben korrespondiert mit dem Lesen, und beide korrespondieren mit dem Sprechen und Zuhören. Diese Einsicht hilft, bei Schreibvorhaben die sozialen Bedürfnisse der Kinder mehr zu berücksichtigen. Gleichzeitig bekommen die Produkte einen anderen Stellenwert. Sie sind nicht mehr in erster Linie Lehrer-Heimlektüre und Zeugnisgrundlage, also zugleich Angstfaktor für Kinder und Eltern. Sie sind auch Klassenlektüre und Gesprächsgrundlage, also zugleich Anlaß zur Freude für Kinder und Eltern (vgl. Valtin/Naegele 1986).

Viele Entwicklungen in der pädagogischen und didaktischen Diskussion sind an diesen Veränderungen beteiligt:

- Die **Freinetpädagogik** macht den »Freien Text« zu einem Kernpunkt handelnden Deutschunterrichts, der mit dem Drucken zugleich das Korrigieren und Redigieren des Textes in die Hand der Kinder legt.
- Der **Offene Unterricht** i. S. der »Freiarbeit« individualisiert das Schreiben, insbesondere den Zeitpunkt, das Thema, den Umfang der Schreibvorhaben.
- Im Gefolge der Kritik an der Auslesefunktion der Rechtschreibung (Soziolinguistik) wird die Aufmerksamkeit mehr der **kindlichen Kreativität** als den Fehlern beim Verfassen von Texten zugewandt.
- Verschiedene Forschungszweige der Linguistik und Literaturwissenschaft eröffnen ein neues Verständnis für die **Vielfalt der Texte** (Textsorten) und der Möglichkeiten, sie zu rezipieren (Rezeptionsästhetik) und zu produzieren (Psycholinguistik).
- Wachsende Einsichten in die **Schulprobleme von Kindern** (psychoanalytische Pädagogik) lenken das Augenmerk auf die Möglichkeiten, in gemeinsamen

119

Schreibvorhaben (Schreibseminare, -therapie) persönliche Erfahrungen auszutauschen und zu verarbeiten.

Die pädagogische Bedeutung des Schreibens, von seinem sozialen bis hin zu seinem möglichen therapeutischen Wert, wird umfassender erkannt, nicht nur für den Bereich des Deutschunterrichts. Wenn ich in der folgenden Übersicht die Vielfalt möglicher Schreibvorhaben ausbreite, so tue ich das für alle Bereiche des Grundschulunterrichts und schließe nicht einmal den Sport aus. Gerade in den ersten Schuljahren sind die eigenen Körperbewegungen ein wichtiges, lange vernachlässigtes Beobachtungs-, Gesprächs-, also auch Schreibthema.

2. Freisetzen von Schreibmöglichkeiten durch Einbinden in Schreibzusammenhänge

Die Gebiete des mündlichen und schriftlichen Sprachgebrauchs sind am besten als Netz vorstellbar: eng und allseitig miteinander verknüpft und mit allen anderen Lebens- und Lernbereichen verbunden. Vom Schreiben aus, als einem Knotenpunkt in diesem Netz, sind die folgenden Zusammenhänge zu sehen:

● Im Schreibvollzug wirkt das Lesen mit: orthographische Struktur und Sprache werden betrachtet, wie sie vor den Augen entsteht und wie sie, sowohl optisch als auch gesprochen und als Hör-Erinnerung, im Kopfe vorschwebt (s. BALHORN 1986).
● Wie wir fast unsere gesamte Wahrnehmung in Sprache fassen und in einer »inneren Sprache« sammeln und verdichten, öffnet uns auch die Schriftsprache Verarbeitungs-Möglichkeiten für fast alle Erfahrungen.

Die Übersicht (Abb. 1) soll einen Eindruck von der Vielfalt möglicher Schreibzusammenhänge vermitteln.

▶ In der *obersten Reihe* sind Erfahrungsbereiche bzw. Textsorten zusammengestellt, die Ausgangspunkte des Schreibens sein können.
▶ Die *zweite Reihe* ist die im engeren Sinn didaktische: Sie nennt Möglichkeiten, den Kindern die Erfahrungen und Texte für das Schreiben zu erschließen. Nicht jedes Kind braucht solche Hilfestellungen, und viele können lernen, sich ihre Schreibanlässe selbst zu suchen. Aufgabe der Lehrer/innen bleibt es aber, den Kindern, die das noch nicht können, auf den Weg zu helfen, damit ihnen der Reichtum des Schreibenkönnens nicht verschlossen bleibt.
▶ In der *dritten Reihe* sind die Kinder die Handelnden. Hier geht es um das Schreibvorhaben selbst, und zwar zunächst um die Einzelheiten des Schreibprozesses. Entscheidend ist, daß die Kinder Zeit genug haben, unter den sprachlichen Mitteln die passenden Wörter, Formulierungen, Textformen, Schreibstrategien bewußt zu wählen und mit ihnen zu experimentieren. Damit wird nicht etwa Zeit geopfert,

Abbildung 1: Die Vielfalt möglicher Schreibzusammenhänge
(Mit einem * markiert sind einige weniger gebräuchliche Begriffe, die im Verlauf der folgenden Kapitel erwähnt, ggf. erklärt werden. Sie sind dort jeweils fett gedruckt.)

	Erinnerung, Phantasie	Seh- und Hör-Erfahrungen	Spiel mit Sprache	Literatur
Aus-gangs-Erfah-rung, -Text-sorte	Erlebnis. Traum; Wunsch, Befürch-tung. Zauberei* lustiger Einfall	Bild, Bildreihe, Comic. Skulptur. Lied, Musikstück. Filmszene*	Pictogramm (Bild aus Wörtern)* Collage. Rätsel. Witz/Nonsense, Sprachspiel	Märchen, Erzäh-lung, Sage, Fabel. Ballade, Gedicht. Hörspiel, Bühnen-stück
Darbie-tung, Erschlie-ßung	Gesprächskreis: Stichwörter, Ideen sammeln. Reihumerzählen, -phantasieren* »Reizwörter«*	meditatives Bildbetrachten* (Dias, Folien) und Musikhören*. Rundgesang* Bildausschnitte, Puzzles*	gemeinsames Pictogramm aus Wortkarten*. »Schachteltext«* Witz mit »verpatz-ter« Pointe* Jandl-Kassette*	abschnittweise erzählen* »Suchtext« mit »falschen«/feh-lenden Wör-tern/Passagen zum Anstreichen*
Schreib-vor-haben: sprach-liche Mittel	Assoziations-Ket-ten als »Cluster« (Netzbild)* For-mulierungen, »Erzählkern«* Wortfelder	Tast/Hör/Geruchs-empfindungen, Geschichtenein-fälle zu Bildern* Sprechblasen-Ausdrücke, -Laute	Wortspiele zu zweit/in Gruppen (Bandaufnah-men). Analogien, mehrdeutige Wör-ter; echte, unech-te Reime; Rhyth-men*	Weiterschreiben an »Drehstel-len«*, Schreib-ideen zu Figuren/Requisi-ten/Zeit-, Raum-, Handlungsfakto-ren des Textes*
Schreib-vor-haben: Text	Erzählung, Tage-buch-Eintragung. Schreibrunden-Geschichte* Beitrag in der Klassenzeitung	Gedicht, Erzäh-lung zum Bild oder Musikstück. Bildgeschichte. Liedstrophe*. »Drehbuch«-Passage*	Poster mit Picto-grammen* Rät-seln, Witzen, Sprachspielen. Collage. Geheim-sprache.	ergänzte, umge-schriebene Erzäh-lung*. Hörspiel-Szene. Gedicht-strukturen mit neuen Inhalten*

sondern gespart, denn im bewußten Schreibvollzug konzentrieren sich die tradi-tionellen Deutschgebiete in selten fruchtbarer Weise: Die sonst eher »trockenen« Seiten des Schreibens, die Schrift und die Rechtschreibung, werden in einen sinn-vollen Handlungszusammenhang eingebunden, wenn auch die gemeinsame Be-sprechung, Korrektur, Schlußredaktion und Veröffentlichung der Texte (s. »Schreibkonferenzen« 1989) in der Hand der Kinder bleibt. Von allen Seiten des Sprachgebrauchs gestützt, kann so das Schreiben zu einem selbstverantwortli-chen Handeln werden (vgl. ERICHSON 1986), das dann auch die Lehrerin/den Leh-rer freisetzt zu kreativeren Tätigkeiten als dem fortwährenden Korrigieren am häuslichen Schreibtisch.

	Gebrauchstext	Handlung, Bewegung	Schriftliche Kommunikation	Mündliche Kommunikation
Ausgangs-Erfahrung, -Textsorte	Aufschrift, Rezept Werbeslogan Plan, Kalender Verzeichnis	Experiment, Tierbewegungen Spielanleitung, Basteltrick, Turnkunststück* Pantomime*	Brief/Karte, Einladung, Festprogramm, Preisausschreiben, Inserat	Telefonat, Interview, Expertenbefragung. Ratespiel* Streitgespräch. Rollenspiel
Darbietung, Erschließung	Sammelvorhaben: Kassettencovers, Eintrittskarten, Verpackungen... Fotografiertour: Plakate, Schilder	Tiere, eigenes Lernen beim Turnen beobachten* Basteltrick weitergeben. Zaubertrick entlarven. Scharade*	unvollständige, im Ton verfehlte Einladung* Korrespondenz mit einer anderen Schulklasse	Rollenbeschreibungen, Masken, Ereigniskarten für Spielszenen erarbeiten* Bandaufnahmen
Schreibvorhaben: sprachliche Mittel	Werbeformulierungen, »Imponiersprache«, beschreibende/wertende Eigenschaftswörter*	bildhafte/lautmalende/genau, beschreibende Zeitwörter* Metaphern* Formwörter für Abläufe*	Absender/Adresse Briefanfänge, Kartengrüße. Worte zum Bitten Ablehnen, Trösten, Beschweren	einleitende/abschließende Sätze am Telefon. Interview- und Sachfragen. Argumente* Sprechstile*
Schreibvorhaben: Text	Collage: Werbung verfremdet, »ungewidmet«* Kassettencover, Wandertagplan, Geburtstagskalender	Schilderung. Wegbeschreibung. Bastelanleitung, Spielregeln, Versuchsprotokoll, Rezept. Lerntagebuch*	Pinwand: Anzeigen, Beschwerden, Erwiderungen. Briefe an AutorInnen, andere Klassen...	Telefon-Notiz. Staffeltext* Dialogschreiben* Gesprächsprotokoll, -planung. Geschichte eines Streits.

▶ In der *vierten Reihe* geht es um den Gegenstand des Schreibvorhabens: um den Text, der dabei entsteht. Ähnlichkeiten mit den Textsorten in der ersten Rubrik sind kein Zufall. Denn wenn sich der Kreis des einen Schreibzusammenhangs schließt, kann sich mit dem entstandenen Text der nächste öffnen. Ganze Ketten entstehen bei bestimmten Formen der Schreibkommunikation: bei Briefen, »Pinwand-Debatten«, bei Variationen zu einem literarischen Text, z.B. einem Gedicht, oder zu einem gemeinsamen Schreibprojekt, z.B. einem Hörspiel.

3. Spielen mit Textsorten

Die Wege der verschiedenen Schreibvorhaben stehen in der Tabelle dicht beieinander, damit die vielen möglichen Übergänge sichtbar werden. Die Textsorten sind z.T. nahe verwandt, und ein reizvolles Spiel ist es immer wieder, die eine in die andere umzuwandeln oder mit der einen auf die andere zu antworten. Das Gedicht von INGE-

BORG BACHMANN »Reklame« z.B. kann zu einer **Werbeslogan-Collage** verlocken, und von dort kann es weitergehen zu einer Pantomime »Ware anpreisen« und weiter zu einem Rollenspiel, Rätsel, Inserat, oder einem eigenen, Bachmann anverwandelten Gedicht. Die Schreibmöglichkeiten multiplizieren sich, sobald die Kinder anfangen, mit den Textsorten zu spielen. Freiheit ist, hier wie anderswo, etwas Herzustellendes, und zwar im Sinne des Freiraums. Das ist ein Raum, der etwas zu bieten hat: Handlungsanlässe, -gegenstände und -mittel. Er macht frei im doppelten Sinne: nicht nur frei **von** Zwängen, sondern auch frei **zum** sinnvollen Tun. Die Übersicht kann und soll keinen Stoff-Kanon darstellen, der etwa den stillen Zwang ausübt, doch wenigstens die wichtigsten genannten Textsorten einmal »durchgenommen« zu haben. Ich bitte ihn vielmehr als (lichten) Dschungel anzusehen, durch den sich jede Lerngruppe ihre eigenen Wege schlagen kann. Acht naheliegende sind mit den senkrechten Spalten vorgezeichnet. Aber das Abenteuer beginnt mit dem Erkunden der Neben-, Um- und »Hohlwege«. Es folgen nun einige Tips dafür.

● **Text-Elemente neu »verrühren«**
Nicht nur Werbeslogans lassen sich durch Vertauschen einzelner Satzelemente schön **verfremden**, sondern auch Warenaufschriften, Kochrezepte, überhaupt die meisten Gebrauchstexte. Sie **umzuwidmen** für etwas, das gottseidank noch nicht als Ware gebraucht wird, macht Lerngruppen Spaß, die ihr Engagement für die sterbende Natur auch einmal mit Witz zum Ausdruck bringen möchten, mit

– Eintrittskarten in den letzten stadtnahen Erlenbruchwald,
– Gebrauchsanleitungen für ein Vogeljunges, eine Kröte …,
– Verpackungen für eine Jungfichte, einen Bachkiesel …,
– Kochrezepte für naturechtes Teichwasser, Regenwasser …,
– Tütenaufschriften für 1 kg Waldboden, Heidesand …,
– **Kassettenaufschriften** für Aufnahmen mit »letzten Grüßen« vom Zaunkönig, Teichfrosch …, aber auch für Aufnahmen mit Stadtgeräuschen: »Guten Morgen, liebes Auto« …

Aus Gebrauchstexten können auch Collagen, Gedichte (s.o. BACHMANN: Reklame), Rätsel und vielerlei witzige Sprachspiele werden. Sollte es noch an Motivation fehlen: **Kassetten mit Jandl-Gedichten** (z.B. ERNST JANDL: »Laut und Luise«) öffnen nach meiner Erfahrung schon kleinen Kindern eine herrliche Sprach-Spiel-Welt zu überhaupt allen Themen.

● **Reise in die Innenwelt der Assoziationen**
GABRIELE RICO (1984) ist die Verbreitung eines neuen Zugangs zum Schreiben zu verdanken: das Aufzeichnen von **Assoziationsketten** in Form von *Clustern*, die sozusagen ein **Netzbild** der Worteinfälle zu dem gerade aktuellen Thema darstellen. Alles Aufschreiben von Erinnerungen und Phantasien wird auf diesem Wege erleichtert und bereichert.

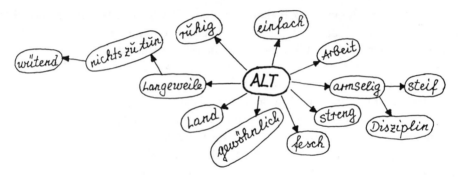

Cluster eines Schülers (mit Schreibschwierigkeiten) zu dem Gemälde von G. WOOD: »Amerikanische Gotik« (ein altes, streng blickendes Farmer-Ehepaar) (a.a.O., 103–105)

Aber auch das **Bildbetrachten** und **Musikhören** kann einen ganz anderen, **meditativen** Charakter bekommen und unmittelbar zum Schreiben führen, wenn es mit einer solchen »Reise in die Innenwelt der Assoziationen« verbunden wird. MuseumspädagogInnen geben den Kindern Dinge zum Riechen, Fühlen, Schmecken und lassen sie Töne produzieren, während sie vor einem Kunstwerk stehen. Sie öffnen ihnen auf diese Weise neue Zugänge zu ihrem eigenen Bilderleben. Wenn die Kinder dann ihre **Tast-, Hör- und Geruchsempfindungen** in Clustern zu Papier bringen, wird der daraus entstehende Text wenig Ähnlichkeit haben mit der trockenen Bildbeschreibung, die wir einmal kannten. Ähnlich können wir Kindern ermöglichen, mit mehr Sinnen als nur den Ohren Musik zu empfinden. Zu den genannten kommen noch die Körperempfindungen, z.B. bei Yogaübungen, wenn diese mit Musikmachen und -hören verbunden werden und natürlich Seh-Erlebnisse – bei offenen und geschlossenen Augen.

● **Eintauchen in die Geheimnisse der Bewegung**
Am schönsten ist es vielleicht, ein **Zauberkunststück** zu entlarven. Aber ist nicht jede Bewegung ein Zauberwerk, wenn wir genauer hinsehen? Ich habe einmal einem Mädchen zugeschaut, das einer Katze beim Schlafen zuschaute. Viel gab es da zu sehen, denn sie saß lange ganz still. Wenn nicht der Gedanke an das Aufsatzzeugnis Unruhe stiftet, kann es auch in der Schule ein solches konzentriertes Betrachten geben:

– von **Tierbewegungen**, sei es in der Natur oder in einer oft wiederholten **Filmszene**,
– von **Pantomimen**, zum Nachvollziehen oder – als **Scharade** – zum Deuten und Erraten,
– von Bewegungswundern aller Art: Das sind die Bewegungen von HandwerkerInnen natürlich, aber auch von Pizzadrehern und anderen geschickten Leuten,
– von eigenen **Turnkunststücken**, **Basteltricks**, Fingerspielen usw.

Sich mit einem kleinen **Ablauf** zu begnügen und in seine Einzelheiten zu vertiefen, ist das Geheimnis. Beim freien Sammeln der Assoziationen, sei es in Clustern oder anderen Formen, finden sich oft schon treffende **Metaphern**, bildhafte Vergleiche für das, was sich da vollzieht. Bildhafte, lautmalende, genau beschreibende Zeitwörter und Formwörter für das Wann, Wie und Warum des Vorgangs stellen sich leichter ein, wenn der Text nicht gleich »schön« (i. S. abwechslungsreicher Wortwahl) geschrieben sein muß, sondern einfach wahr sein darf.

Textsorten können mehr entstehen als die in dieser Spalte der Übersicht genannten, z.B. Gedichte, Bildgeschichten oder Drehbuchpassagen für ein kleines Video mit Pantomimen bzw. Scharaden. Besonderen Reiz hat ein Lerntagebuch über die eigenen Fortschritte beim Aufbau einer Turnübung, beim Schwimmenlernen, Rollschuhlaufen u.ä., weil es bekräftigend auf den Lernprozeß zurückwirkt.

● **Die Lehrer/in-Aufgabe: Vorspielen und Mitspielen!**

Das sicherste Mittel, eine schreibende Klasse zu bekommen, heißt: Selberschreiben und viel Spaß dabei haben (und darum nur noch Zeit haben für Rechtschreibauskünfte, aber nicht mehr für Korrekturen! s. Kap. 1). Besonders der häusliche Schreibtisch sollte frei bleiben für vorbereitende Spiele mit Textsorten, die zum Weiterspielen einladen:

▶ *»Suchtexte«* entstehen durch Verstecken »falscher« Wörter oder Sätze in einem Text (MECKLING 1985). Spaß macht dann nicht nur das Suchen, Anstreichen und Diskutieren über die »richtigen falschen« Wörter, sondern erst recht das Herstellen eigener »Suchtexte« für die Mitschüler/innen. Tiefes Eindringen in den spezifischen Erzählstil des Textes ist dabei unvermeidlich. Sonst haben es die Finder zu leicht.

▶ *Puzzles* sind ganz rasch durch zerschnittene und verstreut auf die Kopiervorlage geklebte Balladen, Gedichte, Liedzeilen, Gebrauchstexte und, wie bekannt, Bildgeschichten hergestellt. Die Aufgabe für die Kinder erschöpft sich aber nicht mit dem »Zurechtrücken« der Teile, sondern der Reiz besteht im Weiterspielen.

▶ *»Schachteltexte«* sind zwei oder mehr ineinander verschränkte Texte. Bekannt von bunten Abenden ist z.B. das »verrückte Telefon«, zwei sich ständig kreuzende Telefonate. Ebenso können die Druckzeilen von Anzeigen, Zeitungsberichten usw. durcheinandergeraten. – Der größte Spaß ist auch hier dann der eigene »Schachteltext«.

Vielerlei läßt sich einfach sammeln, z.B. Reizwörter für phantastische Erzählungen oder, aus Kinderbüchern, spannende Passagen als Erzählkern eigener Geschichten. In Sprachbüchern finden sich ebenfalls Spiele mit Textsorten, z.B. unvollständige, im Ton verfehlte Einladungen. Witze mit verpatzter Pointe schreibt mensch am besten mit, wenn kleine Kinder sie erzählen. Auch dies, wie alles vorbereitende Spielen mit Textsorten, kann die Kinder zum Weiterspielen reizen – wenn es schon der Lehrerin oder dem Lehrer Spaß gemacht hat.

4. »Ge-schreib« wie »Gespräch«: Erlösung aus dem isolierten Schreiben

Längst wird schon manchen die Frage beschäftigt haben, von welcher Schulstufe an denn die dargestellten Schreibvorhaben möglich sind. Wir wissen heute, daß schon in der ersten Klasse die Kinder Texte verfassen können und wollen (SPITTA 1985). Sie können nur noch nicht so viel schreiben.

Darum brauchen sie vorerst Entlastung, am besten durch andere Mitschreibende, z.B. in **Schreibrunden**, beim **Dialogschreiben**, bei **Staffeltexten** und **gemeinsamen Pictogrammen**: kommunikative Schreibvorhaben, die ich im folgenden kurz vorstelle (detaillierter in BERGK 1990, 195 ff). Die vielen Arbeitsgänge des schriftlichen Gestaltens von Texten verteilen sich dabei, ohne dem einzelnen Kind abgenommen zu werden (wie etwa beim Diktieren, das zudem die Arbeit bei den Lehrpersonen anhäuft). Die große Freude auch älterer Kinder und selbst Erwachsener am gemeinsamen Texteverfassen (in Schreibseminaren) weckt überhaupt Zweifel, ob nicht in allen Klassen das isolierte Schreiben einen zu großen Raum einnimmt. Meine These lautet: So wichtig wie für das Sprechen das Gespräch, ist in der Grundschule für das Schreiben das »Ge-schreib«. An den vier genannten Beispielen soll das erläutert werden.

● **Schreibrunden:**

Für viele, denen angesichts des individuellen, aber leeren Textblattes absolut nichts einfallen will, ist das gemeinsame Produzieren eine Befreiung, wenn dabei die beiden Regeln gelten:
− Jeder Einfall ist wichtig − keiner ist falsch.
− Jeder kommt gleichermaßen zu Wort, mündlich wie schriftlich.
Diese Regeln sind das Geheimnis des Brainstormings, und sie können ebenso in Schreibrunden ein Ideenfeuerwerk auslösen. Eine erprobte Form ist die folgende:

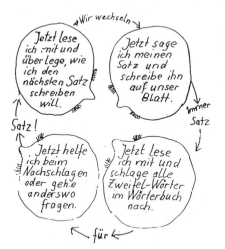

Ein Kind beginnt mit dem Titel, das nächste schreibt den ersten Satz usw., und jedes ist immer für den Schritt, den es selbst die Geschichte vorantreibt, allein verantwortlich. Es ist aber − bei einer Vierergruppe – nur für jeden vierten Satz zuständig. Während das Textblatt zu den drei anderen Gruppenmitgliedern herumwandert, übernimmt es nacheinander die verschiedenen begleitenden Funktionen, die beim alleinverantwortlichen Schreiben alle in einem Kopf ablaufen müssen.

Das Reizvolle an dieser Schreibrunde wie an allen »Geschreiben« ist die Spannung, wie sich der Text von einem zum nächsten Kind wohl weiterentwickeln wird.

● **Dialogschreiben:**

Die Schreibkommunikation gewinnt noch an Spannung, wenn sie, statt in der Gruppe zu kreisen, Satz für Satz zwischen zwei Partner/innen hin- und herläuft, denn jeder kann dann auf die Partner/in-Reaktion unmittelbar antworten. Hier wie in der Schreibrunde gibt es keine Absprache über den zu verfassenden Text. Sie stört sogar, wo sie entsteht, die Unmittelbarkeit der Kommunikation. Darum ist es zu Anfang ratsam, das **Dialogschreiben** als »*Schweigeschwätzen*« einzuführen: »*Alle dürfen sich unterhalten, aber niemand darf dabei ein Wort sagen.*«

Themen gibt es für das Dialogschreiben ebenso viele wie für die Schreibrunde: eigentlich alle in der Übersicht genannten und die ungenannten dazu. Aber das »Schweigeschwätzen« bringt zudem seine eigenen Themen hervor – einfach aus der persönlichen Situation und Beziehung der zwei heraus, die da jeweils über einem Blatt Papier zusammensitzen.

● **Staffeltexte:**
Während das Dialogschreiben umso reizvoller wird, je mehr die Paare sich schon schreiben können, leben Staffeltexte gerade von der Kürze der Einzelbeiträge – und ihrer Ähnlichkeit. **Reihensätze** wie in dem Beispiel (Unterrichtseinheit HEIDE KASER, Klagenfurt 1991, Klasse 1) sind kein Mangel, sondern Stilmittel: individuelle Variationen eines gemeinsamen Themas. Für Schreibanfänger/innen sind sie zugleich ideale Lesetexte. Einerseits erleichtert die Ähnlichkeit der Sätze das Entziffern, andererseits halten die kleinen Differenzen die Aufmerksamkeit wach und verhindern ein mechanisches Herunterlesen.

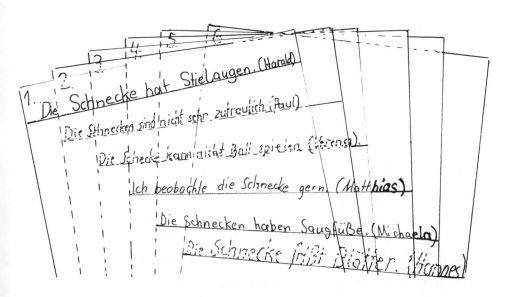

Der Begriff »*Staffeltext*« für solche Schreibvorhaben ist von den Staffelfolien hergeleitet: Bis zu 6 dünne Overheadfolien können ohne großen Lichtverlust übereinandergelegt werden, und auf jeder Folie ist auf anderer Höhe eine Schreiblinie (Permanentstift) vorgegeben. In aller Ruhe kann schon in den Anfangswochen jedes Kind seinen Satz auf die Linie malen – und löschen, so oft nötig. Die Arbeit ist dennoch bald abgeschlossen: mit dem Ergebnis von 4 (bei 24 Kindern) oder 5 (bei 30 K.) Staffeltexten. Sie sind nicht nur gemeinsamer Lesestoff, sondern auch Anschauungsmittel zur Betrachtung von Rechtschreibfragen und Handschriften. Schreibanlässe entstehen in allen Phasen des Sammelns: nicht nur von Lernergebnissen wie in dem Beispiel, sondern auch von **Sachfragen**, Fragen für ein **Interview** oder ein **Ratespiel**, Argumente für ein **Streitgespräch**, dabei beobachtete **Sprechstile**, **Ereigniskarten** für Spielszenen wie »Das Essen brennt an«, »Es klingelt«, »Der Hausmeister steht mit einem Ball vor der Tür«.

● **Gemeinsame Pictogramme**
  (Bilder aus Wortkarten):
Bei einem gemeinsamen Text wie dem nebenstehenden kann sich der Einzelbeitrag auf ein Wort beschränken. Die ganze erfahrbare Welt ist als Pictogramm darstellbar, mit Nomen, Verben, sogar Sätzen. Schon Schulanfänger/innen können mit ihrem ersten, wichtigsten Wort, dem eigenen Namen, ein Pictogramm machen: als Ratebild für die Nachbar/innen.

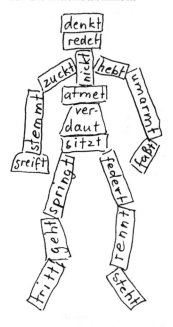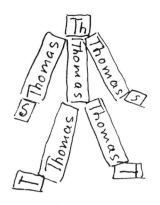

5. Aus dem Lesen heraus zum Schreiben kommen:

Sehr frei und gebunden zugleich ist das Schreiben, das aus dem Lesen entspringt. Ein Text ist – als vollendetes Schreibprodukt – wohl die komplexeste Vorgabe für eigene Schreibvorhaben. Andererseits eröffnet er gerade durch die Vielfalt seiner sprachlichen Vorgaben besonders viele neue Schreibmöglichkeiten (vgl. das Heft »Texte erschließen« der GRUNDSCHULZEITSCHRIFT). Er erleichtert insbesondere Anfänger/innen die ersten Schritte in die Freiheiten des Schreibens. Wie sehr Märchen Kinder anregen, mit den bekannten literarischen Bauformen zu spielen, sie zu variieren und mit neuen Inhalten zu füllen, ist bekannt. Dasselbe gilt aber auch für andere, scheinbar wenig ergiebige Textsorten. Aus einer solchen wähle ich mein Beispiel für die folgenden Vorschläge (zu realisieren natürlich jeder an einem anderen Text):

1	Ein kleiner Junge kauft schon das dritte Mal Schlankheitstabletten.
2	Die Apothekerin wundert sich:
3	»Wofür brauchst du denn die vielen Tabletten?
4	Du bist doch gar nicht dick!
5	»Ach, die sind doch für Gottfried!«
6	»Ist Gottfried denn so dick?«
7	»Nein, aber er darf es auch nicht werden.
8	Papa sagt, wenn Gottfried dick genug ist,
9	gibt es einen guten Kaninchenbraten!«

● **Einfügen fehlender Wörter**

Ein ganz kurzer Weg vom Lesen zum Schreiben ist das von INGEBORG MECKLING vorgeschlagene Ratespiel (1985, 84 f): Aus dem Text werden einzelne markante Wörter gelöscht, und jedes Kind schreibt auf, wie nach seinem Gefühl der betreffende Satz lauten müßte. In Anfangsklassen können Wörter zur Auswahl angeboten werden:

2	Die Apothekerin … (fragt/wundert sich/schimpft/staunt)
9	gibt es einen guten … (Jungen/Obelix/Kaninchenbraten/Spaß)

Wichtig ist das Gespräch zur Begründung der Schreib-Entscheidung, zuerst mit dem Nachbarkind, dann vielleicht noch mit der Gruppe, bevor die Lösung bekannt wird. Denn auch die anderen Varianten ergeben einen Sinn. Was wiederum in der Zeile 9 des Originals den Witz ausmacht, können die Kinder nach dem eigenen Schreib-Versuch besser verstehen.

● **Umschreiben von Wörtern, Sätzen oder Passagen**

In diesem Fall bleibt der Text komplett. Anlaß zum Umschreiben bieten Textstellen, die den Kindern unverständlich sind, seltsam vorkommen oder ihren Widerspruch herausfordern. Wenn sie den Witz selbst erzählen, lassen sie z.B. die Leute vermutlich ganz anders reden:

3	»Für was willst du die Pillen denn haben?«
8–9	»… wenn der Has fett ist, wird er geschlachtet!«

Es geht hier also nicht darum, sich in die Schreibweise des Textes einzufühlen, sondern sich gerade die eigene im Kontrast zu jener bewußter zu machen.

● **Weiterschreiben an »Drehstellen« des Textes**

»Drehstellen« nenne ich jene Stellen in einer Erzählung, an denen das Geschehen eine Wendung nimmt. Die Unsicherheit, wie es weitergehen wird, und die Erwartung des Neuen bringt die Phantasietätigkeit in Fahrt und lockt zum *Weiterschreiben*. In unserem Beispiel wendet sich nicht das Geschehen, sondern die Bedeutung eines Kernbegriffs wird umgedreht: Schlankheitstabletten sind plötzlich nicht mehr Dünnmacher für Menschen, sondern Lebensretter für den Tierliebling. Darin liegt die Pointe. Ein Witz ohne eine solche Art »Drehstelle« ist keiner. Reizvoll ist es nun, an dem Text weiter »herumzudrehen«, damit die Geschichte doch noch ein gutes Ende nimmt. Zwei Beispiele:

---

10 Die Apothekerin ganz ernst: »Willst du das viele Geld nicht lieber für einen Entenbraten sparen? Dann verzichtet dein Vater bestimmt auf den Gottfried-Braten.«
10 Die Apothekerin nimmt ihn beiseite: »Da habe ich hier aber was besseres für Gottfried. Tu ihm das Halsband um und mach mit ihm morgens und abends einen Dauerlauf. Dann bleibt er auch schlank.«

● **Füllen einer »Leerstelle«**

Die Entdeckung der *»Leerstellen«* brachte eine ganze literaturdidaktische Bewegung, heute verbunden mit dem Begriff »Rezeptionsästhetik«, ins Rollen. In literarischen Texten sind oft gerade wichtige Stellen nicht ausgeführt, sondern den Lesenden zum Ausfüllen mit eigenen Bildern aufgegeben. Wirklich leer sind diese »Leerstellen« also nicht. Eher möchte ich sie als die »elektrischen Punkte« bezeichnen, an denen Ideenfunken überspringen und mitten im Lesen Schreibideen entfachen können.

In unserem Text ist auch von der Hauptsache, der Angst des Jungen um sein Kaninchen, nicht direkt die Rede. Sie kann aber zumindest an zwei Stellen zur Sprache kommen, z.B. so:

---

7   Der Junge schluckt. »Nein, aber er darf es auch nicht werden.«
8–9 Jetzt fängt seine Stimme bedenklich an zu wackeln: »Papa sagt … «

● **Einführen einer neuen Figur in die Handlung**

Figuren in Erzähltexten sind die an der Handlung beteiligten Personen oder auch Tiere, in unserem Beispieltext also beides. Er fordert geradezu zum Einfügen weiterer Figuren heraus. Apotheken sind ja oft recht voll:

---

2   Ein alter Mann mischt sich ein: »Was sind denn das für Zeiten, wo schon kleine Kinder zum Tablettenkaufen geschickt werden?«
5   Eine Nachbarin wundert sich: »Wo gibt es denn bei euch einen Gottfried? Habt ihr Besuch gekriegt?«
10   Das Mädchen an der Tür lacht nicht mit. Sie sagt nur: »Bei uns werden keine Tiere umgebracht, und ich esse auch keine.«

Indem die Kinder Figuren einfügen, können sie das Geschehen von verschiedenen Seiten beleuchten. Statt über den Text zu diskutieren, reden sie – schreibend – mit der erfundenen Figur im Text mit.

● **Verändern einer Figur, eines Requisits oder Zeit-/Raum-/Handlungsfaktors**
Alle Freiheiten des Schreibens entfalten sich beim *Spiel mit den Text-Elementen*.
Nimmt nicht die Handlung sofort einen anderen Gang, wenn die Apothekerin ein forscher Mann ist, der kleine Junge ein Mädchen, das Kaninchen eine Gans? Und was
verändert sich, wenn nicht Schlankheitstabletten, sondern Abführmittel verlangt werden – und dies nicht mündlich, sondern auf einem Einkaufszettel? Was erst, wenn das
Ganze vor längerer Zeit geschah, als Abführmittel noch angerührt wurden? Dem
Spiel sind keine Grenzen gesetzt, und eine Variation zieht leicht die nächste nach
sich. Das ist bekanntlich auch in der großen Literatur so.

Abschließend verweise ich noch einmal auf die Notwendigkeit, das Schreiben in
einen kommunikativen Zusammenhang einzubinden. Alle hier genannten Schreibvorhaben leben von dem Austausch der Gedanken, die sie begleiten, und von der Veröffentlichung der Texte schon während ihres Entstehens und gleich danach. Diese ist
kein Beiwerk, sondern Bedingung für ein gutes Gelingen der Vorhaben – bei allen
Kindern, auch denen, die erst erleben müssen, welch ein Glück es ist, schreiben zu
können.

Literatur

BALHORN, H.: »Jetzt schreib ich die Wörtersprache … « In: BRÜGELMANN, HANS (Hrsg.): ABC und
   Schriftsprache. Faude: Konstanz 1986, 112–123
BERGK, M.: Rechtschreibenlernen von Anfang an. Kinder schreiben ihre ersten Lesetexte selbst.
   Diesterweg: Frankfurt 1990. 2. Aufl.
ERICHSON, Ch.: Rechtschreiben: Der Klotz am Bein des Pegasus? Plädoyer für eine Integration
   von spontanem Schreiben und Rechtschreibenlernen. In: VALTIN/NAEGELE (s.d.), 3–20
MECKLING, I.: Fragespiele mit Literatur. Übungen im produktiven Umgang mit Texten. Diester-
   weg: Frankfurt 1985
RICO, G.: Garantiert schreiben lernen. Rowohlt: Reinbek 1984
»Schreibkonferenzen«: Themenheft der GRUNDSCHULZEITSCHRIFT 30/1989
SENNLAUB, G. (Hrsg.): Es steht sogar im Lehrplan. Kindertexte, kopiert, geheftet – Motivation und
   Beispiele für einen anderen Aufsatzunterricht. Agentur Dieck: Heinsberg 1986
SPITTA, G.: Kinder schreiben eigene Texte. Klasse 1 und 2. CVK: Bielefeld 1985
»Texte erschließen«: Themenheft der GRUNDSCHULZEITSCHRIFT 48/1991
VALTIN, R./NAEGELE, I.: Schreiben ist wichtig. Grundlagen und Beispiele für kommunikatives
   Schreiben(lernen). Arbeitskreis Grundschule: Frankfurt 1986

CHRISTINE MANN

Strategien des Rechtschreiblernens

Mitsprechen – Nachdenken – Merken – Nachschlagen

1. Problemstellung

In den letzten hundert Jahren nahm die Bedeutung schriftlicher Kommunikation stark zu. Der Gebrauch der Schriftsprache gehört heute in viel größerem Maße zum beruflichen Alltag auch einfacherer Bevölkerungsschichten als früher. Die Rechnung des Fliesenlegers etwa ist viel ausführlicher als Rechnungen aus früherer Zeit. Der Installateur muß sich die Bedienungsanleitungen neuer Öfen sorgfältig durchlesen und sie genau verstehen. Auch wenn durch die Ausbreitung audio-visueller Medien das Lesen von Büchern möglicherweise in den letzten zwanzig Jahren wieder zurückgegangen ist, ist zum Beispiel die Menge an Zeitungen heute um ein Vielfaches größer als noch vor hundert Jahren, und diese Zeitungen werden gelesen. Daher ist es wichtig, daß die Menschen heutzutage Inhalte schnell lesend aufnehmen können. Dem dienen die Festlegungen der deutschen Orthographie durch die Duden-Redaktion. Sie sind quasi als eine Lesehilfe zu verstehen. Dem Leser soll durch diese Festlegung ermöglicht werden, Wörter auf einen Blick wiederzuerkennen, ohne erst ihre durch die Buchstabenfolge symbolisierte Lautstruktur herzustellen. Das Lesen des kompetenten Lesers wird so zu einem Wiedererkennen gewußter Schreibungen auf einen Blick. Erst dadurch wird ein hohes Lesetempo möglich. Für den Schreiber allerdings sind diese Festlegungen ein Problem, denn er muß sie kennen. Richtet er sich nicht danach, erschwert er dem Leser die schnelle, ungestörte Sinnentnahme. Daraus ergibt sich für viel weitere Bevölkerungsschichten als früher die Notwendigkeit, die Rechtschreibung zu erlernen.

Daneben allerdings hat die Rechtschreibfähigkeit auch noch die irreale Funktion, ein Aushängeschild für den Schreiber zu sein. Weil Fehler in der Rechtschreibung so schön eindeutig feststellbar und durch Nachschlagen in einem verbindlichen Kodex nachweisbar sind, geben sie jedem, der sie entdeckt, die Möglichkeit, sich dem Schreiber überlegen zu fühlen. Und da Schriftsprache etwas mit Bildung zu tun hat und Bildung in unserer Gesellschaft noch sehr hoch geachtet wird, gibt diese vermeintliche Überlegenheit dem Selbstwertgefühl mancher Menschen großen Auftrieb, so daß die Bedeutung der Rechtschreibfähigkeit von vielen Menschen sehr überhöht gesehen wird.

Damit ergibt sich für die Schule die Notwendigkeit, den Kindern eine möglichst gute Rechtschreibfähigkeit zu vermitteln, obwohl sich die meisten Lehrer darüber klar sind, daß andere Unterrichtsinhalte für den konkreten Lebensvollzug und die wirkliche Bildung der Kinder viel wichtiger sind.

So fordern etwa Verkehrserziehung, Training der kommunikativen Kompetenz oder soziale Erziehung heute viel mehr Zeit als früher, so daß für die Rechtschreibung deutlich weniger Zeit übrigbleibt. Die derzeit einzig mögliche Lösung für dieses Problem besteht darin, den Rechtschreibunterricht effektiver zu gestalten als früher, und darüber hinaus den Kindern selbst die Lerntechniken zum Rechtschreiblernen beizubringen, damit sie eigenverantwortlich entsprechend ihrem individuellen Bedarf das Rechtschreiben erlernen können.

2. Forschungen zu diesem Problem

Mit Einführung der allgemeinen Schulpflicht begann man sich über die Didaktik der Schriftsprache vermehrt Gedanken zu machen. Es entstand Anfang des zwanzigsten Jahrhunderts eine Konkurrenz zwischen der Ganzwortmethode und dem synthetischen Lesenlernen, und die Aufmerksamkeit richtete sich in zunehmendem Maße auf die Kinder, die trotz normaler Begabung besondere Schwierigkeiten im Erlernen des Lesens und Rechtschreibens hatten. Die Eskalation des Problems der sogenannten Legastheniker oder lese-rechtschreibschwachen Kinder in den siebziger Jahren führte schließlich zu der Einsicht, daß das Problem dieser Kinder nicht auf Ärzte und Krankenkassen delegiert werden kann, sondern die Didaktik des Lesens und Rechtschreibens dringend einer Revision bedarf (vgl. SIRCH 1975, SCHLEE 1976). Es entstanden zunächst aus der Schulpraxis heraus Beiträge, in denen darauf hingewiesen wurde, daß im Zuge der kommunikativen Orientierung im Deutschunterricht einige wichtige Elemente des traditionellen Unterrichts verloren gegangen seien, wie etwa das kontinuierliche Üben oder das Einbeziehen aller Sinne in den Rechtschreiblernprozeß (z.B. SENNLAUB 1977). In zunehmendem Maße wandten sich aber auch Wissenschaftler dem Problem der Schriftsprache und ihres Erwerbs zu, wobei stark auf Forschungen aus dem Ausland zurückgegriffen werden konnte, wo man sich schon viel länger mit diesem Problem befaßte.

● Ein wichtiger Beitrag der Forschung war zum Beispiel die Erkenntnis, daß die Umgangssprache gegenüber der Schriftsprache stark verkürzt, dialektal und idiolektal (individuell) verändert ist. Diese Veränderung ist im Kontext der Sprechsituation funktional und enthält eine große Menge an emotionalen Zusatzinformationen, die in der Schriftsprache verlorengehen. Diese Umgangssprache, die je nach Milieu und Situation mehr oder weniger der Schriftsprache entspricht, ist die sprachliche Basis der Kinder bei Schuleintritt, und viele Fehler der lese-rechtschreibschwachen Kinder, die bisher als mangelnde Fähigkeit zur Lautanalyse gedeutet wurden, erweisen sich als lautlich genau analysierte und verschriftlichte Umgangssprache (vgl. TILLMANN/MANSELL 1980).

● Eine weitere wichtige Grundlage ist auch die Erkenntnis, daß Wörter in der Regel nicht als Wortbilder quasi ikonographisch gespeichert werden, sondern daß sie als gewußte Buchstabenfolge in unterschiedlichsten graphischen Gestalten wiedererkannt werden. Dieser Speicherungsprozeß bei hunderten von Wörtern und Wortformen ist nur möglich, wenn sich der Leser jederzeit aus der Buchstabenfolge selbständig den Sinn des Wortes erschließen kann. Dabei wird zuerst über die Zuordnung von Lauten zu Buchstaben eine lautliche Wortvorform erstellt, der dann erst mit Hilfe des Kontexts der Sinn und der umgangssprachliche Wortklang zugeordnet wird.

● Durch diese Zuordnungen erwirbt der Leser allmählich ein intuitives Wissen darum, wie bestimmte Buchstabengruppen (sogenannte Sprech-Schreibmuster) in der Regel ausgesprochen werden müssen. Das hilft ihm, zum Erlesen unbekannter Wörter nicht mehr nur Einzelbuchstaben, sondern solche Sprech-Schreibmuster zu nutzen und so eine der Umgangssprache viel ähnlichere Wortvorform zu erstellen. So wird das Lesen flüssiger und die Sinnentnahme leichter. In einer bestimmten Kompetenzstufe versuchen viele Kinder dann allerdings, diese gelernten Sprech-Schreibmuster auch für den Schreibprozeß zu nutzen. Das führt dann zu typischen Fehlschreibungen wie *Karpuze* (analog zu Garten) oder *Dicktat* (analog zu ›am dicksten‹). Auch einige früher gelehrte Rechtschreibregeln waren eigentlich solche unzulässigen Übertragungen von Lese-Regeln auf den Schreibprozeß. So führte zum Beispiel die Erfahrung des h als Längezeichen beim Lesen zu der Behauptung, das h mache den Vokal lang. Das veranlaßte dann einige allzu gehorsame Kinder, Wörter wie *Qual, Schal* oder *sparen* mit h zu schreiben und führte bei verständnislosen Reaktionen der Lehrer zu erheblichen Verunsicherungen.

Hier sind die Ergebnisse der Untersuchungen von C. L. NAUMANN (1987) über den genauen Zusammenhang zwischen gesprochener Sprache und orthographischem System sehr hilfreich. Er stellte zum Beispiel fest, daß das lange *a* in 88 % der Fälle einfach *a* geschrieben wird, das lange *u* sogar in 97 % der Fälle einfach *u*. Er untersuchte auch die Funktion von Rechtschreibregeln. Dabei unterschied er zwischen sogenannten harten Regeln, die in 100 % der Fälle gelten (zum Beispiel die Lautfolge / ʃ t / im Anlaut wird immer ›st‹ geschrieben) und weichen Regeln, zu denen es viele Ausnahmen gibt (zum Beispiel das lange *i* wird in 78% der Fälle als *ie* geschrieben. Unterregel: In Fremdwörtern steht kein *ie*. Aber weitere Unterregel: Die an Fremdwörter angehängte Endung -*ie* (Genie, Demokratie) oder -*ieren* (dividieren) wird mit *ie* geschrieben).

Der Sinn von Rechtschreibregeln wird dann fragwürdig, wenn sie nur noch wenige Fälle abdecken. Dann ist für viele Menschen das Lernen der Einzelfälle sinnvoller als das Lernen von Regeln.

● Eine weitere wichtige Erkenntnis schließlich ist die Tatsache, daß die Kinder das noch viel kompliziertere Regelwerk der mündlichen Sprache nicht durch Lehre, sondern durch eigenaktiven Zugriff in der Kommunikation mit kompetenten

Sprechern erwerben. Dabei bilden sie intuitiv Regeln, die gelegentlich übergeneralisiert und dann erst durch die Erfahrung des Irrtums ausdifferenziert werden (zum Beispiel: *Ich bin zu Oma gegeht.*).

> Auf diese Weise bekommen Fehler im Rechtschreiben eine völlig andere Wertigkeit. Sie sind nicht mehr unangenehme Entgleisungen, die tunlichst vermieden werden müssen, sondern wichtige Durchgangsstadien auf dem Weg der eigenaktiven Regelbildung, die bei geschicktem Umgang damit in große intuitive Rechtschreibsicherheit übergehen können.

Sehr zweifelhaft ist allerdings, ob die Möglichkeiten zur schriftsprachlichen Kommunikation ausreichen, um allen Kindern den intuitiven Erwerb der Rechtschreibung analog zum Erlernen der mündlichen Sprache zu ermöglichen. Hier scheinen doch auch explizite Lehr- und Lernprozesse notwendig zu sein.

3. Konsequenzen für den Erwerb der Rechtschreibfähigkeit

3.1 Der Leseprozeß als Grundlage des Rechtschreibens

Die wichtigste Grundlage für das Erlernen der Rechtschreibung ist der Gebrauch der richtigen Lesetechnik. Nur wenn die Leser neue Wörter wirklich durch synthetisches Erlesen der Buchstabenfolge und anschließende Zuordnung des Sinns und des umgangssprachlichen Wortklangs decodieren, wird ein Transfer vom Lesen auf das Rechtschreiben und ein intuitives Erlernen der Orthographie analog zum mündlichen Spracherwerb möglich. Explizite Lernprozesse liefern dann eigentlich nur noch Möglichkeiten der zusätzlichen Kontrolle bei Unsicherheit.

Manche Kinder aber haben sich angewöhnt, neue Wörter nicht buchstabenweise zu erlesen, sondern vom Kontext her unter Zuhilfenahme der Anfangsbuchstaben und einiger hervorstechender Merkmale zu erraten. Besonders die intelligenten Kinder kommen mit dieser Technik oft zu guter Sinnentnahme und sehr schnellem Lesen, so daß sie das genaue Analysieren der Wörter nicht nötig haben. Ein stark ganzheitlich orientierter Leseunterricht verstärkt diese Tendenz ebenso wie die Unsitte, im Unterricht lesen zu üben, indem einer den Text vorliest und die anderen mitlesen.

Die Ganzwortleser erlernen nicht das der Schriftsprache zugrundeliegende Lautsystem. Und auch die Wahrnehmung von Rechtschreibbesonderheiten ist nur ungenau. Beim Schreiben sind sie dann darauf angewiesen, die Wörter auf ihre Buchstabenfolge hin abzuhören, wobei sie aber ihre Umgangssprache zugrundelegen. Das führt dann zu typischen Fehlern, die man früher auf eine auditive Wahrnehmungsschwäche zurückführte (Beispiel *Gaten* statt Garten, *Dorst* statt Durst). Auch bei der Anwendung von Rechtschreibregeln fehlt häufig das Korrektiv durch das gespeicherte Schriftbild, was zu Anwendungen genau in den Fällen, wo die Regel nicht gilt, und dann zu Verunsicherung und Desmotivation führt. Genauso ungünstig aber ist eine zu stark synthetisch orientierte Lesestrategie, bei der das Lesen zu einer reinen Technik degradiert wird und die Sinnentnahme verlorengeht. Hier wird zwar das geschriebene Wort genau analysiert, aber der nächste Schritt, die Zuordnung des richtigen Wortklanges und des Sinnes fehlt. Dadurch kann die Schreibung nicht mehr gespeichert werden, denn der Leser weiß sozusagen nicht, in welchem Fach des Speichers er die Schreibung ablegen soll, da im Speicher nur sinnvolle Wörter mit ihrem Wortklang, ihrem Assoziationshorizont und – beim kompetenten Schriftverwender – ihrer Schreibweise aufbewahrt werden.

3.2 Das rhythmisch-synchrone Sprechschreiben als Grundlage

Eine weitere sehr wichtige Voraussetzung für den Aufbau von Rechtschreibkompetenz ist die Automatisierung des graphomotorischen Schreibvollzuges. Solange die Kinder die Hand noch durch graphomotorische Befehle steuern müssen, wird dadurch soviel Aufmerksamkeit beansprucht, daß schon das genaue Abhören der Wörter oft mißlingt, und noch viel mehr das Beachten von Rechtschreibbesonderheiten. Aber selbst wenn diese Formbefehle nicht mehr nötig sind, kann man bei Kindern mit Defiziten in der Graphomotorik beobachten, daß die Handschrift unter dem Druck längerer Texte oder gar Diktate in ein ungefähres Auf und Ab regrediert, was dann zu Verwechslungen von *a* und *o, l* und *b, m* und *n, n* und *r* führt, aber auch zum Auslassen von Buchstaben. Von daher dient sogar das Beibringen uralter Straßenspiele wie Hinkekasten, Ballschule usw. im ersten Schuljahr indirekt der Rechtschreibung, weil sie die motorische Koordination trainieren, die dann wieder der Graphomotorik zugute kommt. Ziel des graphomotorischen Schreibprozesses ist es, daß die Kinder fähig werden, Wörter in Silben gegliedert langsam auszusprechen und dabei zu jedem Laut den entsprechenden Buchstaben aufzuschreiben. Damit wird auch der Schreibprozeß deutlich in Silben gegliedert. Am Ende der Silbe werden Oberzeichen gesetzt und die Schreibweise noch einmal kontrolliert, bevor mit der nächsten Silbe begonnen wird. Das Schreiben ganzer Wörter oder Morpheme ohne Silbenpause bildet eine weitere Kompetenzstufe, die erst bei völliger Rechtschreibsicherheit sinnvoll wird. Sie sollte nicht durch schnelleres Diktieren zum Beispiel erzwungen werden.

3.3 Die lautgetreue Schreibung als Grundstrategie

Sind diese grundlegenden Lernprozesse im Erstunterricht geglückt, so kann der Erwerb der Rechtschreibfähigkeit als Aneignung aufeinander aufbauender und sich immer weiter ausdifferenzierender Strategien beschrieben werden. Diese Aneignung kann vom Lehrer durch verwirrende Fehlinformationen und Verunsicherungen erschwert oder durch klärende Hinweise und gelegentliche Anleitungen gefördert werden. Die Grundstrategie ist die Strategie der **lautgetreuen Schreibung**. Das heißt die Lautfolge eines Wortes wird auf ihre Einzellaute hin abgehört und in eine Buchstabenfolge übersetzt. Diese Grundstrategie **entspricht der Funktion unserer Buchstabenschrift als Lautschrift** und wird von vielen Kindern spontan schon vor Schuleintritt probiert.

▶ Dabei ist es Aufgabe der Schule, zunächst den Kindern die **Einzellaute** und ihre unterschiedliche Artikulation bewußt zu machen. Außerdem kann sie den Kindern beibringen, die **Silbenstruktur** der Wörter als Gliederungshilfe für das Abhören zu nutzen.

▶ Sobald die Kinder dieses Abhören so gut gelernt haben, daß die Buchstabenfolge der von ihnen verschriftlichten Wörter die (umgangssprachliche) Lautstruktur überzeugend wiedergibt, müssen die Kinder lernen, nicht von ihrer Umgangssprache, sondern von einer **speziellen Lautung** der Wörter auszugehen, wie sie **der Schriftsprache** zugrundeliegt. Diese wird durch Lesen und genaue Aussprache der Wörter entsprechend ihrer Buchstabenfolge gelernt.

▶ Parallel dazu erlernen die Kinder ständig implizit das Prinzip der **lautgetreuen Schreibung**. Dieses Prinzip ist **umstritten**, und es gibt Autoren, die behaupten, es gäbe im Deutschen keine lautgetreue Schreibung, da es für jeden Sprechlaut verschiedene Möglichkeiten der graphemischen Symbolisation gibt. Wenn man aber kompetenten Schriftverwendern Pseudowörter zum Lernen aufgibt, so wird als selbstverständlich behauptet, daß das Pseudowort ›ertegen‹ zum Beispiel lautgetreu sei, daß man sich dort nichts Besonderes merken müsse, während etwa bei ›Kaarsteppsel‹ das Doppel-a und Doppel-p extra gemerkt werden müsse. Das heißt, der kompetente Rechtschreiber bezeichnet die **häufigsten graphemischen Alternativen** für einen Laut als **lautgetreu**. Diese muß er sich nicht merken, sondern er leitet sie beim Schreiben von der Aussprache des Wortes ab.

▶ Die **selteneren graphemischen Alternativen** aber bedürfen als Rechtschreibbesonderheiten eines Extra-Eintrags im orthographischen Wortspeicher. Solch eine Gedächtnisstrategie ist sehr viel rationeller als etwa der Versuch, sich jeden Buchstaben eines Wortes besonders zu merken. Das Ausbilden dieser rationellen Strategie der lautgetreuen Schreibung kann man bei den Kindern fördern, indem man sie ermutigt, die häufigste graphemische Alternative für einen Laut (vgl. NAUMANN) als selbstverständliche Verschriftlichung zu gebrauchen, solange es keine Begründung für eine abweichende Schreibung gibt. Solche Begründungen können zunächst einfach in Hinweisen der Lehrkraft bestehen, später werden sie durch die Anwendung übergeordneter Rechtschreibstrategien geliefert.

▶ Wenn das Prinzip der lautgetreuen Schreibung mit dem **rhythmisch-synchronen Sprechschreiben** verbunden wird, kann der Schreibprozeß soweit verkürzt werden, daß der Schreiber das Wort deutlich und in Silben gegliedert ausspricht und einfach mitschreibt, ohne weitere, belastende Steuerungs- und Entscheidungsprozesse dazwischenzuschalten. Dieser Schreibprozeß geschieht sozusagen aus dem Bauch. Dadurch hat der Schreiber seinen Kopf frei für die Anwendung übergeordneter Rechtschreibstrategien.

3.4 Übergeordnete Rechtschreibstrategien

Unsere Buchstabenschrift ist nur in sehr beschränktem Maße eine Lautschrift. Überlagert wird das Lautschriftprinzip von dem Prinzip der **Morphemtreue** und von **grammatikalisch und historisch motivierten Andersschreibungen**. Und all diese Schreibungen sind seit Beginn des 20. Jahrhunderts genau festgelegt. Für die Kinder ist es ein langer Lernprozeß, bis sie fähig sind, diese übergeordneten Prinzipien zu beachten.

▶ In die **morphemgetreue** Schreibweise werden die Kinder über die Strategien der Ableitungen eingeführt. Sie lernen, Verben mit einem t in der Endung auf ihre Grundform zurückzuführen, um die Schreibweise zu erkennen (zum Beispiel: er rennt — ren-nen). Sie lernen, **Substantive, Adjektive** und **Verben**, die auf Konsonanten enden, durch Mehrzahlbildung oder Steigerung zu verlängern, um die genaue Schreibweise des letzten Lautes zu erschließen (*Fuß — Füße, stark — stärker*). Dabei lernen sie, den Zusammenhang zwischen verschiedenen Wortformen bewußt für die Rechtschreibung zu nutzen, also schon nicht mehr nur vom Lautlichen, sondern vom Grammatikalisch-Semantischen her zu denken.

▶ Später lernen sie dann, auch **entferntere Ableitungen** zum Erschließen von Schreibungen (Stammbaum — abstammen, also Doppel-m) oder zumindest als Gedächtnisstütze (häufig — Haufen, also äu) zu nutzen. Ein solches **intelligentes Erlernen der Rechtschreibung** fördert die Einsicht in sprachliche Zusammenhänge, die auch Zusammenhänge in der Realität widerspiegeln, denen es oft lohnt, nachzuspüren.

▶ Den **grammatikalisch** motivierten Schreibungen begegnen die Kinder bei der Großschreibung am Satzanfang, später bei der Konjunktion ›daß‹, bei der Zeichensetzung und der Substantivierung von Verben und Adjektiven. Und auch die Großschreibung von Nomen ist nur teilweise vom Semantischen her (Kann man das Gemeinte anfassen, kann man es haben?) teilweise vom Grammatikalischen her zu überprüfen (Wird es durch einen Artikel begleitet oder könnte man im Satzkontext einen Artikel oder sonstigen Nomen-Begleiter davorsetzen?).

▶ Neben diesen ableitbaren Schreibungen, die durch die genannten Strategien erschlossen und/oder leichter gespeichert werden können, gibt es auch **nicht-ableitbare Schreibungen**, die einfach gelernt werden müssen. Deshalb gehören zum Rechtschreiblernen immer auch Techniken des Einprägens und Abrufens von Gespeichertem dazu.

● Solche **nicht-ableitbaren Schreibungen** kommen im laufenden Text aber nur bei etwa 10% der Wörter vor und dort sind es einige besonders häufige Wörter und Morpheme wie ‚und‘, ‚sind‘, ‚ihm‘, ‚fahr‘, und ‚Zahl‘, die den Hauptteil dieser Gruppe bilden. Für die Kinder kann man sie als **Merkwörter** bezeichnen.

● Etwa 40% der Wörter enthalten **ableitbare Rechtschreibbesonderheiten**, wobei die Großschreibung als Rechtschreibbesonderheit mitgezählt wurde. Für die Kinder kann man diese Wörter als ‚**Nachdenkwörter**‘ bezeichnen.

● Etwa 50 % der Wörter sind reine **Mitsprechwörter**, das heißt die Kinder brauchen sich über die Artikulation der Wörter hinaus nichts einzuprägen. Jeder **Sprechlaut** wird durch die **häufigste graphemische Alternative** symbolisiert.

4. Rechtschreiblernen am Grundwortschatz

Derzeit hat sich die Überzeugung durchgesetzt, daß die Kinder in der Grundschule am ehesten über das Erlernen eines **Grundwortschatzes** (GWS) in die Rechtschreibung eingeführt werden. Dieser GWS ist zum Teil ministeriell festgelegt, zum Teil soll er entsprechend dem regional üblichen Gebrauchswortschatz der Kinder erstellt werden. Dabei reicht es nicht, diese Wörter nur in ihrer Grundform zu üben. Oft sind die Grundformen reine Mitsprechwörter, während die konjugierten bzw. deklinierten Wortformen Rechtschreibbesonderheiten enthalten, deren Beachtung erst geübt werden muß (zum Beispiel schlagen, du schlägst, er schlug). Da es unmöglich ist, die etwa 300.000 verschiedenen Wörter und Wortformen auf diese Weise zu lernen, ist solch eine Arbeit am GWS nur sinnvoll, wenn die Kinder dabei in den Gebrauch der verschiedenen Rechtschreibstrategien eingeführt werden. Wenn ein Wort gelernt werden soll, ist daher folgendes Vorgehen sinnvoll:

▶ Zunächst lernen die Kinder die genaue, in Silben gegliederte Artikulation des Wortes entsprechend der **Buchstabenfolge**. Dabei kann es nötig sein, die Artikulation bestimmter Laute oder Lautfolgen bewußt zu trainieren und eventuell durch Handzeichen zu unterstützen. Rechtschreibunterricht beinhaltet in den ersten Jahren ein erhebliches Maß an **Artikulationstraining**. Und den Kindern muß der Übersetzungsprozeß zwischen ihrer Umgangssprache und dieser der Schriftsprache angeglichenen Aussprache des Wortes bewußt werden.

▶ Dann werden **Rechtschreibbesonderheiten** gekennzeichnet und mit einem **kognitiven Zusatz** versehen. Unter kognitivem Zusatz wird hier ein Merksatz verstanden, mit dem die Rechtschreibbesonderheit benannt und im Wortspeicher verankert wird. Bei den reinen Merkwörtern besteht der kognitive Zusatz nur in einem kurzen Hinweis, also zum Beispiel »*Fahren mit ah*«. Bei den Nachdenkwörtern aber ist es wichtig, daß der kognitive Zusatz nicht nur die Rechtschreibbesonderheit benennt, sondern die Denkbewegung enthält, mit der sich ein kompetenter Schreiber die Schreibweise erschließen würde, also zum Beispiel: »›*Schläft*‹ gehört zu *schlafen*, also mit *ä*.«, oder »›*Schuppen*‹ kann man anfassen, also groß.«.

Das Lernen von Rechtschreibregeln im Rechtschreibunterricht hat nur einen sehr begrenzten Wert, weil viele Kinder im entscheidenden Moment vergessen, die Regel anzuwenden. Wenn aber die Denkbewegung der Regelanwendung beim Erlernen des GWS im kognitiven Zusatz mitgelernt wird, so hat das zwei positive Effekte: Zum einen dient diese Regelanwendung als Gedächtnisstütze. Sie kehrt bei vielen Wörtern in derselben Form wieder, wird sozusagen das Bekannte, woran man die Schreibung anbinden kann. Zum anderen zeigt sie den Weg auf, wie sich der Schreiber selbständig die Schreibung erschließen kann, wenn er sie vergessen hat.

Diese zunächst bei geübten Wörtern erlernte Gedankenbewegung wird dann von vielen Kindern auch kreativ auf ungeübte Schreibungen übertragen, was sehr wünschenswert ist.

▶ Schließlich darf aber nach dem Erarbeiten der Rechtschreibbesonderheiten das Üben und Automatisieren der Wörter nicht vernachlässigt werden. Das Abrufen der gespeicherten Rechtschreibbesonderheiten beim Schreiben ohne allzu lange Verzögerung ist ein eigener Schritt, der extra geübt werden muß. Hier ist es gut, wenn man den Kindern Techniken beibringt, wie sie die Wörter selbständig üben können. Dadurch macht man die Kinder vom Übungsangebot des Lehrers unabhängig und ermöglicht jedem Kind die individuell notwendige Menge an Übung (vgl. NAEGELE in Band I dieses Handbuches).

5. Die Einbettung des Rechtschreiblernens in den Übungskontext

Irgendwann gegen Ende des ersten oder bis zur Mitte des zweiten Schuljahres muß dem Kind deutlich werden, daß es nicht ausreicht, die Wörter irgendwie in Buchstaben zu übersetzen, sondern daß es sinnvoll ist, die allgemein übliche Schreibweise zu verwenden, damit andere die Texte leichter lesen können. Dann kann es für die Kinder zu einem Ziel werden, alle ihre Texte mit Lesehilfe, das heißt in der geltenden Orthographie zu Papier zu bringen. Wenn das gelingt, ist es möglich, daß die Kinder die Rechtschreibung an ihren **eigenen, freien Texten** erlernen. Aufgabe der Lehrkraft ist es dann, institutionalisierte Wege aufzuzeigen, wie die Kinder die Schreibweise der Wörter herausbekommen können.

▶ Das **Nachschlagen** ist zunächst noch kein geeigneter Weg, da es eine große Kunst ist, die erhebliches Sprachwissen erfordert, und erst lange geübt werden muß.
▶ Das Schreiben der Texte **ins Unreine mit Korrektur** durch die Lehrer und anschließender Reinschrift hat den Vorteil, daß sich die Kinder beim ersten Schreiben ganz auf die Formulierung ihres Textes konzentrieren können. Aber die Gefahr ist groß, daß die Korrektur als Sache der Lehrer und die Reinschrift als lästige Pflichtübung betrachtet wird, was dann kaum noch einen positiven Effekt für das Erlernen der Rechtschreibung hätte.
▶ Etwas anderes ist es natürlich, wenn die Texte tatsächlich »**veröffentlicht**« werden, in einem Klassen-Buch, einem Weihnachtsgeschenk für die Eltern oder einer Schüler-Zeitung. Dann könnte die Korrektur der ersten Fassung eine Gemeinschaftsaufgabe für mehrere Kinder werden, die ihr rechtschriftliches und graphisches Können zusammentragen und nur im Zweifelsfall die Lehrer um Rat fragen.
▶ Weniger aufwendig ist es allerdings, Texte mit **Bleistift** zu schreiben, falsche Wörter zu **radieren** und dann richtig hinzuschreiben. Dieses Verfahren eignet sich für unwichtigere Texte.

► Weitgehend üblich ist es, die Kinder zum Erlernen der Rechtschreibung Sätze oder Texte üben zu lassen, die ihnen dann **diktiert** werden. Dann werden vom Lehrer die Fehler gezählt und je nach ihrer Zahl etwas Lobendes oder Ermutigendes daruntergeschrieben. Das Rechtschreiben hat hier nicht mehr seine dienstbare Funktion als Lesehilfe, sondern wird zu einem Wert an sich, der lange Zeit sogar die Bewertung des gesamten Schülers entscheidend mitbeeinflußte. Diese Form des Diktatunterrichts wird von manchen Lehrern so geschickt ausgestaltet, daß die meisten Kinder dabei Erfolgserlebnisse haben, die ihr Selbstbewußtsein stärken. Außerdem können viele Kinder dabei erfahren, daß sie durch Übung ihre Leistungen verbessern. Solange aber alle Kinder den gleichen Text in derselben Zeit mit demselben Verfahren üben müssen, vermittelt dieses Diktate-Schreiben immer auch einigen Kindern die Erfahrung, daß ihnen auch Üben und guter Wille keine Erfolge beschert. Kinder sind in ihrem Schriftspracherwerb nicht alle zur gleichen Zeit auf der gleichen Stufe.

Wenn man von ihnen allen dasselbe zur gleichen Zeit verlangt, so werden immer einige Kinder völlig sinnlos entmutigt und geduckt, während andere ohne jede Anstrengung Erfolge erzielen und sich als die großen Könner vorkommen, die Anstrengung gar nicht nötig haben. Deshalb ist ein solcher Diktatunterricht nur sinnvoll, wenn jedes Kind selbst entscheiden kann, welche Form des Übens ihm am ehesten entspricht und wieviel von dem vorzubereitenden Text es sich zutraut.

► Während im 2. Schuljahr die **Diktattexte** noch wörtlich vorgeübt werden, werden im 3. und 4. Schuljahr aus den geübten Wörtern und Wortformen **neue Texte** zusammengestellt. Dieses Schreiben eines neu zusammengestellten Textes ist für manche Kinder eine sehr große, neue Anforderung. Kinder haben oft viel größere Mühe, einen Text zu verstehen, als die Erwachsenen sich klarmachen. Wenn sie aber Textteile nicht verstehen, haben sie keine Möglichkeit, auf gespeicherte Schreibungen zurückzugreifen, denn der Wortsinn ist die Zugriffsmöglichkeit zum Wortspeicher. Auch Ableitungsstrategien versagen, denn auch diese funktionieren nur sinngesteuert. Die Kinder müssen daher in solch einem Fall die Schreibung vom Wortklang ableiten, wissen selbst, daß das sehr fehlerträchtig ist und geraten oft deswegen in Panik, was dann die Rechtschreibfähigkeit noch weiter zum Erliegen bringt.

Häufig aber wird die Hilflosigkeit der Kinder auch durch Fehler der Lehrer verstärkt. Da wird zum Beispiel von einem Verb die Grundform geübt, dann aber kommt im Diktat die konjugierte Form vor, bei der ganz andere Rechtschreibprobleme auftreten (Beispiele: *ren-nen* = *rennt*, *kommen* = *kam* oder, ganz extrem: *nehmen* = *nimmt*). Noch extremer war es früher, wenn etwa Wörter mit *h* als Längenzeichen im Unterricht durchgenommen wurden, im Diktattext dann aber ganz andere, ungeübte Wörter mit h vorkamen. Natürlich hatte das zur Folge, daß die Kinder dann an jeden langen Vokal ein *h* hängten und sich wunderten, daß sie so viele Fehler hatten. Von daher weisen schlecht ausgefallene Diktate primär auf schlechten Unterricht und nicht auf schlecht lernende Schüler hin.

6. Die Benotung von Diktaten

In Aufsätzen ist es verständlich, daß eine Zwei eine gute Note ist und nur selten Kinder eine Eins in einem Aufsatz erhalten. Es müssen eben nicht unbedingt alle Kinder ausgezeichnet sprachlich formulieren und gestalten können. Deshalb ist das geltende Prinzip, daß die Noten in Klassenarbeiten etwa der Normalverteilung folgen sollten, bei Aufsätzen unter Umständen vertretbar. Bei Diktaten aber beißt sich diese Regel mit der Norm, daß die Rechtschreibung nicht nur ungefähr, sondern ganz beherrscht werden sollte und daß die Kinder die Diktate eigentlich fehlerlos schreiben sollten. Besonders bei geübten Diktaten hätte man ja jeden Fehler durch Übung vermeiden können. Diese zwei einander gegenlaufenden Prinzipien führen zu recht unsinnigen Entwicklungen. Ein wirklich guter Rechtschreibunterricht, der die meisten Kinder in die Lage versetzt, zumindest bei Diktaten die Norm der korrekten Schreibung zu erfüllen, führt dazu, daß die Lehrkraft ihre Anforderungen in Diktaten höherschrauben muß, um wieder normalverteilte Noten zu bekommen. Oder, was heutzutage meistens geschieht, die Benotung wird so streng, daß schon wenige Fehler zu sehr schlechten Noten führen. Damit scheint aber die Norm, daß Schreibungen immer korrekt sein müßten, massiv verstärkt zu werden. Rechtschreibschwache Kinder haben dann gar keine Chance mehr. Eine mit viel Mühe erreichte Verbesserung von 30 auf 15 Fehler wird dann in den Noten überhaupt nicht mehr sichtbar.

> Von daher wäre zu wünschen, daß Lehrer und Lehrerinnen sich gegen den Zwang der Normalverteilung bei Noten in Diktaten wehren und den Kindern tatsächlich erfolgreiche Diktate mit sinnvoller Benotung ermöglichen.

Literatur

ANDRESEN, H.: Was Menschen hören können, was sie lernen können, zu »hören« und was sie glauben, zu hören. In: Osnabrücker Beiträge zur Sprachtheorie, Beiheft 7/1983, S. 23–27.

BRÜGELMANN, H.: Kinder auf dem Wege zur Schrift. Konstanz 1984.

BRÜGELMANN, H. (Hrsg.): Die Schrift entdecken. Konstanz 1985.

DEHN, M.: Zeit für die Schrift. Bochum 1988.

MANN, Ch.: Legasthenie verhindern. Bochum 1989.

MANN, Ch.: Selbstbestimmtes Rechtschreiblernen. Weinheim 1991.

NAEGELE, I./VALTIN, R.: Rechtschreibunterricht in den Klassen 1–6. Frankfurt a. M. 1984.

NAUMANN, C.: Die Rolle der gesprochenen Sprache für das System der Rechtschreibung und ihren Erwerb. Habilitationsschrift Aachen 1987.

SCHLEE, J.: Legasthenieforschung am Ende? München 1976.

SENNLAUB, G.: Vielkanal-Rechtschreiben. In: SPITTA, G.: Legasthenie gibt es nicht ... Was nun? Kronberg 1977, S. 143–161.

SIRCH, K.: Der Unfug mit der Legasthenie, Stuttgart 1975.

TILLMANN, H. G./MANSELL, P.: Phonetik, Lautsprachliche Zeichen, Sprachsignale und Kommunikationsprozeß. Stuttgart 1980.

Renate Valtin und Ingrid M. Naegele

Hürden beim Schriftspracherwerb

Von der Legasthenie zu LRS

Für den schulischen und beruflichen Erfolg ebenso wie für die Teilhabe am kulturellen, politischen und gesellschaftlichen Leben ist die Beherrschung der Schriftsprache von entscheidender Bedeutung. Nicht von ungefähr werden die Raten der Analphabeten eines Landes mit dessen Entwicklungsstand in Verbindung gebracht. Ein Versagen im Lesen und Schreiben bedeutet für die Betroffenen eine entscheidende Lernbehinderung, die nicht selten aufgrund der damit verbundenen Mißerfolgserlebnisse Störungen im Bereich der Persönlichkeit und des Verhaltens nach sich zieht, wie negatives Selbstkonzept, Angst und Neurotizismus.

Seit etwa 40 Jahren befassen sich Pädagogen und Psychologen intensiv mit den Schwierigkeiten beim Lesen- und Schreibenlernen, dennoch gibt es noch keine einheitliche Theorie über Erscheinungsformen, Ursachen und Behandlungsmöglichkeiten. (Einen ausführlichen Überblick über die Legasthenieforschung geben u.a. BÜHLER-NIEDERBERGER 1991, NAEGELE u.a. 1981, SCHEERER-NEUMANN 1989a, VALTIN 1981).

Uneinheitlichkeit besteht schon bei der begrifflichen Fassung dieses Versagens.

1. Was verstehen wir unter Legasthenie und LRS?

Viel Verwirrung ist um den Begriff »Legasthenie« dadurch entstanden, daß die unterschiedlichen Bedeutungen, die auch gleichzeitig verschiedene historische Abschnitte der Forschung widerspiegeln, nicht klar voneinander abgehoben werden. So lassen sich im historischen Rückblick vier unterschiedliche Bedeutungen ausmachen:

(1) Legasthenie als ererbte Störung

Schon Ende des letzten Jahrhunderts untersuchten Mediziner Ausfälle im Lesen und Schreiben. Sie unterschieden die aufgrund von Hirnverletzungen *erworbenen* Störungen (Alexie) von einer *Aufbaustörung* bei Kindern, die als eine angeborene (kon-

143

genitale) Schwäche betrachtet wurde. Der Arzt und Psychiater RANSCHBURG prägte 1916 den Ausdruck »Legasthenie« (griech. Lese-Schwäche).

(2) Legasthenie als Spezialfall einer Lesestörung mit Krankheitscharakter

Während RANSCHBURG den Ausdruck Legasthenie auf Kinder mit einem Rückstand in der geistigen Entwicklung anwendete, wurde für die Psychologen und Pädagogen, die sich in den fünfziger Jahren mit diesen Phänomenen befaßten, die Intelligenz zu einem wichtigen Kriterium. Legasthenie wurde definiert als spezifisches und isoliertes Leseversagen bei Kindern mit intakter oder guter Intelligenz (LINDER 1951), das sich von anderen Lese-Rechtschreib-Störungen abgrenzen ließe, die durch ungünstige häusliche und schulische Verhältnisse, Entwicklungsverzögerungen, manifeste Seh- und Hörfehler erklärbar waren. Man nahm an, daß diese Legasthenie erkennbar sei an spezifischen Fehlern, wie Reversionen (Vertauschung spiegelbildlicher Buchstaben wie d und b) oder Umstellungen (ei statt ie), und Erscheinungsformen (Raumlagelabilität, Gestaltgliederungsschwäche, Störungen der visuellen oder auditiven Wahrnehmung und Linksdominanz, wie z. B. Linkshändigkeit und Linksäugigkeit).

(3) Legasthenie als Mißverhältnis zwischen (mindestens durchschnittlicher) Intelligenz und Lese-Rechtschreibleistung

Vom Ende der sechziger Jahre an wurden zahlreiche größere empirische Untersuchungen durchgeführt, die keinen Hinweis auf eine spezifische Legasthenie in dem oben beschriebenen Sinne ergaben: Weder ließen sich Reversionen als charakteristische Fehler erkennen, noch traten Raumorientierungsschwierigkeiten oder Linkshändigkeit und Linksäugigkeit gehäuft bei Kindern mit Leseversagen auf (VALTIN 1972, 1974). Die Annahme eines angeborenen oder ererbten Defektes wurde sehr fragwürdig angesichts der Tatsache, daß Kinder mit Problemen beim Lesen- und Schreibenlernen überproportional häufig aus sozio-kulturell anregungslosem Milieu stammen (VALTIN 1974, NIEMEYER 1974) und in den ersten Schuljahren häufiger einen Lehrerwechsel erlebten (VALTIN 1974). SCHENK-DANZINGER (1991), die nach wie vor den klassischen Legasthenie-Begriff verwendet, hat gegen diese Untersuchungen eingewendet, daß nur extrem rechtschreibschwache Kinder einbezogen wurden, die wie andere lernschwache Schüler auch häufiger aus der sozialen Unterschicht stammen. Dieser Einwand ist aus zwei Gründen nicht stichhaltig: erstens hat NIEMEYER auch leseschwache Kinder einbezogen, zweitens hat VALTIN (1972) in einer Untersuchung, welche die SCHENK-DANZINGERSCHE Definition einer Legasthenie (Anzahl der Reversionen in der Wiener Leseprobe) verwendete, ebenfalls ein Überwiegen von Unterschichtkindern festgestellt und kein häufigeres Auftreten von Linkshändigkeit und gemischter Dominanz (z.B. Rechtshändigkeit und Linksäugigkeit). In ihrer neuesten Veröffentlichung schreibt SCHENK-DANZINGER, daß diese gemischte Dominanz als mögliche Verursachung von Legasthenie ausscheidet (1991, S. 90).

> Da also die in den siebziger Jahren durchgeführten Untersuchungen keinen Hinweis auf eine klassische Legasthenie ergaben, haben viele Forscher vorgeschlagen, die Bezeichnung Legasthenie nur beschreibend zu verwenden als Sammelbegriff für verschiedenartige Lese-Rechtschreibstörungen mit unterschiedlichster Ursache, sofern es sich um Schülerinnen und Schüler mit mindestens durchschnittlicher Testintelligenz handelte.

Im »Fernstudienlehrgang Legasthenie« (1974) wurden operationale Kriterien für eine Definition vorgeschlagen und der damalige, inzwischen in vielen Punkten überholte Erkenntnisstand zusammengefaßt.

(4) »Besondere Schwierigkeiten beim Lesen und Rechtschreiben«, LRS, als Bezeichnung für jede langandauernde Schwierigkeit beim Erlernen der Schriftsprache

Anfang der siebziger Jahre erschienen in vielen alten Bundesländern Richtlinien und Erlasse, die den so definierten Legasthenikern besondere schulische Privilegien gewährten, wie Anspruch auf Teilnahme am Förderunterricht, auf Befreiung von Zensuren u.ä. (Etwa zur gleichen Zeit erschien in der DDR 1974 die *»Direktive über die Bildung und Erziehung von Schülern mit Lese-Rechtschreibschwächen und den schrittweisen Aufbau von LRS-Klassen im Sonderschulwesen«*). Da die in der Legasthenieforschung vielfach als Kriterium verwendete untere IQ-Grenze von 90 auch in der Praxis angewendet wurde, führte dies dazu, weniger begabte lese-rechtschreibschwache Schüler von einem Förderunterricht auszuschließen. Durch die Trennung von lese-rechtschreibschwachen Kindern in (intelligente) Legastheniker und »normale«, d.h. unterdurchschnittlich begabte Lese-Rechtschreibschwache entstand in der Schulpraxis der BRD ein pädagogisch unhaltbarer Zweiklassenstaat. Nur die Legastheniker erhielten schulische und außerschulische Förderung, z.B. übernahmen die Krankenkassen die Kosten für außerschulische psychologische und klinische Therapien, deren Inhalte dem damaligen Forschungsstand entsprechend überwiegend in Wahrnehmungs- und Funktionstraining, einem Konzentrationstraining und persönlichkeitsstabilisierenden Maßnahmen bestanden (vergl. SCHEERER-NEUMANN 1979).

Mit der Erkenntnis der Fragwürdigkeit des IQ-Maßes wurde zunehmend dafür plädiert, die untere IQ-Grenze als Kriterium für Legasthenie aufzugeben. Das Legasthenie-Konzept geriet ins Kreuzfeuer der Kritik. Bemängelt wurden die empirisch-statistischen Vorgehensweisen (VALTIN 1975, SCHLEE 1976), aber auch die Vernachlässigung didaktischer Fragen des Schriftsprachunterrichts (SCHWARTZ 1977, SPITTA 1977, DFG 1978, NAEGELE u.a. 1981). Auf der Kultusministerkonferenz (KMK) 1978 wurde schließlich empfohlen, den umstrittenen Begriff »Legasthenie« nicht mehr zu verwenden, ihn vielmehr zu ersetzen durch »besondere Schwierigkeiten beim Erlernen des Lesens und des Rechtschreibens« (GEMEINSAMES MINISTERIAL-BLATT 1978, S. 21). Diese Sprachregelung trägt auch der Erkenntnis Rechnung, daß Schwierigkeiten beim Lesen und Rechtschreiben von vielfältigen Faktoren, zum Beispiel auch den schulischen Lernverhältnissen oder didaktischen und lesemethodischen Mängeln abhängig sind. VALTIN (1981) beobachtete ein gehäuftes Auftreten von Legasthenikern in einzelnen Klassen, was den Blick auf die methodische Kompetenz des Lehrers richtet.

Die von der KMK am 20.4.78 beschlossenen »*Grundsätze zur Förderung*« von »*Schülern mit besonderen Schwierigkeiten beim Erlernen des Lesens und des Rechtschreibens*« übertragen die Verantwortung für das rechtzeitige Erkennen und die frühe Förderung von Kindern mit Lese- und Rechtschreibproblemen auf die Lehrkräfte und die Schule. Alle Erlasse und Richtlinien der alten Bundesländer wurden inzwischen daraufhin geändert, eine Vereinheitlichung jedoch nur teilweise erreicht (VALTIN/NAEGELE 1991, NAEGELE 1991).

Der Abschied von der »Legasthenie« fiel in eine Zeit schrumpfender Schuletats und verschlechterter schulischer Rahmenbedingungen. Die schulische Stundentafel erlaubt immer weniger Zeit für den Sprachunterricht (So ist beispielsweise in Hessen eine kontinuierliche Abnahme der Wochenstunden zu verzeichnen: 1854: 12 Wochenstunden, 1872: 11, 1921: 9, 1991: 5). Klassenstärken mit bis zu 30 Schulanfängern, die Zunahme von Kindern mit besonderem Zuwendungsbedarf und Unterrichtsausfall erschweren differenzierte Unterrichtsangebote und Fördermaßnahmen.

> Lese-Rechtschreib-Probleme bei Schülern sind dort programmiert, wo Lehrerinnen und Lehrer ohne spezielle Aus- und Weiterbildung im Schriftspracherwerb Schulanfänger unterrichten. Die von der KMK beschlossenen Grundsätze können nur dann greifen, wenn die Lehrkräfte eine entsprechend gute Ausbildung in den Methoden des Schriftspracherwerbs und in der Förderdiagnostik erhalten.

Abschließend bleibt zum Thema Legasthenie-Begriff festzuhalten, daß er nach wie vor in unterschiedlicher Bedeutung verwendet wird, und zwar erstens als **kausaler** Begriff im Sinne der klassischen Legasthenie-Definition, wobei die milieu- und/oder unterrichtsgeschädigten Lese-Rechtschreibschwachen abgegrenzt werden von den (intelligenten) Legasthenikern, die dispositionelle Schwächen (Vererbung, Minimale Cerebrale Dysfunktion oder anderweitige Hirnfunktionsstörungen) aufweisen sollen, und zweitens als **deskriptiver** Begriff, der alle Arten von Lese-Rechtschreibschwierigkeiten faßt. SCHEERER-NEUMANN (1989a) hat nachdrücklich herausgestellt, daß das Konstrukt der klassischen Legasthenie weder theoretisch sinnvoll noch praktisch-therapeutisch brauchbar ist. Dies stützt unsere Position, den Begriff Legasthenie in seiner deskriptiven Fassung als Synonym für LRS zu verwenden.

2. Unterschiedliche theoretische Ansätze zur Erfassung der Ursachen von Legasthenie

Weitere Gründe für die Uneinheitlichkeit der Befunde innerhalb der Legasthenieforschung sind in den verschiedenartigen theoretischen Ansätzen zur Erfassung des legasthenischen Versagens und in den empirisch-statistischen Vorgehensweisen zu suchen. Hier sollen vor allem vier Ansätze kurz besprochen werden (zur ausführlichen Diskussion vgl. VALTIN 1981):

– der ätiologische Ansatz
– der defizitorientierte Ansatz
– der prozeßorientierte-psycholinguistische Ansatz und
– der personorientierte kognitiv-entwicklungspsychologische Ansatz.

(1) Der **ätiologische Ansatz** umfaßt zwei Ebenen, die organisch-physiologische einerseits und die milieutheoretische andererseits, und versucht, endogene (konstitutions- und entwicklungsbedingte) und exogene (umweltbedingte) Ursachen der Legasthenie aufzuzeigen. Dieser Ansatz weist zumindest drei immanente Schwierigkeiten auf, die seine Angemessenheit fragwürdig werden lassen. Zunächst einmal *fehlen* für die Praxis *klare Kriterien für die differentialdiagnostische Abgrenzung* von Kindern mit verschiedenartigen Ursachenfaktoren, zumal eine große Überlappung dieser Verursachungsmomente besteht. Ferner herrscht *Unklarheit über die direkte kausale Beziehung*, denn es gibt durchaus Kinder, die trotz Vorliegen dieser ätiologischen Faktoren befriedigend lesen lernen. Ein weiteres Problem dieses Ansatzes ist die *geringe therapeutische Relevanz,* denn die Lehrerin kann die organisch-konstitutionellen oder die Milieufaktoren ja nicht direkt beeinflussen. Bis heute wissen wir kaum etwas über die vermittelnden Mechanismen und darüber, wie und an welcher Stelle diese Faktoren den Prozeß des Lesen- und Schreibenlernens stören.

(2) Auch die Beurteilung des »Defizit«-Ansatzes« fällt nicht positiver aus. Der Defizit-Ansatz, der die psychologische Ebene umfaßt, versucht, das Lese- und Rechtschreibversagen auf Funktionsschwächen im kognitiven Bereich zurückzuführen, z.B. auf visuelle, motorische, visuomotorische und auditive Defizite, sowie auf Störungen im Bereich des Arbeitsverhaltens, wie Konzentrationsstörungen, mangelnde Motivation.

Als Kritik an diesem Ansatz ist zu nennen:

● Der zugrundeliegende Funktionsbegriff ist fragwürdig und geht von der Annahme einer globalen und materialunabhängigen Funktion, etwa im visuellen oder auditiven Bereich, aus und ignoriert die Spezifität dieser Operationen (vgl. SCHEERER-NEUMANN 1979).
● Dieser Ansatz enthält ein unzureichendes Modell des Lesevorgangs, denn es werden weder die Wirkungszusammenhänge dieser Funktionen einsichtig gemacht noch ihre genaue Stellung im Lernprozeß bestimmt. Auch bleibt in diesem Modell

der eigentliche Lese- und Rechtschreiblernprozeß unberücksichtigt. Der Lernerfolg/-mißerfolg wird als Stärke/Schwäche der im Schüler liegenden Kapazität aufgefaßt. Dieses »Funktionenmodell« impliziert also eine bestimmte Ursachenzuschreibung, die die Gründe für den Lernerfolg/-mißerfolg im Ausprägungsgrad bestimmter Funktionen im Schüler sieht.

Auch ein weiterer Sachverhalt spricht gegen diesen Ansatz: die geringe therapeutische Relevanz. Erstens werden nur ganz wenige Legastheniker mit derartigen Funktionsschwächen gefunden (VALTIN 1974, 1981), zweitens haben die therapeutischen Programme, die zur Behebung dieser Funktionsschwächen, z.B. im visuellen Bereich, durchgeführt werden, keinen Transfer auf die Lese- und Rechtschreibleistungen gebracht. Dennoch erfreuen sie sich in bestimmten Therapien nach wie vor großer Beliebtheit.

(3) Fruchtbarer für diagnostische und therapeutische Zwecke erscheinen zwei Ansätze neueren Datums. Der erste ist der **prozeßorientierte, psycholinguistisch fundierte Ansatz**, der die beim Lesen und Rechtschreiben beteiligten Prozesse und Teilfertigkeiten direkt erforscht (z.B. SCHEERER-NEUMANN 1981). So analysiert HOFER (1977) die beim mündlichen Lesen auftretenden Fehler. Diese »Verlesungen« sollen Aufschluß über individuelle Lesestrategien geben und darüber, welche Informationen des Textes (visuell-lautliche, semantische, syntaktische) vom Leser verarbeitet werden. Dabei wurden individuelle Differenzen in den Lesestrategien von LRS-Kindern deutlich:

- Schwierigkeiten der Wortidentifikation durch das Bemühen des Kindes, Buchstabe für Buchstabe umzukodieren,
- Schwierigkeiten in der Segmentierung von Wörtern in ökonomische und sinnvolle Einheiten und
- Schwierigkeiten, syntaktische und semantische Beschränkungen des Textes zu nutzen.

Eine fruchtbare Erweiterung des Ansatzes von HOFER liegt in dem Modell der mehrdimensionalen Legastheniediagnostik von GRISSEMANN (1990) vor, der ein Redundanzmodell vom Lesen und Schreiben vorgelegt hat. Lesenlernen wird als Ausbilden von Strategien zur Ausnutzung von Redundanz, d.h. Informationsvielfalt, auf Wort-, Satz- und Textebene gesehen. Der kompetente Leser verarbeitet in selektiver und flexibler Weise Informationen auf unterschiedlichen Ebenen: Einzelgrapheme, Konsonantengruppen, Silben, Signalgruppen, Morpheme, wobei er gleichzeitig Hypothesen bildet aufgrund der sprachlich-inhaltlichen Satzzusammenhänge sowie der grammatisch-syntaktischen Zusammenhänge. Legasthenie wird von GRISSEMANN gefaßt als eine »*Redundanzausnützungsschwäche*«, die aufgrund unterschiedlicher Faktoren zustande kommen kann, z.B. unzulänglicher Ausbildung der Teilprozesse aufgrund unzureichender verbal-kognitiver Lernvoraussetzungen (wie Artikulationsschwierigkeiten, Wortschatzarmut) oder emotional-sozialer Persönlichkeitsmerkmale (Lernmotivationsstörungen, Impulsivität, affektive Labilität).

Diese Lernbeeinträchtigungen können ihrerseits organisch oder soziokulturell bedingt sein.

Positiv zu werten an diesem Lesemodell ist, daß es wegführt von der Verengung des Lesebegriffs auf das sukzessive Verarbeiten von Buchstaben bzw. auf das Zusammenschleifen von Einzellauten zu Silben, wie es in vielen Erstleselehrgängen und Fördermaterialien leider noch zu finden ist, und Lesen als Such- und Erkundungsverhalten, als »denkendes Erfassen« charakterisiert (1990, S. 35).

Dieses Modell relativiert auch die Bedeutung von basalen Grundfunktionsstörungen. Beim Lesenlernen geht es um die Ausbildung komplexer Strategien der Redundanzausnützung unter Aktivierung der gesamten sprachlichen Kompetenzen. Diese Lernprozesse werden erst im Unterricht aufgebaut und sind *»(a) weder gesichert durch intakte Elementarfunktionen (b) noch verunmöglicht durch Ausfälle und Beeinträchtigungen einzelner Funktionen«* (GRISSEMANN 1990, S. 146).

(4) Aus neueren Forschungsergebnissen läßt sich ableiten, daß der prozeßorientierte Ansatz ergänzungsbedürftig ist um eine **kognitiv-entwicklungspsychologische Perspektive** (vergl. VALTIN u.a. 1986, SCHEERER-NEUMANN 1989b), denn die Modellvorstellungen beziehen sich auf den kompetenten Leser und enthalten die Annahme, daß sich die sachstrukturellen Gegebenheiten des Lerngegenstandes umstandslos in den Köpfen der Lernenden spiegeln, daß also die »Logik des Gegenstandes« der »Psychologik« des Lernenden entspräche. Seit PIAGET wissen wir, daß Lernen nicht die Aufnahme eines Lerngegenstands durch einen passiv Lernenden ist, wie es im Trichter-Modell schön veranschaulicht ist, sondern die aktive Rekonstruktion des Lerngegenstands. Der kognitiv-entwicklungsspsychologische Ansatz trägt diesen Gedanken Rechnung. (Näheres hierzu erläutert VALTIN in diesem Band.)

Kinder als aktive Schöpfer des Lerngegenstands können sich z.B. Regeln bilden, die der Sachstruktur nicht angemessen sind.

● In einer Untersuchung (VALTIN 1986) zeigte sich, daß vor allem von rechtschreibschwachen Schülern die Verdoppelung von Konsonanten (in den Beispielwörtern: he*rr*lich, Geschi*rr*) nicht vorgenommen wurde, weil sie die falsche Regel gebildet hatten: *»Doppelkonsonanten kann man hören. Ich höre aber nur ein r«*. Diese Regel hatten auch viele gute Rechtschreiber gebildet, sie hatten aber das Kunststück fertig gebracht, die Doppelkonsonanten zu hören: *»Es heißt doch Geschirrrr und herrrrlich!«*
● Aufgrund privater Regelbildungen hatten einige Kinder auch Schwierigkeiten, die grammatische Wortklasse zu erkennen, was bei der Großschreibung relevant ist, und zwar deswegen, weil sie die Bezeichnungen, die laut Lehrplan in den alten Bundesländern vorgeschrieben sind (z.B. Tun-Wort für Verb), an falsche Schemata assimilierten *(»Gliedmaßen schreibe ich klein, denn es ist ein Tun-Wort: Sie können weh tun.«)*
● Auch die Bezeichnung Begleiter für Artikel kann Kinder auf eine falsche Fährte locken. So schreibt ein Mädchen *»Er Zerreißt den Brief«* groß, *»weil ein Begleiter davor steht«*. Die anscheinend kindertümlichen Bezeichnungen wie Tunwort oder Begleiter verführen Kinder zu falschen Assimilationen.

Ferner zeigte sich, daß die rechtschreibschwachen Kinder über weniger effektive Lerneinstellungen zur Orthographie sowie über eine geringere Kenntnis effektiver Strategien und methodischer Vorgehensweisen zum Behalten eines Wortes verfügten. In dem o.g. Interview wurde den Schülern auch die folgende Frage gestellt: *»Was tust du, wenn du dir ein schweres Wort merken sollst?«* Aus den Antworten geht hervor, daß die älteren guten Rechtschreiber offenbar eine bessere Kenntnis effektiver Strategien (vgl. MANN in diesem Band) zum Behalten eines Wortes haben (sie betonen häufiger, daß sie sich die Besonderheiten des Wortes merkten) beziehungsweise ein methodisches Vorgehen, das verschiedene Aktivitäten (anschauen, Besonderheiten merken, abschreiben, vergleichen, wiederholen) umfaßt, während die schwachen Rechtschreiber sprechmotorische Lösungen (beispielsweise in Silben gliedern) bevorzugen und insgesamt weniger Übungsmöglichkeiten angeben. Jüngere Kinder und ältere rechtschreibschwache Kinder antworteten in der Regel: *»Lesen und behalten«*, *»ich guck es mir an, dann kann ich es«*. Auch dies kann auf ein Entwicklungsdefizit hindeuten.

> Legasthenische Kinder scheinen auf unteren Ebenen der Schriftsprachentwicklung stehengeblieben zu sein, wobei sich ihr Versagen dadurch verschärft, daß die Lernanforderungen, die an die Gesamtklasse gestellt werden, keine optimale Passung mit ihren Lernvoraussetzungen bilden.

Befragt nach der Begründung für die Schreibweise verschiedener Wörter, antworteten die schwachen Rechtschreiber häufiger, daß sie nach Gehör schrieben beziehungsweise so, wie sie es sprächen. Diese phonetische Strategie nach dem Prinzip »Schreibe wie du sprichst« ist bekanntlich sehr fehlerträchtig. Diese wenigen Hinweise belegen, daß es sinnvoll ist, sich bei der Diagnose einer LRS nicht nur den Teilprozessen des Lesens und der Rechtschreibung zu widmen, sondern auch die Modellvorstellungen der Kinder in bezug auf den Lerngegenstand und die Lernstrategien zu berücksichtigen, die für förderdiagnostische Vorgehensweisen unmittelbar relevant sind. Im Unterricht sollten diese Vorstellungen der Kinder zur Sprache gebracht und aufgegriffen werden – das ist auch ohne aufwendiges Testinstrumentarium möglich.

3. Fördermöglichkeiten

Behandlungs- und Förderkonzepte sind natürlich eng mit dem zugrundeliegenden theoretischen Konzept der Schwierigkeiten verbunden. SCHEERER-NEUMANN hat 1979 in ihrem Buch »Intervention bei Lese-Rechtschreibschwäche« einen Überblick über die vorliegenden *empirischen* Untersuchungen zu den Fördermöglichkeiten bei LRS geliefert. Sie lassen sich klassifizieren in:

● Intervention im Bereich der Neurologie,
● psychologische Programme (psychotherapeutische und psychomotorische Verfahren, Funktionstraining),
● spezifische pädagogische Verfahren (lerntheoretisch orientierte Ansätze, kognitive Ansätze, Morphemmethode),

● umfassende Trainingsprogramme (die zum Beispiel ein Elterntraining beinhalten).

Es hat sich gezeigt, daß die Trainingsergebnisse unabhängig von der Intelligenz der Kinder sind. Dieses Ergebnis spricht für die Empfehlungen der KMK, *alle* Kinder mit Lese-Rechtschreibschwierigkeiten unabhängig von ihrem Intelligenzniveau zu fördern. Neurologische Interventionen und ein Training basaler Funktionen hatten keine besonderen Erfolge zu verzeichnen.

> Insgesamt erweisen sich Programme dann als erfolgreich, wenn die Fördermaßnahmen gezielt an die individuellen Probleme des Kindes angepaßt sind.

Beim prozeßorientierten Ansatz geht man von einer Analyse der Teilprozesse aus, bei denen das Kind Schwierigkeiten aufweist, und gibt den Kindern Lösungstechniken an die Hand (vgl. SCHEERER-NEUMANN 1979, 1981, KOSSOW 1991). Dieses Vorgehen ist offenbar effektiver als die Einübung der richtigen Schreibweise des Gesamtwortes.

Beim kognitiv-entwicklungspsychologischen Ansatz wird der Entwicklungsstand des Kindes anhand des Stufenmodells (abgebildet bei VALTIN in diesem Band) ermittelt, das auch dazu dient, die Stufe der nächsten Entwicklung zu bestimmen. Weitere Aufschlüsse liefern Feinanalysen der Rechtschreibleistung (LÖFFLER/MEYER-SCHEPERS/SCHMIDT 1990) und der Lesestrategien (SCHEERER-NEUMANN 1990). Allgemein ist man heute der Meinung, daß durch einen verbesserten Lese- und Schreiberstunterricht und durch sofort einsetzende Fördermaßnahmen der Anteil von Kindern mit LRS erheblich sinkt.

> Ist das Versagen jedoch eingetreten und verfestigt, so sind häufig psychotherapeutische Maßnahmen zur Hebung des Selbstbildes, zum Gewinnen von Selbstvertrauen und neuer Lernmotivation angezeigt.

In solchen Fällen ist, wie BETZ/BREUNINGER (vgl. 1987[2]) nachgewiesen haben, ein Programm mit abgestuften Maßnahmen (Rechtschreibförderung, Elterntraining und Förderung des Selbstvertrauens bei emotional beeinträchtigten Kindern) wirkungsvoller als ein reines Rechtschreibtraining.

NAEGELE (1991, 1992) erzielt mit einem integrativen Therapiekonzept gute Erfolge, das spiel- und gesprächstherapeutische Elemente mit gezielten Lese-, Schreib- und Rechtschreibübungen in Projektform verbindet, wobei Eltern und Lehrer einbezogen sind. Weitere integrative Förderkonzepte liegen u.a. vor von BALHORN/NAEGELE/WEBER 1983, LAMBROU 1987, CH. MANN 1989, I. MANN 1990[3], 1992, NAEGELE u.a. 1981, SOMMER-STUMPENHORST 1991.

Prognostische Untersuchungen zeigen, daß es gelingt, mit spezifischen Testverfahren einen großen Anteil von Kindern mit späteren Lese-Rechtschreibschwierigkeiten vorauszusagen (SCHMIDT, BIRTH, ROTHMALER 1990). Allerdings ist der Test-

Aufwand derart groß, daß man sich fragen kann, ob er sich lohnt, zumal gezielte Beobachtungsverfahren (z.B. von BRINKMANN/BRÜGELMANN 1989, DEHN 1988, VALTIN 1986) schon in den ersten Schulwochen gute Aufschlüsse über den Entwicklungsstand des Kindes und seine voraussichtlichen Lernfortschritte geben. Ein weiterer Einwand gegen derartige Untersuchungen vor oder zu Schulbeginn, die der Identifizierung von »Risikokindern« dient, ist die Gefahr der Stigmatisierung und Pathologisierung der betroffenen Kinder.

Über die Effektivität schulischer Förderarbeit liegen nur wenige gesicherte Erkenntnisse vor. RATHENOW und VÖGE haben 1982 (S. 338ff.) Daten über drei LRS-Förderkurse mit Zweitkläßlern vorgelegt. Gearbeitet wurde nach dem in Hessen weit verbreiteten integrativen Ansatz, der sicherlich auch anderen schulischen Förderangeboten entsprechen dürfte. Danach haben nach einem Jahr Förderung fast die Hälfte der Kinder ein durchschnittliches Lesetempo und durchschnittliche Rechtschreibleistungen erreicht. Die in vielen Jahren Hessischer Lehrerfortbildung und praktischer Arbeit mit LRS-Kindern gemachten Erfahrungen bestätigen, daß schulische Erfolge möglich sind, doch die Qualität der schulischen Förderung ist sicher noch verbesserungsfähig. Wichtige Impulse versprechen wir uns durch die Berücksichtigung des Stufenmodells und des Entwicklungsaspekts beim Lesen- und Schreibenlernen, wodurch den Lehrerinnen schon frühzeitige Beobachtungshilfen und Hinweise auf gezielte Fördermöglichkeiten gegeben werden.

4. Abschließende Bemerkungen

In der heutigen öffentlichen Diskussion spielt der klassische, kausale Legastheniebegriff (im Sinne einer krankhaften Eigenschaft eines Kindes, das eine Diskrepanz zwischen guter Intelligenz und schwachen Lese-Rechtschreibleistungen aufweist) nach wie vor eine Rolle, obwohl sich dieses Konstrukt weder als sinnvoll noch als brauchbar erwiesen hat. BÜHLER-NIEDERBERGER (1991, S. 101) beklagt zurecht, daß »*die zentralen Aussagen des alten Konzepts (... Linksfaktor, Raumlagelabilität, legastheniespezifische Fehler und visuelle Wahrnehmungsmängel...) – obschon wiederholt falsifiziert – mit einer gewissen Hartnäckigkeit immer wieder auftauchten und auch heute noch auftauchen... sie scheinen sogar über bessere Publikationschancen zu verfügen als die umfangreiche empirische Forschung zur Legasthenie und deren falsifizierende Befunde.*« Der Rückgriff auf neurologische oder neuropsychologische Erklärungen für das Entstehen von Legasthenie erfreut sich nach wie vor größter Beliebtheit: »*Reifestörung des Zentralnervensystems*«, »*Linkshemisphärische Dysfunktion*«, Hyperaktivität, »*Psychoorganisches Syndrom*« sind die auch in den öffentlichen Medien anzutreffenden Erklärungsmuster. Und sie halten sich wider besseres Wissen. So haben ESSER/SCHMIDT (1987) vor einer voreiligen Diagnosestellung von MCD (Minimaler Cerebraler Dysfunktion) ebenso gewarnt wie vor einer Gleichsetzung von MCD und Lern- und Verhaltensauffälligkeiten. In ihrer äußerst sorgfältigen und umfassenden Untersuchung an 399 Kindern diagnostizierten sie 16 % als kinderpsychiatrisch auffällige »Problemkinder«, von diesen erwiesen sich nur 25 % als MCD-Kinder. Interessant ist aber, daß 60 % der Kinder, bei denen eine MCD festgestellt worden war, nicht zu den »Problemkindern« zählten. ESSER/SCHMIDT verweisen aber auch auf die große Akzeptanz der Diagnose MCD bei den Pädagogen, denn sie befreit von der Verantwortung. Auch bei den Behandlungskonzepten erreicht leider große öffentliche Aufmerksamkeit, was griffig auf eine Formel gebracht werden kann: »*Hilft eine einfache Brille?*« (Zeit, 21.4.89), »*Laut-Fingerzeichen ›Maria Macarie‹*« (Agentur Dieck, Heinsberg 1990), »Homöopathie« (Enders 1991), »*Ohrentausch bringt Hilfe für legastheniekranke Kinder*« (Ruhr-Nachrichten vom 30.4.91). Das Festhalten an solch simplen Deutungen der Legasthenie, die dem medizinischen Modell verhaftet sind, ist sicherlich nicht nur durch das Bedürfnis nach einfachen Erklärungen bedingt, sondern es bringt auch Vorteile. Viele Gruppen berufen sich auf das alte Legasthenie-Konzept, so zum Beispiel der »Bundesverband Legasthenie«, eine Interessenvertretung von Eltern »legasthenischer« Kinder, aber auch Therapeuten und Lehrer. Dieses Konzept hat einerseits eine entlastende Funktion für die Beteiligten.

Lehrer/innen, die sich auf Legasthenie, Teilleistungsstörungen oder MCD berufen, können sich von Schuldgefühlen befreien, wenn sie die Ursachen für schulische Leistungsprobleme in Defekten des Kindes sehen.

Andererseits ist das medizinische Modell auch nützlich. Es nützt Eltern, wenn sie beim Ausbleiben schulischer Hilfen eine außerschulische Therapie für das Kind aufgrund »visueller oder auditiver Differenzierungsschwächen« oder anderweitiger »Teilleistungsschwächen« finanziert bekommen oder eine bestimmte schulische Laufbahn mit Verweis auf die Intelligenz des Kindes durchsetzen möchten. Und es dient standespolitischen Interessen, indem es Kinderpsychiatern, Neurologen und Schul-Psychologen ein Klientel beschert, was den Verdacht der »Arbeitsbeschaffung« nährt. BÜHLER-NIEDERBERGER (1991) hat exemplarisch am Beispiel des Kantons Zürich aufgezeigt, wie das klassische Legastheniekonzept, das längst wissenschaftlich demontiert ist, verschiedenen Berufsgruppen professionelle Autonomie und materiellen Gewinnstand sichert: »*Es drängt sich der Verdacht auf, das Festhalten am alten Konzept sei eine Strategie der interessierten Experten gewesen*« (1991, S. 165).

Wir geben hiermit der Hoffnung Ausdruck, daß das neue Legastheniekonzept, das den Blick von Teilleistungsstörungen (das Kind als Defekt-Träger) auf den Entwicklungsprozeß des Lesens und Schreibens (das Kind als aktiver Lerner) richtet und nicht die basalen Funktionen, sondern Lesen als Denkentwicklung (BRÜGELMANN 1983) in den Mittelpunkt stellt, wenigstens in der *pädagogischen* Praxis Anerkennung finden möge.

Literatur

BALHORN, H./NAEGELE, I.M./WEBER, S.: Förderung bei Lese- und Rechtschreibschwierigkeiten. In: Bartnitzky, H. (Hrsg.): Auf dem Weg zum differenzierten Schulalltag. Arbeitskreis Grundschule, Frankfurt/M. 1983.

BETZ, D./BREUNINGER, H.: Teufelskreis Lernstörung. München 1987[2].

BREUNINGER, H./BETZ, D. u.a.: Jedes Kind kann schreiben lernen. Weinheim 1987[2].

BRINKMANN, E./BRÜGELMANN, H.: Beobachtungshilfen für den Anfangsunterricht im Lesen und Schreiben. In: NAEGELE/VALTIN (Hrsg.) 1989.

BRÜGELMANN, H.: Kinder auf dem Wege zur Schrift. Konstanz 1983.

BÜHLER-NIEDERBERGER, D.: Legasthenie. Geschichte und Folgen einer Pathologisierung. Opladen 1991.

DEHN, M.: Zeit für die Schrift, Bochum 1988.

DEUTSCHE FORSCHUNGSGEMEINSCHAFT (DFG) (Hrsg.) Zur Lage der Legasthenieforschung. Bonn 1978.

FERNSTUDIENLEHRGANG LEGASTHENIE. Ein Lehrgang im Medienverbund, Weinheim 1974.

ENDERS, N.: Das »homöopathische« Kind. Heidelberg 1990.

ESSER, G./SCHMIDT, M.: Minimale cerebrale Dysfunktion – Leerformel oder Syndrom, Stuttgart 1987.

GRISSEMANN, H.: Förderdiagnostik von Lernstörungen. Bern 1990.

HOFER, A.: Lesediagnose in der Grundschule mit Hilfe des Verlesungskonzepts. In: Spitta 1977.

KOSSOW, H.-J.: Leitfaden zur Bekämpfung der Lese-Rechtschreibschwäche. Berlin-O-1991.

LAMBROU, U.: Gegen den Strich gelesen, gesprochen, geschrieben. Weinheim 1987.

LINDER, M.: Über Legasthenie (spezielle Leseschwäche). Zeitschrift für Kinderpsychiatrie H. 18: 97–143, 1951.

LÖFFLER, I./MEYER-SCHEPERS/SCHMIDT, H.: Sprachwissenschaftlich orientierte Fehleranalyse zur Diagnose einer Lese-Rechtschreibschwäche (Legasthenie). Möglichkeiten zur Planung einer schulischen und außerschulischen Förderung. Diskussion Deutsch 111, 2/1990, Diesterweg, Frankfurt/M.

MANN, CH.: Legasthenie verhindern. Bochum 1989.

MANN, J,: Lernen können ja alle Leute, Weinheim 1990[3].

MEYER-SCHEPERS, U.: Linguistik und Problematik des Schriftspracherwerbs. Frankfurt, Bern, New York 1991.

NAEGELE, I.M.: Förderunterricht für Kinder mit LRS. In: Grundschule. Heft 12/1988.

NAEGELE, I.M.: Schulversagen in Lesen und Rechtschreiben (LRS I). Weinheim 1991.

NAEGELE, I.M.: Häusliche Hilfen bei Lese- und Rechtschreib-Schwierigkeiten (LRS II). Weinheim 1992.

NAEGELE, I.M./HAARMANN, D./RATHENOW, P./WARWEL, K. (Hrsg.): Lese- und Rechtschreibschwierigkeiten. Orientierungen und Hilfen für die Arbeit mit Grundschülern. Weinheim 1981.

NAEGELE, I.M./PORTMANN, R. (Hrsg.): Lese- und Rechtschreibschwierigkeiten in der Sekundarstufe I. Weinheim 1983.

NAEGELE, I.M./VALTIN, R. (Hrsg.): LRS in den Klassen 1–10. Handbuch der Lese- und Rechtschreibschwierigkeiten. Weinheim 1989.

NIEMEYER, W.: Legasthenie und Milieu, Bremen 1974.

RANSCHBURG, P.: Die Leseschwäche (Legasthenie) und Rechenschwäche (Aristmasthenie) der Schulkinder im Lichte des Experiments. Berlin 1916.

RATHENOW, R./VÖGE, J.: Erkennen und Fördern von Schülern mit Lese-/Rechtschreibschwierigkeiten. Braunschweig 1982.

SCHEERER-NEUMANN, G.: Intervention bei Lese-Rechtschreibschwäche. Bochum 1979.

SCHEERER-NEUMANN, G.: Prozeßanalyse von Lesestörungen. In: Valtin, R. u.a., 1981.

SCHEERER-NEUMANN, G.: LRS und Legasthenie: Rückblick und Bestandsaufnahme. In: Naegele/Valtin 1989a.

SCHEERER-NEUMANN, G.: Rechtschreibschwäche im Kontext der Entwicklung. In: Naegele/Valtin 1989b.

SCHEERER-NEUMANN, G.: Lesestrategien und ihre Entwicklung im 1. Schuljahr. In: Grundschule 10, 1990.

SCHENK-DANZINGER, L.: Legasthenie. Zerebral-funktionelle Interpretation. München, Basel 1991.

SCHLEE, J.: Legasthenieforschung am Ende? München 1976.

SCHMIDT, H.D./BIRTH, K./ROTHMALER, S.: Frühdiagnostik und Frühförderung von Lese- und Rechtschreibleistungen. Neuwied 1990.

SCHWARTZ, E. (Hrsg.): »Legasthenie« oder Lesestörung? Arbeitskreis Grundschule, Frankfurt/M. 1977.

SIRCH, K.: Der Unfug mit der Legasthenie. Stuttgart 1975.

SOMMER-STUMPENHORST, N.: Lese- und Rechtschreibschwierigkeiten: vorbeugen und überwinden. Frankfurt/M. 1991.

SPITTA, G. (Hrsg.): Legasthenie gibt es nicht ... was nun? Kronberg 1977.

VALTIN, R.: Empirische Untersuchungen zur Legasthenie. Hannover 1972.

VALTIN, R.: Legasthenie – Theorien und Untersuchungen. Weinheim 1974[3].

VALTIN, R.: Ursachen der Legasthenie: Fakten oder Artefakte; Kritische Bemerkungen zum methodischen und theoretischen Konzept der Legasthenieforschung. In: Zeitschrift für Pädagogik, 21. Jg., S. 407–418, 1975.

VALTIN, R.: Zur »Machbarkeit« der Ergebnisse der Legasthenieforschung. In: Valtin u.a., a.a.O. 1981.

VALTIN, R. u.a.: Kinder lernen schreiben und über Sprache nachzudenken. In: Valtin/Naegele (Hrsg.) 1986.

VALTIN, R.: Motivation, Rechtschreibstrategien und Regelkenntnis von guten und schwachen Rechtschreibern. In: Valtin/Naegele (Hrsg.) 1986.

VALTIN, R./JUNG, O.H., SCHEERER-NEUMANN, G.: Legasthenie in Wissenschaft und Unterricht. Darmstadt 1981.

VALTIN, R./NAEGELE, I.M. (Hrsg.): »Schreiben ist wichtig« – Grundlagen und Beispiele für kommunikatives Schreiben(-lernen). Arbeitskreis Grundschule, Frankfurt 1986.

VALTIN, R./NAEGELE, M.: Zur schulischen Förderung von LRS-Kindern (Legasthenikern) in den alten Bundesländern. Die Sonderschule 4/91, Luchterhand, Berlin-O-.

INGRID M. NAEGELE/DIETER HAARMANN

Grenzenlose Verständigung im Spiel

Schulanfang – interkulturelles Lernen – Förderunterricht

Spielen – was ist das eigentlich?

Ein schillernder Begriff, den auch die Experten aus den verschiedenen Fachrichtungen nicht eindeutig definieren können. Der Begriff umfaßt das Sandkastenspiel des Kleinkindes bis zum professionellen Fußball- und Tennismatch; er bezeichnet das in sich versunkene Spiel eines Kindes in der Pfütze ebenso wie das leidenschaftliche Glücksspiel um Geld bei Erwachsenen. Er gilt für das artistische Spiel des Geigenvirtuosen und für das wüste Herumtoben Heranwachsender.

SCHEUERL (1991, S. 217) folgert:

»Ob wir ein Tun, eine Bewegung als Spiel erkennen, hängt offenbar von Vorverständnissen ab... Was die Kinder selber als Spiel verstehen, welchen Sinn sie ihm geben, ist von anderen immer nur schwer ganz eindeutig zu fassen. Doch trotz aller Mehrdeutigkeiten ist die Erschließung gerade dieses subjektiv von einem Spieler gemeinten Sinnes unerläßlich, wenn entschieden werden soll, ob eine Bewegung als Spiel oder Nichtspiel interpretiert werden darf«.

Doch nicht jedes Spiel und nicht alles Spielen bedeutet in gleichem Maße Entwicklungsförderung, Lernen und Motivierung im pädagogischen Sinn. Und genau darum geht es in der Schule.

1. Überlegungen zum Spielen in der Schule

Die Bedeutung des Spiels für die Entwicklung des Kindes ist aus unterschiedlichen Blickwinkeln hinreichend belegt: der Entwicklungs- und Lernpsychologie, der Psychoanalyse, der Philosophie, der Soziologie, der Pädagogik, der Anthropologie, des Theaters, der Kunst, der Musik u.a..

Seit Jahren wird in der Fachliteratur zu recht die Bedeutung des Spielens in der Schule betont. E. CALLIESS (1977) und B. DAUBLEBSKY u. a. (1977) ist es zu verdanken, daß das Spiel bis in die Sekundarstufenklassen Eingang ins schulische Lernen gefunden hat.

Es gibt dazu ausführliche didaktische Literatur und Spieleangebote (DAUBLEBSKY 1977, EINSIEDLER 1985, GÖTTE 1984, HIELSCHER 1981, KREUZER 1984, SCHWANDER 1984 u.a.).

2. Warum wird so wenig gespielt?

Leider stehen Spiele und spielorientierte Lernaktivitäten in der Schule, wie Berichte (KRAPPMANN/HOPF 1979) bestätigen, immer noch unter Legitimationsdruck, d.h. stets ist zu überlegen und nachzuweisen, ob mit der *»ewigen Spielerei nicht zuviel Zeit vertrödelt wird«,* ob das Stoffpensum rechtzeitig erfüllt wird, ob alle Schüler genug lernen und in ihren Leistungen gefördert werden etc. Zweitens herrscht bei vielen Lehrern und Lehrerinnen Unsicherheit darüber, wie, wann, wo und welche Spiele im Unterricht sinnvoll eingesetzt werden können und wie Kinder in emotionaler, kognitiver, sozialer und psychomotorischer Hinsicht im Spiel zu fördern sind. Drittens haben viele Lehrer Hemmungen, Ängste und Defizite in spieldidaktischer Erfahrung, ganz besonders im Umgang mit Liedern. Und viertens gilt es auch zu erkennen:

»Es gibt Lehrer, die selbst nicht gern spielen und wenig strukturierte, unstabile und komplexe Spielsituationen nicht aushalten, geschweige denn distanziert steuern können. Solche Lehrer sollten nicht spielen müssen, sie würden dabei mehr verderben als gewinnen, denn Spielen ist nicht schlichtweg ein neues didaktisches Instrument für soziales Lernen in der Schule, das leicht handhabbar und für jeden einsetzbar wäre« (CALLIESS 1977, S. 210).

3. Probe aufs Exempel: interkulturelle Verständigung im Spiel

Sehen wir an einem kleinen Beispiel, das sich vor Jahren zugetragen hat, was spontanes Spiel von Kindern vermag: an Anregung, an Informationsvermittlung, an Verhaltensänderung, an Motivierung _und_ Strukturierung unwillkürlicher und damit umso wirkungsvollerer Lernprozesse. Es ist ein Beispiel aus einem Bereich, für den sich das Spiel als besonders wirkungsvolle, wenn auch nicht einfach handhabbare Lernhilfe erwiesen hat: die sprachliche und soziale Verständigung von Kindern unterschiedlicher nationaler Herkunft und Muttersprache[1].

1 Die folgenden Überlegungen dienten als Grundlage des vom Bundesbildungsministerium und dem Hessischen Kultusministerium geförderten Modellversuchs E.U.L.E. (Entwicklung von Lernanregungen und Unterrichtsmaterialien zu Einschulung), Projektteil: Spielen im multikulturellen Anfangsunterricht, siehe NAEGELE/HAARMANN [3]1991).

*Urlaub in Italien – eine deutsche Familie ist auf dem Campingplatz eingetroffen und packt ihre
Sachen aus. Die achtjährige Elfie sieht nach einem etwa gleichaltrigen italienischen Mädchen,
das neugierig zuschaut, und sagt: »Mit der spiele ich nie!«*
*Am nächsten Tag sieht man die beiden, wie sie aufeinander zugehen, auf sich deuten und ihre
Namen nennen: »Elfie« – »Maria«. Tags drauf hört man Maria auf Deutsch rufen: »Komm!«
und Elfie abwechselnd: »No« oder »Si«. Dann spielen sie Nachlauf und Verstecken.*
*Am vierten Tag hocken die zwei beieinander und zählen von eins bis zehn – jeweils in der Lan-
dessprache der anderen. Der fünfte Tag dient dazu, den Zahlraum zu erweitern und die Aussprache gegenseitig zu verbessern: »Zwei, nicht ss-wei!«*

Was hier so ganz beiläufig im Urlaub geschah, war einfache interkulturelle Verständigung im Spiel, war wechselseitiger Fremdpracherwerb in einer für Kinder ganz natürlichen und ungezwungenen Situation, ebenso spontan wie effektiv.

Kann man eine solche Situation in der Unnatur und unter dem Zwang der Schule wiederholen, sozusagen »nachstellen«? Sicher nur bedingt, denn alles Spiel in der Schule
verliert an Ursprünglichkeit durch das Arrangement des Lehrers.

Dennoch sprechen fünf triftige und in vielfältiger Praxiserfahrung erhärtete Gründe
für die Einbeziehung des Spiels in den Unterricht, besonders den mit Kindern unterschiedlicher Nationalität.

3.1 Spielen im Anfangsunterricht – Fünf triftige Gründe

- 1. Das Spiel ist – wie nicht näher begründet zu werden braucht – die vom Kind
  selbst gewählte und selbst gesteuerte Aktionsform, durch die es seine Kräfte und
  Fähigkeiten erprobt und entfaltet, mit der es sprachliche, sachliche und soziale Erfahrungen sammelt, kurz: sein Selbst- und Weltbewußtsein aufbaut. Das Spiel ist
  mithin die »natürlichste« Form kindlichen Lernens, auf deren Berücksichtigung
  der Unterricht, vor allem der Anfangsunterricht nicht verzichten kann, wenn er
  Prozesse grundlegender Bildung auf ebenso kind- wie sachgerechte Weise in
  Gang bringen will.
- 2. Umgekehrt setzen die sachlichen Anforderungen des Anfangsunterrichts, wie
  er sich im Laufe der Zeit organisiert hat, beim Schulanfänger sozusagen still-
  schweigend bestimmte Fähigkeiten bzw. Qualifikationen voraus, die das Kind im
  Vorschulalter gewöhnlich durch das Spiel erwirbt. Zunehmende Defizite an vorschulischen Spielerfahrungen durch eingeschränkte Handlungsmöglichkeiten
  (Wohnung, Umwelt), dezimierte soziale Kontakte (Kleinfamilie, Isolierung von
  der Nachbarschaft) und rein rezeptiven Mediengebrauch (TV, Video, Computer-
  »Spiele«) müssen daher zwangsläufig Mängel in der Schulfähigkeit nach sich ziehen, die wiederum nur durch schulische Spielangebote im Anfangsunterricht aus-
  geglichen werden können (wie dies z.B. die Eingangsstufe anstrebt).
- 3. Für die Ausbildung und Förderung des mündlichen Sprachgebrauchs erscheint

das Interaktionsgeschehen des Spiels in besonderer Weise geeignet, weil in ihm spontane sprachliche Äußerungen einerseits ausgelöst werden durch lustbetonte, dem Kind vertraute und willkommene Handlungssituationen, andererseits eingebettet sind in ein komplexes Gefüge mannigfacher emotionaler, sozialer, kognitiver, kreativer, psycho- und sensomotorischer Anregungen, die das Kind »ganzheitlich« bzw. »mehrkanalig« aktivieren. Gegenüber systematischen Belehrungen in isolierten Sprachlehrgängen oder -trainingsprogrammen kann daher sprachliches Lernen im Kontext von Spielhandlungen mit einem höheren Maß an Motivation und auch an Effizienz rechnen.

- ● 4. Für ausländische Kinder erscheint mündliche Sprachförderung durch spielorientierte Aktivitäten aus drei Gründen besonders erfolgversprechend:

  a) Mit unterschiedlichen Spielangeboten kann für ausländische Kinder die deutsche Schule als Repräsentant einer ihnen fremden und oft angsteinflößenden Umwelt an Vertrauen, Akzeptanz und Identifikationsmöglichkeiten gewinnen.

  b) Durch Spielhandlungen erschließen sich ausländischen Kindern die Funktionen, Elemente, Strukturen und Sinngehalte der deutschen Sprache ohne Leistungsdruck und Frustrationsgefahr in zwangloser, repressionsfreier sozialer Interaktion.

  c) Die Aneignung, Erweiterung und Differenzierung von Artikulation, Wortschatz, Wortformen, Begriffsbildung, Satzbau etc. kann das ausländische Kind im Gruppenspiel zunächst imitativ, d.h. durch nachahmenden Mitvollzug von Sprachäußerungen deutscher Kinder leisten, wobei ihm Einzel- und Unterrichtsgespräche zu vertieftem Sinnverständnis verhelfen.

- ● 5. Spiele, Lieder, Tänze, Texte, die in verschiedenen Sprachen vorliegen, können zur interkulturellen Verständigung beitragen. Zum einen finden ausländische Kinder eher Identifikationsmöglichkeiten mit der deutschen Kultur, wenn diese Spielangebote bereit hält, die ihnen aus ihrer Heimat und in ihrer Muttersprache bekannt sind. Zum anderen lernen deutsche Kinder durch fremdsprachige Versionen ihnen vertrauter oder auch unbekannter Lieder, Tänze, Spiele etwas von der Muttersprache und dem kulturellen Hintergrund ihrer ausländischen Mitschüler kennen. Beides dürfte das gegenseitige Verständnis und Vertrauen zwischen deutschen und ausländischen Kindern fördern helfen – nicht zuletzt auch im Hinblick auf deren Eltern...

3.2 Schritte wechselseitigen (Fremd)-Spracherwerbs

Betrachten wir uns dazu unser Beispiel der spielerischen Annäherung zweier Kinder verschiedener Nationalität etwas genauer. Es zeigt: Mag auch der Anlaß solcher Begegnung zufällig sein, ihr Verlauf ist es nicht, obwohl – oder gerade – weil es im Spiel geschieht. Das tastende Aufeinanderzukommen der beiden Mädchen folgt schon einer geheimen Logik, einer unbewußt zielstrebigen didaktischen Schrittfolge:

- *Ausgangslage – Fremdheit: »Mit der spiele ich nie!«*
  Anfängliche Distanz, »Schwellenangst«, ja Ablehnung zwischen Angehörigen verschiedener Kulturen und Sprachen ist ebenso »natürlich« wie – bei Kindern vor allem – der Wunsch nach sozialem Kontakt und die Neugier auf bislang Unbekanntes und Fremdes. (Die übliche Situation am Schulanfang)
- *Erster Schritt – gegenseitige Vorstellung: »Ich heiße Elfie«*
  Die Nennung und Kenntnis des Namens einander fremder Personen führt zu einer Identifikation im doppelten Sinne: zum Identifizieren der betreffenden Personen und deren Sich-Identifizieren mit den gleichzeitig ablaufenden oder nachfolgenden (Spiel)-Handlungen, darüber hinaus mit Unterricht und Schule überhaupt.
- *Zweiter Schritt – gemeinsames Spiel: »Maria – komm!«*
  Das Spiel schafft eine Situation, die das Kind spontan zu sozialer Kommunikation anregt, ja letztere geradezu provoziert, und sei es auch zunächst nur durch Nachahmung ohne volles Sinnverständnis.
- *Dritter Schritt – interkulturelle Begegnung: »No, si« – »Ja, nein«*
  So wie sich das Kind im Spiel die Sprache und Kultur der eigenen Nationalität aneignet, so eröffnet sich im Spiel auch ein zwangloser und angstfreier Zugang zu fremder Sprache und Kultur, wobei vor allem die wechselseitige Aneignung zwischen Kindern verschiedener Nationalitäten das sprachliche Sinn- und Bedeutungsverständnis erschließen und vertiefen hilft.
- *Vierter Schritt – systematisches (Fremd-) Sprachlernen: »Z-wei, nicht ss-wei«*
  Die Ausgangssituation des Spiels weckt in den Kindern das – wiederum »natürliche« – Verlangen nach Erweiterung, Differenzierung und Verbesserung der bisher erworbenen (Fremd-)Sprachkenntnisse, schafft also die Voraussetzung nun auch für systematische Sprach-»Belehrung« und -Übung in wiederum ungezwungener und repressionsfreier Atmosphäre.

4. Spielen unter dem Förderaspekt

Ob im Regelunterricht, der Freien Arbeit, in Kleingruppen für ausländische Kinder, oder solche mit Rechen-, Lese- oder Rechtschreibschwierigkeiten, das Spiel eignet sich vorzüglich dazu, die unterschiedlichen Fähigkeiten und Fertigkeiten der Kinder kennenzulernen (Diagnose) und Mängel auszugleichen (Förderung), und zwar im gleichen Handlungsvollzug.

Beim Fangspiel im Kreis werden z.B. einerseits Bewegungsabläufe, Links- oder Rechtshändigkeit und grob- oder feinmotorische Ungeschicklichkeiten einzelner Schüler für den genauen Beobachter sichtbar, andererseits wird in der lustbetonten, motivierten Spielabfolge das Werfen/Fangen gleichzeitig trainiert, und zwar, ohne die oft zu beobachtenden Konkurrenzprobleme des Sportunterrichts. Beim Spielen von »Stimmt« (Parker), einem Konzentrationsspiel, bei dem Formen, Farben oder Muster aus einem vielfältigen Angebot zu identifizieren sind, können impulsives Vorgehen, ungenaue Beobachtungsfähigkeit, Orientierungsschwierigkeiten im

Raum erkannt und gleichzeitig spielerisch abgebaut werden. Beim »Dudenkönig« (Ravensburg) oder den »Würfelspielen zur Rechtschreibung« (Neuer Finken Verlag) haben auch Schüler mit großen Rechtschreib- und Leseproblemen Erfolgserlebnisse und verbessern dabei ihre schriftsprachlichen Leistungen.

Spiele schaffen neue Motivation. Müdigkeit, Aggressionen, Resignation oder Un-konzentriertheit verschwinden (z.B. mit Hilfe eines lustigen Liedes mit Bewegungen wie »Meine Tante aus Marokko«, »Meine Biber haben Fieber« oder »Hans Nasens Fahrrad«, mit Fingerspielen, einem Ruhespiel wie »Finger andapschen«, oder einem Kreisspiel auf dem Hof). Hinterher ist die Aufnahmebereitschaft wieder vorhanden.

● Als 6. Grund für das Spielen ließe sich ergänzen:
   Schüler, die durch Versagenserlebnisse Schulunlust oder Schulangst entwickelt haben bzw. emotionale und oft auch soziale Probleme aufweisen, bedürfen ver-änderter und damit verändernder Schulerfahrungen, um die negative Einstellung zum Fach und zur Schule abzubauen und wieder Freude an der Schule zu bekom-men, indem sie diese in ermutigenden und vergnüglichen Situationen erleben und notenfrei lernen können. Solche Erfahrungen können vorzugsweise beim Spielen gemacht werden.

5. Spielen im Förderunterricht mit LRS-Schülern

Es mag seltsam erscheinen, daß bei der Fülle an Förderkonzepten für lese-recht-schreibschwache Schüler und Schülerinnen das Spielen so selten erwähnt und seine Wirkungen kaum untersucht worden sind. Nur TREMPLER hat in »Legasthenie – Neue Wege der Heilung« (1976) seine spieltherapeutische Arbeit vorgestellt und die Erfol-ge empirisch abgesichert.

Wer sich jedoch ernsthaft mit dem Spiel und seinem vielschichtigen komplexen Wirkgefüge auseinandersetzt, weiß, daß die einzelnen Funktionen, wenn überhaupt, nur sehr bruchstückhaft meßbar sind. Viel aussagekräftiger sind Feldstudien oder Langzeitbeobachtungen, wie sie aus dem therapeutischen Bereich vorliegen.

Das Spielen und didaktische Spiele sollten ähnlich wie im therapeutischen Raum ihren festen Platz in der schulischen Förderung mißerfolgsorientierter Kinder haben.

Es hat sich gezeigt, daß dort, wo im Fortbildungsangebot über das Erkennen und Fördern von LRS-Schüler/innen der Einsatz von Spielen vermittelt wurde, in der Fol-ge Lehrer/innen sehr erfolgreich mit einem kombinierten Spiel-Lernansatz arbeiten. Nur wird darüber selten veröffentlicht. Es liegen also nur wenige Erfahrungsberichte über den erfolgreichen Einsatz von Spielen und spieltherapeutischen Ansätzen in der schulischen Förderarbeit vor. Aus dem Grundschulbereich sind dies u.a.: BREUNIN-GER/BETZ 1982, NAEGELE u.a. 1989, 1991 und RATHENOW/VÖGE 1982, BARTNITZKY 1983, TREMPLER 1976.

Neben freien Spielphasen mit didaktischen Spielen und materialfreien Kreis- und

Rollenspielen werden Interaktionsspiele eingesetzt. Sie sind auf die Bearbeitung der Problemlage ausgerichtet und helfen bei der Entwicklung eines positiven Selbstbildes, von Selbstvertrauen und Selbstbewußtsein, bei der Herausbildung einer positiven Arbeitshaltung und verbessern die Beziehungen zwischen den Kindern.

In einem mehr therapeutischen Ansatz müssen die negative Einstellung zum Fach oder zur Schule zunächst verändert, die emotionalen und sozialen Spannungen der Schüler/innen vermindert und neue Motivationen für den Erwerb schriftsprachlicher Fertigkeiten geschaffen werden. Dabei kommen Spielaktionen eine besondere Bedeutung zu.

Im Verlauf der Förderarbeit treten Veränderungen ein. Während am Beginn der emotionale Ausgleich im Mittelpunkt steht – nämlich in angstfreier Atmosphäre eine entspannte Zusammenarbeit der Partner zu ermöglichen und die Motivationsbereitschaft zurückzugewinnen – sollten mit voranschreitendem Förderunterricht die »Kulturtechniken« immer größeren Raum einnehmen. Bedingt durch die meist ungünstigen Kurszeiten behalten Spiele und Gespräche im Verlauf der gesamten Förderung einen wichtigen Platz (vgl. NAEGELE 1989).

6. Praktische Hinweise zum Spielen im Unterricht

1. Zum Spielen und Singen darf kein Kind gezwungen werden. In der Freiwilligkeit der Teilnahme liegt die besondere Bedeutung des lustbetonten Handelns. Natürlich sollten die Lehrer/innen versuchen, alle Kinder für das Spiel zu gewinnen. Es muß dabei allerdings akzeptiert werden, daß zunächst einige Kinder noch zurückhaltend sind und das Spielgeschehen beobachtend verfolgen.

2. Wer Schüler/innen zum Spielen motivieren will, muß selbst Freude und Spaß am Spielen haben, sonst entsteht eine verkrampfte Situation. In entspannter, fröhlicher Atmosphäre können die Mitspieler ihre Bedürfnisse und Gefühle einbringen und Aggressionen entladen oder Ängste zeigen. Wettbewerb und Konkurrenz sollten zugunsten gemeinsamer Handlungsweisen und solidarischen Verhaltens abgebaut werden. Die nonverbalen Kommunikationsmöglichkeiten (Gestik, Mimik, Gesichtsausdruck, Körperhaltung, Stimmlage) sind vorzüglich dazu geeignet, sprachliche Verständigung zu erleichtern und Schwierigkeiten zu überbrücken. Wer glaubt, aufgrund fehlender Stimm- oder Instrumentbeherrschung auf den Einsatz von Liedern verzichten zu müssen, kann auf Cassetten zurückgreifen und sie zum Kennenlernen des Liedes sowie als Hintergrundmusik abspielen.

3. Die Planung von Spielen sollte flexibel und offen bleiben. Sie muß Raum lassen für die Spontaneität des Augenblicks und an die Bedürfnisse und Lage der Beteiligten angepaßt sein. (Was lief in der vorangegangenen Stunde? War der Morgen bisher besonders anstrengend? Wurde eine Arbeit geschrieben? u.a.)

4. Die Spielauswahl sollte abwechslungsreich sein und möglichst viele Schüler/innen ansprechen. Spielhemmungen und Ängste, die bei ausländischen Schü-

ler/innen häufig zu beobachten sind, können nur durch Ermutigung und Geduld abgebaut werden. Dazu muß die Lehrerin/der Lehrer die einzelnen Schüler/innen kennen, mit vertrauten Spielen beginnen, evtl. an Spiele aus den Heimatländern anknüpfen, die es z.T. in ähnlicher Form auch hier gibt.

5. Ob die Lehrerin/der Lehrer mitspielt oder nicht, hängt von vielen Faktoren ab: der Größe der Gruppe, die bei manchen Spielen eine Aufteilung in Kleingruppen nötig macht; an eigener Sicherheit und Fähigkeit, trotz Mitspielens die Gesamtsituation beobachten zu können; der Fähigkeit der Schüler/innen, aufeinander Rücksicht zu nehmen und Probleme und Konflikte gemeinsam zu lösen; der momentanen Gestimmtheit der Gruppe.

6. Es ist wichtig, daß Spielregeln eindeutig und einfach formuliert werden. Gestik, Mimik, Tafelbilder oder Anschauungsmaterial können sprachliche Verständigungsprobleme überwinden helfen. Eine Proberunde, in die alle Mitspieler mit einbezogen werden, zeigt, ob alle die Anleitung verstanden haben. Bei Brettspielen sollten die Regeln je nach Sprachstand und Lesefertigkeit neu gefaßt werden, bzw. auf die in verschiedenen Sprachen vorliegenden Anleitungen zurückgegriffen werden.

7. Bei der Auswahl der Spiele und Lieder ist darauf zu achten, daß sie nicht nur inhaltlich, sondern auch sprachlich auf die Situation der Schüler/innen Rücksicht nehmen und keine zu schwierigen Satzsprachmuster und grammatischen Strukturen enthalten. Fast alle Spielanleitungen können der individuellen Ausgangslage angepaßt werden. Umgekehrt läßt sich vorher erarbeiteter Wortschatz im Spiel beiläufig festigen, lassen sich in Versen und Reimen neue Wörter und Satzmuster aneignen. Im Lied prägen sich durch die Kombination von Rhythmus und Reim Texte besonders leicht ein.

8. Die Schüler/innen sollen aktiv an der Gestaltung der Spielphasen beteiligt werden, d.h. zunehmend ihre Veränderungsvorschläge bzw. neue Spielideen einbringen. Dazu gehört in multinationalen Klassen auch das Einbeziehen der Spiele aus den Herkunftsländern. Das fördert das Selbstbewußtsein der Schüler und ermutigt sie, diese Spiele außerhalb der Schule mit deutschen Kindern zu spielen. Im gegenseitigen Austausch wird der einseitigen Anpassung entgegengesteuert und gegenseitige Verständigung angebahnt.

9. Es erfordert Spielpraxis, um ein Gespür dafür zu entwickeln, wann ein Spiel abgebrochen werden soll oder eine Verlängerung für die Gruppe wichtig ist. Mißerfolge, Störungen und Disziplinprobleme einzelner Schüler/innen – oder auch Gruppen – dürfen die Lehrer/innen nicht entmutigen, weitere Spiele anzuregen und in den Unterricht zu integrieren. Mit Geduld, methodischem Geschick und Spielerfahrung werden sie/er beim Spielen, Zuhören, Beobachten und Reflektieren des Spielgeschehens Möglichkeiten finden, die zur Verbesserung der Klassensituation führen.

10. Es ist wichtig, mit Eltern – vor allem den ausländischen – Kontakt aufzunehmen, sie über die Bedeutung des Spielens im Unterricht aufzuklären, damit Störungen in der Persönlichkeitsentwicklung als Folge unterschiedlicher häuslicher und

164

schulischer Erziehungs- und Unterrichtsstile vermieden werden. Gerade viele ausländische Eltern stehen dem Spiel und der Schule oft mißtrauisch bis ablehnend gegenüber.

In kontinuierlicher Elternarbeit wird es vielleicht gelingen, Eltern von der Bedeutung des Spielens für die Entwicklung ihrer Kinder zu überzeugen. Unterstützen und fördern läßt sich dieser Prozeß am besten durch gemeinsames Spielen und Singen.

11. Viele Lieder sind im Handel auf Platte erschienen. Für den Unterricht empfiehlt es sich, die Lieder auf Cassette zu überspielen und mit Hilfe des Zählwerks im Recorder jeweils die Liedanfänge zur leichteren Wiederholbarkeit zu notieren.

7. Grenzen des Spiels – »didaktische Spiele«

Während in den siebziger Jahren für das Spielen in der Schule gesonderte Spielcurricula und Stunden eingeplant wurden, werden im Anfangs- und Grundschulunterricht heute unter den Aspekten ganzheitlicher Pädagogik Spiele zur Förderung der Wahrnehmung, der schriftsprachlichen, mathematischen und sozialen Kompetenzen in den Regelunterricht integriert. Doch Vorsicht gilt. A. FLITNER (1988, S. 275) warnt zu recht:

»Mit aller Verzweckung wird das Spiel seines Wesens beraubt. Das ist die Gefahr aller Pädagogik, daß sie durch Planmäßigkeit das Leben, das sie fördern will, irritiert, aber die Spielpädagogik ist da besonders gefährdet, und auch da, wo sie der technischen und kommerziellen Vereinnahmung entgegenwirkt, läuft sie Gefahr, weniger den Kindern zu helfen, als den Erwachsenenwünschen nach einer heilen, nicht entfremdeten, märchenhaften Welt«. – *»Spieldidaktik kann nur eine Gratwanderung mit genauer Balance zwischen spielerischer Eigendynamik und pädagogischem Arrangement sein, bei Freistellung der Ziele und Zwecke«* (W. ZACHARIAS, 1990, S. 9).

Besondere, und zwar äußerst kritische Beachtung kommt dabei der zunehmenden Kommerzialisierung des Spiels zu. Käufliche Spiele laufen unter den Bezeichnungen Spielmittel, Spielzeug oder didaktische Spiele. Über die positiven Ergebnisse des Einsatzes von solchen Spielen im Unterricht berichten u.a. RETTER 1984, NAEGELE 1989.

Statt einzelner Nennungen aus dem inzwischen unüberschaubar gewordenen und sich ständig ändernden Angebot der Spiele-Verlage soll hier auf ein Kriterienraster hingewiesen werden, das zur möglichst raschen Information und Groborientierung behilflich sein kann: ausführlich mit Wertung von Spielen in NAEGELE/VALTIN 1989. Nach Anschrift des Verlags und der Auflistung der Spieltitelauswahl enthält es allgemeine Angaben wie Altersgruppe (wobei diese oft schwer einzugrenzen ist), Spieldauer in Minuten, Anzahl der Mitspieler, Materialgestaltung (Haltbarkeit und Attraktivität), Anleitungen (Vollständigkeit und Verständlichkeit). Die Zeit für das erstmalige Erlesen der Spielanleitungen ist nicht in die Spieldauer einbezogen worden und kann diese in Einzelfällen bei weitem übersteigen.

Wichtig sind die Kriterien für die »pädagogische Effektivität«, die die Auswahl mitbestimmen. Diese sind unterteilt in allgemeine Funktionen, das genaue Hören, Sehen, Orientieren im Raum, die Feinmotorik, Konzentrations- und Kombinationsfähigkeit und Wissenserwerb. Die sprachlichen Funktionen umfassen die nonverbale Mimik/Gestik bis zum Schreiben/Rechtschreiben. Bei einigen Spielen liegen die Anleitungen auch in mehreren Sprachen bei. Von O. Maier (Ravensburg) gibt es auch gesonderte Hefte mit Spielregeln in vielen Sprachen. Die Gesamtzahl der Ankreuzungen läßt Rückschlüsse auf die Breite der angesprochenen Übungsbereiche zu, entscheidet aber nicht über den »didaktischen Wert« eines Spiels.

Spielregeln

Die von den Verlagen beigefügten Spielregeln erweisen sich manchmal als schwer verständlich und zu kompliziert. Sie sollten von den Schülern und Schülerinnen neu gefaßt und geschrieben werden. Noch sinnvoller erscheint es, wenn in Arbeitsgruppen oder im Kollegium Spiele gemeinsam erprobt und die Spielregeln den Bedürfnissen der jeweiligen Schülergruppen angepaßt werden. Somit geht auch die ideale motivierende Lesesituation für die Schüler/innen vor dem ersten Kontakt mit einem neuen Spiel nicht verloren.

Literatur

BARTNITZKY, H.: Spielen in der Sekundarstufe I. In: NAEGELE/PORTMANN, a.a.O. 1983
BETZ, D./BREUNINGER, H.: Teufelskreis Lernstörungen. München 1987, 2. Aufl.
BREUNINGER, H./BETZ, D. (Hrsg.) Jedes Kind kann schreiben lernen. Weinheim 1982
BÜTTNER, Chr.: Spieleerfahrungen mit Schülern. München 1981.
CALLIESS, E.: Spielen und Spieldidaktik. In: HAARMANN u.a. (Hrsg.): Lernen und Lehren in der Grundschule. Braunschweig 1977
DAUBLEBSKY, B. u.a.: Spielen in der Schule. Stuttgart 1977, 5. Aufl.
EINSIEDLER, W.(Hrsg.): Aspekte des Kinderspiels. Weinheim 1985.
ERLER, L./LACHMANN, R. /SELG, H. (Hrsg.): Spiel – Spiel und Spielmittel im Blickpunkt verschiedener Wissenschaften und Fächer. Bamberg 1986
FLITNER, A. (Hrsg.): Das Kinderspiel. München 1988
GÖTTE, R.: Sprache und Spiel im Kindergarten. Weinheim 1984, 5. Aufl.
GUDJONS, H.: Spielbuch Interaktionserziehung. Bad Heilbrunn [3]1987.
HIELSCHER, H.: Spielen macht Schule. Heidelberg 1981.
KRAPPMANN, L./HOPF, D.: Spiele und Spielerisches in der Grundschule. In: Grundschule H.8/1979.
KREUZER, K.J. (Hrsg.): Handbuch der Spielpädagogik. Band 1–4. Düsseldorf 1984.
NAEGELE, I./PORTMANN, R.: Materialübersicht. In: NAEGELE/PORTMANN, a.a.O. 1983
NAEGELE, I.M.: Lernen im Spiel – Spielend lernen. In: NAEGELE u.a. (Hrsg.): Elternratgeber: Schulanfang. Weinheim 1988, 3. Aufl.
NAEGELE, I.M.: Spiele und Spielen mit LRS-Schüler/innen. In: NAEGELE/VALTIN (Hrsg.): LRS in den Klassen 1–10. Weinheim 1989.
RATHENOW, P./VÖGE, J.: Erkennen und Fördern von Schülern mit Lese-/Rechtschreibschwierigkeiten. Braunschweig 1982.
RETTER, H.: Spielmittel im Erstunterricht. Werkstattheft Grundschule 3. Weinheim 1984.

SCHEUERL, H.: Das Spiel. Band 1: Untersuchungen über sein Wesen, seine pädagogischen Möglichkeiten und Grenzen. Weinheim 1990, 11. überarbeitete Neuausgabe.

SCHEUERL, H. (Hrsg.): Das Spiel. Band 2: Theorien des Spiels. Weinheim 1991, 11. überarbeitete Neuausgabe.

SCHWANDER, M.: Spielen im Deutschunterricht I. Richtig Lesen und Schreiben. Heinsberg 1984.

SEIBOLD, H. (Hrsg.): Spaß beim Spiel – Glück in der Schule. Heinsberg 1987.

TREMPLER, D.: Legasthenie – Neue Wege der Heilung. Freiburg 1976.

ZACHARIAS, W.: Wiederentdeckt: »Der Homo ludens«. In: Pädagogik 1/1990.

Spiele/Übungen zur Entspannung und Konzentration:

BURK, K.H.: Kinder finden zu sich selbst. Disziplin, Stille und Erfahrung im Unterricht. Arbeitskreis Grundschule, Frankfurt/M. 1984

FRIEDRICH, S./FRIEBEL, V.: Entspannung für Kinder. rororo Tb 8563, Reinbek 1989.

MÜLLER, E.: Hilfe gegen Schulstreß. Übungsanleitungen zu Autogenem Training, Atemgymnastik und Meditation für Kinder und Jugendliche. Reinbek 1984, rororo Tb 7877.

TEML, H.: Entspannt lernen. Streßabbau, Lernförderung und ganzheitliche Erziehung. Veritas, Linz 1990^2

Spiele und Lieder für den multikulturellen Unterricht

Platten:

Hallo mein Schatz. Deutsch-türkische Freundschaft. 16 neue Kinderlieder. Kassettenprogramm für ausländische Mitbürger, München.

MARGARETE & WOLFGANG JEHN: Gehn wir auf die Reise. 28 Spiellieder und Reime aus aller Welt. Eres Edition, Lilienthal.

IRMGARD MERKT: Deutsche türkische Kinder – Türkische deutsche Lieder. Schott, Mainz.

FREDRIK VAHLE: Anne Kaffeekanne. Pläne im Patmos Verlag, Düsseldorf.

drs.: Der Elefant. Lieder in unserer und in eurer Sprache. Pläne im Patmos Verlag, Düsseldorf.

drs.: Tamaro. Eine Indianergeschichte mit Liedern, Geschichten und Tänzen. Pläne im Patmos Verlag, Düsseldorf.

Bücher:

G. FRANGER/H. KNEIPP (Hrsg.): Miteinander leben und feiern. Dagyeli, Frankfurt/M. 1984.

A. FRANCKE (Hrsg.): Volkslieder aus der Türkei für Kindergarten, Schule und Freizeit. ebv Rissen,Hamburg.

K. HOFFMANN: So singt und spielt man anderswo. Otto Maier, Ravensburg 1986.

D. KÖPPEN/B. RIESS (Hrsg.): Mal sehen, ob unsere Füße hören können. Musik und Bewegung im Anfangsunterricht. Beltz, Weinheim 1990.

I.M. NAEGELE/D. HAARMANN (Hrsg.): Darf ich mitspielen? Kinder verständigen sich in vielen Sprachen. Beltz, Weinheim 1991, 3. erw. Auflage.

G. NEUNER/F. VAHLE: Paule Puhmanns Paddelboot. 10 Lieder zum Singen, Spielen und Lernen. Langenscheidt, Berlin, München.

K. PAHLEN: Die schönsten Kinderlieder aus aller Welt. Heyne, München.

drs.: Kinder der Welt und ihre Lieder. Reich Verlag, Luzern.

M. ULICH/P. OBERHUEMER/A. REIDELHUBER (Hrsg.): Der Fuchs geht um... auch anderswo. Beltz, Weinheim 1987

EDITH GLUMPLER

Sprachlicher Anfangsunterricht für ausländische und deutsche Kinder

Grundlage interkultureller Kommunikation

Interkulturelle Kommunikation kann sich nur dort zum interkulturellen Dialog entwickeln, wo gleichberechtigte Menschen in gegenseitiger Wertschätzung miteinander umgehen und wo Menschen eine gemeinsame Sprache sprechen. In der Primarstufe werden die emotionalen, sozialen und kognitiven Grundlagen für die Entwicklung von Selbstwertgefühl und für die Wertschätzung von anderen Menschen ausgebildet. Und in der Primarstufe werden die sprachlichen Grundlagen vermittelt, die elementare Voraussetzung für interkulturellen Dialog sind.

1. Grundschulerfolg – ein Indikator für gleichberechtigte Förderung im Primarbereich

In den siebziger Jahren wurden die Schulerfolgsprobleme ausländischer Kinder und Jugendlicher vorwiegend im Sekundarbereich sichtbar: Sie wechselten vielfach als Seiten- oder Späteinsteiger aus ihrem heimatlichen in das deutsche Schulsystem und besuchten bis auf wenige Ausnahmen Haupt- und Sonderschulen. Viele von ihnen verließen die Schule vor dem Erreichen eines Abschlusses (vgl. zusammenfassend GLUMPLER 1985). Heute ist die Mehrzahl der Ausländerkinder in deutschen Schulen bereits in Deutschland geboren und hier aufgewachsen. Die Zahl ausländischer Schulabgänger mit qualifiziertem Abschluß ist im letzten Jahrzehnt kontinuierlich gestiegen, ebenso ihre Beteiligung an den sogenannten höheren Bildungsgängen der Realschulen und Gymnasien. In dieser Phase der scheinbaren Normalisierung der Bildungsbeteiligung ausländischer Minderheiten im Sekundarbereich zeichnen sich im Elementar- und Primarbereich gegenläufige Tendenzen ab:

● Ausländische Kinder sind in den Vorklassen und Schulkindergärten überrepräsentiert (vgl. BMBW 1990). Das bedeutet, daß sie überdurchschnittlich häufig zurückgestellt und nicht altersgemäß eingeschult werden.
● Immer weniger deutsche, aber immer mehr ausländische Kinder bleiben bereits in der Grundschule sitzen (vgl. GLUMPLER 1991).

Diese neuere Entwicklung läßt darauf schließen, daß sich die Lern- und Förderprobleme ausländischer Schülerinnen und Schüler aus dem Sekundarbereich in den Primarbereich verlagert haben.

168

Die hohe Zahl der Zurückstellungsentscheidungen vermittelt den Eindruck, daß es in vielen Grundschulen eine »heimliche« kulturelle und sprachliche Schulfähigkeitsnorm gibt, der ausländische Sechsjährige auch bei guter körperlicher, sozialer und kognitiver Entwicklung nicht entsprechen.

Die Bemühungen um eine Zeugnis- und Zensurenreform auf institutioneller Ebene zielen gegenwärtig auf eine Korrektur des Widerspruchs zwischen dem Selektions- und dem Förderauftrag der Grundschule ab. Für deutsche Grundschulkinder scheint sich das Primat der Förderung in der Schulpraxis langsam durchzusetzen – dies belegt die oben zitierte Repetenstatistik. Solange ausländische Kinder noch überdurchschnittlich häufig in der Grundschule zurückgestellt werden und sitzenbleiben, ist eine gleichberechtigte Förderung dieser Gruppe im Primarbereich jedoch noch nicht erreicht.

2. Sprachlicher Anfangsunterricht schafft elementare Grundlagen für späteren Schulerfolg

Wenn Kinder bereits in der Grundschule aufgrund von Lernproblemen nicht versetzt werden, wird dies im Zeugnis in der Regel mit unzureichenden Leistungen in den Fächern Deutsch, Mathematik und Sachunterricht begründet. Die übrigen Fächer der Grundschule gelten zwar für die allseitige geistige, körperliche und soziale Entwicklung von Kindern als unverzichtbar, sind jedoch in der Regel nicht versetzungsrelevant. Konkret bedeutet das: Kinder, die nicht versetzt werden, haben Schwierigkeiten

● beim Lesen- und Schreibenlernen,
● und/oder in der Zahlbegriffsentwicklung
● und/oder im Aufgabenverständnis
● und/oder bei der Erfassung und Systematisierung der im Sachunterricht behandelten Phänomene und Zusammenhänge.

Die Mehrzahl der hier aufgelisteten Lernprobleme stehen bei Kindern mit nicht-deutscher Erstsprache in direktem oder indirektem Zusammenhang mit Spracherwerbsproblemen.

Bereits bei der Einschulungsdiagnose gilt der sprachliche Entwicklungsstand als einer der wichtigsten Indikatoren für die Ausprägung kultur- und subkulturspezifischer vorschulischer Lernerfahrungen. Er beeinflußt die Aufnahmeentscheidung und die Zuweisung zur deutschen Regel- bzw. zur besonderen Vorklasse für ausländische Kinder.

In der deutschen Regelklasse sind Begriffsbildung und Schriftspracherwerb in der Zweitsprache für ausländische und ausgesiedelte Kinder eine wesentliche Schulerfolgs-Voraussetzung.

In der Grundschulpraxis ist gemeinsamer sprachlicher Anfangsunterricht für ausländische und deutsche Kinder heute der Regelfall, die getrennte Alphabetisierung in Vorbereitungs- und Nationalklassen die Ausnahme. Konzeptionelle Veränderungen im Interesse einer verbesserten Förderung ausländischer Kinder im Primarbereich müssen deshalb beim sprachlichen Anfangsunterricht ansetzen.

3. Didaktischer und methodischer Entwicklungsstand des sprachlichen Anfangsunterrichts für ausländische und deutsche Kinder

3.1 Methodendiskussion mit muttersprachdidaktischem Schwerpunkt vernachlässigt die Lernsituation von bilingualen Kindern

Schriftspracherwerb ist ein zentrales Anliegen des Anfangsunterrichts der deutschen Grundschule; die Auseinandersetzung mit den Methoden des Lese- und Schreibunterrichts hat in der deutschen Grundschuldidaktik eine dementsprechend lange Tradition. Die aktuelle Diskussion wird durch die kontroversen Positionen von Befürwortern und Gegnern von Fibeln und Lehrgängen bestimmt. Während Lehrgangsbefürworter die systematische Unterweisung insbesondere für »sozial benachteiligte« Kinder aus »schriftferner Umgebung« für unverzichtbar halten (vgl. DEHN 1987, BLUMENSTOCK 1987), verweisen Lehrgangskritiker auf die durch Fibeln und Lehrgänge programmierten Lernbarrieren: *»Traditionelle Fibeln bzw. Schreiblehrgänge bieten kaum Chancen, daß Kinder mit ungünstigen Lernvoraussetzungen fehlende Vorerfahrungen, die sich auf die Bedeutung und auf die Struktur unserer Schrift beziehen, nachholen können«* (SPITTA 1985, 14; siehe auch BERGK/MEIERS 1984).

Diese zweifellos wichtige grundschuldidaktische Diskussion bewegt sich vorwiegend auf der Ebene der Sprachförderung einheimischer deutscher Kinder. Zweitsprachbezogene Argumente werden darin weitgehend vernachlässigt.

3.2 Konzept- und Materialentwicklung für den sprachlichen Anfangsunterricht mit »besonderen Ausländergruppen«

Die Erkenntnis, daß Steilheitsgrad, sprachlicher und sachlicher Anspruch der für deutsche Kinder konzipierten Leselehrgänge für die Arbeit mit Kindern nicht-deutscher Erstsprache wenig geeignet sind, führten zur Entwicklung und Erprobung methodischer Alternativen.

● In Ermangelung geeigneter Fibeln wurden anfangs sogar Lehrwerke für den sprachlichen Anfangsunterricht in Sonderschulen eingesetzt, deren Aufbau auf die Bedürfnisse lernbehinderter Kinder mit deutscher Erstsprache abgestimmt waren. Dieser Zugang erwies sich nicht nur aufgrund der damit verbundenen frühzeitigen Etikettierung ausländischer Kinder als problematisch. Auch ihrem eigentlichen Förderbedarf wurde auf diese Weise nicht ausreichend Rechnung getragen.

- Speziell für den Zweitsprachunterricht entwickelte Lehrwerke wie »Mein Freund Ali« (Hirschgraben-Verlag) oder der Deutsch-als-Fremdsprache-Vorkurs für die Grundschule »Hallo! Hallo!« (Bayerischer Schulbuch-Verlag) arbeiteten dagegen bereits mit reduzierter Progression und Steilheit, allerdings auch mit einem entsprechend kleinen Grundwortschatz.
- Für die Herkunftssprachen, in denen bisher in der Schulpraxis aufgrund der Zahlenverhältnisse in größeren sprachhomogenen Gruppen unterrichtet werden konnte (z.B. für Türkisch oder Italienisch), entstanden Fibeln und Lehrgänge für die Alphabetisierung in der Erstsprache. Hierbei ist zu unterscheiden zwischen Übertragungen von deutschen Lehrwerken wie »Meine liebe Fibel« (Kamp-Verlag) oder »Der Lesebaum« (List-Verlag) in andere Sprachen und Neu-Produktionen, die inhaltlich und sprachlich unmittelbar auf Lerngruppen eines bestimmten Herkunftslandes abgestimmt wurden wie beispielsweise »Lesen« bzw. »Leggo« (Schwann-Verlag).

Der Einsatz dieser Materialien erfolgte in der Schulpraxis vorwiegend außerhalb des regulären deutschen Anfangsunterrichts. Zu unterscheiden ist dabei zwischen

a) der Alphabetisierung in der Erstsprache im Rahmen des Unterrichts der bilingualen Klasse durch ausländische Lehrkräfte, an die sich die (nicht-koordinierte) deutsche Alphabetisierung im Unterricht Deutsch-als-Zweitsprache anschließt,

b) der Alphabetisierung in der Zweitsprache Deutsch im Rahmen des Unterrichts der Vorbereitungsklasse und

c) der Alphabetisierung im Muttersprachlichen Ergänzungs-Unterricht, die in verschiedenen Bundesländern erst im Anschluß an den Erstlese-/Schreiblehrgang der deutschen Regelklasse vorgesehen ist. NAKIPOGLU-SCHIMANG (1988,90) bezeichnet diese Variante als »verschobene Alphabetisierung«.

Wo für den Anfangsunterricht bilinguale Lehrkräfte zur Verfügung standen, konnte in den letzten Jahren auch ein weiteres Alphabetisierungskonzept evaluiert werden: die Methode der koordinierten zweisprachigen Alphabetisierung. Hier finden wir

a) fibelgebundene Lehrgänge (z.B. die Moerser Fibel von EDITH WOLF u.a. 1984) oder

b) die Verknüpfung von Lehrgangssystematik mit einem dialogpädagogischen Ansatz im Sinne eines Schriftspracherwerbs auf der Grundlage von Alltagserfahrungen ausländischer Kinder (vgl. NEHR u.a. 1988, HARNISCH u.a. 1991).

Durch koordinierte Alphabetisierung soll die Entwicklung bewußter Zweisprachigkeit gefördert werden, indem im Anfangsunterricht Gemeinsamkeiten und Unterschiede von Erst- und Zweitsprache, aufbauend auf den Grundlagen der Erstsprache, erarbeitet werden.

Solche bilingualen Modelle des Erstunterrichts sind bislang vorwiegend für türkische Lerngruppen entwickelt und erfolgreich evaluiert worden. Sie eignen sich für die Arbeit in Ballungsräumen, in denen ausländische Familien einer Nation in räumlicher Konzentration leben. Auf die Arbeitsvoraussetzungen von deutschen Regelklassen, in denen Kinder unterschiedlicher Herkunftssprachen zusammen mit deutschen Kindern unterrichtet werden, sind sie nicht übertragbar.

171

3.3 Ein Materialpaket für die multikulturelle und mehrsprachige »deutsche« Regelklasse

Die Entwicklung von Lehrgängen und Materialien für solche Klassen, in denen aufgrund der Anwesenheit ausländischer Kinder im Anfangsunterricht erst- und zweitsprachdidaktische Aspekte berücksichtigt werden müssen, hat sich bislang als äußerst schwierig erwiesen. In einer 1986 vom Arbeitskreis Grundschule vorgelegten Dokumentation der 31 gebräuchlichsten Leselernwerke des deutschen Sprachraums finden wir nur ein Materialpaket, das als *»methodenintegrierender Leselehrgang mit besonderen sprachlichen Hilfen zur Förderung ausländischer und lernschwächerer deutscher Schüler«* ausgewiesen ist (vgl. MEIERS 1986, 133ff). Während die dreißig anderen dargestellten Fibeln und Erstlesewerke sich auf den Leselernprozeß von deutschen Kindern einstellen, will RÜDIGER URBANEK mit »Alle lernen lesen« (Kamp-Verlag) durch *»besondere Hilfen... allen Kindern die Mittel an die Hand... geben, um den Leselernprozeß, der für die ausländischen Kinder zugleich Sprachlernprozeß ist, erfolgreich zu bewältigen.«* Er setzt damit konsequent die Arbeitsprinzipien für den sprachlichen Anfangsunterricht in mehrsprachigen Regelklassen um, die er bereits auf dem »Mülheimer Grundschultag« entfaltet hatte (vgl. URBANEK 1983):

1. Vom Beginn des Leselernprozesses an muß jedes Kind das, was es liest, auch verstehen.
2. Jedes Kind muß das Wortmaterial und die syntaktischen Strukturen, die es zur Sinnentnahme bei einem Fibeltext braucht, auch aktiv verwenden.
3. Jedes Kind muß über die in dem jeweiligen Leselehrgang benutzten Wörter und Strukturen hinaus seinen Wortschatz und die Anzahl der beherrschten Satzmuster erweitern.

Seine Fibel trennt auf jeder Doppelseite zwischen einem reinen Bildteil und einem Textteil. Der Bildteil dient zur sprachlichen Vorklärung der Situationen, auf die sich der jeweilige Lese-Text bezieht. Zusätzlich werden alle darstellbaren Begriffe, die im Text erstmalig auftreten, auf Bild-Leisten am Text-Rand erklärt. Symbole in der oberen linken Ecke eines jeden Bildes kennzeichnen das grammatische Geschlecht der Nomen.

Ein »Übungsheft Sprache« für ausländische Kinder von ALFRED GOLL, das inhaltlich auf die Fibel abgestimmt ist, unterstützt die Differenzierungsarbeit durch ein ergänzendes Übungsangebot im lexikalischen und syntaktisch-morphologischen Bereich. Ein Foliensatz mit Fibelbildern erleichtert die mündliche Einführung des im Leseunterricht benötigten Sprachmaterials im vorbereitenden Förderunterricht.

3.4 Eine Alternative zur Fibel im Zweitsprachunterricht: Lesenlernen mit eigenen Texten

Die allgemeine Fibelkritik setzt nicht nur an der geringen Flexibilität systematischer Lehrgänge, sondern auch am Lebensweltbezug der Lehrwerke an: *»Lesen und Schreiben finden in einer Kunstwelt statt, gemacht aus künstlichen Sätzen über fiktive Fibelkinder, die sich über lange Strecken hin in mehr oder weniger künstlichen, ba-*

nalen Situationen bewegen« (SPITTA 1985, 12). Bezogen auf die Lernvoraussetzungen eingewanderter Kinder muß hier ergänzt werden: Die Kunstwelt der Fibeln ist vielfach eine fiktive deutsche Welt, in der deutsche Fibelkinder sich in deutschen Kleinfamilien und deutschen Spielgruppen bewegen. Der multikulturelle Alltag der Kinder, die mit diesen Fibeln lernen sollen, hat bis auf wenige Ausnahmen darin keinen Eingang gefunden.

Die oben beschriebene Fibel »Alle lernen lesen« ist eine solche Ausnahme und gleichzeitig ein Beispiel für die begrenzte Reichweite möglicher Identifikationsangebote in Lehrwerken. Mit den Fibelkindern Fatma und Roberto wollte URBANEK »*die spezifischen Probleme und besonderen Lebensumstände*« von Migrantenkindern zur Sprache bringen und dadurch »*das gegenseitige Verständnis*« deutscher und ausländischer Kinder stärken (vgl. den Lehrerkommentar). Für die Gruppe der türkischen Migrantenkinder ist dieser Ansatz in den Abbildungen und Texten auch durchgehalten worden, nicht jedoch für die anderen in der Bundesrepublik vertretenen Minoritäten.

Eine konsequente Umsetzung des Prinzips der Lebensweltorientierung ist letztlich nur mit Hilfe der Eigenfibel bzw. mit eigenen Texten zu erreichen. Daß dieser methodische Weg auch für die Arbeit mit mehrsprachigen Lerngruppen geeignet ist, hat CHRISTA RÖBER-SIEKMEYER in verschiedenen Beiträgen über ihre Praxis des sprachlichen Anfangsunterrichts dokumentiert:

»*Die Spracharbeit kann nicht ohne Systematik ablaufen. Diese muß genau auf die Bedürfnisse der jeweiligen Schülergruppe, ihr Alter, ihre Vorkenntnisse, ihr psychisches und kognitives Leistungsvermögen abgestimmt sein. Diese Forderung kann kaum von einem anonymen Lehrbuchautor erfüllt werden. Daher sollte sich der Lehrer von dem Zwang jeder noch so logisch aufgebauten Systematik anderer befreien und eigene Wege gehen.*« *(RÖBER-SIEKMEYER 1983, 109; siehe auch 1983a).*

Als Schwäche ihres monolingualen situations- und kommunikationsorientierten Ansatzes kann man die notwendige Vernachlässigung der jeweiligen Herkunftssprachen betrachten. Angesichts der wachsenden Vielfalt der Ausgangssprachen in deutschen Regelklassen erscheint er jedoch als wichtige Alternative zu bilingualen Alphabetisierungskonzepten.

4. Entwicklungsperspektiven für die neunziger Jahre

Mit dieser Analyse der Konzepte des sprachlichen Anfangsunterrichts sollte überprüft werden, inwieweit die deutsche Grundschule sich gegenwärtig bereits auf die Arbeit mit mehrsprachigen und multikulturellen Lerngruppen eingestellt hat. Fassen wir zusammen:

● Kinder in besonderen **Ausländer- oder Aussiedlerklassen** erhalten eine qualitativ andere sprachliche Grundbildung als Kinder in Regelklassen. Sie werden getrennt von einheimischen deutschen Kindern unterrichtet. Die Gelegenheiten zu natürlichem Zweitspracherwerb in informellen Gesprächssituationen werden dadurch erheblich eingeschränkt. Gemeinsames interkulturelles Lernen ausländischer und deutscher Kinder findet nicht statt.

● Ausländische Kinder in **Regelklassen** werden durch den Einsatz von muttersprachdidaktischen deutschen Lehrgängen und Fibeln, die nicht auf ihre Lernbedürfnisse zugeschnitten sind, im Anfangsunterricht benachteiligt. Sie können ihren kognitiven und sprachlichen Entwicklungsstand in der Erstsprache für den Schriftspracherwerb nicht oder zumindest nicht in vergleichbarem Umfang nutzen wie deutsche Kinder. Während der deutsche Anfangsunterricht bei deutschen Kindern die Begriffsentwicklung in der Erstsprache fördert und differenziert, unterbricht er sie bei ausländischen Kindern. Halbsprachigkeit, d.h. die unzureichende Entwicklung von Erst- wie Zweitsprache und Schulversagen sowohl in den sprachlichen wie in den mittelbar sprachabhängigen Fächern Mathematik und Sachunterricht kann die langfristige Folge sein, wenn die im Anfangsunterricht entstehenden Lernprobleme nicht erkannt und durch individuelle Förderung behoben werden.

Konzept-Alternativen für die Arbeit in der Regelklasse entstehen gegenwärtig auf zwei Ebenen:

a) Mit der Produktion von Fibeln für die Arbeit mit mehrsprachigen Gruppen in der Regelklasse sollen die Schwächen herkömmlicher deutscher Lehrwerke überwunden werden. Lehrkräfte, die nicht auf fibelunterstütztes Unterrichten verzichten wollen, können darin auf Semantisierungshilfen und Differenzierungsangebote für Kinder mit nicht-deutscher Erstsprache zurückgreifen.

b) Mit der Entwicklung eines situations- und kommunikationsorientierten Ansatzes für den Anfangsunterricht sollen die Nachteile enger Lehrgangs- und Fibel-Vorgaben vermieden und ein individuelles Eingehen auf die Lernvoraussetzungen der jeweiligen Klasse erreicht werden.

Für Ballungsräume mit hoher Konzentration bestimmter Ausländergruppen bietet sich auch die Weiterentwicklung bilingualer Alphabetisierungskonzepte an. Gegenwärtig wird beispielsweise in Berlin mit der »Nürtingen-Fibel« ein Konzept erprobt, mit dessen Hilfe türkische Kinder »in ihrer Muttersprache und gemeinsam mit deutschen Kindern deutsch lesen und schreiben lernen können« (vgl. HARNISCH u.a. 1991, 133). Das Integrationsprojekt der Grundschule Ossietzkystraße in Nürnberg stützt die deutsche Alphabetisierung spanischer Kinder durch Differenzierungsmaßnahmen und team-teaching zweisprachiger spanischer und deutscher Lehrerinnen (vgl. KUPFER 1989, 42).

Kaum verbreitet sind in der Bundesrepublik Erstunterrichtskonzeptionen, die gezielt mit der Alphabetisierung in der Erstsprache beginnen, gleichzeitig jedoch die soziale Integration ausländischer Kinder in deutsche Lerngruppen unterstützen. Entsprechende Modelle werden in Schweden bereits mit Erfolg eingesetzt.

> Insgesamt läßt sich feststellen, daß sprachdidaktische Konzeptionen klassischer Einwanderungsländer von der deutschen Grundschuldidaktik noch kaum rezipiert werden.

Berichte aus den USA, Kanada, Australien, der früheren UDSSR oder Schweden belegen jedoch die Bedeutung von Reformen der Instruktionsmodelle des sprachlichen Anfangsunterrichts für die angemessene Entwicklung der Primarschulen in multilingualen Gesellschaften (vgl. MC LAUGHLIN 1986, POMMERIN 1988). Der Weg zum interkulturellen Dialog in einer Gesellschaft führt langfristig über ihre Grundschule.

Literatur

BERGK, M./MEIERS, K. (Hrsg.): Schulanfang ohne Fibeltrott. Bad Heilbrunn 1985.

BMBW

BLUMENSTOCK, L.: Brauchen wir einen Fibel-Lehrgang zum Schriftspracherwerb. In: BALHORN, H./BRÜGELMANN, H.: Welten der Schrift in der Erfahrung der Kinder. Konstanz 1987.

BRÜGELMANN, H.: Die Schrift entdecken. Konstanz 1984.

DEHN, M.: Die Faszination des leeren Blattes. In: Die Grundschulzeitschrift 7/1987, S. 4–8.

EINSIEDLER, W./GLUMPLER, E.: Analysen zur Entwicklung des Sitzenbleibens (unter besonderer Berücksichtigung der Grundschule). In: Die Deutsche Schule 2/1989, S. 248–259.

GLUMPLER, E.: Schullaufbahn und Schulerfolg türkischer Migrantenkinder. Hamburg 1985.

GLUMPLER, E.: Schulerfolgsprobleme ausländischer Kinder: Indizien für didaktische Defizite interkultureller Grundschulpädagogik. In: BORRELLI, M.: Zur Didaktik interkultureller Pädagogik. Baltmannsweiler 1991.

HARNISCH, U. u.a.: Zweisprachige Erziehung in der Berliner Grundschule. In: HEYER, P./VALTIN, R. (Hrsg.): Die sechsjährige Grundschule in Berlin. Frankfurt am Main 1991, S. 132–138.

KUPFER, C.: Miteinander und voneinander lernen. In: Grundschule 10/1989, S. 41–43.

MC LAUGHLIN, B.: Multilingual education: Theory East and West. In: SPOLSKY, B. (ed.): Language and Education Multilingual Settings. Clevedon 1986, S. 32–52.

MEIERS, K.: Fibeln und erster Leseunterricht. Frankfurt 1986.

NAKIPOĞLU-SCHIMANG, B.: Zur Alphabetisierung türkischer Kinder. In: POMMERIN, G. (Hrsg.): »Und im Ausland sind die Deutschen auch Fremde!« Interkulturelles Lernen in der Grundschule. Frankfurt am Main 1988.

NEHR, M. u.a.: In zwei Sprachen lesen lernen – geht denn das? Weinheim 1988.

POMMERIN, G.: Gemeinsame Grundschule für alle Kinder – Hirngespinst oder konkrete Utopie? In: dies. (Hrsg.): »Und im Ausland sind die Deutschen auch Fremde!« Interkulturelles Lernen in der Grundschule. Frankfurt am Main 1988.

RÖBER-SIEKMEYER, Ch.: Ausländerkinder lernen Deutsch – vom Unterricht in einer Vorbereitungsklasse. In: BARTNITZKY, H. (Hrsg.): Auf dem Weg zum differenzierten Schulalltag. Frankfurt am Main 1983.

RÖBER-SIEKMEYER, Ch.: Sprachlicher Anfangsunterricht mit Ausländerkindern. Braunschweig 1983 (1983a).

SCHMIDT, U.: Interkulturelle Kommunikation und interkulturelles Lernen. In: ders. (Red.): Kulturelle Identität und Universalität. Frankfurt 1987.

SPITTA, G.: Kinder schreiben eigene Texte. Bielefeld 1985.

URBANEK, R.: Erstleseunterricht mit ausländischen und deutschen Kindern in der Regelklasse. In: BARTNITZKY, H. (Hrsg.): Auf dem Weg zum differenzierten Schulalltag. Frankfurt 1983.

WOLF, E. u.a. (Hrsg.): Moerser Fibel. Moers 1984.

ZIMMER, J.: Interkulturelle Erziehung. In: NEHR, M. u.a.: In zwei Sprachen lesen lernen – geht denn das? Weinheim 1988.

CHRISTA RÖBER-SIEKMEYER

Deutsch für Kinder anderer Muttersprache

Wege zu einer umfassenden Förderung

1. Die Situation

Wenn Schwerpunkte und Möglichkeiten des Deutschunterrichts für Kinder anderer Muttersprache dargestellt werden, handelt es sich primär um folgende Schülergruppen: ausländische Kinder, deren Umgebung, obwohl sie hier geboren wurden, nicht deutschsprachig ausgerichtet ist, sowie Flüchtlingskinder und Aussiedlerkinder, die erst kurze Zeit in Deutschland leben. Neben ihrer unzulänglichen Kommunikation in einer rein deutschsprachigen Umgebung erleben sie zumeist einheitlich die Folgen der zugewiesenen sozialen Randstellung – viele ausländische Familien bereits schon lange, teilweise in der zweiten oder dritten Generation, viele Aussiedler eher vorübergehend.

2. Diffuse Reaktionen

Entsprechend dem Einzugsgebiet reagieren viele Schulen auf diese Schülergruppen oft in jahrelang gewohnter Weise: In aller Regel wurde und wird versucht, das Andere an den neu Hinzugekommenen zu umschreiben und »zu verstehen«. In bezug auf die Kinder der Arbeitsimmigranten haben hier Darstellungen der sich vor über zwanzig Jahren konstituierenden »Ausländerpädagogik«/»Interkulturellen Erziehung« dazu beigetragen, die Unterschiede zu beschreiben und als »geerbte« Kultur festzulegen. Trotz aller moralisch anzuerkennenden Absichten ist es jedoch erwiesenermaßen dieser pädagogischen Fachrichtung mit ihren didaktischen Appellen nicht gelungen, den Schulen Wege zu weisen, den Kindern dieser Bevölkerungsgruppe zumindest schulisch aus ihrer Randstellung herauszuhelfen, so daß, auf die zwanzigjährige Anwesenheit von Immigrantenkindern zurückblickend, kritisch festgehalten werden muß:

● Es ist nicht nur pädagogisch fragwürdig bis abwegig, es verhindert möglichen unterrichtlichen Erfolg, Kinder primär mit wenigen oder gar nur einem Merkmal (keine deutschen Sprachkenntnisse, türkische Nationalität usw.) zu etikettieren und dieses zum Ausgangspunkt der Betrachtung und Beurteilung zu machen.
● Abgesehen davon, daß die detaillierten Zusammensetzungen, die das Etikett der Nationalität/Ethnizität/Kultur ausmachen, völlig diffus sind (was ist türkisch, spanisch, englisch, deutsch?), behindern diese Einordnungen die Wahrnehmung individueller Merkmale, die in

pädagogischen, daher auch in schulischen Zusammenhängen allein von Relevanz sind: Welche Vorlieben hat das Kind, wo braucht es mehr Hilfe, wo weniger? Wie reagiert es auf die einzelnen Formen der Anforderungen? usw.

● Erst nach dem Loslösen von vermeintlich bedeutsamen, außerschulisch vorgegebenen Kategorisierungen können sich Gruppierungen ergeben, die der unterrichtlichen Arbeit organisatorisch, inhaltlich und methodisch neue, pädagogisch eher anzuerkennende Wege weisen können: Welche Kinder brauchen mehr Zeit für einzelne Aufgaben und daher zusätzliche Angebote wie z.B. Förderunterricht? Welche Kinder brauchen in einem bestimmten inhaltlichen Bereich mehr Hilfe als andere? Welche Kinder können bereits selbständiger arbeiten, welche nicht? usw.

In dieser Kritik des »Interkulturellen Lernens« wird wieder die elementare Forderung der Grundschulpädagogik nach der Akzeptanz der Heterogenität in den Lerngruppen deutlich. Zu den konstituierenden Merkmalen der Grundschule gehört die Tatsache, daß ihre Klassen – aus guten politischen und pädagogischen Gründen – aus *»allen Kindern des Volkes«* (Weimarer Verfassung) zusammengesetzt sind.

Dieses bildungspolitische Axiom erfordert einen Unterricht, der die Heterogenität zum Ausgang des planerischen Handelns macht – einen Unterricht, der sowohl methodisch als auch inhaltlich für die Bedürfnisse und Interessen **aller** Kinder, an die er sich wendet, offen ist.

Dabei ist gleichgültig, ob sie »lese-rechtschreib-schwach«, mehr oder weniger behindert, sprachlich mehr oder weniger befähigt sind, oder wie auch immer die einzelnen Aussonderungskriterien der vergangenen Jahre tituliert wurden.

Neben dem sozialpolitischen Auftrag der Zusammenführung von Kindern unterschiedlichster Herkunft darf jedoch nicht die **bildungspolitische** Aufgabe von allgemeiner schulischer Arbeit vergessen werden: **die optimale Förderung aller Kinder in Unabhängigkeit von möglichen Bildungserwartungen, die durch ihre vor- und außerschulische Ausstattung an sie gegeben sein könnten.** Die Tatsache, daß noch immer ein relativ geringer Prozentsatz der Kinder aus Arbeitsimmigrantenfamilien Gymnasien besucht, während sie an Haupt- und Sonderschulen überrepräsentiert sind, läßt vermuten, daß dieses Gebot schulischer Arbeit bei weitem noch nicht immer eingehalten wird.

3. Probleme des Sprachlernens

Zurück zum Sprachunterricht. Spätestens seit der Legasthenieforschung und ihrer Diskussion ist die Bedeutung der Schriftsprache (einschließlich der Orthographie!) nicht nur als kulturtechnische Fähigkeit, sondern in ihrer Auswirkung auf schulischen Erfolg generell, damit für weiterreichende personelle Entwicklungen (wieder) erkannt worden. Die Vermittlung schriftsprachlicher Kenntnisse ist die Domäne der Schule. Nur bei ganz wenigen Kindern wird der Schriftspracherwerb gezielt zu Hause vorbereitet. Er wird von zahlreichen Vertretern der sich in diesem Forschungsbereich seit ca. 15 Jahren neu etablierten Fachrichtung (vgl. z.B. BRÜGELMANN 1986) in seinen Anforderungen und seiner Bedeutung tendenziell gleichgesetzt mit dem frühkindlichen (mündlichen) Spracherwerb.

Der Schriftspracherwerb baut auf bereits vorhandenen Fähigkeiten auf, und es bestehen konstituierende Bezüge zwischen mündlichem und schriftlichem Sprachgebrauch:
Sie liegen

– in der inzwischen relativ verbreiteten didaktischen Erkenntnis, daß den Kindern für erfolgreiches Lernen generell die kommunikative Funktion von Schriftsprache deutlich sein muß: Durch Schrift lassen sich Mitteilungen an Personen, die nicht gegenwärtig sind, machen, und durch Schrift lassen sich Mitteilungen von ihnen empfangen. Weitergehend in bezug auf die Rechtschreibung müssen die Kinder erkennen, daß die schriftsprachlichen Strukturen Funktion für den **Leser** haben, indem sie »Befehle« für die artikulatorische Umsetzung des Geschriebenen geben
– in bezug auf Orthographie in dem »Fundierungsverhältnis« (MAAS) zwischen mündlicher und schriftlicher Sprache, d.h. in der Bestimmung, daß schriftsprachlich nicht möglich ist, was der mündlichen (hochdeutschen) Artikulation widerspricht (vgl. MAAS 1989). hiermit verbunden ist die Beobachtung, daß undeutliche, fehlerhafte Artikulation einem erfolgreichen Gebrauch der Schriftsprache längerfristig im Wege stehen kann (vgl. DEHN 1988 und 1990)
– in einem relativ großen Sprachschatz, der es den Kindern ermöglicht, die grammatikalischen Elemente des Schriftsprachlichen, wie sie vor allem in der Stammschreibweise der Wortfamilien gegeben sind, zu erkennen und anzuwenden
– in allgemeinen persönlichkeitsbezogenen Dispositionen wie Selbstsicherheit und Selbstvertrauen, die generell Basis jeglicher Äußerung sind (vgl. DEHN 1990).

Aus diesen sprachwissenschaftlichen und -didaktischen sowie allgemeinen pädagogischen Überlegungen folgt für den Sprachunterricht mit Kindern anderer Muttersprache:

(1) Da Unterricht, gleich welchen Inhalts und welcher Methode, immer auf die aktive Mitarbeit der einzelnen Kinder angewiesen ist, muß er in seiner Gestaltung Anreize dafür bieten, daß jedes Kind, auf seiner emotionalen und kognitiven Entwicklungsstufe angesprochen, so optimal leistungsfähig wird und durch die erzielten Ergebnisse Bestätigung, Anerkennung und Mut zu neuen, vom Lernniveau her anschließenden Aufgaben findet – Ziele, auf die am ehesten projektorientiertes Arbeiten hinwirkt. Hierbei ist die soziale Komponente der Arbeit in der Klasse bekanntlich von ebenso großer Bedeutung wie die inhaltliche.
(2) Die Tatsache, daß der Schriftspracherwerb für die allermeisten Kinder eine neue Entwicklungsstufe darstellt, besteht eine generelle Chancengleichheit zwischen allen Kindern am Schulanfang. Da die Aneignung der Schriftsprache gleichzeitig eine intensive Auseinandersetzung mit Sprache überhaupt ist, wirkt sie ihrerseits bereichernd auch auf den mündlichen Sprachgebrauch ein.

(3) Das Kennen der Funktion der Schriftsprache bei Kindern am Schulanfang hängt stark von der Handhabung der Schriftkultur in der Familie ab. Daraus folgt, daß Kinder, in deren häuslicher Umgebung Schrift gar keine oder nur eine geringe Bedeutung spielt, mehr als andere mit dem Schriftspracherwerb die Relevanz von Schrift kennenlernen müssen: als fixierte Sprache, die zu jedem Zeitpunkt gleich bleibt (z.B. beim häufigen, wiederholenden Vorlesen), als Mitteilungen an sie (z.B. in Form kleiner Briefe) und an andere (z.B. Plakate, Beschriftungen, Briefe, Bücher). Diese Aussage gilt wieder für viele Schülergruppen, gleich welcher Nationalität.

(4) Da sich die Schriftsprache in ihrer grammatikalischen Bestimmtheit (vgl. MAAS 1989) gravierend von der mündlichen Sprache unterscheidet und da darüber hinaus Kinder im Schuleingangsalter (und häufig darüber hinaus) nicht in der Lage sind, von ihrer mündlichen Sprache auf die grammatikalischen Abstrakta Satz, Wort, Buchstabe zu schließen, hat Schriftliches, nicht Mündliches das Primat beim Schriftspracherwerb (vgl. VALTIN in diesem Band).

(5) Sprachliche Äußerungen, auch wenn sie der schriftsprachlichen Analyse dienen sollen, haben für Kinder ihren vorrangigen Sinn immer im Inhalt. Daher ist es unumgänglich, daß die Kinder die Texte, an denen sie analytisch arbeiten sollen, inhaltlich verstehen. Da diese Voraussetzung (für viele ausländische und einige deutsche Schüler) bei Schulbuchtexten nicht immer gänzlich gegeben ist, ist es – auch aus vielen anderen Gründen – pädagogisch und didaktisch geeigneter, eigene Texte der Kinder oder Texte, die auf **diese** Kinder in **dieser** Klasse – individuell oder kollektiv – zugeschnitten sind, in den Mittelpunkt der Arbeit zu stellen. Dadurch ist am ehesten zu garantieren, daß die jeweiligen »Lernausgangsniveaus« in der Klasse getroffen werden – und die Kinder die Arbeit als »ihre Sache« sehen.

(6) Die Heterogenität in Grundschulklassen bringt mit sich, daß einige Kinder im Vergleich zu anderen ein Mehr an Zeit und Zuwendung brauchen. Dieser Tatsache tragen die Erlasse nahezu aller Bundesländer Rechnung, indem sie Förderunterricht für kleine Lerngruppen vorsehen. Für Kinder mit geringen deutschen Sprachkenntnissen wird vielerorts zusätzlicher Förderunterricht angeboten. Hierin besteht die große Chance für Kinder, die ein Mehr brauchen, dieses auch gewährt zu bekommen. Hier scheint es mir jedoch ebenfalls notwendig, organisatorisch und inhaltlich übernommene Rituale neu zu bedenken: Ist es in der Zuweisung zu den Fördermaßnahmen unbedingt angebracht, nationalitätenspezifisch bzw. nach politischen Einteilungen (Ausländer/Aussiedler) zu ordnen? Bietet sich nicht gerade der Förderunterricht mit seinen kleinen Lerngruppen statt zum verbreiteten Ausfüllen sinnleerer Arbeitsbögen für **Projekte** an, in denen Kinder individuell entsprechend ihrem Lernstand und ihrer inhaltlichen Schwerpunktsetzung sprachlich gestalten können?

Mit den folgenden unterrichtsbezogenen Beispielen sollen die bisher generell gebliebenen Überlegungen konkretisiert und exemplifiziert werden.

5. Anfangsunterricht

Um es zu wiederholen: Gleichgültig, welche Muttersprache, Dialektsprache, Umgangssprache Kinder sprechen – der Schriftspracherwerb, um den es primär in der Grundschularbeit und für neu in deutsche Schulen eingeschulte Kinder auch später geht, stellt für **alle** Kinder einen Neuanfang dar. Darum gilt das, was im folgenden dargestellt wird, für **alle** Kinder im Regelunterricht, eignet sich aufgrund der Offenheit der Lernsituationen, die vorausgesetzt wird, und aufgrund der Analyse der Strukturen der deutschen Sprache natürlich auch und besonders für kleinere Lerngruppen (z.B. im Vorbereitungs- oder Förderunterricht) mit wenigen oder schlechten deutschen Sprachkenntnissen.

Pädagogisch nimmt der hier beschriebene Unterricht seinen Ausgang in der Forderung, daß alles Lernen, gleich welchen Inhalts, der generellen kognitiven Entwicklung der Kinder dienen muß. Dieser Prämisse entsprechen vor allem die Maßgaben des handelnden und entdeckenden Lernens (vgl. AEBLI), bei dem die Aufgabe des Unterrichts darin besteht, Kinder zum Fragen zu »verführen« und ihnen Wege zum Finden richtiger Antworten zu weisen.

Die Schriftspracherwerbsforschung, die in den letzten Jahren ihren Ausgang durch die individualisierte Beobachtung von Kindern beim Lesen und Schreiben nahm, hat vielfach beeindruckend dargestellt, in welch starkem Maße nahezu alle Kinder im Schuleintrittsalter zu kognitiven Leistungen auf diesem Gebiet in der Lage und bereit sind (vgl. z.B. DEHN 1988 und KOCHAN 1987 und 1991). (Weil in diesen Untersuchungen Kinder anderer Muttersprache nicht eigens ausgewiesen sind, habe ich vor einiger Zeit begonnen, einige Kinder **dieser** Schülergruppe genauer zu beobachten, und meine – noch unsystematisierten – Erfahrungen bestätigen die allgemeinen Ergebnisse auch durch sie.)

Da Unterrichten immer eine gezielte, organisierte Arbeit mit Kindern sein muß, die von Effektivität bestimmt ist, setzt es eine didaktische Zubereitung der Inhalte entsprechend ihren internen Strukturierungen für die jeweilige Schülergruppe voraus. Der Inhalt, der hier zu vermitteln ist, sind die Strukturen der deutschen Schriftsprache. Für sie und ihren Erwerb gilt generell (vgl. MAAS 1989):

Alle Formen der Segmentierung von Texten – Sätze, Wörter, Laute/Buchstaben – sind nicht aus der mündlichen Sprache abzuleiten. Sie sind als kulturelle Leistungen grammatikalisch, daher primär schriftsprachlich bestimmt. Für die Einteilung eines Wortes in die Laute, die schriftsprachlich durch Buchstaben repräsentiert werden, läßt sich phonetisch feststellen, daß sie nur einen Bruchteil aller hörbaren Laute eines Wortes darstellen. Sie sind darüber hinaus keine isolierten »Naturlaute«, sondern sind in ihrem jeweiligen phonetischen Wert abhängig von ihrer Stellung innerhalb der Silbe.

Deshalb sind die Kinder ohne vorherige schriftsprachliche Anleitungen und Erfahrungen nicht in der Lage, gesprochene Wörter korrekt in Buchstaben umzusetzen, auch wenn sie die Buchstaben bereits »kennen«, d.h. meinen, einzelnen Graphemen einen »Lautwert« zuordnen zu können.

Die einzelnen Operationen, die Kindern helfen, Sequentierungen und damit die Identifizierung der Laute, die durch Buchstaben repräsentiert werden, vorzunehmen, sind *Ersetzungen, Verschiebungen, Hinzufügungen* bzw. *Weglassungen.*

Ersetzung:	Verschiebung:	Hinzufügung:	Weglassung:
steht	Blut	Boot	Reis
dreht	bald	Brot	Eis

Die Inhalte, an denen diese Operationen durchgeführt werden können, sind beliebig. Ich habe in Klassen und Lerngruppen, in denen auch Kinder ohne deutsche Sprachkenntnisse waren, häufig die Namen der einzelnen Kinder zum Ausgang für erste schriftsprachliche Erfahrungen genommen. Denn diese Wörter scheinen mir für das gute Zusammensein in der Schule – und damit bekanntlich für eine der emotionalen Voraussetzungen von Lernen – von elementarer Bedeutung zu sein (vgl. RÖBER-SIEKMEYER 1990 und 1991a, 1991b und vor allem 1992).

Nachdem die Kinder über einen längeren Zeitraum die Namen geschrieben, nach Graphemen zerschnitten, neu zusammengeklebt (vgl. BERGK 1989) und zum Aneignen der Buchstabenformen farbig nachgezogen, nachgeformt, ausgeprickelt (vgl. RÖBER-SIEKMEYER 1990 u. 1991a) usw. hatten, stellten diese nach ca. 4-5 Monaten das Material dar, an dem die Kinder operationalisierend eigene schriftsprachliche Erfahrungen machen konnten.

Der erste Schritt in die Segmentierung ist das Zergliedern der Wörter in Silben. Diese Tätigkeit, die als mündliche Leistung durch die Aktivität der Bauchmuskulatur hervorgerufen und daher körperlich erlebbar ist, kennen die Kinder, gleich welcher Muttersprache, bereits aus vorschulischen Sprachspielen (im Deutschen z.B. *»Hoppe, ho-ppe, Rei-ter, wenn er fällt, dann schreit er...«, »Meine Mi-, meine Ma-, meine Mu-tter schickt mich her, ob der Ki-, ob der Ka-, ob der Ku-chen fertig wär...«* usw.). Daher fällt den Kindern diese Teilung, die durch Klatschen, Stampfen, Singen unterstützt werden kann, sehr leicht.
Es ist hierbei zu beachten, daß die Kinder nicht von der – phonetisch richtigen – Trennung der »geschärften« Wörter *(ho-ppe, Mu-tter)* abgebracht werden, indem die Duden-übliche Trennweise *(hop-pe, Mut-ter)* auch als phonetische, also zu hörende Trennung durchgesetzt wird. Dieses würde die Kinder nur verwirren und führt darüber hinaus auf Irrwege, wenn es um die mündliche »Fundierung« der orthographischen Regularitäten bei Dehnung und Schärfung geht.
Nach der Silbeneinteilung können dann die o.a. Operationen der Segmentierung in der Weise durchgeführt werden, daß mit den Kindern zusammen aus dem Namen sinnzusammenhängende Texte, kleine Gedichte, gestaltet werden:

```
L I  S A                          S A R A H
L I                               S A
     S A                              R A H
     S AH N E        W E R         S AH
L I  S A                          S A R A H
  I SS T                          B L A  S E N
     S AH N E                     M A CH E N
        HMM                                        AUF DEM
                                  R A  S  E  N?
```

Abgesehen von der Tatsache, daß Sprachspiele dieser Art Kindern vielfach sehr entgegenkommen, ist die »verdichtete« Sprache, die im Gegensatz zu dem »*Fibel-Dadaismus*« (PREGEL) fast immer kleine Situationen beschreibt, die nachzuspielen sind, geeignet, Kinder mit wenig deutschen Sprachkenntnissen anzusprechen und ihnen durch die Umsetzung in konkrete Handlung das Verstehen zu ermöglichen (vgl. NAEGELE/HAARMANN in diesem Band sowie BOSCH 1984).

Während bisher die Kinder mehr zufällig mit graphischen Strukturen der Schriftsprache umgingen, sollte danach eine gezielte Vermittlung der für die deutsche Sprache typischen Laut/Buchstaben-Kombinationen folgen. Auch sie sind natürlich wieder silbenbezogen. Entsprechend dem festen Aufbau der Silbe in der deutschen Sprache sind zu unterscheiden: die Konsonanten/Konsonantenkombinationen des Silbenanfangs sowie des Silbenendes und der Silbenkern: (Str/u/mpf, Fr/o/sch, gr/au/-, -/ei/n usw.) Der Silbenkern besteht entweder aus den Vokalen, den Umlauten, den Diphthongen au, ei, eu oder den fallenden Diphthongen mit *r (er, ir, or, ur, är, ör, ür)*. Für die möglichen Kombinationen am Silbenanfang mit ein bis drei Konsonanten und -ende mit ein bis fünf Konsonanten (sch/i/mpfst) hat U. MAAS Tabellen zusammengestellt (MAAS 1989, 268–271), die sich als sehr hilfreich erwiesen haben.

Bekanntlich sind es gerade die Binnenstrukturen von Silben und ihre Graphien, in denen sich die Sprachen voneinander unterscheiden. (Jedes der folgenden Worte ist für die meisten sofort einer Sprache zuzuordnen, auch wenn die Sprache nicht gesprochen wird: *küyümüzun, tableau, maintained, franquista, szczecin)*. Daher ist es gerade für die Anfänger in der deutschen Sprache von Bedeutung, deren typische Lautfolgen zu erlernen – sowohl für die korrekte Artikulation beim Sprechen als auch als deren »Fundierung« des Schriftlichen.

Eine geeignete Form, den Umgang mit den isolierten Strukturen im Unterricht zu ermöglichen, sind für Kinder im Grundschulalter natürlich wieder Sprachspiele (vgl. BOSCH 1984):

● **Zungenbrecher** für die komplexen Konsonantenfolgen am Silbenanfang:

braune	kleine
Briefe	Kläuse
bringen	klauen
Britta	klebrige
viel Glück	Gläser usw.

● **Reime** für die Konsonanten am Ende (+ Silbenkern):

In der Nacht   Der kleine Knilch
um halb acht   mag keine Milch
ist er aufgewacht
und hat gelacht   usw.

● **Austauschspiele** für den Silbenkern:

Dro Chinosen mot dom Kontroboß...
oder
Hote kone Scholorboten
oder
Hüte küne Schülürbüten
oder
Mirgen ist fri
oder
Märgen äst frä   usw.

Bei allen diesen Sprachspielen ist das Optische/Schriftliche eine wichtige Unterstützung, vielleicht die Basis für das kindliche Entdecken der Strukturen. Hierbei spielt
die bewußte Anordnung auf dem Blatt wieder eine große Rolle.

6. Wortschatzarbeit

Es ist schnell zu erkennen: Diese Form der Arbeit setzt schon bald – allerdings wie
jedes thematisch gegliederte Schulbuch auch – einen größeren, schnell anwachsenden Wortschatz voraus. Daher muß diese Arbeit durch viele zusätzliche mündliche
und schriftliche Angebote ergänzt werden: Kinderbücher betrachten und vorlesen,
zusätzliche eigene kleine Texte herstellen und zu Büchern gestalten, sprachlich einfache Gedichte lernen, Theater spielen usw.

> Dennoch scheint es mir nach meinen Erfahrungen illusorisch anzunehmen, daß einzig das ge-
> plante Sprechen im Unterricht, d.h. der mehr oder weniger gesteuerte Sprachgebrauch, aus-
> reicht, um einen deutschen Sprachschatz aufzubauen, der die schnelle oder spätere erfolgreiche
> Teilhabe auch an »höheren« Schulformen ermöglicht.

Diese Zweifel sind besonders dann berechtigt, wenn die Lehrerin die einzige
deutschsprachige Gesprächspartnerin ist, wenn also die Gruppe der deutschlernen-
den Kinder entweder durch eigens für sie geschaffene Organisationsformen von den
übrigen Kindern der Schule separiert sind (Vorbereitungsklassen, Vorschaltklassen,
zweisprachige Klassen usw.), oder wenn das »Klima« in der – »gemischten« – Klasse
es nicht zuläßt bzw. ermöglicht, daß Kinder während des Unterrichts – und dadurch
häufig auch außerhalb von ihm – Kontakte untereinander herstellen. Zum (schnelle-

ren) Erwerb eines – schulisch und außerschulisch – notwendigen Wortschatzes sind deutschsprachige »Kommunikationspartner« unumgänglich. Diese Erfahrungen haben sowohl schulpolitische als auch pädagogische Konsequenzen: Sie lassen für die Abschaffung aller Segregationsmaßnahmen plädieren (und das nicht nur aus sprachdidaktischen Gründen) und nach Bedingungen für den Unterricht in Regelklassen fordern, die das Entwickeln und Verfolgen **gemeinsamer** Interessen aller Schüler – inhaltlich, methodisch, sozial – als pädagogisches Ziel möglich machen. Beobachtungen in pädagogisch gestalteten Ganztagsschulen zeigen, daß verständlicherweise gerade sie Bedingungen bieten können, die den kommunikativen Aufgaben am ehesten gerecht werden.

Entsprechend den Erfahrungen der vergangenen fünfzehn bis zwanzig Jahre gilt jedoch auch der Umkehrschluß: Immer dann, wenn die Lehrerinnen ihren besonderen – sozialen und politischen – Auftrag in den »gemischten« Klassen nicht erkennen und annehmen wollen oder können, wenn es nicht gelingt, die Klasse zu einer Gruppe werden zu lassen, in der optimales Lernen für jeden einzelnen auch von der emotionalen Seite her zu leisten ist, nur dann ist in Betracht zu ziehen, ob nicht entsprechend differenzierte Lerngruppen angebrachter, letztlich auch lernpsychologisch effektiver sind. Eine Entscheidung **für** sie schließt jedoch immer das Eingeständnis des graduellen Scheiterns schulbezogener Pädagogik ein.

7. Spracharbeit in einem Offenen Unterricht

Über Offenen Unterricht, seine Begründung, seine Möglichkeiten, seine Praxis, ist in den vergangenen Jahren so viel geschrieben worden, daß er an dieser Stelle nicht umfassend dargestellt werden muß (vgl. KASPER im ersten Band dieses Handbuches). In bezug auf die Spracharbeit mit Kindern anderer Muttersprache sowohl in differenzierten als auch in Regelklassen lassen sich folgende Prinzipien festlegen und begründen:

(1) Die Heterogenität der Schüler in den Lerngruppen erfordert eine starke Differenzierung/Individualisierung der Arbeit, die auch ihren Ausdruck in der unterschiedlich langen und intensiven Zuwendung der Lehrerin zu einzelnen Schülern oder kleinen Schülergruppen findet. Sie ist nur dann durchführbar, wenn die Schüler inhaltlich und methodisch Gelegenheit erhalten, selbständig Aufgaben zu erfüllen, die ihren Interessen und ihrem jeweiligen Leistungsvermögen entsprechen.

(2) Die Möglichkeit, den Unterricht sowohl methodisch als auch inhaltlich und institutionell offen zu gestalten (BENNER/RAMSEGER 1981), bietet vor allem projektbezogener Unterricht: Das Ziel, ein gemeinsam gewähltes Produkt (Buch, Plakat, Theaterstück usw.) zu erstellen, zu dem jeder entsprechend seinen Interessen und Fähigkeiten beiträgt, garantiert in aller Regel die motivierte Mitarbeit, läßt individualisierte Lern- und Schaffensprozesse entstehen und stellt durch die inten-

dierte Präsentation der Ergebnisse in Form des Produktes die Einbeziehung der außerschulischen Umwelt mit ein. Die Arbeit mit dem gemeinsamen Ziel kann positive Auswirkungen auch auf das Entstehen der Gruppe haben.

(3) Projekte mit der didaktischen Funktion, in die deutsche Schriftsprache einzuführen, sollten durch die Vorgabe der sprachlichen Muster ermöglichen, die Strukturen der Sprache zu erkennen: z.B. ein Buch mit Zungenbrechern (zur richtigen Artikulation und zur orthographisch korrekten Verschriftung der Konsonantenhäufungen am Silbenanfang), ein Reimebuch (für das Silbenende) usw.

▶ Ein Unterrichtsbeispiel: Kinder schreiben im zweiten Schuljahr ein Tierbuch (Darstellung der morphologischen Konstanz)

Die grammatikalische Bestimmtheit der deutschen Schriftsprache wird vor allem in der Stammschreibweise deutlich: Die aufgrund der mündlichen »Fundierung« notwendige Schreibung **eines** »Familienmitglieds« *(kommen)* wird von den anderen übernommen (er *kommt,* obwohl *»er komt«* auch »kurz-«gesprochen würde). Die morphologische Konstanz betrifft u.a. die Schärfungs/Dehnungs-Graphien, die Umlautbildung und die Auslautverhärtung. Um Kindern schon früh zu vermitteln, daß die Schriftsprache anderen Gesetzmäßigkeiten folgt als die mündliche Sprache (daß also das Prinzip »Schreib wie du sprichst« falsch ist), hat eine Kollegin bereits zu Beginn des zweiten Schuljahres nach einem Zoobesuch ein Buch mit den Kindern hergestellt, in dem ihnen durch die Sprachmuster, die sie angeregt hatte, bewußt wurde, daß es Wortfamilien gibt und daß sie von der Gleichheit der Stammschreibweise bestimmt sind. (Natürlich hat sie diese orthographische Regularität nicht als Gesetz formuliert, sondern die Kinder haben sie durch das farbige Unterstreichen des Stammes selbst entdecken können).

Am Tag nach dem Zoobesuch hatte sie den Kindern mehrere Bilderbücher (aus der Bibliothek) mitgebracht, und sie erinnerten sich an die einzelnen Tiere. Sie weitete das »Gespräch« auf die Bezeichnungen der Tierlaute aus, und die Kinder benannten sie, soweit sie sie wußten. Danach schlug sie ihnen vor, ein Tierbuch für die Eltern als Weihnachts- oder Neujahrsgeschenk herzustellen. Sie hatte ein einfaches Buch mit kleinen Skizzen und den Texten, auf die sie abzielte, bereits hergestellt und zeigte es ihnen als Muster. Dieses motivierte dann alle zum freudigen Anfangen.

Dafür sammelten sie zunächst an der Tafel alle Tiere, an die sie sich erinnerten und die sie zeichnen wollten: *Löwen, Bären, Schlangen, Affen, Kamele, Papageien* usw. Daneben schrieb sie die Bezeichnung der »Sprache«: *brüllen, brummen, zischen, kreischen, schweigen, schreien* usw.

Am folgenden Tag erhielten alle Kinder eine Mappe für ein Hängeregister mit ihrem Namen. Darin konnten sie im Laufe der Arbeit die einzelnen Blätter sammeln, die bereits gemalt und geschrieben waren. Sie legten gleich mit ihrem ersten Bild los: ein einzelnes Tier links, mehrere Tiere rechts entsprechend dem Muster der Lehrerin. Als die ersten meinten, fertig zu sein, – hin und wieder half sie ihnen zur Verdeutlichung ihrer Bilder – sammelten sich alle vor der Tafel, und sie formulierten die ersten Texte:

Ein Löwe brüllt.	*Viele Löwen brüllen ganz laut.*
Ein Affe kreischt.	*Viele Affen kreischen ganz laut.*
Ein Papagei schreit.	*Viele Papageien schreien ganz laut.*

Nachdem einige Sätze an der Tafel standen, machte sie die Kinder darauf aufmerksam, daß in den Satzpaaren immer zwei Wörter ganz ähnlich waren. Sie fanden sie schnell heraus und kreisten die Wortstämme – das, was gleich bleibt – ein:

Ein *Löwe* brüllt.   Viele *Löwe*n *brüll*en ganz laut. usw.

Beim Vergleich stellten sie fest, daß die Endungen in allen Sätzen gleich waren. Die folgenden Sätze konnten sie dann entsprechend der Sammlung der Substantive und Verben selber bilden. Während die Kinder malten, hatte die Lehrerin viel Zeit, mit einzelnen zu arbeiten und sie dabei auf die Regelauswirkungen noch einmal hinzuweisen.
Die Bücher wurden unterschiedlich dick: einige hatten 15-20 Seiten, andere 10-12. In der Adventszeit gestalteten sie ein Titelblatt auf festerem Papier, und mit einem dicken Bodenblatt und einer selbstgemachten Kordel wurde es zu einem Buch.

8. Sprachunterricht in höheren Klassenstufen

Die Prinzipien, die hier auf den Anfangsunterricht bezogen sind, gelten auch für die Arbeit in höheren Klassen.

(1) Didaktisches Primat bilden die Strukturen der deutschen Schriftsprache, in die einzuführen wichtigste Aufgabe ist und die auf den mündlichen Sprachgebrauch erweiternd und korrigierend zurückwirken,
(2) Für alle Schüler, gleichgültig, ob sie bereits zu Schulbeginn oder neu in höhere Schuljahre eingeschult wurden, gilt, daß projektbezogenes Arbeiten aufgrund seiner kommunikativen, motivationalen und sozialen Faktoren die geeignetste unterrichtliche Form darstellt (vgl. RÖBER-SIEKMEYER 1991).
(3) Um Kindern mit sprachlichen Defiziten Chancen zum Konkurrieren mit den übrigen Schülern zu geben, brauchen sie in aller Regel ein Mehr an Zuwendung durch die Lehrerin und ein Mehr an Unterricht.

Literatur

AEBLI, H.: Zwölf Grundformen des Lehrens, Stuttgart [4]1989

BENNER, D./RAMSEGER, J.: Wenn die Schule sich öffnet, München 1981.

BERGK, M.: Rechtschreibenlernen von Anfang an, Frankfurt [2]1989

BOMMES, M./SCHERR, A.: Die soziale Konstitution des Fremden. Kulturelle und politische Bedingungen von Ausländerfeindlichkeit in der Bundesrepublik, in: Vorgänge 1/1990, S. 40–50.

BOSCH, B.: Grundlagen des Erstleseunterrichts (1937). Reprint Frankfurt 1984.

BRÜGELMANN, H.: »Was Hänschen nicht lernt, lernt Hans nimmer mehr…«, in: HANS BRÜGELMANN (Hrsg.): ABC und Schriftsprache: Rätsel für Kinder, Lehrer und Forscher, Konstanz 1986, S. 11–20.

DEHN, M.: Zeit für die Schrift, Bochum 1988.

Dies.: Die Zugriffsweisen »fortgeschrittener« und »langsamer« Lese- und Schreibanfänger: Kritik am Konzept der Entwicklungsstufen? in: Muttersprache, 100/1990, S. 305–316.

Die Grundschulzeitschrift: Öffnung der Grundschule, 1/1987.

KOCHAN, B.: Fehler als Lernhilfe im Rechtschreibunterricht, in: RENATE VALTIN/INGRID NAEGELE (Hrsg.), »Schreiben ist wichtig«, Frankfurt (Arbeitskreis Grundschule), [2]1991, S. 111–130.

Dies.: Kann Alex aus seinen Rechtschreibfehlern lernen? in: HEIKO BALHORN/HANS BRÜGELMANN, Welten der Schrift in der Erfahrung der Kinder, Konstanz 1987, S. 136–147.

MAAS, U.: Grundzüge der deutschen Orthographie, Osnabrück, [2]1989.

RÖBER-SIEKMEYER, Chr.: »Unsere Namen kennen wir schon…«, in: Grundschule, 10/1990, S. 16–19.

Dies.: Von den Lieblingswörtern zum »Wörterbuch«, in: Grundschule 1/1991, S. 31–33 (1991a).

Dies.: Giovanni ist neu bei uns, in: Die Grundschulzeitschrift, 43/1991, S. 19–22 (1991b).

Dies.: Die Schriftsprache entdecken. Neue Wege zu Orthographie und Grammatik in der Grundschule, Weinheim u. Basel 1992.

Irmintraut Hegele

Fremdsprachenbegegnung in der Grundschule

Ein Beitrag zur Erziehung für Europa

1. Erziehung für Europa – auch schon in der Grundschule?

Die Einigung Europas ist lange, viel zu lange, ausschließlich unter politischen, insbesondere aber unter wirtschaftlichen Gesichtspunkten betrieben worden.

Wenn die europäische Union aber mehr als den Zusammenschluß einer Reihe bisher selbständiger Staaten oder einen gemeinsamen Binnenmarkt bedeuten soll, dann ist sie vor allem anderen eine wichtige Aufgabe für unser Bildungssystem.

Europa als große, lebendige Völkergemeinschaft wird nämlich nur dann Wirklichkeit werden, wenn unsere Kinder und Jugendlichen lernen, die charakteristischen Widersprüche, Gegensätze, Brüche und Dissonanzen dieses Kontinents in einer »balance of power« für seine friedliche Entwicklung fruchtbar zu machen und ihn als ihren eigenen Lebens- und Gestaltungsraum anzunehmen.

Europa ist allerdings sowohl geographisch als auch historisch, kulturell, ökonomisch, sozial und politisch ein äußerst vielschichtiges Phänomen. Der Fall der Mauer und die sich rapid verändernden gesellschaftlichen und politischen Verhältnisse in den osteuropäischen Ländern haben dem Einigungsprozeß Europas zwar ganz neue Perspektiven eröffnet, ihn aber weder problemloser noch transparenter gemacht.

Sollte Europa als Unterrichtsthema daher nicht den Sekundarstufen vorbehalten bleiben, wo es von der Geographie über die Geschichte, die sozialen und musischen Fächer bis hin zum Fremdsprachenunterricht auf einem anspruchsvollen Niveau bearbeitet werden kann? Und ist die beste Vorbereitung der Grundschüler auf ihre Zukunft als Europäer nicht die bewährte, gründliche Einführung in ihr heimatliches Umfeld als Voraussetzung für den Eintritt in neue, umfassendere Lebenskreise (Pestalozzi)?

Eine solche Argumentation übersieht, daß die europäische Einigung nicht nur den Alltag der Erwachsenen, sondern mehr und mehr auch schon den der Kinder in der Grundschule bestimmt. In multinationalen Klassen leben und lernen Kinder unterschiedlicher sprachlicher und kultureller Herkunft zusammen. Im Supermarkt begegnet ihnen ein internationales Warenangebot. Viele Väter arbeiten gelegentlich oder ständig im Ausland, und auch die regelmäßige Stippvisite beim europäischen Nachbarn scheint in vielen Familien bereits eher die Regel als die Ausnahme zu sein. Wenn die Grundschule die Kinder mit solchen, häufig unverarbeiteten oder unzureichend verarbeiteten Erfahrungen und Erlebnissen alleinläßt, versäumt sie nicht nur die Vorbereitung auf ihre Zukunft als Europäer, sondern sie verweigert ihnen auch die notwendige Orientierung in ihrer zunehmend interkulturell und international geprägten Lebenswelt.

> Die Frage scheint also nicht zu sein, ob Europa auch schon Thema des Unterrichts in der Grundschule sein soll, sondern, ob dies in einer Weise geschieht, die den Erfahrungen und Erlebnisweisen der Kinder entspricht.

2. Der Beitrag der Fremdsprachen zur Erziehung für Europa

Wohl aufgrund von Erfahrungen mit Versuchen in Grundschulen der siebziger Jahre hat sich vielfach die Auffassung durchgesetzt, daß die Begegnung mit einer ersten fremden Sprache schon in der Grundschule wichtigstes Element einer Erziehung für Europa im Grundschulalter ist. Initiativen der achtziger Jahre, wie z.B. das Projekt »Lerne die Sprache des Nachbarn« in Baden-Württemberg, im Elsaß und Rheinland-Pfalz, haben diesen Eindruck noch verstärkt. Tatsächlich ist die Erziehung zum europäischen Bürger aber keineswegs die Angelegenheit eines einzelnen Faches oder Lernbereichs. Alle Lernbereiche, insbesondere der Sachunterricht, der Religionsunterricht, aber auch der muttersprachliche Unterricht und die musisch-ästhetische Erziehung sowie ein reichhaltiges Schulleben können dazu beitragen, daß sich die Kinder für fremde Menschen und Kulturen öffnen, Vorurteile abbauen und sich für die gemeinsame Gestaltung des Lebens in der europäischen Gemeinschaft engagieren.

Und doch erhält ein solcher Unterricht eine ganz neue Qualität, wenn die fremde Sprache neben der Muttersprache dabei zunehmend mehr Bedeutung erhält. Seit WILHELM VON HUMBOLDT wissen wir, daß Kinder Sprache nicht nur, und nicht einmal in erster Linie, deshalb lernen, um mit anderen zu sprechen (also als Mittel der Kommunikation). Sie brauchen die Sprache vor allem, um sich in ihrer Umwelt zu orientieren, um sich eine Welt und Gemeinschaft aufzubauen, in der sie als Menschen leben können. Mit dem Erwerb seiner Muttersprache gewinnt das Kind Erfahrungen und Erkenntnisse, die in einem jahrtausendelangen Prozeß geschichtlicher Auseinandersetzung mit der Wirklichkeit in einer Sprachgemeinschaft entstanden sind und ohne die es im Leben nicht bestehen könnte. Es lernt, daß das Wort »Baum« kein bloßes Etikett ist für in der Realität vorhandene Gegenstände, sondern eine muttersprachlich geprägte Kategorie, die sowohl kleine wie große, alte wie junge, Laub- wie auch Nadelbäume in einem Begriff zusammenfaßt. Es lernt verstehen, was »Wahrheit«, »Frieden«, »Hoffnung« oder »Freiheit« bedeuten, nur weil es in seiner Muttersprache dafür entsprechende Begriffe gibt (B. WEISGERBER).

Aber nicht nur die Muttersprache ist ausschlaggebend für die Entwicklung des Menschen, sondern vor allem auch der Erwerb einer anderen, einer »fremden« Sprache.

Das Erlernen der Muttersprache stellt für das Kind nämlich nicht nur eine Bereicherung, sondern auch eine Festlegung dar. Es sieht die Welt ausschließlich mit den Augen seiner Sprache und dies umso mehr, je weniger es sich dieser Prägung bewußt ist.

Zwar besteht immer die Gefahr, daß der Mensch die muttersprachliche Sicht auf eine neu gelernte Sprache überträgt, letztlich ist das Erlernen einer anderen, fremden Sprache aber der einzige Weg, die eigene beschränkte Weltansicht zu transzendieren und neue Sichtweisen der Wirklichkeit zu gewinnen. Der Reichtum der Welt erschließt sich dem Menschen also erst dann, wenn er sich aus den Bindungen einer Sprache löst und sie aus dem Blickwinkel fremder Sprachen und Kulturen betrachtet. Eine Einführung in die Kultur eines anderen Landes ausschließlich im Medium der Muttersprache würde dem Grundschulkind also nicht nur den wichtigsten Zugang, die in und mit dieser Kultur entstandene Sprache, vorenthalten, sondern auch die Chance, Distanz zu gewinnen zur eigenen Sprache und Kultur. Wenn in der Vielfalt der Sprachen das wichtigste geistige Potential für unsere europäische Zukunft zu sehen ist, so ist die Fremdsprachenbegegnung konstitutiv für einen europaorientierten Grundschulunterricht, der allerdings möglichst alle Lernbereiche einbezieht (vg. P. 5. Integrative Fremdsprachenbegegnung).

3. Zur Geschichte des Fremdsprachenunterrichts in der Grundschule

Schon in den sechziger und siebziger Jahren gab es in vielen Bundesländern Versuche, vorwiegend mit Englisch, später in geringerem Umfang, auch mit Französisch in der Grundschule. Eine zusammenfassende Darstellung findet sich z.B. in HELMUT SAUER »Englisch auf der Primarstufe« (1975). Besonders bekanntgeworden ist der Schulversuch in Hessen, vor allem auch durch die Veröffentlichungen von Frau Prof. GOMPF im Rahmen der Dokumentation zum in- und ausländischen Schulwesen des Deutschen Instituts für Internationale Pädagogische Forschung (1971, 1975, 1980).

Aus diesen Veröffentlichungen geht auch hervor, daß die Tendenz, den Beginn des schulischen Fremdsprachenunterrichts in die Primarstufe vorzuverlegen, damals praktisch weltweit zu verzeichnen war.

Als besonders zuverlässige und überzeugende Informationsquelle gilt der von PETER DOYÉ und DIETER LÜTTGE begleitete und von der Stiftung Volkswagenwerk finanzierte Schulversuch im Bereich von Braunschweig (1977).

Die Datenanalyse ergab, daß Kinder, die schon in der Grundschule mit Englischunterricht begonnen hatten, am Ende des 5., 6. und 7. Schuljahres bei weitem bessere Leistungen aufwiesen als die Kontrollgruppe ohne grundschulspezifischen Englischunterricht. Auch konnte nachgewiesen werden, daß der frühere Englischbeginn nicht auf Kosten der Leistungen in anderen Lernbereichen ging.
Die Motivation der Schüler war außergewöhnlich hoch. Noch am Ende des 7. Schuljahres war die Mehrheit der Auffassung, daß der Frühbeginn mit der Fremdsprache ein Gewinn für sie war.

Obwohl die Versuche in der Regel also positiv verlaufen sind, führten sie bislang in keinem Bundesland dazu, die Fremdsprache verbindlich im Kanon der Grundschule zu verankern. Doch sind hier vielversprechende Entwicklungen im Gange.

Weiterführende Impulse erhielt der frühe Fremdsprachenunterricht aber auch im süd-westdeutschen Raum, wo in Rheinland-Pfalz seit 1973 im Rahmen eines deutsch-französischen Lehreraustauschprogramms Französisch im Vor- und Grundschulbe-reich angeboten wird. Mit Beginn des Schuljahres 1987/88 hat sich Rheinland-Pfalz dem Projekt »Lerne die Sprache des Nachbarn« angeschlossen, das zunächst (1984/85) in grenznahen Regionen des Bundeslandes Baden-Württemberg und im Elsaß begonnen worden war.

Unter dem Eindruck des Ende 1992 realisierten Europäischen Binnenmarktes und auf der Grundlage einer Reihe von Erlassen des Ministerrates und der im Rat verei-nigten Minister für das Bildungswesen (so z.B. die Entschließung zur europäischen Dimension im Bildungswesen vom 24. Mai 1988) haben derzeit eine Reihe von Bun-desländern (wie auch andere Länder Europas, z.B. Frankreich, Italien), so Rheinland-Pfalz (unter Beteiligung des Saarlandes), Bayern und Nordrhein-Westfalen mit Schulversuchen begonnen, die die flächendeckende Einführung des Fremdsprachen-unterrichts in der Grundschule vorbereiten oder begleiten sollen. (vgl. dazu den Be-schluß der KMK »Europa im Unterricht« vom 7.12.1990, der die gleichnamige Emp-fehlung vom 8.6.1978 fortschreibt.)

4. Das Problem der Sprachenwahl

Das Problem der Auswahl der Sprache(n) für den frühen Fremdsprachenunterricht wird heute noch sehr kontrovers diskutiert.

Vielfach wird die Auffassung vertreten, daß Weltsprachen wie Englisch oder Französisch schon in der Grundschule vorrangig zu berücksichtigen sind. Häufig ist jedoch bei diesen Sprachen der Bezug zur Lebenswelt des Kindes nur mit Mühe her-zustellen, insbesondere, wenn die räumliche Distanz unüberwindlich wird.

Anders ist dies beim Konzept der Nachbarsprachen als »Begegnungssprachen«, wie es im Südwesten unseres Landes mit Französisch, im Nordwesten z.T. schon mit Niederländisch erfolgreich praktiziert wird, wobei der Kontakt zu »native speakern« nahe der Grenze im Mittelpunkt der pädagogischen Arbeit steht (PELZ, 1989).

Die Anwesenheit zahlreicher sprachlicher Minoritäten in unserem Land legt es nahe, die Her-kunftssprachen ausländischer Kinder an unseren Schulen als Begegnungssprachen auszuwählen. Hierbei bietet sich am ehesten die Chance, von der tatsächlichen Lebenssituation der Kinder in multinationalen Regelklassen auszugehen. Dieser Ansatz wird heute vor allem in Nordrhein-West-falen von BEBERMEIER (1989) vertreten, der das Konzept von PELZ (1989) in dieser Hinsicht er-weitert hat. Daß Sprachen wie Türkisch, Neugriechisch oder Portugiesisch trotzdem wenig Chan-cen haben, in größerem Umfang berücksichtigt zu werden, liegt weniger an ihrer Bedeutung oder Verbreitung, sondern eher an ihrem gegenüber den sog. Weltsprachen geringeren Sozialprestige. Außerdem bereitet die Weiterführung einer so großen Anzahl verschiedener Sprachen heute noch Schwierigkeiten in den Sekundarstufen I und II.

Eine alle überzeugende Lösung des Problems der Sprachenwahl scheint zum gegen-wärtigen Zeitpunkt jedenfalls kaum erreichbar zu sein.

191

Wenn wir die Vielfalt der Sprachen aber als unseren gemeinsamen Reichtum begreifen, muß dem sich allenthalben abzeichnenden Trend zur Dominanz des Englischen widerstanden und der Berücksichtigung verschiedener Fremdsprachen an unseren Grundschulen eine Chance gegeben werden.

5. Integrative Fremdsprachenbegegnung

Bisher wurde Fremdsprachenarbeit in der Grundschule meist in wöchentlich ein bis zwei Einzelstunden zusätzlich zum regulären Unterricht durchgeführt. Heute setzt sich allerdings mehr und mehr die Einsicht durch, daß diese Praxis weder der interkulturellen Funktion der Sprache noch den ganzheitlichen Auffassungs- und Erkenntnisweisen des Grundschulkindes entspricht.

In derzeit laufenden Schulversuchen (so z.B. in Rheinland-Pfalz) werden deshalb heute integrierte Ansätze favorisiert:

»Inhaltlich verbunden mit anderen Unterrichtsbereichen oder Anlässen des Schullebens soll Fremdsprachenbegegnung in kleinen, häufig wiederkehrenden Lernsequenzen erfolgen. Deshalb soll auch nicht der Fachlehrer, sondern der qualifizierte Klassenlehrer die Fremdsprachenarbeit in viele Lernbereiche (Deutsch, Musik, Sport, Kunst, Sachunterricht...) und in Veranstaltungen des Schullebens (Morgenkreis, Geburtstagsfeiern...) integrieren« (Ministerium für Bildung und Kultur Rheinland-Pfalz, 1991).

Dies bedeutet auch, daß grundsätzlich alle, auch ausländische und behinderte Kinder, in die Fremdsprachenarbeit einbezogen werden, die Fremdsprache also nicht mehr, wie bisher häufig, frei gewählt werden kann.

Unterschiede bestehen allerdings im Blick auf den vorgesehenen Umfang der Integration. Während in Nordrhein-Westfalen der Fremdsprachenunterricht als Gelegenheitsunterricht vollständig in die Lernbereiche Deutsch, Mathematik, Sport, Sachunterricht usw. eingehen soll, sind im Schulversuch des Landes Rheinland-Pfalz auch gesonderte, ausschließlich der Fremdsprache gewidmete, Lernsequenzen im Stundenplan vorgesehen, um die als notwendig angesehene kommunikative Progression zu garantieren (vgl. P.6 Das didaktisch-methodische Konzept).

Der integrative Ansatz bedarf allerdings noch einer intensiven Weiterentwicklung und Ausformung, um in der Praxis wirksam zu werden. Derzeit zeichnen sich besonders gute Möglichkeiten der Integration mit dem musisch-ästhetischen Lernbereich, aber auch mit dem muttersprachlichen Unterricht ab. So hat es sich im Rheinland-Pfälzischen Schulversuch als sehr sinnvoll erwiesen, Texte aus der europäischen Literatur, wie z.B. Märchen, Legenden oder Kurzgeschichten zunächst in der Muttersprache der Kinder, also auf Deutsch, zu erarbeiten. Danach können die vom Lehrer auf das Wesentliche verkürzten (Textreduktion) oder veränderten (z.B. zu Dialogen umgearbeitete epische Texte, Texttransformation, Anlage 1) fremdsprachlichen Texte, meist mit Bildern kommentiert (die auch von den Kindern hergestellt werden können), zusätzlich zu dem deutschen Text eingeführt werden. Da die Kinder den Textinhalt bereits aus dem muttersprachlichen Unterricht kennen und die Bilder sinnerschließend wirken, fällt es ihnen nicht schwer, den fremdsprachlichen Text zu verstehen.

Dialogue (Anlage 1)

(Les musiciens de Brême)

Ane:	Bonjour, chien. Tu as l'air triste.
Chien:	Oui, je suis triste. Plus personne ne m'aime parce que je suis trop vieux.
A.:	Viens avec moi, on va à Brême.
Chn.:	D'accord.
A+Chn.:	Bonjour chat, tu as l'air triste.
Chat:	Oui, je suis triste. Plus personne ne m'aime parce que je suis trop vieux.
A+Chn:	Viens avec nous, on va à Brême.
Cht.:	D'accord.
A+Chn+Cht:	Bonjour, vieux coq. Tu as l'air triste.
Coq:	Oui, je suis triste. On veut faire une soupe de moi; je suis trop vieux.
A+Chn+Cht:	Viens avec nous, on va à Brême.
C.:	D'accord.
Tous:	On va à Brême, faire de la musique.

(Le soir dans la forêt)

A.:	Comme j'ai faim!!
Chn.:	Comme je suis fatigué!
Cht.	Comme j'ai soif!
C.:	Ne pleurez pas! Là-bas il y a une cabane.
A+Chn+Cht:	On y va!
Chn.:	Mince! il y a déjà quelqu'un.
Cht.:	Mon dieu! des voleurs!
A.:	Ils comptent leur argent.
C.:	Oh! regardez! le beau gâteau!
Chn.:	Et la saucisse! ça sent bon!
A.:	Si on les chassait?
C.:	Mais comment faire?
A.:	C'est simple. Chien, tu sautes sur mon dos.
Cht.:	Et moi, je grimpe sur le dos du chien.
Ch.:	Je vois! Moi je vole sur le dos du chat.
Chn.:	Ça fait peur aux voleurs!
A.:	Maintenant: crions tous très fort
Tous:	Hihan-Ouah-Miaou-Cocorico!
Chn.:	Regardez les voleurs! Ils courent vite.
Tous.:	Chouette! la cabane est libre. Elle est à nous.
Chn.:	Mais, vite à table, maintenant!
	Hm! la bonne saucisse!

Dialog, gestaltet nach dem Märchen »Les musiciens de Brême«.

Aus einer solchen Textarbeit können dann z.B. zweisprachige Bilderbücher oder zweisprachige Text-Bild-Collagen entstehen (Anlage 2).

Die Zauberlampe

In einer südfranzösischen Kleinstadt lebten die Menschen so wie überall: sie beleidigten die Natur mit ihren stinkenden Maschinen, ihren Giften, ihrer langweiligen Vorstellung von Schönheit und ihrer Maßlosigkeit. Nur: sie trieben es noch ärger als die Menschen an anderen Orten, so arg, daß eines Tages die Tiere beschlossen, auszuwandern. An einem nebligen Oktobertag war es dann soweit. Ein endloser Zug von Hunden und Katzen, Igeln, Vögeln, Kühen und Hühnern, Ziegen, Ratten und Mäusen, Hamstern und Eidechsen, Gottesanbeterinnen und Zikaden wälzte sich aus dem Städtchen hinaus, weiter und immer weiter, bis er ganz klein am Horizont verschwand.

Zurück blieben mit verdutzten Gesichtern die Einwohner. Nach zwei, drei Wochen aber dachten sie kaum noch an die Tiere, und bald vergaßen sie das Ereignis. Nur die Kinder trauerten. Die Erwachsenen fühlten sich sogar unbeschwerter, sie spürten, daß sie unbequeme »Aufpasser« losgeworden waren. Das gedankenlose Leben nahm wieder seinen gewohnten Gang – nur wurde es noch schlimmer. (STEIGERT/OESTERREICHER-MOLLWO 1984).

Dans une petite ville au sud de la France les hommes ont abimé les bases écologiques de la vie. C'est pourquoi une colonne sans fin de chiens et de chats, d'hérissons, d'oiseaux, de vaches et de poules, de chèvres, rats et souris, de lézards et de ciagles quitte la ville.

(Anlage 2)

Möglich ist es aber auch, gemeinsam mit den Kindern die Schlüsselwörter solcher Texte herauszuarbeiten und in deutscher/ und oder fremder Sprache in selbst hergestellte Lesebilder zu integrieren (Anlage 3).

194

Die Bremer Stadtmusikanten

Les Musiciens de Brème

Schlüsselwörter	Mots - Clés
der Esel	L' âne
der Hund	Le chien
die Katze	Le chat
der Hahn	Le coq
Bremen	Brème

la forêt
la forêt
la forêt
la forêt
la forêt
la forêt
la forêt

une maison
une maison
une maison
une maison
des bandits
une maison
une maison
une maison

le coq
le chat
le chien
l'âne

> Besonders bedeutsam für die Integration von muttersprachlichem und fremdsprachlichem Unterricht erweist sich der Sprachvergleich. In der Begegnung mit der Andersartigkeit der Fremdsprache kommen dem Kind nämlich sehr viel früher die Eigenarten seiner Muttersprache zum Bewußtsein als in dem bisherigen rein einsprachigen Unterricht.

War es bisher eingefangen in die grammatischen und semantischen Strukturen, die es sich mit seiner Muttersprache angeeignet hatte, setzte Sprache (allgemein) mit Muttersprache gleich, weil es dazu keine Alternative gab, erhält es jetzt die Chance, aus seiner monoglotten Lebenswelt herauszutreten und die sprachliche Vielfalt um es herum wahrzunehmen (vgl. P.2. Der Beitrag der Fremdsprachen zur Erziehung für Europa). Erst in der Begegnung mit dem französischen »les herbes« wird dem Kind die deutsche Unterscheidung in Kräuter und Unkräuter bewußt, entdeckt es, daß die modischen »leggings« mit dem englischen »leg« verwandt sind, daß »tomatoe«, »la tomate« und »die Tomate« fast in allen europäischen Sprachen ähnlich klingen, weil die Wörter vom mexikanischen »nahwatl«, »tomatl« abstammen, das zusammen mit der Pflanze im 17. Jahrhundert aus Mittelamerika in viele europäische Staaten eingeführt worden war (Begriff des Fremd- bzw, Lehnwortes).

Im Sachunterricht wird es nur in seltenen Fällen möglich sein, neue Inhalte in der Fremdsprache zu erarbeiten. Andererseits kann die Fremdsprache fast zu jedem Thema etwas beitragen, wie HEINZ HELFRICH am Beispiel der Erfahrungsbereiche des Sachunterrichtslehrplans in Rheinland-Pfalz gezeigt hat (1990).

195

Anknüpfungspunkte für den Sachunterricht finden sich auch bei LUDWIG WAAS (1990, S. 54):

Heimat- und Sachkunde	English Rules
Grundformen des Miteinander- lebens in der Schule erfahren	Don't push each other Cross the street at the zebra crossing
Kenntnis einiger Möglichkeiten Familienfeste und -feiern mitzugestalten	My birthday party Song: Happy birthday
Fähigkeit, sich auf einem einfachen Grundriß zurechtzufinden	What's in our classroom? Where are the things?
Einfache wirtschaftliche Kenntnisse mit dem Einkaufen	Let's go shopping

Bewährt hat sich im Rheinland-Pfälzischen Schulversuch inzwischen auch die Integration der Fremdsprachenarbeit in grundschulspezifische Arbeitsformen wie Projekt-, Stationen- oder Freiarbeit. Bilderlottos, Memorys, Spiele, Puzzles, aber auch (z.T. selbsterstellte) zweisprachige bzw. fremdsprachige Bilderbücher mit geringem Textanteil und Bilderlexika bieten auch schon dann gute Möglichkeiten für selbständigeres Arbeiten, wenn die Fremdsprachenarbeit noch vorwiegend mündlich verläuft (Anlage 4).

Partnerschaften mit Schulen des anderen Landes, mit Schulen für Angehörige der Nato-Streitkräfte in der Bundesrepublik oder Aussiedlerklassen bieten Gelegenheit zu kleinen Projekten, bei denen z.B. ein auf gemeinsame christliche Traditionen zurückgehendes Fest (z.B. Weihnachten oder Ostern) oder auch der besondere Nationalfeiertag eines Landes (Thanksgiving Day, Quatorze Juillet) vorbereitet und gemeinsam mit Eltern und Lehrern gefeiert wird.

6. Das didaktisch-methodische Konzept

Im Laufe ihrer langen Geschichte hat die Fremsprachendidaktik eine Fülle von Vorstellungen und Konzepten entwickelt, wie sie u.a. das 1989 erschienene »Handbuch Fremdsprachenunterricht«, herausgegeben von KARL-RICHARD BAUSCH u.a. (1989) mit seinen ausführlichen Bibliographien dokumentiert. Auf der anderen Seite ist es unter dem Eindruck der immer noch recht kontroversen Debatte über den Fremdsprachenunterricht in der Sekundarstufe keineswegs leicht, geeignete Konzepte für die Fremdsprachenarbeit in der Grundschule zu entwickeln.

Anlage 4: Raymond Briggs: Sacré Père Noel. Grasset-Jeunesse, 61, Rue Des Saint-Pères Paris VIe
ISBN 2-246 00118-8

Konsens scheint jedoch seit den Schulversuchen der siebziger Jahre zumindest darüber zu bestehen, daß es in der Fremdsprachenarbeit der Grundschule weniger um den Erwerb bestimmter sprachlicher Fähigkeiten oder Fertigkeiten geht, also um eine genau beschreibbare und definierbare fremdsprachliche Kompetenz, als um die Einstimmung auf eine andere Kultur und Sprache, die allerdings auch die Vermittlung elementarer kommunikativer Fähigkeiten einschließt.

Die SKINNERsche Lerntheorie, wonach Sprache als ein »System von Gewohnheiten« zu begreifen ist, das vor allem durch Außensteuerung, Imitation und Fehlervermeidung aufgebaut wird, hat bei weitem noch nicht überall an Einfluß verloren. In den derzeit laufenden Schulversuchen zeichnet sich aber doch eine grundlegende Neuorientierung ab. So liegt dem rheinland-pfälzischen Schulversuch ein psycholinguistisches Konzept zugrunde, das den Spracherwerb in seinen wesentlichen Zügen nicht als ein Kopieren vorgegebener Muster zu erklärt.

Vielmehr scheint die Annahme eines intuitiv funktionierenden Regelbildungsapparates, wie er von N. Chomsky mit seinem *Language Acquisition Device* (LAD) konzipiert worden ist, von hohem Erklärungswert zu sein. Das Erfassen des Sprachsystems erfolgt über interne Hypothesenbildungen, die an der umgebenden Sprachwirklichkeit überprüft werden. Fehler sind keine Pannen, sondern wichtige, z.T. unverzichtbare, Stufen im Lernprozeß. Der kindliche Spracherwerb ist kein rezeptiver, mechanischer, sondern ein kreativer und aktiver Vorgang, bei dem kognitive Prozesse und Interaktionen mit kompetenten Sprechern von ausschlaggebender Bedeutung sind (Rück 1991). Obwohl der Fremdsprachenerwerb immer auf dem Erwerb der Muttersprache aufbaut, insofern anderen Bedingungen unterliegt als der Erwerb der Muttersprache, stimmen beide jedoch in den geschilderten grundlegenden Prozessen weitgehend überein.

> Dem Lehrer fällt dabei nicht länger die Aufgabe zu, Elemente und Strukturen der fremden Sprache dem Kind in einem gestuften Lehrgang »beizubringen«. In Spielsituationen, z.B. im Dialog mit Handpuppen, in Sprechsituationen aus dem Alltag der Kinder, sorgt der Lehrer vielmehr für ein reichhaltiges sprachliches Angebot, aus dem der Schüler selbst das seinem Entwicklungsstand Gemäße auswählen kann.

Dem Schüler wird ausreichend Zeit gegeben, sich in der fremden Sprache zurechtzufinden. Der Lehrer insistiert nicht auf einer möglichst raschen korrekten Wiederholung seiner Äußerungen. Er variiert sein sprachliches Angebot und wartet auf die Reaktion des Schülers, die durchaus zunächst in Gesten, Mimik und erst später auch in sprachlichen Reaktionen bestehen kann. Der Lehrer ermöglicht dem Schüler einen sanften Einstieg in die Fremdsprache, statt Sprache anzudressieren (vgl. Butzkamm, 1989, S. 163-175).

Auch hinsichtlich der Notwendigkeit einer Progression im frühen Fremdsprachenunterricht gibt es heute noch sehr unterschiedliche Auffassungen. Die Rahmenlehrpläne verschiedener Schulversuche enthalten keine linguistische, jedoch eine kommunikative Progression, d.h. das Kind soll allmählich dahin geführt werden, eine Reihe von Redeintentionen mit entsprechenden Redemitteln auszuführen.

Im Rheinland-Pfälzischen Schulversuch »Fremdsprachenarbeit in der Grundschule« sind die Redeintentionen in fünf Groß-Kategorien aufgegliedert:

● Kontaktpflege
  »Bonjour« – »Good morning«
● Gefühlsausdruck
  »J'aime ça« – »I like it«
● Willensbekundung
  »Quelle heure est-il?« – »What's the time please?«
● Darstellung
  »Il est grand« – »He has black hair«

● Argumentation
»...parce que je suis malade« – »...because I am ill«.

Über diese variable, nur in Umrissen angedeutete, kommunikative Progression hinaus wird keine linguistische Progression angestrebt. Wortschatz und Satzstrukturen können zwanglos den behandelten Themenbereichen entnommen werden. Eine Überprüfung der beherrschten Vokabeln und Satzstrukturen unterbleibt. Im Konzept der »Begegnungssprache« (vgl. BEBERMEIER, 1989 und PELZ, 1989) wird zugunsten eines situativen Fremdsprachenunterrichts in verschiedenen Lernbereichen (vgl. P.5 Integrative Fremdsprachenbegegnung) sogar auf jegliche Systematik und Progression verzichtet. Zu fragen bleibt dabei, ob ein solches Vorgehen tatsächlich den besonderen Bedingungen schulischer Lernprozesse entspricht.

> Wo immer möglich stehen das Spiel, das Lied, Reime, Rätsel und andere spielerische Arbeitsformen im Mittelpunkt des Unterrichts. Die Spracharbeit ist daher den musischen Fächern wie Musik, Bildende Kunst und Sport näher als dem traditionellen linguistisch oder gar literarisch ausgerichteten Fremdsprachenunterricht.

In einer Fremdsprachenbegegnung, in der die Sensibilisierung für eine andere Kultur im Vordergrund steht, sollte auch das Prinzip der Einsprachigkeit nicht überstrapaziert werden. Das Kind wird nämlich nur dann Zugang finden zur Kultur eines anderen Landes, wenn es dazu reichhaltige und interessante Informationen erhält, die in vielen Fällen nur muttersprachlich zu vermitteln sind. In Auseinandersetzung mit der audio-oralen und audio-visuellen Methode hat vor allem BUTZKAMM (1989) darauf hingewiesen, daß der Rückgriff auf die Muttersprache zu den natürlichsten Strategien gehört, mit denen das Kind seine sprachliche Kompetenz erfolgreich erweitern kann, insbes. bei der Semantisierung von Wörtern, Ausdrücken und Sätzen. So ist z.B. nichts dagegen einzuwenden, daß man den Kindern für französisch *»hier«* und *»demain«* die Übersetzung *»gestern«* und *»morgen«* gibt, statt ihnen umständliche Erklärungen auf Französisch anzubieten. Darüber hinaus kann die Muttersprache in einem integrativen Sprachunterricht die Funktion einer Metasprache übernehmen, die besonders die Aufgabe der Sprachreflexion zu leisten hat (B. WEISGERBER).

Daß die Fremdsprachenbegegnung in der Grundschule vorwiegend mündlich verlaufen soll, darüber besteht heute weitgehend Konsens. Zu welchem Zeitpunkt und in welchem Umfang die Schriftsprache hinzutreten soll, darüber gehen die Auffassungen jedoch noch recht weit auseinander. Während die einen Schrift und Schreiben ganz aus der Fremdsprachenarbeit verbannen möchten, denken die anderen an eine systematische Einführung der Schrift, zumindest nach dem ersten Lernjahr. Gegen das schriftliche Medium wird eingewandt, daß nichtlauttreue Schriften wie z.B. das Französische oder Englische die noch ungefestigte Aussprache der Lernenden gefährden können. Auf der anderen Seite ist das Schriftbild in einem offenen Unterricht außerordentlich hilfreich für die selbständige Beschäftigung mit der fremden Sprache und Kultur. Bilder mit den dazugehörigen fremdsprachlichen Wortformen im

Klassenzimmer regen zum Lesen an. Puzzles, Memorys, Bilderlottos, zweisprachige oder fremdsprachige Bilderbücher, Fotoalben von fremden Ländern mit einfachen Bildunterschriften, einfache Spielanleitungen in der fremden Sprache usw. übernehmen oft Schrittmacherfunktion im Lernprozeß.

Erste Umfragen im Rheinland-Pfälzischen Schulversuch haben ergeben, daß es zwar auch ohne Schreiben geht, daß viele Kinder jedoch das Schriftbild als Orientierungshilfe fordern. Ein kindgemäßer Unterricht wird sich solchen Wünschen nicht verschließen.

Daß die Kinder in der Fremdsprache Leistungen erbringen, diese Leistungen aber nicht benotet werden sollen, ist heute kaum noch umstritten. Zwar gibt es immer wieder Eltern, die in dem frühen Beginn der Fremdsprache vor allem Aufstiegschancen für ihre eigenen Kinder sehen und aus diesem Grund auch auf Zensuren nicht verzichten wollen. Es hat sich in den bisherigen Schulversuchen jedoch gezeigt, daß die meisten Eltern ein spielerisches, musisch orientiertes Fremdsprachenangebot befürworten, insbesondere dann, wenn sie Gelegenheit hatten, selbst zu beobachten, mit welcher Freude die Kinder bei der Sache sind.

Seit langem wird die Bedeutung geeigneter Medien für einen motivierenden und effektiven Fremdsprachenunterricht diskutiert, wobei die Gestaltung geeigneter Lehrbücher im Vordergrund steht. In einem integrativen Fremdsprachenunterricht kann allerdings das Lehrbuch nicht im Mittelpunkt des Unterrichts stehen. Wenn die Fremdsprache in kleinen Sequenzen in nahezu alle Bereiche des Grundschulunterrichts einbezogen wird, muß der Lehrer häufig selbst entscheiden, wie er die ihm verfügbaren Medien in den einzelnen Lernbereichen erweitert, bzw. modifiziert und zu welchen Unterrichtseinheiten neue Materialien zu entwickeln sind. Schon heute bieten eine Reihe von Lehrmittelverlagen Spiele, Puzzles, Memorys, Bastelanleitungen und geeignete zweisprachige Bilderbücher für die Freiarbeit an. Vor allem zu Beginn des Fremdsprachenlernens, wenn das verfügbare Repertoire an Wörtern und Redemitteln noch gering ist, wird es der Lehrer jedoch häufig vorziehen, selbst Materialien für die Stationen- oder Freiarbeit zu erstellen, um sie optimal auf seinen Unterricht abstimmen zu können.

Trotz der Vorzüge eines reichhaltigen Arbeitsmaterials für die selbständige Beschäftigung der Kinder werden viele Lehrer langfristig nicht auf das Lehrbuch als Grundlage ihres Unterrichts verzichten wollen. Insofern ist es zu begrüßen, daß allmählich an die Stelle behaviouristisch orientierter Lehrwerke, die den Schwerpunkt auf das Einschleifen von Wörtern und Strukturen legen (*Voilà*, 1975), stärker entwicklungspsycholinguistisch ausgerichtete Lehrbücher treten (*Viens voir* 1987, *Toi et Moi* 1991, *Here we go,* 1991), die ein reiches Sprachangebot für die interne Regelbildung enthalten und bei denen musisches Tun und das Spiel im Vordergrund stehen.

7. Lehreraus- und fortbildung

Wenn in Zukunft jedes Kind in unserem Land schon in der Grundschule an eine oder gar mehrere Fremdsprachen herangeführt werden soll, müssen in den nächsten Jahren in der Lehreraus- und fortbildung die notwendigen Voraussetzungen dafür geschaffen werden.

In Hessen kann seit 1972 an der Frankfurter Universität die Lehrbefähigung für das Fach Englisch in der Grundschule erworben werden, ab 1992 für Englisch und Französisch in Rheinland-Pfalz. Einige Hochschulen öffnen ihren Grundschullehrern die Ausbildung der Lehrer für Hauptschulen und Realschulen in Gestalt eines Wahlfaches. An vielen Universitäten sind derzeit Überlegungen im Gange, wie das Fremdsprachenstudium in die Grundschullehrerausbildung einbezogen werden kann.

- Die inhaltliche Aufgabe besteht vor allem darin, die bislang ausschließlich oder doch überwiegend sekundarstufenorientierte Fremdsprachendidaktik mit den Eigengesetzlichkeiten der Grundschulpädagogik (z.B. keine scharfe Trennung von Fächern, ganzheitliches Lernen, Lebensweltorientierung, Freiarbeit und Projektlernen, Vermeidung von Leistungsdruck) zu verbinden.
  HERIBERT RÜCK fordert eine wissenschaftliche Ausbildung, die neben der Praxis der zu lehrenden Sprachen auf grundschulpädagogische, psycholinguistische und linguistische Qualifikationen zielt (1990).
- Für den Grundschullehrer reichen jedenfalls Vorkenntnisse in Fremdsprachen, die auf die Gymnasialzeit zurückreichen, nicht aus. Gefordert wird eine gute mündliche Beherrschung der Fremdsprache, die sich durch die klare Unterscheidung distinktiver Merkmale (Stimmhaftigkeit, Stimmlosigkeit usw.) und eine authentische Satzmelodie auszeichnet. Hinzukommen muß die Beherrschung einer alltagssprachlichen Lexik (einschließlich der Redemittel) und der Grundgrammatik der Fremdsprache, sowie die Fähigkeit, diese sprachlichen Mittel pragmatisch richtig einzusetzen (RÜCK, 1990, S. 157).
- Grundschulpädagogische Qualifikationen sind vor allem in der Fähigkeit zu mimisch, gestischem Ausdruck, zum Umgang mit Handpuppen, mit Lied und Reim und darin zu sehen, die Fremdsprache in alle Bereiche des Unterrichts und des Schullebens einzubeziehen.
- Darüber hinaus sollte der Lehrer Problembewußtsein für fremdsprachliche Lernprozesse im Grundschulalter entwickeln (psycholinguistische Qualifikationen) und vor allem einige linguistische Kenntnisse auf der phonologischen (zur Planung phonetischer Übungen) und pragmatischen Ebene erwerben (Kenntnis von Sprechaktkonzepten und Redemitteln für die situative Unterrichtsplanung). In den derzeit laufenden Schulversuchen zeichnet sich ab, daß der Aus- und Fortbildungsbedarf vor allem bei der fremdsprachlichen Kompetenz liegt, landeskundliche, fremdsprachendidaktische und grundschulpädagogische Qualifikationen aber trotzdem nicht vernachlässigt werden dürfen. Insbesondere aufgrund der Tatsache, daß es noch sehr lange dauern wird, bis voll ausgebildete Lehrer zur Verfügung stehen, müssen alle Möglichkeiten genutzt werden, um auch bereits in Grundschulen tätige Lehrer zu qualifizieren. Am effektivsten dürfte hier ein Verbund von zentralen und unterrichtsbegleitenden regionalen Fortbildungsveranstaltungen der Lehrerfortbildungsinstitute der verschiedenen Bundesländer sein, ergänzt um Auslandsaufenthalte zur Verbesserung der fremdsprachlichen Kompetenz.

Literatur

BAUSCH, K./CHRIST, H./HÜLLEN, W./KRUMM, H.-J.: Handbuch Fremdsprachenunterricht. Tübingen: Francke 1989

BEBERMEIER, H.: »Begegnung mit einer Fremdsprache in den Grundschulen Nordrhein-Westfalens – Beispiel Englisch.« In: Die Neueren Sprachen Bd. 88, 1989, S. 411–423.

BUTZKAMM, W.: Psycholinguistik des Fremdsprachenunterrichts. Tübingen: Francke 1989

DOYÉ, P./LÜTTGE, D.: Untersuchungen zum Englischunterricht in der Grundschule. Bericht über das Braunschweiger Forschungsprojekt »Frühbeginn des Englischunterrichts«. FEU-Braunschweig: Westermann 1977

GOMPF, G.: Englisch in der Grundschule. Deutsches Institut für Internationale Pädagogische Forschung. Dokumentation zum in- und ausländischen Schulwesen. Band 14. Weinheim und Basel: Beltz 1971

GOMPF, G.: Englischunterricht auf der Primarstufe. Deutsches Institut für Internationale Pädagogische Forschung. Untersuchungen zum in- und ausländischen Schulwesen. Band 13. Weinheim und Basel: Beltz 1975.

GOMPF, G.: Englisch ab 3. Schuljahr – Ein Modell. Deutsches Institut für Internationale Pädagogische Forschung. Untersuchungen zum in- und ausländischen Schulwesen. Band 21. Weinheim und Basel: Beltz 1980.

HELFRICH, H.: Fremdsprachenunterricht in der Grundschule. Ergebnisse bisheriger Versuche, Konzeption in Rheinland-Pfalz, Konsequenzen für die Lehrerbildung. In: rhein-pfälzische Schulblätter. 42 (1991)[3], S. 5–12.

HELFRICH, H.: Verknüpfungsmöglichkeiten des Sachunterrichts mit englischer Spracharbeit an Grundschulen. In: ERICH RENNER (Hrsg.): Grundschule zwischen Theorie und Praxis. Festschrift für HEINRICH KLEIN. Landauer Schriften zur Grundschulpädagogik. Band 7. S. 343–356.

Ministerium für Bildung und Kultur. Integrierte Fremdsprachenarbeit in der Grundschule. Ein Modellversuch des Landes Rheinland-Pfalz. Juni 1991.

PELZ, M.: Lerne die Sprache des Nachbarn. Grenzüberschreitende Spracharbeit zwischen Deutschland und Frankreich. Frankfurt am Main: Diesterweg 1989.

RÜCK, H.: Zur Ausbildung von Fremdsprachenlehrern für die Grundschule. In K.-R. BAUSCH/ H.-J. CHRIST/H.-J. KRUMM (Hrsg.). Die Ausbildung von Fremdsprachenlehrern: Gegenstand der Forschung. Arbeitspapiere der 10. Frühjahrskonferenz zur Erforschung des Fremdsprachenunterrichts. Bochum 1990. S. 153–160.

RÜCK, H.: Fremdsprachenbegegnung in der Grundschule. In: fsu 3544 (1991), 8, S. 480–486.

SAUER, H.: Englisch auf der Primarstufe. Paderborn: Schöningh 1975

WAAS, L.: Fremdsprachenunterricht in der Grundschule: Optionen. In: Pädagogische Welt 2/1990, S. 51–55.

Lehrwerke:

BEILHARZ, R./BLANK, H./PELZ, M./RATTUNDE, E.: Voilà. Französisch an deutschsprachigen Grundschulen. Schülerbuch, Lehrerbuch. Medienpaket, Handpuppe. Frankfurt/Wien 1975.

HAAB, W./MÖRSDORF, F./RÜCK, H.: Toi et Moi. Materialien für den Französischunterricht in der Grundschule. Stuttgart: Klett, 1991.

LEONI, U./PASCHMANN, M./PELZ, M./RATTUNDE, E./WISSEBACH-WAGNER, H.: Viens voir. Französisch in der Grundschule. Frankfurt 1987.

HELFRICH, H. u.a.: Here we go. Stuttgart: Klett 1991.

STEIGERT, H./OESTERREICHER-MOLLWO, M.; Die Zauberlampe. Märchen – Bilder. Freiburg im Breisgau 1984.

III. Lernbereich Mathematik

Vor zehn Jahren machte folgende Satire die Runde durch den Blätterwald:

»Jede Menge Fortschritt im Mathematikunterricht:

- *1950: Ein Bauer verkauft einen Sack Kartoffeln für 20 Mark. Die Erzeugungskosten betragen 16 Mark. Berechne den Gewinn.*
- *1960: Ein Bauer verkauft einen Sack Kartoffeln für 20 Mark. Die Erzeugungskosten betragen 4/5 des Erlöses. Wie hoch ist der Gewinn?*
- *1970: Ein Bauer verkauft eine Menge Kartoffeln (S) für eine Menge Geld (G). G ist die Menge aller Elemente g, für die gilt: g ist eine Mark. Die Menge der Erzeugungskosten (E) ist um vier Elemente weniger mächtig als die Menge G. Zeichne in Strichmengenform (/ für g: eine Mark) das Bild der Menge E als Teilmenge der Menge G und gib die Lösungsmenge (L) an für die Frage: Wie mächtig ist die Gewinnmenge?*
- *1980: Ein Bauer verkauft einen Sack Kartoffeln zum Preis von 20 Mark. Die Erzeugungskosten betragen 16 Mark, der Gewinn beträgt 4 Mark. Unterstreiche das Wort ›Kartoffeln‹ und diskutiere mit deinem Nachbarn darüber.«*

- *1990: Fortsetzung folgt. Aber wie?*

JÜRGEN FLOER: »Vom Einmaleins zum Einmaleins?« – Entwicklungen und Perspektiven im Mathematikunterricht der Grundschule.

Jürgen Floer

»Vom Einmaleins zum Einmaleins?«

Entwicklungen und Perspektiven im Mathematikunterricht der Grundschule

1. Entwicklungen

1.1 Was kann sich im Mathematikunterricht entwickeln?

Wer mit Mathematikunterricht zu tun hat, der ist skeptische Fragen gewöhnt, was sich denn dort überhaupt entwickeln kann und was es darüber (immer wieder neu) nachzudenken gibt. Die Zahlen bleiben dieselben, das Einmaleins ändert sich nicht, Quadrate und Dreiecke sehen heute nicht anders aus als früher.

In der Tat sind die Inhalte des Mathematikunterrichts über die Jahrzehnte hinweg ziemlich stabil. Nehmen wir an, ein Kind würde versehentlich ein Rechenbuch aus alter Zeit erwischen – es könnte auch damit durchaus rechnen lernen. Sicher würde ihm die Sprache hier und da etwas ungewohnt klingen, es würde sich über die Preise in den Sachaufgaben wundern, die Aufmachung käme ihm (als Kind, das mit Farbfernsehen, Comics und bunter Werbung großgeworden ist) ziemlich trist vor. Aber: Alles »Wesentliche« könnte es mit diesem Buch durchaus lernen. Käme es Mitte des 4. Schuljahres dann in eine »Regelklasse«, hätte es im Mathematikunterricht wohl keine besonderen Schwierigkeiten. Und würde die Lehrerin dazu eine alte Rechenmethodik (etwa von GERLACH, 1914, KÜHNEL, 1916, J. WITTMANN, 1929, OEHL, 1962) zur Hand nehmen, fände sie darin Hilfen und Erklärungen, die sie sich auch heute noch getrost zu Herzen nehmen kann.

Dieses Gedankenexperiment macht deutlich:

> Es sind nicht in erster Linie die Inhalte, durch die sich Entwicklungen im Mathematikunterricht beschreiben lassen. Die entscheidenden Veränderungen gehen auf anderen Ebenen vor sich.

Einige Stichworte möchte ich hier zu Beginn in Form von Fragen sammeln.

● Welche Vorstellungen vom Lernen liegen dem Unterricht zugrunde? Wie gewinnen Kinder Einsicht? Wo sind die Quellen dieser Einsicht?

- Was sollen sie außer mathematischen Fertigkeiten und Fähigkeiten im Mathematikunterricht lernen? Welche allgemeinen – auch über das Fach hinausreichende – Lernziele sollen erreicht werden?
- Was kann der Mathematikunterricht dazu beitragen, die Welt um uns herum zu verstehen?
- Was erwartet »die Gesellschaft« von der Schule? Und wie sieht die Schule aus, die diesen Erwartungen und dabei aber auch den Kindern am besten gerecht wird?

In diesem Kontext wird deutlich, daß Mathematiklernen ein wichtiger Teil der Entwicklung des kindlichen Denkens ist, somit Mathematikunterricht ein unverzichtbarer Teil der Erziehung des Kindes.

1.2 Was hat sich entwickelt?

Eine Einschätzung der gegenwärtigen Situation und erst recht der Tendenzen in der Zukunft kann nur gelingen, wenn die Wurzeln der Entwicklungen mitgesehen werden. Daher sollen kurz einige Entwicklungslinien in der Rechenmethodik und Mathematikdidaktik aufgezeigt werden.

- Bis etwa 1970 war die Welt im Rechenunterricht noch in Ordnung. Der »**traditionelle Rechenunterricht**« war geprägt von vielfältigen Bemühungen, den Kindern das Rechnen einsichtig zu machen und mit seiner Hilfe die »Rechenfälle des Alltags« zu bewältigen. Diese Anliegen ziehen sich durch die gesamte Diskussion, die sich etwa in den oben erwähnten und auch heute noch lesenswerten Büchern zur Rechenmethodik widerspiegelt. (Einen guten Überblick über historische Fragen geben RADATZ/SCHIPPER, 1983.) Bei allen Unterschieden ist den Ansätzen gemeinsam, daß sie sich intensiv um einen kindgemäßen Rechenunterricht bemüht haben. Dies gilt erst recht für die stärker lern- und entwicklungspsychologisch geprägten Weiterentwicklungen in den fünfziger und sechziger Jahren, in denen vor allem der Einfluß PIAGETS sehr deutlich ist. (FRICKE, 1959, OEHL, 1962, KARASCHEWSKI, 1966) Keineswegs beschränkten sich diese Bemühungen der traditionellen Methodik auf die Vermittlung von Kenntnissen und Fertigkeiten, immer ging es ihnen um Verständnis für Zahlen und Rechenoperationen. So kann man schon in diesen älteren Konzepten viele Ansätze finden, die auch heute noch zum guten Bestand des Mathematikunterrichts gehören. Sicher ist in der Praxis (damals wie heute) manches hinter den theoretischen Vorstellungen zurückgeblieben, aber es war doch derselbe Strang, an dem alle Beteiligten gezogen haben. Zudem waren es vielfach dieselben Leute, die die Theorien entwickelt, sie in der Ausbildung der Lehrer eingesetzt und in Schulbüchern für den Unterrichtsalltag aufbereitet haben.
- Die »**Neue Mathematik**« mit der Blütezeit in den siebziger Jahren hat dann wohl zum ersten Mal den Mathematikunterricht in die Schlagzeilen gebracht und Diskussionen in einer breiteren Öffentlichkeit ausgelöst. Diese waren meist recht ne-

gativ: Lehrer waren verunsichert von neuen Inhalten. Eltern versuchten in Abendkursen Anschluß zu gewinnen. In den Medien gab es Befürchtungen, daß *»Mengenlehre Kinder krank mache«*. Eine sachliche Diskussion konnte so kaum stattfinden. Die Einschätzungen stützten sich vor allem auf neue Inhalte wie Mengenlehre, Topologie oder nicht-dezimale Stellenwertsysteme. Was sich unter dieser Oberfläche getan hat, ist kaum ins Bewußtsein gedrungen.

Ein Blick in die Lehrpläne der damaligen Zeit zeigt jedoch, daß der Kern der Veränderungen nicht in neuen Inhalten, sondern in einer neuen Sicht des Lernens lag. Als Beispiel seien einige Stichworte aus dem Lehrplan Nordrhein-Westfalen von 1973 zitiert:

— *»Bedeutung allgemeiner Lernziele (z.B. Fähigkeit zum Argumentieren, kreatives Verhalten, Mathematisieren),*
— *genetisches Lernen,*
— *Lernen in Zusammenhängen,*
— *Problemorientierung,*
— *praxisorientiertes Lernen und Erschließung der Umwelt*
— *Bedeutung didaktischer Materialien, bildhafter Darstellungen, guter Spiele und anregender Übungsformen,*
— *Differenzierung aufgrund der unterschiedlichen Lernvoraussetzungen, Möglichkeiten und Schwierigkeiten des einzelnen Kindes.«*

Diese Stichworte haben auch heute nichts von ihrer Bedeutung verloren. Es ist eine andere Frage, ob es richtig war, diese Ziele mit (zu) vielen neuen Inhalten zu verbinden. Dies werden wir heute rückblickend sicher anders beurteilen. Aber es wäre unfair, die Neue Mathematik nur an den formalistischen Entgleisungen zu messen, die in manchen Umsetzungen leider daraus entstanden sind. Als Beispiel: Die Spiele mit bunten Plättchen sollten keineswegs formale Mengenlehre mitsamt den zugehörigen Symbolen in die Grundschule einschmuggeln, sondern im Spiel den Kindern logische Grunderfahrungen zugänglich machen und ein Fundament zum Umgang mit Zahlen legen. Die Idee, daß Kinder auf diese Weise konkrethandelnd mathematische Entdeckungen machen können, ist nach wie vor faszinierend. Sie fällt nicht in sich zusammen, wenn man sie von dem mengentheoretischen Hintergrund löst. Dieselbe Grundidee läßt sich auch im Spiel mit Zahlen oder geometrischen Formen verwirklichen.

● Inzwischen ist die Zeit der Neuen Mathematik zu einem Stück Schulgeschichte geworden. Es ist nicht verwunderlich, daß auch die **erneute Reform** meist ebenso verkürzt als »Abschaffung der Mengenlehre« und ein »Zurück zum guten alten Rechnen« zur Kenntnis genommen worden ist. So einfach ist es aber nun wirklich nicht. Ein Blick in heutige Lehrpläne zeigt, daß die dort genannten Ziele sowohl die Intentionen der traditionellen Rechenmethodik wie der Neuen Mathematik aufgreifen und weiterführen. Entdeckendes Lernen, einsichtiges Üben, Struktur- und Anwendungsorientierung beschreiben Aufgaben für den Unterricht, die bestimmt nicht dadurch erreicht werden können, daß wir uns auf ein schlichtes Training von Rechenfertigkeiten beschränken. Es wäre ein grobes Mißverständnis, die Parole »*Back to basics*« in diesem Sinne zu interpretieren. Durchaus jedoch kann man ihr zustimmen, wenn sie als Neubesinnung auf grundlegende mathematische Ideen in der Arithmetik, der Geometrie und im Sachrechnen verstanden wird. Insgesamt haben uns die Bemühungen der vergangenen Jahrzehnte in der didaktischen Theorie ebenso wie in der Praxis durchaus weitergebracht und uns in eine Richtung geführt, die auch für die Zukunft gute Chancen bietet.

Dies soll im folgenden an wichtigen Stichworten konkretisiert werden. Dabei kann in der Kürze natürlich kein Überblick über den gegenwärtigen Stand der Didaktik und der Schulpraxis gegeben werden. (Dazu sei auf die Bücher von RADATZ/SCHIPPER, 1983, und MÜLLER/WITTMANN, 1984, verwiesen.)

1.3 Neue Vorstellungen vom Lernprozeß

Wie Unterricht aussieht oder aussehen sollte, hängt untrennbar damit zusammen, welche Vorstellungen wir vom Lernprozeß haben. Was spielt sich ab, wenn ein Kind »rechnen lernt«? Nach allem, was wir heute über dieses Geschehen wissen, ist dies kein technischer Vorgang, an dessen Ende die einen das Ziel erreichen, die anderen eben nicht. Es ist keineswegs so, daß ein Repertoire von Einzelkenntnissen (notfalls durch hinreichenden Drill) erworben wird. Vielmehr ist die Entdeckung der Arithmetik ein sehr komplexer Prozeß, bei dem der Lernende die entscheidende Rolle spielt. In seinem Kopf müssen Einsicht und Verständnis aufgebaut und Beziehungen zwischen diesen Einsichten hergestellt werden. Alle neueren psychologischen Theorien stimmen darin überein, daß sie Lernen als Konstruktion eines Netzes von Einsichten beschreiben, bei dem »*Strukturen*«, »*kognitive Schemata*«, »*mentale Modelle*« entstehen. Einen guten Überblick über den Stand der Forschung zur Kognitionspsychologie findet man in dem Buch von GARDNER (1989). Insbesondere ist diese »*kognitive Wende*« verbunden mit einer rigorosen und endgültigen Abkehr von behavioristischen Modellen, die Lernen auf eine geschickte Koppelung von Reizen und entsprechenden Reaktionen zurückzuführen versuchen.

In Deutschland war eine solche Wende zwar nicht notwendig, da weder in der älteren Rechenmethodik noch in der neueren Mathematikdidaktik jemand ernsthaft ein Konzept vertreten hat, in dem mechanisches Lernen und Drill eine zentrale Rolle spielen. Im Gegenteil: Die Bedeutung von Einsicht und die Warnung vor Mechanisierung und Schematisierung ziehen sich durch alle Konzeptionen für den Rechen- bzw. Mathematikunterricht. Dennoch erscheinen viele der Bemühungen um Einsicht und Verständnis in einem klareren Licht. Zentrale Aspekte dieser neuen Sicht des Lernens sind

– die Verlagerung des Schwerpunktes von inhaltlichen Fragen auf Analysen des Lehr-Lern-Prozesses,

- die Betonung aktiver, konstruktiver und handlungsorientierter Zugänge zur Mathematik,
- die Bedeutung sozialer Prozesse beim Wissenserwerb.

Diese neuen Einsichten in das Wesen von Lernprozessen haben auch Konsequenzen für den alltäglichen Unterricht.

> Es wird deutlich, daß es beim Rechnenlernen um mehr geht als um das Rechnen. Beteiligt ist das ganze Kind, mit all seinen Ängsten und Hoffnungen, seinen Schwierigkeiten und Möglichkeiten. Im Mittelpunkt steht dabei nicht die Mathematik, sondern die Auseinandersetzung des Kindes mit einem Stückchen Mathematik, seine Wege zur Einsicht, seine subjektiven Vorstellungen, auch seine Fehler.

Beispiele für diese Auseinandersetzung findet man bei GINSBURG, 1977, und HUGHES, 1986. In der deutschsprachigen Literatur fehlen solche Bücher leider noch.

1.4 Entdeckendes Lernen

Die skizzierte Sicht vom Lernen und Denken hat in der Mathematikdidaktik ihren Niederschlag in der durchgehenden Forderung nach aktivem und entdeckendem Lernen gefunden, die sich als Leitidee in allen neueren Lehrplänen und didaktischen Analysen findet. Dies ist gewiß nicht nur ein gerade aktuelles Schlagwort, sondern Ausdruck der Überzeugung, daß Kinder nur einsichtig und selbsttätig erfolgreich lernen können. Lernen vollzieht sich nicht in der Weise, daß dem Lernenden etwas Fertiges mitgeteilt oder übergeben wird. Es ist vielmehr ein Prozeß, bei dem der Lernende die entscheidende Rolle spielt: Er erfaßt und begreift etwas, gewinnt Einsichten, verbindet sie mit anderen, teilt sie mit. So ist Entdecken immer die Auseinandersetzung des einzelnen Lernenden mit einem Stück Mathematik *und* ein soziales Geschehen. Die Wege des Entdeckens sind so vielfältig wie die Menschen, die daran beteiligt sind. Die vielen guten Gründe, die es für entdeckendes Lernen im Mathematikunterricht gibt, werden sehr nachdrücklich bei WINTER (1987) herausgearbeitet. (Vgl. auch FLOER, 1990).

Natürlich ist das Entscheidende, wie wir das entdeckende Lernen in den Schulalltag umsetzen. Es soll ja nicht nur etwas für besondere Anlässe sein. Jedes Stück Mathematik kann zu einem Feld für Entdeckungen werden. Aber entdeckendes Lernen erfordert Geduld und Zeit, Kinder wie Lehrer müssen lernen, damit umzugehen. Vor allem ändert sich die Rolle des Lernenden: Er übernimmt mehr Verantwortung für sein eigenes Lernen, sie wird ihm auch vom Lehrer nicht abgenommen. Entsprechend verändert sich die Rolle des Lehrers. Er »vermittelt« nicht Wissen, sondern regt Lernen an und hilft dabei.

Einen konsequenten Versuch, aktiv-entdeckendes Lernen von Anfang an und durchgehend in den Mathematikunterricht der Grundschule einzubringen, stellt das Projekt »Mathe 2000« dar (vgl. WITTMANN/MÜLLER, 1990, 1992, auch WITTMANN 1991). Es ist sehr zu hoffen, daß Ansätze dieser Art auf möglichst breiter Front im Unterricht zum Tragen kommen.

1.5 Öffnung des Mathematikunterrichts

Mathematikunterricht, der von den Bedürfnissen und Möglichkeiten des einzelnen Kindes ausgeht, ist notwendig offener Unterricht. So gibt es zur Zeit vielfältige Ansätze, den Mathematikunterricht (noch) stärker in die Bemühungen um eine kindgerechte und offene Grundschule einzubinden.

Dieses Ziel hat viele Aspekte. Zum einen gehört dazu eine Öffnung der Schule »nach außen«, z.B. die Öffnung für alle (auch lernbehinderte) Kinder, engere Zusammenarbeit zwischen Lehrern und Eltern, Einbeziehung außerschulischer Lernmöglichkeiten. »Im Innern« zeigt sich die Öffnung vor allem in neuen Formen des Unterrichts, wie sie etwa durch Stichworte wie Freiarbeit und Wochenplan beschrieben werden. Diese schul- und unterrichtsorganisatorischen Ansätze müssen allerdings ergänzt werden durch neue offenere Formen des Lernens, da sonst die Gefahr besteht, daß sich der Unterricht trotz zahlreicher Aktivitäten und reichlichem Materialeinsatz nur an der Oberfläche verändert.

Ziel dieser Neuorientierung ist ja die Veränderung des gemeinsamen Lernens und Lebens: mehr Chancen für freies und aktives Lernen, mehr Spielraum für Differenzierung und insbesondere zur Förderung schwächerer Kinder, neue Formen des Gesprächs und der Interaktion, mehr Freude am Lernen. Für den Mathematikunterricht stellt sich die entscheidende Frage, ob dadurch auch mehr Spielräume für einsichtiges und selbsttätiges Lernen eröffnet werden. Es ist ja durchaus denkbar, daß trotz aller Bemühungen um Öffnung des Unterrichts das Lernen dann doch ziemlich starr bleibt. Sicher verhilft nicht jedes Rechenpuzzle, Domino oder Stöpselspiel auch zu mehr Verständnis. Es kommt darauf an, die Chancen, die ein offener Unterricht bietet, auch als Chancen für entdeckendes Lernen zu nutzen. Wenn dies gelingt, dann ist bei den Entwicklungen der letzten Jahrzehnte sicher mehr erreicht als die Rückkehr zum Einmaleins!

Es gibt inzwischen viele gute Beispiele für die Öffnung des Unterrichts. Andere Fächer sind in dieser Richtung schon durchaus weiter als die Mathematik, so daß wir von ihnen manches lernen können. Insgesamt eröffnet die Verbindung einer neuen Sicht des Lernens und einer neuen Vorstellung von Schule gute Perspektiven für eine fruchtbare Weiterentwicklung des Mathematikunterrichts.

2. Bausteine und Beispiele

2.1 Materialien zum Lernen

Unentbehrlich für aktiv-entdeckendes Lernen sind geeignete Materialien. Ihre Bedeutung für das Lernen läßt sich nicht mit wenigen Sätzen beschreiben. Ich möchte hier nur einige Stichworte ansprechen.

- **Handlungen** – zunächst konkret durchgeführt, dann »verinnerlicht« – sind die Basis mathematischer Einsichten. Materialien können Einsichten »greifbar« machen und so ein tragfähiges Fundament für Entdeckungen schaffen.
- Aus den Handlungen entstehen **Vorstellungsbilder** (*»mentale Modelle«*). Dabei kommt insbesondere der Anschauung eine zentrale Bedeutung zu. Sie ist allerdings weit mehr als schlichtes »Anschauen«, sie ist vor allem verinnerlichtes Handeln. Lernen ist der Aufbau von Wissen, das in Handlungen, Bildern und Symbolen gespeichert werden kann – mit ständigen Übersetzungen!

Für Lernmaterialien bedeutet dies, daß sie diese Übersetzungen ermöglichen müssen: Aus den Handlungen mit ihnen werden Handlungsvorstellungen gewonnen, auf die auch bei der Arbeit mit Symbolen ständig zurückgegriffen werden kann (und muß). Gute Materialien liefern Grundmuster (Prototypen) für das Denken. Für die Arithmetik sind dies z.B. Reihen und Felder von Plättchen, Skalen (Zahlenstrahl), dekadische Felder (Hundertertafel), Stellentafeln. Es ist daher kein Zufall, daß in vielen Lernmaterialien gerade diese Darstellungen konkretisiert werden. Sie sind umso hilfreicher, je besser sie arithmetische Ideen (vergleichen, addieren, ergänzen, subtrahieren) und Gesetzmäßigkeiten greifbar und sichtbar machen.

- Lernen vollzieht sich in der Weise, daß neue kognitive Schemata mit schon vorhandenen in **Beziehung** gebracht werden (als Differenzierung, Erweiterung, Kombination, *»Akkomodation und Assimilation«*). Neue Einsichten stützen sich auf bereits erworbenes Wissen.

Daher müssen Lernmaterialien so konzipiert sein, daß sie aufeinander aufbauen und »mitwachsen«. Neue Materialien sollten die Handlungsmöglichkeiten ihrer Vorgänger aufgreifen und weiterführen. Ideal wäre ein System von Lernmaterialien, das die gesamte Arithmetik der Grundschule abdeckt.

- Für die **Individualisierung** und **Differenzierung** sind Materialien von herausragender Bedeutung. Mit ihrer Hilfe kann jedes Kind seine eigene Handlungsbasis schaffen und auch später immer wieder auf das Material zurückgreifen, wenn dies notwendig ist. Dadurch wird auch das Problem der Kleinschrittigkeit zumindest entschärft. Jedes Kind kann in ihm angemessenen Schritten vorwärtsschreiten.

Dem widerspricht keineswegs, daß Lernen auch ein soziales Geschehen ist. Man lernt mit und von anderen, kann helfen und sich helfen lassen, im Gespräch Einsichten gewinnen und »Bedeutungen aushandeln«. Auch bei dieser Kommunikation und Interaktion spielen Materialien eine wichtige Rolle. Sie schaffen Gesprächsanlässe und erleichtern die Verständigung. Vor allem ermöglichen sie auch nicht-verbale Kommunikation und schützen so vor den Mißverständnissen der Sprache.

- Damit zusammen hängt die Funktion von Materialien für die Öffnung des Unterrichts. Sie können helfen, den Schwerpunkt von der Steuerung durch und Zentrierung auf den Lehrer in Richtung auf die **Eigenaktivität des Schülers** zu verlagern. Ein wichtiger Aspekt ist auch, daß das Material eine Rückmeldung über den Rechenweg und das Ergebnis gibt und so Selbstkontrolle ermöglicht. Auf jeden Fall können Materialien dazu beitragen, aus der verhängnisvollen Sackgasse herauszukommen, in die die kurzsichtige Forderung nach mehr »Päckchen« führt!

● Endlich gibt es eine Reihe weiterer **pädagogischer Gründe** für Materialien: Sie schaffen Freiraum für Versuche, nehmen die Angst vor Fehlern und stützen so das Vertrauen in die eigene Leistungsfähigkeit.

Bei so vielen guten Gründen ist es nicht verwunderlich, daß Methodiker und Didaktiker zu allen Zeiten Materialien erfunden und eingesetzt haben. Man denke etwa an die CUISENAIRE-Stäbe, an MONTESSORI-Materialien, an Zahlenfelder und -tafeln, die spätestens seit KÜHNEL zum festen Bestandteil des Rechenunterrichts gehören und auch heute in verschiedenen Varianten zur Verfügung stehen. Es sind gerade die »einfachen« Materialien, die beim Lernen hilfreich sind, da sie Zahlen und arithmetische Grundideen besonders augenfällig und einsichtig machen:

– Plättchen und andere Materialien zum Zählen, Wendeplättchen in zwei Farben, Steckwürfel,
– Zahlenstäbe oder -streifen, bei denen die Zahlen durch Längen dargestellt werden,
– Zahlenstrahl und Rechenschieber, die den linearen Aufbau der Zahlenreihe betonen,
– Zahlentafeln und -felder, insbesondere Hundertertafeln (mit Feldern, Punkten oder Ziffern),
– Stellentafeln, Rechenbretter, »Kilometerzähler« und andere Materialien zur Darstellung großer Zahlen.

Einzelheiten findet man etwa bei FLOER (1985, 1988). Ein Konzept des Arithmetikunterrichts, in dem Materialien durchgehend verwendet werden und eine tragende Rolle spielen, ist bei WITTMANN/MÜLLER, 1990, 1992, entwickelt.

Natürlich gibt es eine fast unübersehbare Fülle anderer Lernmaterialien. Manche von ihnen haben ihren Namen kaum verdient, da sie weniger beim Lernen helfen als bei der Kontrolle der Ergebnisse. Die Entscheidung, welches Material an welcher Stelle brauchbar ist, kann nur die Lehrerin treffen. Für eine auch nur einigermaßen vollständige Übersicht fehlt hier der Platz. Statt dessen sollen an zwei Beispielen die Einsatzmöglichkeiten von Materialien skizziert werden, die auf klassische Vorbilder zurückgehen.

● **Beispiel: Zahlenstreifen**

Die hier vorgestellten Streifen sind eine Weiterentwicklung der CUISENAIRE-Stäbe. Sie sind auf einer Seite mit Punkten in verschiedenen Farben versehen. Die Zahlen sind einerseits an der Länge der Streifen erkennbar, andererseits tritt durch die Punkte der Anzahlaspekt stärker in den Vordergrund. So erhalten die Zahlen ihr eigenes Gesicht und machen es leichter, Zahleigenschaften und arithmetische Beziehungen zu erkennen.

Einige Stichworte:

Welche Zahl ist es?

$4 + 3 = \square$

$7 + 5 = 7 + 3 + 2$

$10 - 4 = \square$

$7 + 2 = 6 + 3 = 5 + 4$

$3 \cdot 4 = \square$

Gerade oder ungerade?

$30 + 4 = 34$

Weitere Möglichkeiten ergeben sich, wenn diese Streifen in Verbindung mit Feldern passender Größe eingesetzt werden.

● Beispiel: Hunderterfeld als »Rechenmaschine«

In einem Feld mit 100 Punkten kann man jede Zahl bis 100 darstellen. Am einfachsten geht dies mit einem winkelförmig ausgeschnittenen Blatt Papier. Dieser Vorschlag ist (in etwas veränderter Form) schon bei KÜHNEL (1916) zu finden.

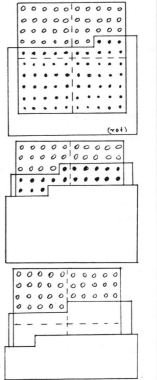

Für das Rechnen im Feld ist es vorteilhaft, wenn man zwei Winkel aus Folien hat, einen roten und einen grünen. Sie lassen sich leicht herstellen, indem man eine Overhead-Folie mit selbstklebender farbiger Folie überklebt. Nimmt man dazu ein Feld mit roten Punkten, so erscheinen diese unter der grünen Folie schwarz. Legt man beide Folien übereinander, sind die Punkte gar nicht mehr zu sehen. Ein Beispiel für die Addition mit diesen Folienwinkeln zeigt die nebenstehende Abbildung.

Auch das Subtrahieren ist einfach. Beispiel: 62-27.
Man legt zunächst die grüne Folie so auf, daß 62 rote Punkte zu sehen sind. Von diesen deckt man nun mit der roten Folie 27 Punkte ab, die auf diese Weise fast (je nach Tönung der Folie) verschwinden. 35 Punkte bleiben übrig.

2.2 Spiele

Es gibt zahlreiche Vorschläge für Spiele im Mathematikunterricht. Nahezu jedes Kinderspiel kann auch mit Zahlaspekten verbunden werden. Eine Auswahl:

– Spiele mit Würfeln nach einer Vielzahl von Regeln,
– Spiele mit Zahlenkarten, die von ersten Zahlerfahrungen bis zum Rechnen im Stellenwertsystem ausgebaut werden können,
– Domino, Memory, Lotto und viele andere bekannte Spielformen,
– Wegespiele, deren Spielfelder und Regeln je nach Ziel ausgestaltet werden können,
– Spiele in der Gruppe, bei denen die Kinder selbst zu Trägern von Zahlen werden (Platztauschspiele, Stille Post, Blinde Kuh),
– Ratespiele, in denen es um Zahlen geht,
– Spiele mit Bewegung, bei denen geschnipst, geworfen und gehüpft wird (Kegeln, Flohspiele, Boccia).

Was macht das Spiel so wichtig, insbesondere für einen offenen Unterricht und entdeckendes Lernen (vgl. NAEGELE/HAARMANN in diesem Band)?

● Das Spiel schafft Freiheit und Spielraum für gute Einfälle und die Kreativität der Mitspieler.
● Im Spiel werden Handlungen und Überlegungen vielfältig verknüpft, verschiedene Wege durchdacht, die nächsten Schritte vorausgeplant, Aktionen der Mitspieler berücksichtigt. Auf diese Weise helfen Spiele, beziehungsreiches Lernen zu fördern.
● Das Spiel zwingt nicht zum Vorgehen in gleicher Front und mit gleichem Tempo für alle Lernenden. So haben auch schwächere Kinder mehr Chancen als an anderen Stellen im Unterricht. Dabei kommt soziales Lernen fast zwangsläufig ins Spiel.
● Nicht zuletzt machen gute Spiele Spaß!

Einen umfassenden Überblick über Spiele für den Mathematikunterricht können wir hier nicht geben. Beispiele findet man etwa bei FLOER (1982, 1985) und SENNLAUB (1984). Eine kommentierte Zusammenstellung von zahlreichen Spielen geben KRAMPE/MITTELMANN (1987). Die Vorschläge haben allerdings sehr unterschiedliche Ziele und müssen daher im Einzelfall jeweils genauer auf ihren Wert für das Lernen hin durchdacht werden.

Einige Möglichkeiten sind am Beispiel *Flohspiele* skizziert.

● **Beispiel: Flohspiele**

Gespielt wird auf Zahlenfeldern mit Punkten oder Ziffern.

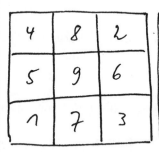  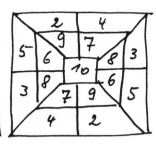

Auf diese Felder werden Scheiben aus Plastik geschnipst. Die erzielten Zahlen können dann in verschiedener Weise verarbeitet werden. Einige Beispiele für ein Feld mit den Zahlen von 0 bis 9:

− Wer erzielt mit zwei oder drei Flöhen die größte Summe?
− 2 Flöhe: Die Zahlen malnehmen.

- 3 Flöhe: Zwei Zahlen malnehmen, die dritte addieren. Wer erreicht das größte Ergebnis?
- Eine Zahl von 1 bis 50 wird vorgegeben. Mit drei Flöhen hüpfen. Mit den Ergebnissen werden Aufgaben gebildet: $\square \cdot \square \pm \square$. Wer kommt am nächsten an die Zahl?
- Dreitagerennen: In der ersten Runde zählt die Zahl einfach, in der zweiten doppelt, in der dritten dreifach. Am Ende wird addiert.
- Nach derselben Regel kann man mit anderen Faktoren spielen.
- Hohe (niedrige) Hausnummern: Dreimal mit einem Floh hüpfen. Die erreichten Zahlen werden als Einer, Zehner oder Hunderter eingetragen.
- Viele weitere Regeln können die Kinder selbst erfinden.

2.3 Übungsformen

Üben ist ein wichtiger Teil des Lernprozesses. Daher haben neue Einsichten zum Wesen des Lernens auch Konsequenzen für unsere Vorstellungen zum Üben.

Insbesondere ist ein Modell zu einfach, das mehr oder weniger bewußt noch bei vielen Lehrern vorherrscht: In einer Einführung wird etwas einsichtig gemacht, dann braucht nur noch mit genügend vielen Aufgaben geübt zu werden, um die zu erwerbende Fähigkeit zu »festigen«. Im Rahmen des entdeckenden Lernens kommt man zu einem anderen Ansatz:

»Üben muß Einsicht vertiefen, geistige Beweglichkeit fördern und Sachwissen vermehren.« (Lehrplan Mathematik, Nordrhein-Westfalen, 1985, S. 27).

Dies bedeutet, daß auch beim Üben der Lernprozeß weitergeführt wird: Einsichten werden weiterentwickelt, mit anderen in Verbindung gebracht, übertragen, differenziert.

- Auch dabei ist es ein Glücksfall, daß wir auf eine lange methodische Tradition zurückgreifen können, in der immer wieder der **Zusammenhang zwischen Üben und Einsicht** betont worden ist. (Vgl. FLOER, 1988). In Weiterführung dieser Ansätze hat WINTER (1984) Prinzipien des Übens formuliert, von denen insbesondere die Forderungen nach operativem und produktivem Üben bedeutsam sind: Üben soll beziehungsreiches (»operatives«) Lernen fördern und die Kinder zur Herstellung von »Produkten« (Feldern, Tabellen, Figuren,…) anregen.
- Darüber hinaus kann (soll) Üben **»problemorientiert«** und **»anwendungsorientiert«** sein, d.h. wenn möglich einerseits in übergeordnete Fragestellungen eingebettet, andererseits mit Sachsituationen in Verbindung gebracht werden.

Zahlreiche Beispiele für einsichtiges Üben findet man bei FLOER, 1985, MÜLLER/WITTMANN, 1984, WITTMANN/MÜLLER, 1990, 1992.

- Für die Unterrichtspraxis ist wichtig, daß wir Übungsformen entwickeln, mit denen Kinder auf **unterschiedlichen Anspruchsniveaus** arbeiten können. Die Bandbreite reicht vom »schlichten« Rechnen bis zur Entdeckung von Gesetzmäßigkeiten. Dabei wird nicht jedes Kind zum gleichen Ziel kommen: das eine wird noch froh sein, wenn es die Aufgaben lösen kann, ein anderes wird bereits Regelhaftigkeiten erkennen, ein drittes kann diese vielleicht sogar bereits begründen.
- Eine Klärung ist zum Stichwort »**Automatisierung**« notwendig. Es gibt sicher Inhalte des Mathematikunterrichts, die so weit geübt werden sollen, daß die Zuordnung von Aufgaben und Ergebnissen – am Ende – ohne weitere Umwege und Hilfen gelingt. Als Standardbeispiele werden hier oft das kleine Einspluseins und Einmaleins genannt. Natürlich soll das Kind auf die Aufgabe »9+7« irgendwann schnell mit »16« antworten. Aber daraus folgt keineswegs, daß das Lernen sich auf den Aufbau solcher Reiz-Reaktions-Mechanismen beschränken kann. Im Gegenteil: Schon das Rechnen im Zahlenraum bis 20 verlangt eine Vielzahl von Entdeckungen, die sich auf konkrete Erfahrungen stützen. Wenn diese Stützen dann schließlich entbehrlich werden und das Kind ohne Hilfen zum Ergebnis kommt, dann ist die Automatisierung der letzte Schritt auf dem Wege vom konkreten Handeln über vorstellendes Rechnen zum verständigen Umgang mit Zeichen. Die Verbindung von Einsicht und Üben muß dabei in allen Phasen des Lernprozesses erhalten bleiben.

- **Beispiel: Zauberdreiecke**

– Die Grundidee: 6 Zahlen sind gegeben. Sie sollen so auf die Felder verteilt werden, daß sich auf jeder Dreiecksseite dieselbe Summe ergibt.

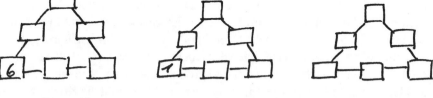

Immer 12   Immer 9   Immer 10

– Gibt es immer ein Zauberdreieck mit 6 aufeinanderfolgenden Zahlen? (15, 16, 17, 18, 19, 20). Ein Dreieck mit Zahlen aus einer Einmaleinsreihe (5, 10, 15, 20, 25, 30).
– Was passiert, wenn in einem Zauberdreieck jede Zahl um 1 vergrößert (wenn jede Zahl verdoppelt, verzehnfacht,...) wird?

– Wie ist es mit größeren Zauberdreiecken? Mit Zaubervierecken?

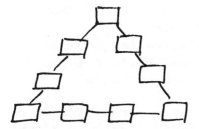 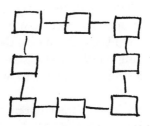

Insgesamt bietet eine solche Übungsform einen breiten Spielraum für differenzierte Arbeit:
Es können mehr oder weniger Zahlen bereits vorgegeben werden. Die Zahlen lassen sich gezielt verändern. Am Ende können die Kinder selbst Zauberdreiecke und -vierecke herstellen.

● Beispiel: Rechenfelder

Ein Beispiel für eine Übungsform mit größeren Zahlen, die natürlich auch für den Zahlenraum
bis 100 vereinfacht werden kann.

– Zunächst wird schlicht gerechnet: In jedes Feld kommt das Produkt der Randzahlen.
– Dann werden die Ergebnisse in jeder Zeile
und in jeder Spalte addiert.
Dabei fällt einiges auf: Unten stehen jeweils Hunderterzahlen, rechts Zehnfache
von 62 bzw. 38.
– Bildet man noch einmal die Summe aus
den Ergebnissen unten und rechts, ergibt
sich in beiden Fällen 1000. Warum dies so
ist, muß hier noch nicht genauer begründet
werden.

	7	3	
62	434 ⊕ 186		620
	⊕	⊕	
38	266 ⊕ 114		380
	700	300	1000

– Diese Gesetzmäßigkeiten helfen bei der
Selbstkontrolle der Rechnung und geben Hinweise darauf, wo ein Fehler steckt.
– Produktive Veränderungen bieten sich fast von selbst an:

● Was passiert, wenn andere Eingangszahlen gewählt werden?
● Kann man auch mit anderen Zahlen als Ergebnis 1000 erhalten?
● Wer erfindet selbst ein solches Rechenfeld?
● Auch eins mit dem Ergebnis 500?
● Wie ist es bei noch größeren Zahlen?

Fazit: Es gibt viel zu rechnen und dabei manches zu entdecken!

217

2.4 Sachrechnen

Solange es Rechenunterricht gibt, ist es ein wesentliches Ziel, daß das Rechnen (und allgemeiner die Mathematik) den Kindern helfen soll, die Welt, in der sie jetzt und in Zukunft leben, wenigstens etwas besser zu verstehen.

In neueren Lehrplänen ist dieses Ziel unter den Leitgedanken der **Anwendungsorientierung** und **Umwelterschließung** noch stärker betont. Dieses gilt sowohl für die Zeit der Neuen Mathematik wie für die heutigen Lehrpläne.

»Der Unterricht muß darauf ausgerichtet sein, mathematische Begriffsbildungen und Verfahren mit Situationen aus der Lebenswirklichkeit der Kinder in Zusammenhang zu bringen... Die Anwendungsorientierung muß in zwei Richtungen verlaufen. Einerseits wird das vorhandene Alltagswissen zur Darstellung mathematischer Ideen verwandt, andererseits wird neues Wissen über die Wirklichkeit durch Mathematisierung entwickelt.«
(Lehrplan Mathematik, Nordrhein-Westfalen, 1983, S. 25).

Soweit es um die grundsätzlichen Forderungen geht, gibt es kaum Meinungsverschiedenheiten. Bei der Suche nach Wegen, diese in die tägliche Unterrichtspraxis umzusetzen, trifft man dann allerdings auf eine Fülle von Schwierigkeiten und offenen Fragen. (Vgl. FLOER, 1991.)

Schon die traditionelle Bezeichnung *»Sachrechnen«* ist als Beschreibung der Ziele zu eng. Es geht ja nicht darum, ein Stückchen Arithmetik in passenden kleinen Sachaufgaben anzuwenden. So würde »die Sache« allzu leicht dem Rechnen untergeordnet und käme zu kurz. Eine tiefergehende Erschließung der Umwelt wäre kaum möglich.

Sachrechnen in einem weiteren Verständnis ist nicht nur Lernstoff, sondern auch Lernprinzip und Lernziel. (Vgl. WINTER, 1985). Die Kinder sollen neben Erfahrungen zu Größen und Zahlen in der Umwelt auch Strategien im Umgang mit Sachsituationen erlernen, um Mathematik in der Umwelt und die Umwelt mit Hilfe von Mathematik zu entdecken.

Es gibt keine einfachen Rezepte, um diese Ziele zu erreichen. Vieles ist dabei notwendig, um die Sachsituation zu verstehen und zu mathematisieren:

- Texte und Bilder lesen,
- mit eigenen Worten darüber sprechen,
- Fragen finden,
- Zusammenhänge erkennen und untersuchen,
- einen Plan für die Lösung entwerfen,
- Daten gewinnen und darstellen,
- Zahlen vergleichen, ordnen und »richtig« mit ihnen rechnen,
- Ergebnisse abschätzen,
- sich weitere Informationen beschaffen,
- über die Bedeutung der Ergebnisse nachdenken
- und vieles andere mehr.

218

Entscheidend ist, daß Lehrer/innen und Kinder offene Augen für **ihre** Umwelt haben. Entdeckendes Sachrechnen kann nur in der konkreten Arbeit in der Klasse geschehen. Vor allem brauchen wir dazu viel mehr gute und erprobte Beispiele.

● **Beispiel: Wiegen**

Erfahrungen zu Gewichten gewinnen Kinder nicht bei Rechenaufgaben mit Gramm und Kilogramm, sondern nur, wenn sie vielfältige Gelegenheiten haben, konkrete Entdeckungen zu machen und über Gewichte nachzudenken.

Einige Anregungen dazu:

● Wir bauen eine Waage. Schon mit einfachen Mitteln erhält man ein gutes Modell.
● Damit kann man Gewichte vergleichen. Was ist schwerer: ein Pfennigstück oder ein Blatt Papier?
● Womit man nicht alles wiegen kann! Mit Büroklammern, Erbsen, Pfennigstücken, Papierblättern,…
● Was wiegt alles 1 Gramm? 10 Streichhölzer, 2 Büroklammern, 3 Erbsen, 2 Spaghettis, ein Fußballbild, ein Wollfaden von ungefähr 5 Meter Länge, 20 Wassertropfen, eine halbe Seite aus dem Rechenheft,…
● Wie schwer ist wohl ein Goldfisch – und wie kann man das herausfinden?
● Was wir so alles wegwerfen! Plastiktüten, Flaschen, Cola-Dosen, Milchtüten, Joghurtbecher, Reklameseiten, … Was kommt da zusammen? Eine Plastiktüte wiegt nicht viel (20 g), aber 100, 1000, 10 000, … Plastiktüten?
● Wie wird das Obst im Supermarkt gewogen? Man tippt nur die Taste mit der 37 und kurz darauf wird ein Zettel herausgeschoben, den man nur noch auf die Bananen klebt. Was bedeuten die vielen Zahlen auf dem Zettel?
● Noch 1000 weitere Fragen gibt es zum Wiegen und zu Gewichten!

2.5 Geometrie

Bei den Reformen und Gegenreformen der vergangenen Jahrzehnte hat die Geometrie einen festen Platz in der Grundschule gewonnen. Ein wichtiger Fortschritt im Zuge der »Neuen Mathematik« war die Erkenntnis, daß auch geometrische Ideen sich in Stufen entwickeln und daß die ersten Stufen bereits in der Grundschulzeit beschritten werden können (und müssen). So gehören Erfahrungen zu Formen und Figuren, zu Parketten und Mustern, zu Symmetrie, zu Körpern und Flächeninhalten heute zu den wichtigen Inhalten des Unterrichts in der Grundschule.

Für die Geometrie in der Grundschule gibt es viele Gründe.

– Geometrie ist ein weites Feld für Entdeckungen, und dies mit geringen Vorkenntnissen, noch nicht formalisiert, »mit Händen und Augen«.
– In der Umwelt begegnet man auf Schritt und Tritt geometrischen Phänomenen, jede geometrische Idee hat ihre Wurzeln in der Umwelt.

– Geometrische Vorstellungen gehen in alle Bereiche mathematischen Denkens ein, überall helfen bildhafte Darstellungen beim Lernen und Verstehen.

– Mehr noch: Fast jedes Denken braucht geometrische Stützen. Bilder und Handlungen bilden die Basis für viele Begriffsbildungen, helfen beim Lösen von Problemen und erleichtern die Verständigung.

– So ist Geometrie, wie FREUDENTHAL (1973, S. 380) es ausgedrückt hat, ein »*Mittel,… Kinder die Kraft des menschlichen Geistes fühlen zu lassen, das heißt die Macht ihres eigenen Geistes.*«

Es wäre dabei sehr bedauerlich, wenn die Geometrie in der Grundschule zugunsten anderer Inhalte vernachlässigt würde. Viele Chancen würden so verspielt. Es geht in der Grundschule durchaus nicht um einen systematischen Lehrgang, sondern um Raum für konkrete Erfahrungen mit Linien, Flächen und Körpern. Im Mittelpunkt stehen Handlungen: Malen, Schneiden, Falten, Kleben, Spiegeln, Bauen, Drucken, …Eine so verstandene Geometrie ist ein wichtiges Stück entdeckenden Lernens und offenen Unterrichts.

Einen hervorragenden Überblick über die vielfältigen geometrischen Aktivitäten, die auch in der Grundschule möglich sind, geben RADATZ/RICKMEYER (1991). Als kleines Beispiel sind einige Anregungen zu Entdeckungen mit einem Formenpuzzle gesammelt.

220

● **Beispiel: Formenpuzzle**

Das Material ist eine etwas vereinfachte Variante des bekannten TAN-GRAM und schnell aus einem Quadrat zu schneiden.
Mit diesen 8 Plättchen kann man viele Figuren legen und viel entdecken.

● Figuren auslegen, nachlegen und selbst erfinden

● Figuren verändern

● Gleiche Figuren (»Zwillinge«) legen

● Figuren symmetrisch ergänzen

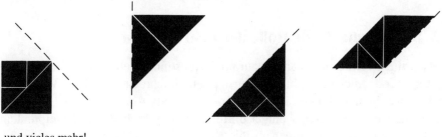

● und vieles mehr!

3. Probleme der Umsetzung in die Praxis

3.1 Die Kluft zwischen Theorie und Praxis

So sehr die Bedeutung des entdeckenden Lernens und der Öffnung des Unterrichts in der pädagogischen Diskussion betont wird, bei der Veränderung der Schulpraxis tut sich insbesondere der Mathematikunterricht noch recht schwer. Unter den Zwängen des Alltags bleibt oft nur wenig davon übrig. Vieles spricht sogar dafür, daß die theoretischen Vorstellungen von Unterricht und Lernen, wie sie sich in Lehrplänen und didaktischen Entwürfen finden, und der konkrete Unterricht sich in den letzten Jahren eher voneinander weg entwickelt haben. Dennoch bietet die gegenwärtige Situation durchaus mehr Chancen, als es auf den ersten Blick scheint. Zunächst einmal ist es positiv, daß ein Großteil der Lehrer/innen kritischer gegenüber didaktischen Vorschlägen geworden ist. Das kann auch angesichts der Entwicklungen der letzten zwei Jahrzehnte nicht verwundern. Hinzu kommt, daß es der Didaktik oft nur unzulänglich gelungen ist, in Zusammenarbeit mit den Lehrer/innen theoretische Konzepte in die Praxis umzusetzen.

Aus dieser Einsicht aber könnten neue Formen des Gesprächs und des gegenseitigen Verständnisses erwachsen. Wie jedes soziale System kann sich auch Schule nur weiterentwickeln, wenn die Interessen und Möglichkeiten aller daran Beteiligten berücksichtigt und ernst genommen werden. Geht man von einer pluralistischen Sicht des Lernens aus, dann muß man auch akzeptieren, daß es auf viele Fragen keine einheitlichen und allgemein verbindlichen Antworten gibt. Sie werden unterschiedlich ausfallen je nach den Überzeugungen und Möglichkeiten des Lehrers und der Situation seiner Klasse. Einige Fragen, über die man sicher geteilter Meinung sein kann:

– Auf welchen Wegen kommt man am besten zum Ziel?
– Wo sind ganzheitliche Zugänge sinnvoll, wo sind behutsame kleinere Schritte notwendig?
– Wie gelingt Öffnung des Unterrichts und welches Maß an Offenheit streben wir an?
– Wie passen wir die didaktischen Entscheidungen den Bedürfnissen des Kindes an?
– Wie schafft die Lehrerin dies alles?

3.2 Die entscheidende Rolle der Lehrer/innen

Fortschritte im Unterricht kann es nur mit Lehrer/innen geben, die dazu bereit und in der Lage sind. Auch hier gibt es (natürlich) erhebliche Unterschiede. Was den einen noch zu wenig an Offenheit ist, wird anderen bereits Angst machen. Eine Lehrerin, die Mathematik mehr oder weniger unfreiwillig unterrichtet, hat nun einmal andere Vorstellungen und Erwartungen als ihre Kollegin, die sich seit Jahren um neue Lernmöglichkeiten bemüht.

Wir werden nur weiterkommen, wenn wir beide ansprechen: den Ängstlichen Mut machen, ihnen Hilfen geben, ihre Bedenken ernst nehmen, auch den Rückzug auf vertrautere Ansätze offen lassen – andererseits die schon Mutigeren bei weiteren Schritten unterstützen und sie anregen, ihre positiven Erfahrungen weiterzugeben.

In einem neuen Unterricht wird die Lehrerin sicher nicht weniger gebraucht. Aber ihre Aufgaben verschieben sich. Sie bestehen vor allem darin, Lernen anzuregen und entsprechende Freiräume zu schaffen. Das bedeutet auch, Abschied zu nehmen von der allzu großen Hoffnung, das Lernen in kleinen Schritten sicher steuern zu können. Dieses neue Verständnis kann sich nicht von heute auf morgen einstellen. Auch in dieser Beziehung ist Geduld eine wichtige pädagogische Tugend.

Entscheidend ist, daß die Entwicklung stärker als bei früheren Reformen von den Lehrer/innen selbst getragen und gestaltet wird. Schließlich sind sie die neben den Kindern am meisten Betroffenen, und zugleich liegt bei ihnen die Hauptverantwortung für das, was in der Schule passiert (oder nicht passiert).

3.3 Möglichkeiten und Grenzen des Schulbuchs

Nach wir vor ist das Schulbuch eine wichtige Hilfe beim Lernen, und es ist auch keineswegs so, daß es nur als Lieferant von »grauen Päckchen« und anderen einfallslosen Aufgaben taugt. Es gibt kein Schulbuch, das sich nicht durchgehend bemüht, Kindern beim einsichtigen Lernen zu helfen. Dennoch tun sich Schulbücher mit dem entdeckenden Lernen und offeneren Formen des Unterrichts noch ziemlich schwer.

Daher ist es durchaus legitim, nach der *»prinzipiellen Schädlichkeit der Schulbücher«* (RÖHRL, 1980) zu fragen. Und man muß zugeben, daß Bücher prinzipiell schädlich sind – wie jeder Eingriff in das Leben eines anderen, jede Steuerung seiner Erfahrungen, jede Vorwegnahme seiner guten Einfälle, jede Einschränkung seiner Spontaneität und Phantasie »prinzipiell« schädlich ist.

Wendet man die Bedenken gegen die Rolle eines Schulbuchs positiv, so kommt man zu den Fragen: Wie könnte oder müßte ein Schulbuch aussehen, das den Unterrichtsablauf nicht festschreibt, das Lehrern und Kindern Spielraum läßt und schafft für offenen Unterricht und das so insbesondere zu einer Hilfe für entdeckendes Lernen wird?

Wenn dies gelingt, hat das Schulbuch auch in einem offenen Unterricht wichtige Funktionen. Es kann zu vielfältigen Aktivitäten anregen und sie koordinieren, bei der Planung des Unterrichts helfen, Lese- und Arbeitsbuch für die Kinder sein.

Es kann so Bausteine für den Unterricht liefern, auch mögliche Baupläne, aber nicht das fertige Haus. Es schreibt den Unterrichtsgang nicht vor, sondern hilft bei dessen Ausgestaltung. So wird es selbst zu einem wichtigen Baustein. Es verliert zwar die zentrale Steuerungsfunktion, die ihm in der Vergangenheit zugekommen ist, aber es kann dem Lehrer vielfältige Angebote machen, mit deren Hilfe er seinen Unterricht gestalten kann.

Dazu muß neben dem Schulbuch eine Lernumgebung geschaffen werden, die von den Kindern frei genutzt werden kann. Allerdings darf sich diese Umgebung nicht auf Arbeitsblätter beschränken. Diese gehen meist in die entgegengesetzte Richtung: Sie verengen die Ansätze des Schulbuchs, statt sie für freiere Arbeitsformen zu öffnen. Bausteine einer Lernumgebung (von denen wir die meisten bereits angesprochen haben) könnten sein:

- Lernmaterialien zur Arithmetik,
- Spiele,
- Karteikarten mit Anregungen zum Entdecken,
- offene und produktive Übungsformen,
- Materialien zu vielfältigen geometrischen Aktivitäten,
- Bilder und Geschichten zum kreativen Sachrechnen.

3.4 Was bleibt zu tun?

Die Stichworte zur gegenwärtigen Lage zeigen zugleich auf, was für die Zukunft zu tun bleibt. Dabei erscheinen mir die folgenden Aufgaben besonders wichtig:

- Verzahnung von Mathematikunterricht und Erziehung (Motivation, soziales Lernen, Verständnis für Lernprozesse, Umgang mit Fehlern),
- Zusammenarbeit mit anderen Fächern und Lernbereichen,
- Weiterentwicklung von geeigneten Materialien, Spielen und Übungsformen,
- Entwicklung von speziellen Möglichkeiten zur Förderung lernschwacher oder lernbehinderter Kinder,
- Erschließung der (sich ständig verändernden) Umwelt mit Hilfe von Mathematik.

Es ist unvermeidlich, daß die Veränderungen, wie auch immer sie aussehen, den einen zu weitgehend, den anderen zu bescheiden sein werden, daß die Schritte den einen zu klein,den anderen unzumutbar groß sind. Wir brauchen beides: die Weiterentwickung vertrauter Unterrichtsformen in Richtung auf mehr Offenheit und die Öffnung des Unterrichts für weitergehende neue Ansätze.

Dabei wird es nicht immer Konsens geben. Aber das sollte den Bemühungen nicht im Wege stehen, gemeinsam weiterzukommen.

Chancen für Fortschritte ergeben sich an vielen Stellen:

- in der täglichen Unterrichtsarbeit,
- in der didaktischen Forschung,
- in der Zusammenarbeit von Theorie und Praxis,
- in der Verbesserung von Schulbüchern und anderen Medien,
- bei der Aus- und Fortbildung der Lehrer.

Vor allem aber müssen diese Bemühungen getragen werden von einer neuen Sicht des Lernens. Wir müssen uns entscheiden, was wir wollen:
- Freies Lernen oder einen Unterricht, der »alles im Griff« hat,
- lebendige Einsichten oder »todsichere« Methoden,
- bewegliches Denken oder Üben, bis alles »sitzt«,
- Ent-deckungen oder gut zugeschnürte Lern-»Päckchen«.

Literatur

FLOER, J.: Fördernder Mathematikunterricht in der Grundschule, in: FLOER, J./HAARMANN, D. (Hrsg.): Mathematik für Kinder, Weinheim 1982, S. 35–150.

FLOER, J. (Hrsg.): Arithmetik für Kinder, Materialien – Spiele – Übungsformen, Frankfurt/M., 1985.

FLOER, J.: Üben und Einsicht im Mathematikunterricht, in: Die Grundschulzeitschrift, 1988 (Heft 17), S. 14–16, 20–21.

FLOER, J.: Rechnen, offener Unterricht und entdeckendes Lernen, in: Die Grundschulzeitschrift, 1989 (Heft 31), S. 6–10.

FLOER, J.: Die Kinder, das Rechnen und »die Sachen«, in: Die Grundschulzeitschrift, 1991 (Heft 42), S. 4–7.

FREUDENTHAL, H.: Mathematik als pädagogische Aufgabe, Bd. 2, Stuttgart 1973.

GARDNER, H.: Dem Denken auf der Spur, Stuttgart 1989

GERLACH, A.: Lebensvoller Rechenunterricht, Leipzig 1914

GINSBURG, H.: Children's Arithmetic: the learning process, New York 1977

HUGHES, M.: Children and Number, Difficulties in Learning Mathematics, Oxford 1986

KARASCHEWSKI, H.: Wesen und Weg des ganzheitlichen Rechenunterrichts, Stuttgart 1966

KRAMPE, J./MITTELMANN, R.: Spielen im Mathematikunterricht, Heinsberg 1987

KÜHNEL, J.: Neubau des Rechenunterrichts, Düsseldorf 1966 (1. Auflage Leipzig 1916)

MÜLLER, G./WITTMANN, E.Ch.: Der Mathematikunterricht in der Primarstufe, Braunschweig 1984[6]

OEHL, N.: Der Rechenunterricht in der Grundschule, Hannover 1962

RADATZ, H./RICKMEYER, K.: Handbuch für den Geometrieunterricht an Grundschulen, Hannover 1991

RADATZ, H./SCHIPPER, W.: Handbuch für den Mathematikunterricht an Grundschulen, Hannover 1983

Richtlinien und Lehrpläne für die Grundschule in Nordrhein-Westfalen, Düsseldorf 1985

RÖHRL, E.: Von der prinzipiellen Schädlichkeit der Schulbücher, in: Mathematiklehrer, 1/1980, S. 34–37

SENNLAUB, G. (Hrsg.): Feuer und Flamme, Heinsberg 1987

WINTER, H.: Begriff und Bedeutung des Übens im Mathematikunterricht, in: mathematik lehren 2/1984, S. 4–16

WINTER, H.: Sachrechnen in der Grundschule, Bielefeld 1985

WINTER, H.: Mathematik entdecken, Frankfurt/M. 1987

WITTMANN, J.: Theorie und Praxis eines analytischen Unterrichts, Kiel 1929

WITTMANN, E. Ch.: Die weitere Entwicklung des Mathematikunterrichts in der Grundschule – was muß sich bewegen? in: Die Grundschulzeitschrift, 1992 (Heft 52), S. 29–31

WITTMANN, E. Ch./MÜLLER, G.: Handbuch produktiver Rechenübungen, Bd. 1, 2, Stuttgart 1990, 1992

IV. Lernbereich Sachunterricht

Unklarheiten im Sprachlichen weisen auf Unsicherheiten im Sachlichen. Von »Sachkundeunterricht« ist immer wieder die Rede und die Schreibe, als ob es nie die heftigsten Abgrenzungskämpfe zwischen Heimatkunde und Sachunterricht gegeben hätte. Vielleicht steckt berechtigtes Harmoniebedürfnis hinter dem Wortungeheuer. Müssen denn die ideologischen Gräben sein zwischen Kunde und Unterricht, Heimat und Sache, Kind- und Wissenschaftsorientierung schließlich wie zwischen praktischem und theoretischem Lernen? »Kunde« kann mit »Verkündigung« ebenso zu tun haben wie mit »Erkunden«, »Unterricht« mag zur »Unterweisung« führen oder aber zum »sich unterrichten« – und mit der Umweltgefährdung ist die »Heimat« auf neue und sehr ernste Weise zu »unserer Sache« geworden. Keine falschen Fronten also, aber auch keine verbalen Nebelbomben zwischen ihnen.

GÖTZ, MARGARETE: Von der Heimatkunde zum Sachunterricht – Auf dem Weg zu einem offenen und pluralistischen Konzept

POPP, WALTER/DUNCKER, LUDWIG: Der schultheoretische Ort des Sachunterrichts – Zur Notwendigkeit einer schultheoretischen Perspektive auf anthropologischer Basis

KNIRSCH, RUDOLF: Umweltbildung – Handeln für die Zukunft

FAUSER, PETER/MACK, WOLFGANG: Praktisches Lernen – Erfahrungen aus eigenem Tun

Margarete Götz

Von der Heimatkunde zum Sachunterricht

Auf dem Weg zu einem offenen und pluralistischen Konzept

1. Aufgabe des Sachunterrichts[1]

In eine Grundschulklasse kommt eine Großmutter. Sie erzählt den Schülern von ihrer eigenen Kindheit, vom Leben im Ort früher. Die Kinder hören interessiert zu und stellen Fragen. Drittkläßler zeichnen während eines Tages in regelmäßigen Zeitabständen den Schattenwurf ihres Körpers im Schulhof auf. Die Schüler einer zweiten Jahrgangsstufe versuchen, mit Hilfe von Pflanzentafeln Wiesenblumen zu identifizieren.

Die Erfahrungen und Erkenntnisse, die die Schüler bei den hier beispielhaft angeführten Lernaktivitäten gewinnen, sollen ihnen helfen, ihre Umwelt zu erschließen, aufzuklären und zu verstehen. Darin besteht das zentrale Anliegen des Sachunterrichts in der Grundschule. Diese Aufgabe hat im Laufe der Entwicklung des Faches verschiedene Deutungen, Akzentuierungen und Erweiterungen erfahren. Sie hängen mit der unterschiedlichen Gewichtung zusammen, die den drei Bezugsfeldern des Sachunterrichts – Kind, Gesellschaft und Wissenschaft – für seine didaktisch-methodische Ausgestaltung beigemessen wird.

Wenngleich der Terminus »*Sachunterricht*« in den Richtlinien vereinzelt schon vor der Grundschulreform gebräuchlich war, fand er doch mit deren Einsetzen Ende der sechziger Jahre erst Eingang in alle Lehrpläne. Sein Gebrauch signalisierte damals Innovationen, für die hauptsächlich die Wissenschaft den Orientierungsrahmen bildete, und war gleichzeitig verbunden mit der zum Teil von scharfer Kritik begleiteten Ablösung der Heimatkunde.

---

[1] Abgesehen von den Passagen zur Heimatkunde beziehen sich die Ausführungen auf die Entwicklung des Sachunterrichts in der Bundesrepublik und lassen diejenigen in der ehemaligen DDR unberücksichtigt.

2. Die Heimatkunde als Vorläufer des Sachunterrichts

2.1 Entwicklungslinien

Verfolgt man die Geschichte der Heimatkunde bis zu ihrer Etablierung als eigenständiges Schulfach in der *Weimarer Grundschule,* lassen sich schwerpunktmäßig zwei Entwicklungsrichtungen unterscheiden.

Die erste repräsentiert der Ansatz F.A. FINGERS, der Mitte des 19. Jahrhunderts unterrichtspraktische Versuche mit der »*Heimathskunde*« durchführt. Ihnen kommt für die weitere Entwicklung eine bahnbrechende Bedeutung zu, da mit ihnen eine erste systematische Grundlegung für das spätere Schulfach geleistet wird. FINGER bezeichnet die Aufgabe seines Unterrichts, der in den ersten vier Jahren der Schulzeit erfolgen soll, als eine »*auf Anschauung gegründete Bekanntmachung der heimatlichen Gegend*« (FINGER 1866, S. 4).

● Wie an der Zielsetzung ablesbar, ist die Heimatkunde in ihrer *methodischen* Ausrichtung an den *Anschauungsgrundsatz* gebunden, in ihrer *stofflichen* an den *Geographieunterricht* weiterführender Schulstufen, auf den sie vorbereiten soll. Obwohl die Einengung auf erdkundliche Inhalte in der Nachfolge Fingers überwunden wird, nehmen geographisch akzentuierte Themen eine führende Stellung in der Heimatkunde bis zu ihrer Ablösung durch den wissenschaftsorientierten Sachunterricht ein.

Bis in die Jahrhundertwende hinein zeugen die methodischen Handbücher nach dem Vorbild FINGERS von einem ausgesprochen sachbetonten Charakter der Heimatkunde. Er ist durch ihre propädeutische Aufgabe wie durch ihre enge Ankopplung an das Anschauungsprinzip bedingt. Dessen Bedeutung für die Vermittlung von Kenntnissen impliziert einen unterrichtlichen Zugriff auf die Umgebung des Kindes, die ein reichhaltiges Repertoire an sinnlich faßbaren Unterrichtsgegenständen liefert.

> Heimat erhält somit die Funktion, Anschauungsstoffe für den Unterricht zu liefern, mit deren Hilfe die Schüler relevante Sachkenntnisse für den späteren Fachunterricht erwerben sollen.

● Diese Sichtweise der Heimat ändert sich, sobald man sich der zweiten Entwicklungslinie des Faches zuwendet. Sie wird etwa mit Beginn des Ersten Weltkriegs wirksam, als das Gedankengut der *Heimatbewegung,* einer komplexen kulturellen Strömung, verstärkt in schulpädagogische und bildungstheoretische Überlegungen eindringt. In Pädagogenkreisen breitet sich eine Hochschätzung und Verklärung der Heimatidee aus, die SPRANGER in seinem klassisch gewordenen Vortrag mit dem Titel »*Der Bildungswert der Heimatkunde*« auf ein akademisches Niveau hebt (SPRANGER 1923).

Im Gefolge der pädagogischen Aufwertung der Heimat, wandelt sich diese von einer ursprünglich dem Anschauungsgrundsatz genügenden Stoffquelle zu einem überragenden Bildungswert. Dementsprechend ändert sich ihr Stellenwert gegenüber Schule und Unterricht. Die Schule hat sich nunmehr in den Dienst der Heimat zu stellen, indem sie die Schüler zur Heimatverbundenheit und -liebe erzieht.

Für das Zielgefüge der Heimatkunde resultiert daraus Gesinnungs- und Gemütsbildung, eine Intention, die in den Augen der Kritiker die Ideologieanfälligkeit des Faches belegt.

2.2 Kennzeichnung der Heimatkunde der Weimarer Grundschule

Sowohl für den mehr sachbetonten wie auch für den mehr gesinnungsbetonten Charakter der Heimatkunde lassen sich in der Zeit der Weimarer Grundschule Belege finden, mit deren Gründung die Heimatkunde als eigenständiges Schulfach eingeführt wurde. So favorisieren die Vertreter der Heimatschulbewegung, wie z.B. BRUNO CLEMENZ, in ihren Schriften einen heimatkundlichen Unterricht, der mehr auf eine um Heimatliebe, Vaterlandsliebe und Deutschtum kreisende Erziehung abzielt als auf die Vermittlung von Kenntnissen.

Demgegenüber zeigt sich bei der Durchsicht der *Grundschulrichtlinien* der zwanziger Jahre, daß die gefühlsgetränkte Heimaterziehung in der amtlichen Fassung des heimatkundlichen Unterrichts keine durchschlagende Resonanz erfährt. Darin wird dem Fach als Arbeitsgebiet die nächste Umgebung des Kindes zugewiesen, die es räumlich und geistig zu durchdringen gilt. Als vorrangiges, obschon nicht als einziges, Kriterium der Stoffauswahl wird die geistige Fassungskraft des Kindes festgelegt. Darin spiegelt sich eine Variante der *Kindorientierung* wider, die für die gesamte Grundschularbeit den maßgeblichen Orientierungsrahmen bildet.

In den Richtlinien tritt das Fach in einer jahrgangsabhängigen **Zweistufigkeit** auf. Sie hängt mit der damals in der Psychologie gängigen Phasentheorie der kindlichen Entwicklung zusammen, die bestimmte Verhaltensweisen und Leistungen einem bestimmten Lebensalter zuordnet.

● Als heimatkundlicher Anschauungsunterricht erstreckt sich das Fach in der Regel auf die ersten beiden Jahrgangsstufen und ist hier Mittelpunktfach des **Gesamtunterrichts**. Die Themen des heimatkundlichen Anschauungsunterrichts bilden in Entsprechung der ganzheitlichen Wahrnehmung des Kindes ungegliederte Sacheinheiten, die der unmittelbaren Nahwelt, dem häuslichen und schulischen Leben, entstammen. Sie werden ergänzt durch literarisch-musische Stoffe, wie Märchen und Kinderlieder.

● Mit der dritten Jahrgangsstufe beginnt dann die sog. eigentliche Heimatkunde, der in den Richtlinien die Aufgabe zugeteilt wird, den späteren **Fachunterricht** vorzubereiten. Diese propädeutische Funktion schlägt sich in der Stoffanordnung des Faches ebenso nieder wie in seinem Anforderungsniveau. Die für den heimatkundlichen Anschauungsunterricht typischen ungegliederten thematischen Einheiten werden abgelöst durch eine nach dem Vorbild späterer Fächerung differenzierten Binnengliederung, die durchgängig einen erdkundlichen, naturkundlichen und geschichtlichen Zweig umfaßt.

● Während in den beiden ersten Jahrgangsstufen sich die unterrichtliche Behandlung heimatlicher Erscheinungen darauf konzentriert, deren sinnlich wahrnehmbare Formen und Eigenschaften zu erfassen, sollen die Schüler in der eigentlichen Heimatkunde in Abstraktion vom äußeren Erscheinungsbild Sachzusammenhänge erkennen, Entwicklungsabläufe einschließlich ihrer Bedingungen durchschauen, fachliche Grundbegriffe namentlich im erdkundlichen Bereich kennenlernen. Beispiele dafür sind die Nachbildung typischer Landschaftserscheinungen in Sand oder Ton, das Anfertigen geographischer Skizzen, das Durchführen von Keimungsversuchen, die Langzeitbeobachtung des Pflanzenwachstums.

In der methodischen Ausrichtung des Faches manifestiert sich ein prägender Einfluß der *Arbeitsschulbewegung,* denn nach den amtlichen Anweisungen soll der Wissenserwerb in allen vier Jahrgangsstufen nicht durch Belehrung, sondern durch die selbsttätige Auseinandersetzung des Schülers mit dem Sachverhalt erfolgen. Damit trägt der heimatkundliche Unterricht dem Aktivitätsdrang des Kindes Rechnung, den die zeitgenössische Kinderpsychologie als Wesenszug der kindlichen Entwicklung im Grundschulalter einstufte.

Die Selbsttätigkeit des Schülers vollzieht sich im heimatkundlichen Anschauungsunterricht vorwiegend im *manuellen Tun* in Gestalt von Klassenzimmertechniken wie Zeichnen, Formen, Kneten, Ausschneiden, Basteln und verdichtet sich in der eigentlichen Heimatkunde zunehmend zu einem *geistigen Tun,* das u.a. Aktivitäten des Untersuchens, Klassifizierens, Vergleichens, Erklärens und Begründens umschließt. Verglichen mit dem dominanten Stellenwert des Arbeitsprinzips messen die Richtlinien dem Erlebnisgrundsatz für die methodische Ausgestaltung des heimatkundlichen Unterrichts eine untergeordnete Bedeutung bei.

Auf dem Hintergrund des pädagogischen Erkenntnisstandes der zwanziger Jahre beurteilt, erweist sich das in den Lehrplänen fixierte Fach in seiner stofflichen wie methodischen Ausstattung als ein zugleich kind- und sachgerechter Unterricht, wenngleich er sich – aus heutiger Sicht – auf einem niedrigen Anspruchsniveau bewegt haben mag. Seine Hauptaufgabe liegt in der verstandesmäßigen Durchdringung der heimatlichen Erscheinungen, womit das Fach weitaus mehr den von FINGER vorgezeichneten Bahnen folgt als dem Theorieentwurf SPRANGERS.

> Nicht wegen ihrer ins überindividuelle hochstilisierten Gemütswerte soll die Heimat in der Weimarer Grundschule unterrichtlich behandelt werden, sondern weil sie die dem Kind vertraute Lebenswelt repräsentiert.

Ihre Erscheinungen liefern dem heimatkundlichen Unterricht die Sachstoffe, die im Erfahrungs- und Interessenhorizont des Kindes liegen. Aufgrund ihrer unmittelbar konkreten Anschaulichkeit und Greifbarkeit kommen sie der kindlichen Auffassungs- und Denkweise entgegen und genügen darin dem nach Maßgabe der Kindorientierung geprägten Leitbild der Grundschularbeit.

Die Tatsache, daß die Richtlinien der zwanziger Jahre in ihrer Mehrzahl keine gefühlsgeladene Heimaterziehung intendieren, schließt allerdings nicht aus, daß eine solche praktiziert wurde, da die alltägliche Schularbeit bekanntlich nicht allein von Lehrplanvorgaben abhängt.

2.3 Kritik der Heimatkunde

Die im Zuge ihrer Ablösung durch den wissenschaftsorientierten Sachunterricht vorgebrachte Kritik an der Heimatkunde orientiert sich vorwiegend an jener Entwicklungslinie, die einen gefühls- und gesinnungsbildenden Charakter des Faches impliziert. Sie stützt sich bevorzugt auf SPRANGERS Abhandlung *»Der Bildungswert der Heimatkunde«,* an dessen Heimatverständnis zahlreiche Vorwürfe gegen das Unterrichtsfach festgemacht werden (SPRANGER 1923). Sie betreffen die Ziele des Faches ebenso wie seine Inhalte und Methoden einschließlich der vermeintlich erzieherischen Wirkungen.

Dem heimatkundlichen Unterricht wird eine emotional-affirmative Zielsetzung angelastet, die mehr eine Gesinnungsbildung anstrebt als eine analysierende Auseinandersetzung mit Sachverhalten. Seine Inhalte repräsentieren in den Augen der Kritiker eine bäuerlich-ländliche Idylle und vernachlässigen das industrielle und städtische Leben. Die Methoden des Faches werden als zu erlebniszentriert eingestuft, die einer sachadäquaten Informationsgewinnung und -verarbeitung entgegenwirken. Die Einwände erhalten bildungspolitische Relevanz, als 1970 die Kultusministerkonferenz empfiehlt angesichts der *»kritische(n) Bedenken gegenüber der Heimatkunde heute«* in Zukunft von *»Sachunterricht«* zu sprechen, ein Terminus, der mehr als eine bloße Namensänderung bedeutet (Empfehlungen 1970, S. 25).

Nachdem sich alle Bundesländer bis 1975 der veränderten Sprachregelung und den damit verbundenen Innovationen angeschlossen hatten, führte Bayern als erstes Land bereits 1974 die Bezeichnung *»Heimat- und Sachkunde«* wieder ein. Der erneuten Umbenennung haben sich zwischenzeitlich auch andere Bundesländer angeschlossen.

Angesichts der Hypothek, die auf dem Heimatbegriff lastet, ist seine Wiederaufnahme in Lehrpläne ein durchaus fragwürdiges Unterfangen, solange im Sinne eines »aktiven« Heimatverständnisses nicht geklärt ist, ob und in welcher Weise Heimat erneut Bezugsfeld, Gegenstand oder Ziel des Sachunterrichts sein kann (BAUSINGER 1983).

3. Der wissenschaftsorientierte Sachunterricht

3.1 Entwicklungslinien

Eine wesentliche Bedingung für die Entwicklung des Sachunterrichts wissenschaftsorientierten Zuschnitts liegt in der sich im Laufe der sechziger Jahre durchsetzenden Erkenntnis, daß Lernprozesse weitaus mehr, als bislang angenommen, die kindliche Entwicklung beeinflussen. Die Ergebnisse intensiver entwicklungs-, sozial- und lernpsychologischer Forschungen führen zu einer Neueinschätzung des Lernens, die ihren prägnantesten Ausdruck in der empirisch keineswegs bewiesenen Ansicht JEROME BRUNERS findet: *»Jedes Kind kann auf jeder Entwicklungsstufe jeder Lehrgegenstand in einer intellektuell ehrlichen Form erfolgreich gelehrt werden. Es ist eine kühne Hypothese... Es gibt kein Zeugnis, das dieser Hypothese widerspräche, jedoch bereits viele, die sie stützen«* (BRUNER 1973, S. 44). Die gewandelte Auffassung über die Bedeutung des Lernens schafft zusammen mit einem neuen Begabungsverständnis die Voraussetzung für die Aufnahme wissenschaftlicher Konzepte in den Sachunterricht.

Ein folgenreicher Anstoß dazu geht neben dem Frankfurter *Grundschulkongreß* 1969 vom »Strukturplan für das Bildungswesen« aus, den der Deutsche Bildungsrat 1970 veröffentlicht. Darin wird die *»prinzipielle wissenschaftliche Orientierung der Lerninhalte und Lernprozesse«* zu einer Leitlinie schulischen Lernens erhoben (Deutscher Bildungsrat 1970, S. 133).

Für die Grundschularbeit resultiert daraus, daß das Kriterium der Kindorientierung nicht mehr ausreicht, »um Maßstäbe für den Unterricht setzen zu können« (a.a.O.). Die vom Deutschen Bildungsrat geforderte Wissenschaftsorientierung intendiert keineswegs einen Fachunterricht mit wissenschaftlichem Anspruchsniveau in der Grundschule. Vielmehr soll diese von Anfang an die Voraussetzungen und Grundlagen für wissenschaftliches Arbeiten und Denken schaffen, auf das spätere Schulstufen kontinuierlich aufbauen können.
Einher mit der Wissenschaftsorientierung soll eine Pädagogisierung der Grundschularbeit gehen, wenn der Strukturplan darauf hinweist, daß der Unterricht die Freude am Lernen wahren, die Eigeninitiative der Schüler anregen, spielerisches, entdeckendes, selbständiges, individualisierendes Lernen ermöglichen soll. Im Vergleich zum Prinzip der Wissenschaftsorientierung finden derartige Forderungen in der Folgezeit insbesondere bei den geschlossenen Curricula zum Sachunterricht kaum Beachtung. Als Konsequenz für die Lernbereiche der Grundschule ergibt sich aus der Wissenschaftsorientierung eine »Neugliederung des bisherigen Gesamtunterrichts als Sachunterricht, in dem historisch-kulturelle Gehalte, sozial- und gesellschaftliche sowie naturwissenschaftlich-technische Inhalte und Verfahren angemessen berücksichtigt werden« (a.a.O. S. 139).

Diesem Reformvorschlag schließt sich die Kultusministerkonferenz 1970 im wesentlichen an, wenngleich sie mit Blick auf den Sachunterricht das Prinzip der Kindgemäßheit stärker gewichtet als der Deutsche Bildungsrat.

3.2 Wissenschaftsorientierung bei curricularen Ansätzen

Die geforderten Innovationen des Sachunterrichts nehmen auf dem Gebiete der Curriculum-Entwicklung konkrete Gestalt an. Dabei richten sich die Aktivitäten zunächst auf die Rezeption amerikanischer Curricula und sind auf den naturwissenschaftlichen Bereich des Sachunterrichts konzentriert.

● In Überarbeitung von *Science Curriculum Improvement Study* (SCIS) wird von KAY SPRECKELSEN der Ansatz eines **struktur- und konzeptorientierten** Sachunterrichts entwickelt. Darin manifestiert sich die Wissenschaftsorientierung in Gestalt von drei Basiskonzepten (Teilchenstruktur-, Wechselwirkungs- und Erhaltungskonzept), die grundlegende Strukturen eines Wissenschaftsbereichs repräsentieren. Mit ihrem Erwerb, der in der Grundschule an je unterschiedlichen Inhalten auf je unterschiedlichen Abstraktionsstufen in Form eines Spiralcurriculum erfolgen soll, erhält der Schüler erklärungskräftige Interpretationssysteme der Wirklichkeit.

● Unter Leitung von TÜTKEN hat die Göttinger Arbeitsgruppe für Unterrichtsforschung in Anlehnung an das naturwissenschaftliche Curriculum *»Science-A-Process-Approach«* (SAPA) einen **verfahrensorientierten** Ansatz zum Sachunterricht vorgelegt. Wissenschaftsorientierung konkretisiert sich hier im Erlernen naturwissenschaftlicher Verfahren und Methoden (Beobachten, Klassifizieren, Messen usw.), die den Schüler zu selbständiger Wissensaneignung befähigen sollen.

● Beide Konzeptionen haben ihren zentralen Bezugspunkt in **Fachdisziplinen.** Wissenschaftsorientierung wird verstanden als ein an die kognitive Kapazität der Grundschüler angepaßtes Erlernen von wissenschaftlichen Inhalten, Strukturen oder Verfahren. Abgesehen von den fragwürdigen wissenschaftstheoretischen Prämissen beider Ansätze kommt unter dem Primat des fachwissenschaftlichen Zugriffs das Kind zu kurz, sei es, daß die Inhalte und Verfahren für das Kind wenig lebensbedeutsam sind oder ihr Erlernen das kindliche Denkvermögen übersteigt.

Die daraus resultierende Entfremdung von der kindlichen Erfahrungswelt verstärkt sich noch durch den *geschlossenen Charakter* beider Curricula. Da sie neben Lernzielen und Lerninhalten auch Angaben über Experimentiermaterialien, über den Unterrichtsverlauf sowie Lernzieltests enthalten, leisten sie eine lückenlose Vorausplanung unterrichtlichen Handelns. Folglich bleibt Lehrern wie Schülern wenig Spielraum, eigene Ideen, Fragen und Interessen in das Unterrichtsgeschehen einzubringen.

● Dieses Defizit überwindet das von der *Göttinger Arbeitsgruppe* für Unterrichtsforschung entwickelte naturwissenschaftliche Curriculum für den Sachunterricht *»Kinder und ihre natürliche Umwelt«*. Nach Absicht der Autoren soll das Curriculum *»Entscheidungshilfen für **individuelle** Planung und Durchführung des Unterrichts geben«* (Arbeitsgruppe 1980, S. 5). Dem entspricht der lose Planungsrahmen, den die Unterrichtseinheiten zu physikalischen, chemischen und biologischen Themen aufweisen. Das Ziel, den Schülern Sachkompetenz gegenüber ihrer natürlichen Umwelt zu vermitteln, soll durch das Erlernen wissenschaftlich akzentuierter Verfahren und Begriffe erreicht werden. Die leitenden didaktischen Prinzipien des handelnden, selbständigen, entdeckenden, kooperativen und kommunikativen Lernens ermöglichen eine aktive Beteiligung der Schüler am Unterrichtsgeschehen und wirken darin einer übersteigerten Wissenschaftsorientierung des Sachunterrichts entgegen.

● Im stärkeren Maße noch als bei der Konzeption der Göttinger Gruppe werden die Erfahrungen und Interessen der Kinder beim *Nuffield Junior Science Project* (NJSP) und seinem Nachfolgeprojekt *Science 5/13* berücksichtigt, einem englischen Curriculum für den naturwissenschaftlichen Unterricht, das SCHWEDES, KLEWITZ und MITZKAT ins Deutsche übertragen haben. Es besteht aus Unterrichtsprotokollen, die als Orientierungshilfe für den Lehrer gedacht sind. In seiner Ausrichtung ist es verfahrensorientiert wie der Ansatz von TÜTKEN, hat aber im Gegensatz zu diesem seinen zentralen Bezugspunkt in der **Erfahrungswelt der Kinder**. Auf dem Wege über die Erkundung und Exploration der kindlichen Umwelt sollen die Schüler selbst Verfahren zur Lösung der anstehenden Probleme finden und so allmählich zu einem wissenschaftsorientierten Problemlöseverhalten geführt werden. Kritisch ist dagegen eingewendet worden, daß durch den Mangel an einem systematischen didaktischen Aufbau die Schüler hinter ihren Leistungsmöglichkeiten zurückbleiben würden, ein Vorwurf, für den ein empirischer Nachweis noch aussteht.

> Die skizzierten Curricula stimmen alle darin überein, daß der Wissenschaft eine bedeutsame Rolle als Zugriffsform der Weltbewältigung zukommt. Sie unterscheiden sich jedoch in dem, was jeweils unter Wissenschaftsorientierung verstanden wird, wie in dem Stellenwert, den sie ihr im Sachunterricht beimessen.

Teilweise haben die vorgestellten Curricula die Lehrplanentwicklung beeinflußt, auch wenn keines in Reinform in den schulischen Sachunterricht eingegangen ist. So haben beispielsweise die von SPRECKELSEN vorgeschlagenen Basiskonzepte beim naturwissenschaftlich akzentuierten Sachunterricht im bayerischen Lehrplan (1971) Anwendung gefunden.

3.3 Wissenschaftsorientierung in den Lehrplänen

Seit 1969 haben die einzelnen Bundesländer Zug um Zug neue Lehrpläne eingeführt, die allerdings zwischenzeitlich, bedingt durch die Kritik am wissenschaftsorientierten Sachunterricht, wieder überarbeitet und revidiert wurden. Mit ihnen wird der Sachunterricht als eigenständiger Lernbereich der Grundschule eingeführt. Überblickt man die zwischen 1969 und 1975 erschienenen Lehrpläne, so lassen sich unterschiedliche Varianten wie auch Auswirkungen der Wissenschaftsorientierung erkennen.

- Verglichen mit der Heimatkunde hat die Leitvorstellung der Wissenschaftsorientierung zu einer unterrichtlichen Behandlung bislang kaum berücksichtigter **Inhalte** geführt. Dazu gehören etwa die nahezu in allen Lehrplänen genannte naturwissenschaftlich akzentuierten Themen »Magnete« und »Stromkreis« sowie beispielsweise das Thema »Werbung«, das die hessischen Rahmenrichtlinien (1972) im sozialwissenschaftlichen Bereich des Sachunterrichts enthalten. Hinzu kommen fachgemäße Arbeitsweisen wie das Beobachten, Befragen, Ordnen, Experimentieren, in denen sich als Verfahren der Erkenntnisgewinnung die Wissenschaftsbezogenheit des Sachunterrichts niederschlägt.

- Allgemein verbindliche **Strukturen** für die Anordnung sachunterrichtlicher Inhalte unter dem Postulat der Wissenschaftsorientierung sind allerdings **nicht** in den Lehrplänen zu finden. Das belegt die von konzeptioneller Unsicherheit zeugende unterschiedliche Gliederung des Sachunterrichts in den Lehrplänen. Dabei kristallisieren sich drei Grundmuster heraus:

- In *Bayern* (1971), *Berlin* (1969) und in *Nordrhein-Westfalen* (1973) wird der Sachunterricht nach dem Vorbild des **Fächerkanons der Sekundarstufe** in fachliche Teilgebiete gegliedert. So unterscheidet z.B. der bayerische Lehrplan von 1971 mit Sozial- und Wirtschaftslehre, Geschichte, Erdkunde, Biologie sowie Physik/Chemie fünf fachliche Bereiche.

- Eine **fächerintegrierende** Untergliederung wird in den Lehrplänen von *Hessen* (1972), *Hamburg* (1973), *Schleswig-Holstein* (1975), *Rheinland-Pfalz* (1971), *Saarland* (1971) und *Baden-Württemberg* (1975) vorgenommen, indem der Sachunterricht in einen naturwissenschaftlich und sozialwissenschaftlich akzentuierten Bereich zweigeteilt wird.

- Im *niedersächsischen* Lehrplan (1975), teilweise auch in den Hessischen Rahmenrichtlinien (1974 ff.), weist der Sachunterricht eine **themenbezogene Gliederung** auf, die sich an der Lebenswirklichkeit orientiert.

    Obwohl bei allen Lehrplänen erkennbar wird, daß der Sachunterricht nicht ausschließlich von wissenschaftlichen Bezugsdisziplinen geprägt ist, wird deren Stellenwert beim fachlich unterteilten Sachunterricht doch höher veranschlagt als bei den übrigen Gliederungstypen.

Die disziplinaffine Einteilung signalisiert, daß Wissenschaftsorientierung durch Fachorientierung erreicht werden soll, so daß der Sachunterricht Gefahr läuft, sich in einen Fachunterricht im Kleinformat zu wandeln.

Neben der Aufsplitterung des Lehrangebots in fachliche Einzelaspekte sind der bloße Nachvollzug wissenschaftlicher Erkenntnisse und fachgerechter Arbeitsmethoden, die Begriffsdominanz und die kognitive Überbeanspruchung der Schüler mögliche Folgen einer mißverstandenen Wissenschaftsorientierung. Demgegenüber dominieren im Sachunterricht des niedersächsischen Lehrplans nicht fachliche Problemstellungen, sondern komplexe Lebenssituationen der Kinder, für deren Aufklärung der Wissenschaft eine zutragende Funktion zugewiesen wird.

Wie bei den vorgestellten Curricula zeigt sich auch bei den Lehrplänen, daß über Art und Ausmaß der Wissenschaftsorientierung des Sachunterrichts kein Konsens existiert. Obwohl die überzogenen Positionen in den Lehrplänen zwischenzeitlich überwunden wurden, ist es doch mit ihr Verdienst, daß sich unter ihrem Einfluß die fachliche Grundlegungsarbeit im Sachunterricht gegenüber der Heimatkunde verbessert hat und eine verniedlichende wie anthropomorphisierende Sachdarstellung nicht mehr vorkommt.

In Analogie zur Curriculumentwicklung zeichnet sich auch bei den bis 1975 erschienenen Lehrplänen ein zwischen den Polen der Kind- und Wissenschaftsorientierung eingespannter Problembereich des Sachunterrichts ab, der die Diskussion nach wie vor bestimmt. Als Frage formuliert heißt das: Welche pädagogisch-didaktischen Kategorien müssen in den Sachunterricht eingebracht werden, damit sich Wissenschaftsorientierung im Kontext von Kindgemäßheit realisieren läßt?

In eher praxisorientierter Weise zeigen die aktuellen Bestrebungen zur Öffnung des Unterrichts zwar gangbare Wege auf, die in ihren Implikationen und Auswirkungen jedoch noch nicht ausreichend reflektiert und erforscht sind, um eine befriedigende Lösung des Problems leisten zu können.

4. Gegenwärtige Tendenzen

Im *niedersächsischen Lehrplan* (1975) kündigt sich eine Entwicklung an, die als allgemeine Tendenz in den derzeit gültigen Richtlinien erkennbar ist, die verstärkte Hinwendung zur Lebenswirklichkeit des Kindes. In Abkehr von überspitzten Ansätzen der Wissenschaftsorientierung hat die *Kultusministerkonferenz* 1980 in ihrem Bericht über *»Tendenzen und Auffassungen zum Sachunterricht der Grundschule«* als dessen zentrale Aufgabe die Erschließung der kindlichen Lebenswelt festgesetzt.

Als Kriterien der Auswahl von Zielen, Inhalten und Methoden des Faches gelten die Prinzipien der Kind-, der Gesellschafts- und der Wissenschaftsorientierung. Letzterer wird, verbunden mit der Absage an die fachliche Gliederung des Sachunterrichts, eine dienende Funktion zugewiesen. Die Erkenntnisse der Fachwissenschaften sind zu berücksichtigen, insofern sie zur Aufklärung der Lebenswirklichkeit beitragen können.

Die methodische Gestaltung des Sachunterrichts soll sich dem KMK-Bericht zufolge von den Grundsätzen der **Selbsttätigkeit**, des **handelnden Umgangs**, des **spielerischen** und **entdeckenden Lernens**, der **originalen Begegnung** leiten lassen. Die Empfehlung, die bereits der Deutsche Bildungsrat im Strukturplan, allerdings ohne durchschlagende Wirkung, ausgesprochen hatte, trägt der Art und Weise des Erkenntnisgewinns bei Kindern Rechnung und erfährt in der didaktischen Literatur eine anhaltende Resonanz. Davon zeugen die zahlreichen Bemühungen, im Sachunterricht handlungsbezogene, projektartige und offene Lernformen zu realisieren, die der Eigeninitiative, Neugierde und Phantasie der Kinder Entfaltungsmöglichkeiten bieten.

> In den Bestrebungen dokumentiert sich ein Sachunterrichtsverständnis, das mit der Hinwendung zur Lebenssituation des Kindes die anthropologisch-pädagogische Dimension des Faches betont.

Allerdings wirft der Rückgriff auf das Kind und seine Lebenswelt für die theoretische Grundlegung des Sachunterrichts Probleme auf. Diese setzt eine umfassende Bestimmung dessen voraus, was Kindsein heute bedeutet. Obwohl die Untersuchungen zur veränderten Kindheit dazu partielle Lösungsansätze bieten, bleibt es doch fraglich, ob daraus angesichts einer pluralistisch sich verstehenden Gesellschaft eine allgemeinverbindliche Theorie der Kindheit als tragfähiges Fundament für den Sachunterricht gewonnen werden kann.

Literatur

Arbeitsgruppe für Unterrichsforschung (Hrsg.): Weg in die Naturwissenschaften. Ein verfahrensorientiertes Curriculum im 1. Schuljahr. Stuttgart 1971.

Arbeitsgruppe für Unterrichtsforschung (Hrsg.): Kinder und ihre natürliche Umwelt. Naturwissenschaftlich orientiertes Curriculum für den Sachunterricht in der Grundschule. Frankfurt 1977ff.

BAUSINGER, H.: Auf dem Wege zu einem neuen, aktiven Heimatverständnis. In: Der Bürger im Staat. 33 (1983), S. 211–216.

BECK, G./CLAUSSEN, C.: Einführung in Probleme des Sachunterrichts. 2. Aufl. Königstein/Ts. 1979.

BRUNER, J.: Der Prozeß der Erziehung. 3. Aufl. Düsseldorf 1973.

DALLMANN, G. u.a.: Kritische Rezeption didaktischer Konzeptionen des Sachunterrichts und Entwurf einer situationsorientierten Didaktik. Pädagogisches Zentrum, Berlin 1976.

Deutscher Bildungsrat: Strukturplan für das Bildungswesen. Stuttgart 1970.

Empfehlungen zur Arbeit in der Grundschule. Beschluß der Ständigen Konferenz der Kultusminister der Länder in der Bundesrepublik Deutschland vom 2. Juli 1970.

FINGER, F.A.: Anweisung zum Unterricht in der Heimatskunde, gegeben an dem Beispiel von Weinheim an der Bergstraße, 2. Aufl. Leipzig 1866.

GÖTZ, M.: Die Heimatkunde im Spiegel der Lehrpläne der Weimarer Republik. Frankfurt/M. 1989.

GROTELÜSCHEN, W.: Eduard Spranger und die Heimatkunde. In: SCHWARTZ, E. 1977, S. 24-37.

KLEWITZ, E./MITZKAT, H. (Hrsg.): Praxis des naturwissenschaftlichen Unterrichts. Protokolle aus den Klassen 1–6. Stuttgart 1979.

LAUTERBACH, R./MARQUARDT, B.(Hrsg.): Sachunterricht zwischen Alltag und Wissenschaft, Weinheim 1982.

SCHWARTZ, E.(Hrsg.): Von der Heimatkunde zum Sachunterricht. Braunschweig 1977.

SCHWEDES, H.(Hrsg.): Lernziele. Erste Erfahrungen. Naturwissenschaftlicher Unterricht Primarstufe. Bausteine für ein offenes Curriculum. Stuttgart 1976.

SPRANGER, E.: Der Bildungswert der Heimatkunde (1923). In: Schoenichen, W.: Handbuch der Heimaterziehung, Berlin 1924, S. 3–26.

SPRECKELSEN, K.: Physik/Chemie: Basiskonzepte. In: KATZENBERGER, L.F. (Hrsg.): Der Sachunterricht der Grundschule, Teil I. Ansbach 1975, S. 271–322.

Tendenzen und Auffassungen zum Sachunterricht der Grundschule. Sekretariat der Ständigen Konferenz der Kultusminister der Länder in der Bundesrepublik Deutschland. 230. Sitzung des Schulausschusses vom 26./27. Juni 1980, auch in LAUTERBACH/MARQUARDT 1982.

Ludwig Duncker/Walter Popp

Der schultheoretische Ort des Sachunterrichts

Zur Notwendigkeit einer schultheoretischen Perspektive auf anthropologischer Basis

Die wissenschaftliche Diskussion über den Sachunterricht der Grundschule wurde bisher vor allem auf didaktischer Ebene geführt. Ausdruck davon war die Formulierung didaktischer Ansprüche, die hauptsächlich als *»Orientierungen«* vorgestellt wurden und jeweils ein neues Postulat, ein zentrales Prinzip oder ein vernachlässigtes Anliegen ins Gespräch brachten. So wurden, um nur einige Beispiele zu nennen, *»fachorientierte«*, *»schülerorientierte«*, *»verfahrensorientierte«*, *»situationsorientierte«*, *»lernzielorientierte«* Konzepte präsentiert, die ihr Profil auch durch eine Kritik an den Verengungen konkurrierender Konzepte zu schärfen wußten. Nun können hier die einzelnen Ansätze weder vorgestellt noch in ihren Leistungen und Schwächen diskutiert werden. Es ist aber auf ein Problem hinzuweisen, das weite Teile der wissenschaftlichen Auseinandersetzung prägte: Zu kritisieren ist, daß sich die verschiedenen sachunterrichtlichen »Orientierungen« – oft unausgesprochen – *als universelle Konzepte* verstanden, daß sie die Grenzen ihres Gültigkeitsbereichs verschwiegen und so die Gefahr eines **didaktischen Monismus** heraufbeschworen haben.

> Es wurde zu wenig versucht, divergierende Konzepte daraufhin zu prüfen, ob sie nicht als notwendig sich ergänzende Positionen in einem übergeordneten pädagogischen Zusammenhang zu begreifen sind.

Von daher begründet sich die Suche nach einer schultheoretischen Perspektive. Wenn die didaktische »Wahrheit« des Sachunterrichts nicht in einem einzigen Konzept gefunden werden kann, sondern verschiedene und oft gegensätzliche Ansprüche aufeinander abzustimmen und in einen sinnvollen Verbund einzubringen sind, dann muß gleichsam eine höher gelegene Plattform bestiegen werden, von der aus nicht nur die Gesamtsituation des Faches, sondern auch das pädagogische Selbstverständnis der Grundschule in den Blick genommen wird.

Erst von hier aus können Maßstäbe entwickelt werden, die es erlauben, einzelne didaktische Ansätze in ihrem relativen Gültigkeitsbereich zu verorten und damit in ihrem Anspruch zu begrenzen. Eine solche Perspektive ist nicht mehr eine didaktische, sondern eine schultheoretische, weil sie die Klärung des pädagogischen Auftrags der Grundschule einbeziehen muß. Wo der Sachunterricht keine Anbindung an die schultheoretische Diskussion sucht, wächst die Gefahr, daß er die

Lehrer an Modeströmungen ausliefert, oder es leidet das interdisziplinäre Gespräch, auf das der Sachunterricht schon wegen der Vielzahl der beteiligten Fachdisziplinen besonders angewiesen ist. Wo eine Verständigung über den schultheoretischen Ort des Sachunterrichts ausbleibt und die wünschenswerte Pluralität seiner didaktischen Konzepte nicht mehr in ein Gesamtverständnis der Grundschule einbezogen wird, mißlingt auch die pädagogische Integration der verschiedenen Ansprüche. Der Sachunterricht verkommt dann leicht zu einem Konglomerat von Fachegoismen, unterschiedlichen Curriculumkonzepten oder von verschiedenen reformpädagogischen Ansätzen, ohne die entsprechenden anthropologischen und schultheoretischen Prämissen kritisch zu reflektieren.

Wenn hier der schultheoretische Ort des Sachunterrichts angesprochen wird, bedeutet dies aber nicht, daß wir einen »archimedischen Punkt« angeben wollten, von dem aus eindeutige Entscheidungen zu treffen wären. Es sind auch auf schultheoretischer Ebene unterschiedliche Positionen denkbar. Auch sind die didaktischen Belange des Sachunterrichts nicht aus der Schultheorie allein ableitbar. Die didaktischen und die schultheoretischen Fragestellungen führen in relativer Selbständigkeit auch ihr Eigenleben. Die Schultheorie ist aber die Plattform, auf der die übergreifenden Fragen einer Einordnung des Sachunterrichts in den Gesamtzusammenhang der Grundschulpädagogik zu formulieren sind.

Allerdings scheint ein Anschluß an die gegenwärtige schultheoretische Diskussion kaum möglich zu sein. Denn hier herrscht eine Fragestellung vor, die für die Belange des Sachunterrichts kaum Anknüpfungspunkte bietet. Die Schultheorie hat sich in letzter Zeit weniger um die Klärung des pädagogischen Selbstverständnisses der (Grund-)Schule bemüht, sondern mehr deren (außerschulische) Zwecke und Funktionen untersucht.

Trotz der unterschiedlichen Ausrichtung schultheoretischer Ansätze, seien sie nun bildungsökonomisch oder sozialisationstheoretisch profiliert, konvergieren sie immer noch darin, die Schule als eine »*Funktion der Gesellschaft*« (z.B. FEND 1980) zu betrachten und »*das Verhältnis zwischen der Institution Schule und dem gesamtgesellschaftlichen System*« zum Kernproblem einer Schultheorie zu erklären (TILLMANN 1987, S. 8). So berechtigt und aufschlußreich eine analytisch interessierte und mit soziologischen Mitteln durchgeführte Erforschung schulischer Sozialisation auch ist, und so sehr auch ihre Ergebnisse von hoher schulpädagogischer Relevanz sind – man denke nur an die aufgedeckte Benachteiligung eines Großteils der Schüler (vgl. zusammenfassend K. ULICH 1980) – so wenig kann aus einer Schulkritik heraus in konstruktiver Hinsicht eine Pädagogik der Schule entfaltet werden. Auf Qualifikations-, Funktions- und Zweckbegriff kann jedenfalls kein umfassender Bildungsgedanke aufgebaut werden.

Diese Hinweise sind notwendig, um den Stellenwert der folgenden Ausführungen zu verdeutlichen. Aufgrund der strukturfunktionalen Ausrichtung großer Teile der gegenwärtigen Schultheorie scheint es angebracht, den schultheoretischen Ort des Sachunterrichts nicht im Horizont seiner funktionalen Verortbarkeit für die Gesellschaft zu suchen, sondern ihn auf eine **anthropologische Grundlage** zu stellen und danach zu fragen, welchen Beitrag er leistet für die Personwerdung des Kindes, für sein Erkennen und Handeln und schließlich in systematischer Hinsicht für die praktische Auslegung einer Pädagogik der Grundschule. Es muß deshalb ein Begriffsrahmen gewählt werden, der den Horizont der Grundschulpädagogik erschließt und der – auf diesen bezogen – auch den spezifischen Auftrag des Sachunterrichts verdeutlicht. Dieser Rahmen wird im folgenden ausgelegt durch die Verschränkung zweier dialektisch aufeinander bezogener Begriffspaare, nämlich der **Dialektik von Enkulturation und Individuierung** (1) sowie der **Polarität von Erfahrung und Methode** (2).

1. Enkulturation und Individuierung – Stichworte zum pädagogischen Auftrag der Grundschule

Wo der Sachunterricht in ein pädagogisches Gesamtverständnis der Grundschule hineingestellt wird, muß zunächst ihr kultureller Auftrag skizziert werden. Dieser kulturelle Auftrag erwächst daraus, daß es in einer zunehmend komplexer und unübersichtlicher gewordenen Kultur nicht mehr möglich ist, das erforderliche Wissen und Können nur über die Teilnahme am alltäglichen Leben zu erwerben. Der Erhalt der bestehenden Kultur, ihre Fortschreibung und Weiterentwicklung bedarf einer eigenständigen Einführung, ohne die die Kultur in vieler Hinsicht unverständlich bliebe. Dies ist auch die historische Wurzel für die Einrichtung von Schulen als Stätten methodisch geordneter Unterweisung (vgl. ROEDER u.a. 1977). Die Aufgabe der Enkulturation kann jedoch nicht *»von außen her«* erfolgen, da sie bereits elementare Grunderfahrungen voraussetzt. Die Kultur muß vielmehr *von innen her* erschlossen werden. Was in mehr oder weniger dichter Form die Lebenswelten der Kinder bestimmt und worüber das Kind in vorverständiger Weise bereits verfügt, wenn es in die Schule kommt, muß aufgegriffen, geklärt und durchschaubar gemacht werden. Dies wird insofern immer schwieriger, als in einer pluralistischen und zunehmend multikulturellen Gesellschaft die Schüler aus unterschiedlichen Erfahrungsmöglichkeiten, sozialen Normen und Wirklichkeitsbildern in die Schule kommen. Damit ist eine produktive Distanz der Schule zur Kultur, von der sie umgeben ist und von der sie selbst ein Teil ist, nicht ausgeschlossen. Darin liegt nur vordergründig ein Paradox. Denn die Schule ist kein direktes Abbild und keine Funktion der Kultur, sondern trägt durch ihre relative Eigenständigkeit selbst zum kulturellen Wandel bei.

Enkulturation bedeutet **Ziel und Weg**, sie steht als Leistung am Ende der (Grund-) Schulzeit, muß aber auch schon vorher bei der Gestaltung der Lernprozesse überzeugen. Die Methode der Grundschule kann deshalb nicht nur darin bestehen, den Übergang und Anschluß an die nachfolgenden Schulstufen zu sichern, sondern muß auch die **Formen** des Lernens, Arbeitens und Feierns (im Sinne einer erfüllten Gegenwart) als kulturell bedeutsame Faktoren begreifen. Neben die Rezeption kultureller Inhalte und Formen tritt die Freisetzung zu schöpferischer Tätigkeit, zu Kreativität und Phantasie, deren Horizonte weit über das real Faktische und das in Handlungsvollzügen eingelagerte Wissen hinausreicht. Kindliche Phantasie und ästhetische Erfahrung (DUNCKER u.a., 1990) sind als eigenständige Bereiche zu verstehen, in denen die Wirklichkeit angeeignet und verfügbar gemacht wird.

Deshalb ist der Auftrag der Enkulturation nicht über eine instrumentelle und technologische Ausrichtung des Lehrens und Lernens zu erreichen, sondern nur über die Ausgestaltung einer Schul- und Unterrichtskultur, der es darum geht, die kindliche Sicht der Wirklichkeit einzubeziehen und nicht zugunsten einer vermeintlich funktionalen, zweckoptimierten Vermittlung »objektiver« Realitätsgehalte auszugrenzen.

Die Erfahrung des Kindes kann nur dort überschritten, ergänzt und erweitert werden, wo sie bereits in Ansätzen »hervorgelockt« und aufgreifbar gemacht ist.

1.1 Die mitgebrachte Erfahrung und die individuellen Zugangsweisen

Kinder bringen immer schon vielerlei Vorwissen, Halbwissen, Erfahrungen, individuelle Erklärungsmuster, Vorurteile, aber auch Fragen und Interessen in den Unterricht mit. Sie haben durch ihre individuelle Lebens- und Lerngeschichte immer schon bestimmte Zugangsweisen und Lernstrategien erworben, die sich für neue Lernprozesse teils hilfreich, teils hemmend auswirken können.

Die Schule mit ihren langfristigen, an einem zentral festgelegten Kanon orientierten Planungen und Stoffverteilungsplänen geht an diesem Vorwissen und den entsprechenden Interessen häufig vorbei und gibt oft Antworten auf Fragen, die die Kinder noch gar nicht stellen oder für ihre Orientierung verwerten können. Um auch den didaktischen Horizont anzusprechen, der sich hier an ein zentrales schultheoretisches Postulat anschließt, sollen hier einige Konsequenzen skizziert werden.

Formen des freien Gesprächs, wie sie in Grundschulen etwa im Morgenkreis oder in der Klassenkonferenz, in der Freien Arbeit oder in relativ offenen Formen von Unterricht ermöglicht werden, bieten Möglichkeiten zu erfahren, was Kinder bewegt, welche Erlebnisse und Erfahrungen sie mitbringen, oder welche Fragen, Vorkenntnisse und Vorurteile sie zu einem vorgesehenen und angekündigten Unterrichtsthema haben oder im offenen Gespräch und in gegenseitiger Anregung entdecken und entwickeln. (vgl. POPP, 1989). Das schließt keineswegs aus, daß solche Anregungen auch durch Lehrerinnen und Lehrer gestiftet werden, aber eben nicht in einsamer Dezision, sondern im Kontext pädagogischer Situationen, an deren Gestaltung die Kinder aktiv mitwirken.

Die Rolle des Lehrers oder der Lehrerin erfährt dadurch eine Verschiebung der Akzente von der methodisch versierten Vermittlung zur Anregung und Beobachtung. Die Lehrperson versucht sich sensibel einzufädeln in die Eigenaktivitäten der Kinder, in ihre mitgebrachten Vorgestalten und Dispositionen.

Nur so können die außerschulischen Interessen und Erfahrungen, die subjektiven Deutungsmuster und individuellen Zugangsweisen, Lösungsstrategien, aber auch die Phantasien, Obsessionen, Ängste und Konflikte annähernd berücksichtigt werden. Vieles davon stellt sich dar in Konstruktions- und Gestaltungsprozessen, die den Kindern Wahlmöglichkeiten und Freiräume bieten für subjektive Gestaltungsmöglichkeiten: in Geschichten und Bildern, in freien Spielen, Sprachspielen und Basteleien.

Zwei Beispiele können dies verdeutlichen:

(1) Für das Erkennen in primär naturwissenschaftlich orientierten Themenbereichen hat KAY SPRECKELSEN Untersuchungen durchgeführt. Dabei wurden folgende *Interpretationsmuster* bei Grundschülern festgestellt (vgl. SPRECKELSEN, in: LAUTERBACH u.a., 1991):

● **Analogiebildung:** Einzelne Phänomene werden auf ein gemeinsames Funktionsprinzip zurückgeführt (das ist so wie…).
● **Das Täter-Tatsystem:** Erscheinungen werden personalisiert und auf einen »Täter« zurückgeführt, der sie verursacht.
● **Die Regression auf leibliche Erfahrungen:** Die Kinder werden z.B. durch Experimente, die mit Balance zu tun haben, zu motorischen Nachahmungen veranlaßt, sie »*erleben das Phänomen an sich selbst und gelangen von daher zu interpretatorischen Ansätzen«.* Hier wird deutlich, daß diese primär kognitive Zugangsweise eingebunden ist und unterstützt wird durch sinnlich-ästhetische Formen.

SPRECKELSEN weist darauf hin, daß das Unerwartete, Rätselhafte besonders motiviert und zu Lösungsversuchen drängt. Der Bezug zum Alltag der Kinder, seine Erschließung und Aufklärung, und schließlich der handelnde Umgang, das selbsttätige Probieren und Experimentieren sind wichtige Voraussetzungen für eine engagierte Auseinandersetzung, die schließlich zu Orientierung und Handlungsfähigkeit beitragen und Personalisierung ermöglichen.

(2) Für den primär ästhetischen Bereich hat GERD E. SCHÄFER Untersuchungen über *Basteleien* von Kindern durchgeführt. Basteln wird hier nicht im Sinne einer Montage von vorgefertigten Teilen nach einer vordefinierten Anweisung verstanden, wie das etwa beim »Basteln« von Modellhäuschen oder Fahrzeugmodellen abläuft und wo durch eine Gebrauchsanleitung zur perfekten Form geführt wird, sondern als Umdeutung und Umordnung von heterogenen Fundstücken, die zunächst in keinerlei funktionellem Zusammenhang stehen; durch freie, phantasievolle Kombination von unterschiedlichen Materialien zu einem neuen Gegenstand, der eine spezifische, subjektive Bedeutung erhält. Solche Basteleien sagen weniger etwas aus über die Wirklichkeit des hergestellten Objekts, das für den außenstehenden Beobachter häufig kaum erkennbar ist, als vielmehr über die Beziehung des Bastlers zur Wirklichkeit, über einen Dialog des Bastlers »*mit sich, dem Material und seiner Umwelt«.*

»*Sehen wir zu«* – diese Konsequenz zieht SCHÄFER aus seinen Untersuchungen – »*daß es genügend Gelegenheiten gibt, in denen Kinder spielend, bastelnd, gestaltend – und das heißt allemal auch lernend – über sich hinauswachsen aufgrund ihrer eigenen Entwürfe und nicht nur aufgrund des Vorauswissens von uns Erwachsenen«.* (SCHÄFER in: DUNCKER u.a.1990).

Die beiden Beispiele zeigen, daß es mindestens zwei (gleichwertige) Grundformen der Auseinandersetzung mit Wirklichkeit gibt: nämlich eine primär kognitive Form, die zur Erkenntnis von Kausalzusammenhängen, Gesetzmäßigkeiten und Strukturen und ihrer Verallgemeinerung führt, sowie eine primär intuitiv-sinnliche Form, die einen subjektiven Dialog mit der individuellen Wirklichkeit darstellt.

Es ist erkennbar, daß sich diese beiden Grundtypen kindlicher Zugangsweisen auch überschneiden und in vieler Hinsicht gegenseitig unterstützen und fördern können. Leibliche Erfahrungen durch motorische Nachahmung oder Darstellung, durch Zeichnen oder Bauen unterstützen auch kognitive Prozesse und Lösungsversuche (vgl. dazu LAUTERBACH u.a. 1991). In beiden Formen manifestieren sich kindliche Zugangsweisen, deren Berücksichtigung und Aufnahme in schulische Lernprozesse Voraussetzungen sind für die Aktivierung der Selbsttätigkeit, für die Personalisierung und damit auch für den Aufbau von Handlungsfähigkeit und Selbstvertrauen.

1.2 Hilfe zur Selbstfindung

Die Kultur der Grundschule bricht sich an der sie umgebenden Kultur darin, daß die Auseinandersetzung mit ihr dazu dient, *»die Sachen (zu) klären«* und *»die Menschen (zu) stärken«* (VON HENTIG, 1985). Nicht allein die Aufklärung der Wirklichkeit gehört deshalb zur pädagogischen Aufgabe der Grundschule, sondern mit ihr verschränkt auch die Entfaltung der Anschauungskraft, die Stärkung von Selbstvertrauen und Handlungsfähigkeit.

Insofern kann der Begriff der Enkulturation auch an eine Formulierung GEORG SIMMELS anschließen, der Kultur als *»Weg der Seele zu sich selbst«* definiert hat: Über den »Umweg« einer Einführung in die Bestände und Formen der Kultur muß auch der Prozeß der Selbstfindung gefördert werden.

> Die Schule muß dabei helfen, nicht nur solche Fragen zu beantworten, die als unbestritten richtig gelten, sondern auch solche, die nur individuelle Gültigkeit haben und ihre Bedeutung gewinnen bei der Suche nach dem biographischen Sinn und dem persönlichen Standort innerhalb der Kultur.

2. Die Polarität von Erfahrung und Methode

Die Aufgabe der Schule, Orientierung und Teilnahme in einer komplexen und zunehmend undurchsichtigen Lebenswelt zu vermitteln, macht es in steigendem Maße notwendig, primäre Erfahrungen zu ermöglichen und zu arrangieren und gleichzeitig durch methodisch strukturierte Belehrung und Aufklärung die engen Grenzen subjektiver Erfahrung zu überschreiten und in kulturelle Bereiche einzuführen, die direkter Erfahrung nicht zugänglich sind.

> Schule steht deshalb in der polaren Spannung zwischen Erfahrung und Belehrung; sie ist sowohl Erfahrungsraum, als auch der Ort organisierten, methodisch strukturierten Lernens (vgl. v. HENTIG 1973, POPP 1985, DUNCKER 1987).

- Die Schule muß mitgebrachte Erfahrungen aufgreifen und zu kognitiver und affektiver Verarbeitung weiterführen;
- sie muß gleichzeitig neue Erfahrungen arrangieren;
- und sie muß Belehrung und Aufklärung in methodisch gestalteten Lektionen anbieten.
- Schließlich, und das gilt für die Grundschule in besonderem Maße, muß sie elementarisieren und dadurch in grundlegende Begriffe, Strukturen, Verfahren, Denkmodelle und ihre Anwendung einführen.

2.1 Erfahrung und Reflexion

Ein zentrales Problem organisierten Lernens in der Schule ist die Herausforderung der Eigenaktivität und Selbsttätigkeit des Kindes mit dem Ziel der Integration des Gelernten in die kognitive Struktur des Lernenden und in seine individuelle Handlungskompetenz. Bei PETER PETERSEN wird diese Aufgabe als »*Übernahme*«, bei MARIA MONTESSORI durch das Prinzip »*Hilf mir, es selbst zu tun*« dargestellt und zur grundlegenden Intention pädagogischer Situationen erklärt.

JEROME S. BRUNER geht noch weiter und verweist auf die Notwendigkeit der »*Personalisierung*«. Dabei handelt es sich um einen Prozeß, in dem die Lernenden nicht nur etwas über die Lerninhalte erfahren, sondern durch die Auseinandersetzung mit den Inhalten und die Reflexion über ihren eigenen Lernprozeß und ihre eigenen Lösungsversuche auch etwas über sich selbst, über ihre Gefühle und Vorurteile, über ihre Lernstrategien und Lernhemmungen, und schließlich über ihre individuelle Realität (vgl. BRUNER 1973).

> Lernen kann nur dann Orientierungshilfe in der Wirklichkeit bieten, wenn es fordert und herausfordert, die eigenen Kräfte produktiv weiterzuentwickeln, die Anstrengung des Begriffs und der Abstraktion auf sich zu nehmen. Es geht darum, die eigenen Perspektiven zu erweitern oder zu korrigieren und gegebenenfalls sich von Affekten zu distanzieren, Kriterien der Wertung und Sinngebung zu finden und Selbstbewußtsein und Ichstärke aufzubauen. Die bloße Speicherung von Wissensinhalten und das bloße Training von Fertigkeiten kann dies nicht leisten.

Schon in der Pädagogik HERBARTS werden Umgang und Erfahrung als Grundlage und notwendige Ergänzung des Unterrichts gefordert, als »*Urquellen geistigen Lebens*«, aus denen individuelle Kräfte und Wirklichkeitssinn sich entwickeln. Erfahrung aber ist angewiesen auf Reflexion und Strukturierung.

»Die Erfahrung scheint darauf zu rechnen, der Unterricht werde ihr nachkommen, um die Massen, welche sie gehäuft hinwarf, zu zerlegen, und das Zerstreute ihrer formlosen Fragmente zusammenzufügen und zu ordnen.«

Die bloße Anhäufung von Sinneseindrücken und Erfahrungen kann zur Orientierungslosigkeit führen, wenn nicht Reflexion und begriffliche Verarbeitung, Elementarisierung, Generalisierung und persönliche Sinngebung hinzukommen.

2.2 Das Ansetzen an der Erfahrung

Auf die Lebenswelt der Schüler eingehen kann für den Sachunterricht nicht heißen, nur nach subjektiv bedeutsamen Ereignissen zu fragen, um dann im Unterricht darüber zu »reden«. Der Erfahrungsbezug wäre grob mißverstanden, wenn er als Austausch von mehr oder weniger belangvollen Erlebnissen ausgelegt würde, über die man sich in freien Assoziationsketten unterhält. Erfahrungen erschließen sich nicht im »small talk« unterrichtlicher Konversation, zumindest nicht, wenn es darum geht, ihre kulturelle Dimension sichtbar zu machen. Deshalb können Erfahrungen auch nicht in einem punktuellen Akt des »Abfragens« ermittelt werden. Kennzeichnend ist vielmehr, daß sie oft verborgen und verstellt, überlagert und nur bruchstückhaft vorhanden sind, was auch bedeutet, daß über sie sprachlich noch gar nicht verfügt werden kann.

> Kulturelle Orientierung ist deshalb zunächst immer ein Prozeß der Artikulation von Vorerfahrungen, in dem erfahrungshaltige Ereignisse aufgespürt und freigelegt werden. Die sprachliche Kompetenz als die begriffliche Bewältigung steht somit erst am Ende eines Erfahrungsprozesses, wenn die Bedeutungen erkannt, interpretiert und damit als Erfahrung gewußt und verarbeitet sind.

Wenn im Unterricht nur sprachlich bereits verfügbare, also bereits distanzierte und bewältigte Erfahrungen thematisiert werden, setzt man voraus, was eigentlich erst sinnvolles Ergebnis sein kann. (vgl. WAGENSCHEIN 1989)

Eine Erfahrung zu machen bedeutet, daß etwas nicht so ist, wie man vermutet hat, daß Erwartungen durchkreuzt wurden und sich das Vorverständnis einer Sache oder Situation als unzureichend oder gar falsch erwiesen hat. Die sogenannte »Negativität« eines Erfahrunsprozesses besteht darin, daß Hindernisse auftreten, die zum Umdenken zwingen und die die Arbeit des Korrigierens und Veränderns des Weltbildes abverlangen. Daraus ergibt sich die Notwendigkeit der nachgängigen Reflexion von Erfahrungen. Wo alles seinen sicheren und erwarteten Gang nimmt, entstehen streng genommen keine neuen Erfahrungen, sondern es werden nur frühere Erfahrungen bestätigt.

Im Horizont dieses Erfahrungsverständnisses wird der Sachunterricht deshalb zu einem Ort der *nachgängigen Reflexion außerschulischer Erfahrungen*. Dies gilt nicht nur für die sozialen und kommunikativen Bezüge, für die die Störanfälligkeit von Erwartungen besonders einleuchten mag, da sich das Verhalten der Mitmenschen oft nur wenig im erwünschten und erwarteten Raum bewegt. Die ständige Korrekturbedürftigkeit des Bildes vom Anderen ist der deutlichste Ausdruck davon. Aber auch für die Erfahrung der dinghaften und gegenständlichen Umwelt, von technischen Prozessen und Vorgängen in der Natur liegt hier ein zentraler Ansatzpunkt. Die Erfahrung des nicht-Erwarteten, des Nicht-Funktionierens, des Überraschenden und Staunenswerten bilden Anlässe für den Sachunterricht, das Theoretisieren zu lehren: Er lehrt den Umgang mit der Frage, worin Täuschungen der Wahrnehmung und des Wissens begründet liegen, wie widersprüchliche Erfahrungen gedeutet werden können, wie mit (immer vorläufigen) Hypothesen und ihrer Überprüfung die Wirklichkeit erschlossen wird, um so mit wachsender Aufnahmebereitschaft und Offenheit dem Neuen zu begegnen.

2.3 Das Stiften neuer Erfahrungen

Eine weitere Dimension des Zusammenhangs von Enkulturation und Erfahrung betrifft Überlegungen, wie Sachunterricht über die »Besprechung« und Aufarbeitung außerschulischer Erfahrung hinaus dazu beitragen kann, neue Erfahrungen anzustoßen. Damit ist die Frage aufgeworfen, inwieweit die Grundschule selbst einen Erfahrungsraum bilden kann, in dem durch die Bewältigung von Handlungsaufgaben zusammenhängende, d.h. in ihrem gesamten Spannungsbogen greifbare Erfahrungen erworben werden können. Die Beantwortung dieser Frage ist immer wieder strittig, da sie mit dem traditionellen Bild des Unterrichtens an vielen Stellen kollidiert und ein Selbstverständnis der Grundschule erfordert, das die oft übliche Form des kursartigen, lernzielorientierten und arbeitsblattunterstützten Lernens zurückgedrängt und die Einrichtung von Praxis- und Handlungsfeldern betreibt. Die Lernform, in der solche Versuche ihren profiliertesten theoretischen und schulpraktischen Ausdruck gefunden haben, ist der **Projektunterricht**. In ihm ist der Anspruch aufgehoben, Erfahrungen durch Handeln zu gewinnen und damit ein Theorie- Praxis-Verhältnis zu entwerfen, das die Planung Realisation und Auswertung von gemeinsamen Vorhaben umschließt. Dazu gehören auch die verschiedenen Formen der Erkundung, des entdeckenden Lernens, des Erfindens, Bauens, Konstruierens, Bastelns und Sammelns. Der Erfahrungsbezug bekommt hier eine andere Akzentuierung. Er ist am deutlichsten in der pragmatistischen Erfahrungsphilosophie JOHN DEWEYS (1916/1964) ausformuliert, weshalb dessen Texte gerne als Ausgangspunkt für die Theorie des Projektlernens gewählt werden. Kennzeichnend für DEWEYS Erfahrungsverständnis ist, daß er neben dem passiven Moment des Erleidens auch das aktive Eingreifen betont. Erst im Zusammenspiel von Tun und Erleiden können Erfahrungen und durch sie ein tieferes Verständnis der Welt erworben werden.

Wo die Form des Projektlernens Eingang in den Sachunterricht findet, geht es darum, verändernd in die Umwelt einzugreifen und Möglichkeiten der Verbesserung der Lebenswelt zu erkunden. Gerade das Überschreiten bloß privater Erfahrung im Kontext öffentlicher und gesellschaftlicher Strukturen setzt Chancen zur Übernahme von Verantwortung frei und weist so dem schulischen Lernen ein Stück weit Ernstcharakter zu, der sonst nicht erfahrbar wäre. Im Projektunterricht werden dem Schüler ein hohes Maß an Selbständigkeit und Entscheidungsfähigkeit abverlangt (was oft zu Problemen führt und ein sensibles Unterstützen des Lehrers erfordert). Auch werden dem Schüler neue Rollen zugemutet, durch die er in ein anderes Verhältnis zur Wirklichkeit gesetzt wird und die ihn in Probleme des Forschens, Erprobens, Erkundens und der Dokumentation, in Fragen der Kooperation und des sozialen Lernens und des demokratischen Umgangs einführen.

2.4 Das Überschreiten der Erfahrung durch Aufklärung, Umstrukturierung und Verfremdung

Obwohl in den beiden bisher angesprochenen Formen des Erfahrungsbezugs der Sachunterricht nicht darauf beschränkt bleiben will, nur das zu thematisieren, was die Schüler entweder bereits (in Bruchstücken) mitbringen oder was als geteilte Erfahrung erst ermöglicht und zugespielt werden soll, so ist das Moment des Überschreitens der Erfahrung noch einmal gesondert herauszustellen. Dies hängt damit zusammen, daß wesentliche Bereiche unserer Kultur über Erfahrung allein gar nicht erschließbar sind. Dort, wo die Soziologie von »sekundären Strukturen« spricht, wird die Wirklichkeit erst verständlich, wo sie in ihrer wissenschaftlichen, historisch-politischen, ökonomischen oder juristischen Verfaßtheit betrachtet wird. Solche »Netze« sind weder in unmittelbarer Anschauung noch in alltäglichen Handlungszusammenhängen offengelegt und bedürfen deshalb einer besonderen Darlegung. Wo solche sekundären Strukturen zur Erklärung der Wirklichkeit herangezogen werden müssen, ist für den Sachunterricht das Feld des **Zeigens** beschritten. Er hat dort Aufklärungsarbeit zu leisten, wo die Provinzialität und Beschränktheit der eigenen Erfahrung überschritten werden muß und wo die in der subjektiven Erfahrung verwobenen Probleme erst vor dem Hintergrund zusätzlicher Informationen durchschaubar gemacht werden können.

> Die infolge der Schriftkultur entstandene Komplexität des kulturellen Lebens erfordert eine methodisch-systematische Unterweisung in die genannten Funktionszusammenhänge, da sie nicht mittels der sinnlichen Wahrnehmung oder dem eigenen Probehandeln allein erkennbar sind. Kommerz und Politik, Wissenschaft, Wirtschaft und Recht sind in solch elementarer Weise ein Bestandteil der öffentlichen und privaten Kultur geworden, daß dem Sachunterricht hier die Aufgabe einer schrittweisen Einführung zukommt.

Er kann diese Aufgabe deshalb übernehmen, weil die Grundschule sich in Distanz zur Wirklichkeit zu setzen vermag und der Unterricht gleichsam als »Schaubühne« (vgl. GIEL 1975) dazu dient, die Wirklichkeit mehrperspektivisch zu rekonstruieren. Von dem neu erworbenen Horizont, der mit Hilfe des Sachunterrichts aufgezeigt werden muß, ist es u.U. auch möglich, die private Erfahrung neu zu vermessen und in den Kontext übergeordneter Strukturen hineinzustellen.

Die *Lehrpläne zum Sachunterricht* berücksichtigen u.a. viele Inhalte aus dem Alltagsleben der Kinder. Dabei entsteht durchaus die Gefahr, die mitgebrachten Alltagserfahrungen der Kinder lediglich aufzugreifen und zur Sprache zu bringen, ohne sie im Sinne neuer Perspektiven und Herausforderungen zu differenzieren, weiterzuführen oder neu zu strukturieren. Das Prinzip des »kindgemäßen« Unterrichts wird häufig mißverstanden als bloße Artikulation und Bestätigung dessen, was Kinder an Vorwissen an Erlebtem und an Erkenntnissen immer schon erworben haben und mitbringen. Es geht aber letztlich darum, »die Würde des Kindes dadurch (zu) achten, daß man ihm Aufgaben zumutet« (MOLLENHAUER 1983, S. 103). Dazu gehört u.a.:

- Die Aufklärung über verborgene Strukturen, Mechanismen und Klischees.
- Die Aufklärung über historische Voraussetzungen und Bedingungen der Gegenwart.
- Die Aufklärung über institutionelle Strukturen (etwa der Schule) und soziale Rollen.
- Die Erfahrung der Abhängigkeit der Wahrnehmung von Interessen und sozialen Rollen.
- Die Bereitschaft und Fähigkeit, das scheinbar Bekannte und Vertraute »mit anderen Augen« (PLESSNER) sehen und neue Perspektiven und Wertungen entdecken zu können.
- Die Elementarisierung als Grundlage für die Fähigkeit subjektiv erlebte oder selbsttätig erfahrene Phänomene, Fälle, Vorgänge reduzieren zu können auf eine elementare und übertragbare Grundstruktur, mit deren Hilfe ähnliche Phänomene oder Prozesse erkannt und verstanden werden können.

Die Praxis der Schule ist neben der schultheoretischen und didaktischen Orientierung auch von unterschiedlichen anderen Faktoren abhängig und entwickelt eine eigene Dynamik. Dadurch ergeben sich gewisse Einschränkungen für die Verwirklichung der genuin pädagogischen Aufgabe, die auf Dauer nur durch bildungspolitische Aktivitäten abgebaut werden können. Daneben entstehen, ungewollt, immer wieder auch negative Entwicklungen und Tendenzen, die ins Bewußtsein gerückt und kritisch reflektiert werden müssen, um ihnen widerstehen zu können.

3. Aktuelle Gefährdungen des Sachunterrichts

Folgende Gefährdungen lassen sich in der Praxis heute beobachten:

(1) **Gängelung durch Arbeitsblätter**, Karteien und dergleichen: Medien der unterschiedlichsten Art lenken die Schüler auf bestimmte Lösungs- und Verhaltensmuster und laden nicht selten zu einem bewußtlosen Nachvollzug ein.

(2) **Vernachlässigung methodischer Reflexion** und des Aufbaus kognitiver Strukturen: Ein Mißverständnis des Prinzips der »Offenheit« führt häufig dazu, daß in Prozessen des selbstgesteuerten Lernens die Phase der Reflexion über die angewandten Lösungsverfahren ausbleibt oder verkürzt wird. Es bleibt beim unverbindlichen Probieren, ohne daß methodisches Bewußtsein und klare Begrifflichkeit aufgebaut wird.

(3) **Reduktion auf die Vorbereitung für den Unterricht der Sekundarstufen:** Der Sachunterricht wird da und dort – und das mag auch eine Folge der Dominanz fachlicher Ausbildung und der Vernachlässigung fächerübergreifender Aspekte in der Lehrerausbildung sein – einseitig als Vorbereitung auf den Sekundarstufenunterricht praktiziert.

(4) **Vernachlässigung sozialer und gesellschaftlicher Inhalte:** In der unterrichtspraktischen Handreichungsliteratur überwiegen Themen aus dem naturwissen-

schaftlichen Bereich, dadurch werden soziale und gesellschaftliche Inhalte und eine kritische Aufklärung darüber eher vernachlässigt.

(5) **Mittelstandsorientierung:** Die unterschiedlichen Lebenswelten der Kinder finden zu wenig Berücksichtigung. Es dominiert nach wie vor ein mittelständisch-bürgerliches Weltbild und Bewußtsein.

(6) **Wiederholung des Alltagswissens der Kinder:** Ein Mißverständnis des Prinzips der Kindgemäßheit führt dazu, daß die Alltagserfahrungen der Kinder nicht erweitert, verfremdet, differenziert oder auch korrigiert werden, sie werden nicht selten ohne weiterführende Überlegungen lediglich wiederholt.

(7) **Erziehung zur Fraglosigkeit:** Aufgrund der hohen Planungsdichte oder aber auch der mangelnden Flexibilität von Lehrkräften gegenüber den Lehrplanvorgaben kommen Fragen der Kinder zu kurz und bleiben schließlich zunehmend aus.

(8) **Dominanz des Medienmarkts:** Die Vielzahl unterschiedlicher Ansätze und Konzeptionen und die teilweise theoretische Überfrachtung erzeugen in der Praxis Verwirrung und Unsicherheit und eine Tendenz, sich ausschließlich auf die eigene »Erfahrung«, oder was man dafür hält, zurückzuziehen, oder sich mehr oder weniger kritiklos dem Medienmarkt auszuliefern.

Literatur

BRUNER, J.S.: Relevanz der Erziehung. Ravensburg 1973.

DEWEY, J.: Demokratie und Erziehung (1916). Braunschweig, 2. Auflage 1964.

DUNCKER, L.: Erfahrung und Methode. Studien zur dialektischen Begründung einer Pädagogik der Schule. Langenau/Ulm 1987.

DUNCKER, L./MAURER, F./SCHÄFER, G.E. (Hrsg.): Kindliche Phantasie und ästhetische Erfahrung. Langenau/Ulm 1990.

FEND, H.: Theorie der Schule. München 1980.

GIEL, K.: Vorbemerkungen zu einer Theorie des Elementarunterrichts. In: GIEL, K. u.a.: Stücke zu einem mehrperspektivischen Unterricht. Aufsätze zur Konzeption 2. Stuttgart 1975.

von HENTIG, H.: Schule als Erfahrungsraum? Stuttgart 1973.

von HENTIG, H.: Die Menschen stärken, die Sachen klären. Stuttgart 1985.

LAUTERBACH, R./KÖHNLEIN, W./SPRECKELSEN, K./BAUER, H.F. (Hrsg.): Wie Kinder erkennen. Kiel 1991.

MOLLENHAUER, K.: Vergessene Zusammenhänge. München 1983.

POPP, W.: Wie gehen wir mit den Fragen der Kinder um? In: Grundschule 1989, Heft 3, S. 30–33.

POPP, W.: Erfahren – Handeln – Verstehen. In: Deutsches Institut für Fernstudien an der Universität Tübingen: Sachunterricht – Grundbaustein: Zur Pädagogik des Heimat- und Sachunterrichts. Tübingen 1985.

ROEDER, P.M. u.a.: Überlegungen zur Schulforschung. Stuttgart 1977.

TILLMANN, K.J. (Hrsg.): Schultheorien. Hamburg 1987.

ULICH, K.: Schulische Sozialisation. In: HURRELMANN, K./ULICH, D.(Hrsg.): Handbuch der Sozialisationsforschung. Weinheim und Basel 1980, S. 469–498.

WAGENSCHEIN, M.: Verstehen lehren. Weinheim und Basel, 8. Auflage 1989.

RUDOLF KNIRSCH

Umweltbildung – Handeln für die Zukunft

Drei Fragen interessieren:

- Was ist das überhaupt, Umweltbildung?
- Warum Umweltbildung in der Grundschule?
- Wie kann ich praktische Arbeit leisten?

1. Natur stirbt nicht nur draußen...

Die Umweltprobleme unserer Erde sind durch die Erfolge von Gesellschaft und Wissenschaft entstanden und nicht durch deren Mißerfolge. Die negativen Folgen der Mißachtung des Systemcharakters der Biosphäre durch den Menschen sind hinlänglich beschrieben.

Seit dem Zweiten Weltkrieg ist »*etwa die Hälfte der hier zuvor heimischen Tier- und Pflanzenarten ausgestorben oder vom Aussterben bedroht*« (MEYER-ABRICH, 15). Wenn man uns dies nicht sagen würde, wir würden es kaum bemerken. In der Welt des Technischen sind wir **erlebnisblind** geworden gegenüber dem Phänomen des Artensterbens. Wir sind es auch gegenüber Naturphänomenen. Das bedeutet, blind an Sicht und Einsicht zu sein.

Ein Mensch, für den Milch aus dem Supermarkt kommt, für den das Gas zum Kochen und Heizen aus der Erdgasleitung oder der Gasflasche, das Wasser aus dem Wasserhahn, das Steak aus der Gefriertruhe und das Wetter nach den Nachrichten kommt, dieser Mensch hat bestimmte Wahrnehmungen und Gedanken über Zugänglichkeit und Verfügbarkeit von natürlichen Reichtümern. Denn sein Tun beschränkt sich auf Knöpfedrücken, auf Auf- und Zudrehen eines Hahns oder Öffnen und Schließen einer Tür. Nicht einmal an die Rechnung braucht er im Zeitalter automatischer Abbuchung zu denken.

Dieser Mensch wird entsprechend handeln. Er mag zwar in der Schule gelernt haben, daß beispielsweise Quellen im Jahreslauf unterschiedlich Wasser führen. Aber er wird dieses Wissen kaum im komplexen Wirkungsgefüge von Sicht und Einsicht verinnerlichen. So wird sein Handeln, sein Umgang mit Wasser sich von jenem unterscheiden, der Wasser von einem Brunnen oder einer Quelle im Eimer zu seiner Behausung tragen muß.

Die hier zum Ausdruck kommende Verkopfung der Menschen in der Industriegesellschaft geht einher mit dem Verkümmern der Sinne als Folge einer zunehmenden **Naturferne**. Einer Naturferne, die wir als Vorboten der Naturzerstörung verstehen.

Sie
- verbaut die Gelegenheit zum Erfassen natürlicher Abläufe,
- erschwert das Vertrautwerden mit diesen Abläufen,
- verhindert die aktive Teilnahme an Entscheidungsprozessen und
- macht letztlich nicht mehr betroffen.

Wer wundert sich darüber, daß der Schutz von Natur auf der Strecke bleibt, wenn wir den Heranwachsenden nicht die Möglichkeit geben, sich sachlich, kritisch und verantwortlich mit Problemen der Natur vor Ort auseinanderzusetzen, wenn Menschen immer seltener Natur begegnen können? Der Mangel, Natur mit den Sinnen wahrzunehmen, hat zur Folge, daß Sinneseindrücke wenig in uns zum Klingen bringen. **Natur stirbt** eben nicht nur draußen, sondern vielfach auch **in uns**.

Mehr und mehr Menschen, insbesondere in den hochentwickelten Industrieländern, sehen in der **Umweltbildung** eine zwingende Notwendigkeit, um die Existenz menschlichen Lebens auf dem Planeten Erde zu gewährleisten. Mit anderen Worten: Umweltbildung wird als Antwort auf einen Mangel verstanden, durch die vom Mensch verursachte Umweltprobleme – lokal, regional und global – zu lösen seien.

2. Zwei Provokationen

- Erfolgreiche **Umweltbildung** hat viel mit **Lust** und wenig mit Schubkastendenken zu tun.
- Umwelterziehung oder das, was man dafür hält, wird vielfach als **Reparaturhilfe** zur Bewältigung von Umweltproblemen verstanden. Es fehlt ein grundlegendes Verständnis von der Rolle menschlichen Lebens auf der Erde und seiner Einordnung in das Gesamtsystem der Biosphäre.

Lust ohne eigene Anstrengung wird von der Psychologie als Verwöhnung definiert. Ihr begegnen wir überall: Dazu gehört der Geschwindigkeitsrausch beim Autofahren und beim Skilaufen. Wir können an uns selbst beobachten, wie wir die Lust des Siegens erleben und auskosten. Für die Fahrt mit dem Auto finden wir meist einen triftigen Grund. Das Argument knapper Zeit beruhigt das Gewissen. Wir erkennen nicht sogleich, daß es in Wirklichkeit um ein Lustempfinden ohne Anstrengung geht.

Lust ohne Anstrengung erleben manche auch beim Kauf von Aufklebern der »Nein-Danke-Welle«. Damit soll fortschrittliche, naturschützende Gesinnung demonstriert werden. Doch wir wissen alle, daß diese Aufkleber auch jene Ressourcen verbrauchen, die es zu schützen gilt. Gleichzeitig verhilft dieser Modetrend den Produzenten zu beträchtlichen Gewinnen.

Auch im Alltag hat uns die Lust ohne Anstrengung eingeholt, wenn wir

- per Auto vom Kiosk um die Ecke die Zeitung holen;
- uns zweimal täglich dem Duschgenuß hingeben, obwohl wir meist weder schmutzig noch verschwitzt sind und vieles andere mehr.

All diesen Beispielen ist eine Lust zur Selbstverwöhnung gemeinsam, ein Konsumgenuß, der zu **Lasten der Umwelt** geht.

Der Lust ohne Anstrengung steht die **Lust durch Anstrengung** gegenüber. Etwa bei der Fahrt mit dem Fahrrad. Oder beim Bergwandern. Lust durch Anstrengung kennt auch der Künstler, der Schriftsteller und auch die zwölfjährige, wenig hausarbeitsfreundlich gestimmte Tochter meines Kollegen, die bei Bekannten im Pferdestall freiwillig Schwerstarbeit verrichtet. Als Eltern kennen Sie vermutlich dieses Phänomen. Die Frage ist nur, wo findet man so einen Gaul für die Umweltbildung?

3. Umweltbildung gegen Naturzerstörung

Natur und Umwelt haben derzeit Konjunktur. Zumindest in den Köpfen. Die einen verbreiten eine Katastrophenpädagogik, die anderen haben eine heile Welt vor Augen. Dabei ist sowohl die Rede von der »Liebe zur Natur« als auch vom »Zurück zur Natur«. Dabei wird übersehen, daß Leben unter naturnahen Produktionsbedingungen weltweit für etwa 5 bis 10 Millionen Menschen möglich wäre.

Im Verlauf einer Bundestagsdebatte über Umweltprobleme bezog sich ein Sprecher auf KONRAD LORENZ und seine Forschungsergebnisse zur Verhaltensökologie. Er erhielt einen bemerkenswerten Zuruf: Der Mensch ist doch keine Graugans! Wenn es doch so wäre! Dann brauchten wir uns heute über das Umweltverhalten der Menschen und die von ihm verursachten Umweltzerstörungen nicht den Kopf zu zerbrechen.

Für die heute heranwachsenden Generationen werden Schulen und Universitäten mehr und mehr zu typischen Lernumwelten. Das Entdecken, das Verstehen und Erfassen natürlicher Systeme sowie ein systemgerechtes Verhalten des Menschen erfordert jedoch mehr als nur Buchwelten. Dagegen steht die Einsicht, daß ein Tag in der Natur für den Menschen und für die Natur ertragreicher sein kann, als in vielen Schulstunden Begriffshülsen zu sammeln! Denn die Begegnung mit der Natur vermag Erleben zu schenken und Staunen und Ehrfurcht zu wecken.

Als Antwort auf die von uns verursachte und zu verantwortende Umwelt-Krise werden zahlreiche Ziele formuliert. Hier nur vier Beispiele:

- Alle Menschen so früh wie möglich für die Probleme der Umwelt zu sensibilisieren.
- Bindungen zu schaffen, das heißt Verantwortlichkeit aufzubauen.
- Natur und Umwelt als etwas Erhaltenswertes und Erhaltensnotwendiges wieder zu entdecken.

- Die Konsumhaltung als Folge eines scheinbaren Nichtbetroffenseins und das Fehlen von Verantwortlichkeit gegenüber der Umwelt im Sinne einer »Mich-stört's-ja-nicht-wenn-ich-weg-bin-Ideologie« abzubauen und anderes mehr.

Diesen Zielen ist letztlich ein Wunsch gemeinsam: Werdet nicht so wie wir es sind! Eine pädagogische Wunderdroge, von der heute überall die Rede ist, soll dies leisten. Sie wird unter Begriffen wie Umwelterziehung, Umweltbildung, Umweltlernen oder ökologisches Lernen angepriesen.

4. Was ist das überhaupt, Umweltbildung?

Sie sollten sich und Ihren Kollegen einmal diese Frage stellen. Bei einem Brainstorming kommen Sie vermutlich folgender Definition nahe:

Umweltbildung ist ein lebenslanger Prozeß mit dem Ziel, auf den Menschen als Ganzes einzuwirken. Dabei wird Umwelt bewußt wahrgenommen und Umweltprobleme werden erkannt. So soll der Bürger befähigt werden, umweltgerechte Entscheidungen zu treffen und entsprechend zu handeln, um die Probleme zu lösen oder zu vermeiden.

Einfacher formuliert: Unbestritten bewegen wir Menschen uns in der Natur häufig wie Elefanten im Porzellanladen. Umweltbildung möchte diesen plumpen Zweibeinern zu einem naturgemäßeren Gang verhelfen.

Umweltbildung versteht sich so als eine Art Entwicklungshilfe zu umweltgerechtem Handeln für die breite Öffentlichkeit. Denn Öffentlichkeit wird in einem freiheitlichen System verstärkt mitbestimmen, wie wir künftig leben werden.

- Umweltbildung – was ist das? Wenn das öffentliche Nahverkehrsmittel an Status gegenüber dem Auto gewinnt, dann wird die damit verbundene Anstrengung zum Lustgewinn und in Kauf genommen.

5. Säulen der Umwelterziehung

Umweltbildung wird von drei Säulen getragen.

(1) Ökologische Bildung

Sie umfaßt ein ausreichendes Erfahrungswissen über die Grundlagen der Ökologie in Wechselbeziehung zum Menschen. Hierher gehören vernetzte Systeme, Anpassen durch Auslese, Energiefluß, Kreisläufe, Lebensgemeinschaften, Nahrungsketten, Symbiosen und vieles andere. Die ökologische Thematisierung sollte einem fächerübergreifenden, offenen Leitlinien-Konzept zugeordnet werden, das die gesellschaftlichen Belange gleichermaßen repräsentiert.

- **Vielfalt: Unterschiede und Gemeinsamkeiten:** Im Verlauf der Milliarden Jahre dauernden Entwicklung der Erde entstand eine unvorstellbare Vielfalt an Lebensformen. Sie unterscheiden sich durch Größe, Farbe, Form und Struktur, haben aber auch Gemeinsamkeiten.
  Vielfalt ist eine Grundvoraussetzung für erfolgreiches Leben, da nie ein einziger Weg ausreichend Möglichkeiten ausschöpfen kann.

Sozio-Öko-Leitlinien-Konzept
- Vielfalt: Unterschiede und Gemeinsamkeiten
- Muster als Ordnungssysteme
- Wechselwirkungen und gegenseitige Abhängigkeiten
- Stetigkeit und Veränderung
- Entwicklung und Anpassung
- Kreisläufe
- Energie-Umwandlung
- Lebensgemeinschaften

- **Muster als Ordnungssysteme:** Das Denken in Mustern ist für den Menschen im allgemeinen vorteilhaft und lebens- und überlebenswichtig. So werden Gemeinsamkeiten und Unterschiede zu Mustern zusammengefaßt, beispielsweise bei Schneekristallen, Blüten, Flußsystemen, Verkehrsregeln, Hausformen und Siedlungsgrundrissen.
  In Mustern wird die Ordnung natürlicher und vom Menschen geschaffener Dinge sichtbar. Muster ermöglichen ein schnelles Erkennen.

- **Wechselwirkungen und gegenseitige Abhängigkeiten:** Es gibt auf der Erde keine Dinge und Ereignisse, die nicht in irgendeiner Weise miteinander verbunden bzw. sogar voneinander abhängig sind. Wechselwirkung und Abhängigkeit bestehen zwischen Blüte, Insekt und Frucht, zwischen Erzeugern und Konsumenten, in der Familie, in Schule und Betrieben. Nahrungsketten sind Abhängigkeitsketten.
  Auf der Erde und im gesamten Sonnensystem hängt alles mit allem zusammen. Wird im Netz der Beziehungen ein Strang unterbrochen, ist das ganze Netz betroffen.

- **Stetigkeit und Veränderung:** Alles auf der Erde ist einer ständigen Veränderung unterworfen.
  Leben ist etwas Beständiges und zugleich das Ergebnis einer Vielzahl von Veränderungen.

- **Entwicklung und Anpassung:** Lebewesen müssen für ihre Lebensnische gerüstet sein, um zu überleben. Doch weder Tiere noch Pflanzen blieben im Verlauf der Entwicklung unverändert.

Verändern sich die Umweltbedingungen, müssen sich die Lebewesen anpassen.

Sie können sich in ähnlichen Räumen einnischen wie beispielsweise Vögel, die mangels Bruthöhlen in Briefkästen oder in Schalen von Verkehrsampeln nisten. Gelingt einer Art die Anpassung oder die Abwanderung in gleich gebliebene Räume nicht, stirbt sie aus.

Über Entwicklung und Anpassung sucht jedes Lebewesen optimal zu überleben.

● **Kreisläufe:** Zu den wichtigsten Baustoffen des Lebens auf der Erde zählen Wasserstoff, Sauerstoff, Kohlenstoff, Stickstoff, Phosphor und Schwefel. In komplexen Kreisläufen, von der Energie der Sonne angetrieben und in Bewegung gehalten, bereitet die Natur diese Stoffe immer wieder auf und verwendet sie auf's Neue

Die Güter der Erde sind begrenzt und müssen sparsam genutzt und möglichst oft wiederverwendet werden.

● **Energie-Umwandlung:** Alle Lebewesen verbindet ein Prozeß: die Photosynthese. Leben, wie es heute auf der Erde existiert, konnte sich erst entwickeln, nachdem höhere Pflanzen, Farne, Moose und Algen mit Hilfe der Lichtenergie der Sonne den lebenswichtigen Sauerstoff freizusetzen vermochten.

Die Sonne liefert die Energie für alles Leben auf der Erde.

● **Lebensgemeinschaften:** Von Anbeginn des Lebens auf der Erde finden sich Tiere und Pflanzen zu Lebensgemeinschaften zusammen. In einem Lebensraum besetzen sie mit unterschiedlichen Formen und in unterschiedlicher Zahl ihre ›ökologische Nische‹. Hier befriedigen sie ihre Bedürfnisse an Sonnenenergie und Nahrung. Ein Miteinanderauskommen ist dabei unumgänglich.

Alle Pflanzen und Tiere, auch der Mensch, sind Teil der Lebensgemeinschaft Erde und in vielfältiger Weise mit ihr verbunden.

In der Umsetzung dieser Öko-Leitlinien entsteht auch für die Grundschule ein kaum auszuschöpfendes Handlungsangebot.

(2) **Fertigkeiten und Fähigkeiten als Grundlage für das Untersuchen, Bewerten und Lösen von Umweltproblemen.**

Dazu gehören
– das Sensibilisieren des Wahrnehmens über die Sinne,
– der Umgang mit Meßgeräten, der die erforderlichen Lern- und Arbeitstechniken zum Erkennen und Erfahren von Umwelt einschließt. Dies erscheint auf den ersten Blick unproblematisch. Bezieht man jedoch die Sprache als Instrument im Umgang mit Umwelt ein, so offenbart sich auch hier ein Defizit im Verhältnis der Menschen zur Natur.
– ein didaktisches, ökologisch orientiertes Konzept, wie es beispielsweise in »Umwelterziehung in den USA« beschrieben und in *»Kommt mit, wir machen was!«* umgesetzt wurde.

(3) Allgemeine Werte, ethische Grundsätze

Entwickeln eines Bewußtseins für allgemeine Werte, ethische Grundsätze/Tugenden, die die menschlichen Umweltaktivitäten beeinflussen: beispielsweise Hilfsbereitschaft, Respekt, Toleranz, Zusammenarbeit, Verantwortung tragen, Rücksicht nehmen, sparsam sein, Muße haben, Naturverbundensein, Konsumbewußtsein (Brauche ich das wirklich?), liebendes Verstehen, verweilen können, um sich selbst zu finden. Saint Exupéry läßt den Kleinen Prinz eine nachdenklich stimmende Antwort auf die Frage finden: *»Wenn ich 53 Minuten Zeit übrig hätte?«*

Auf dem umweltpädagogischen Kongreß 1991 in Bremen wurde von fast allen Gruppen mehr Gelassenheit im Umgang mit der Zeit gewünscht.

Es gilt, eine Grundqualität von Leben in unserer Welt zu entwickeln. In unseren alltäglichen Maschinen- und Betonumwelten in Schule und Wohnbereichen sicherlich kein leichtes Unterfangen.

Jede dieser drei Säulen
– ökologische Grundeinsichten,
– Fähigkeiten und Fertigkeiten sowie
– allgemeine Werte
ist Bestandteil eines funktionierenden Ganzen; gleich einem dreibeinigen Schusterschemel, der kippt, wenn ein Bein fehlt.

Doch welches sind die Zugänge zu praktischer Bildungsarbeit?

6. Methodische Zugänge

(1) **Wahrnehmungsübungen:** Einstellungen und Verhalten gegenüber Umwelt sind Ergebnis vielfältiger Erfahrungen, sie sind das Ergebnis von differenzierten Wahrnehmungen in der Umwelt. Differenziertes Wahrnehmen von Phänomenen muß geschult werden, da es Grundlage für differenziertes Begreifen, für Urteilsfähigkeit und Handeln in der Umwelt ist. Aus der Fähigkeit, differenziert wahrzunehmen, erwächst Sicherheit. Je sicherer wir in der Bewertung eines Umweltproblems werden, desto unabhängiger sind wir dann in unseren Entscheidungen und in unserem alltäglichen Handeln. Hier wird mit einfachen Übungen angefangen.

Beispielsweise eine Rallye der Besonderheiten, bei der Dinge aus der Natur mit folgenden Merkmalen zu suchen sind: braun, schwarz, feucht, naß, weich, hart, riecht gut, flauschig, kratzig, glatt, kann wärmen, zerbrechlich, eßbar, krabbelt, hat ein Loch und anderes mehr. Wir müssen empfinden, was wir tun. Und wir müssen erleben, daß wir es tun. So werden Sachinformationen durch die Sinne lebendig. So können wir uns durch die Sinne auch neugierig nach Information machen. So führt Erleben und Verstehen von Natur weg von einfachen Wenn-Dann-Beziehungen. Erleben öffnet dann die Tür zum Verstehen auch komplexer Zusammenhänge. So leistet Naturerleben einen wichtigen Beitrag zu einem verantwortungsbewußten Umgang mit unserer Erde. Naturerlebnisse werden dann auch ein Beitrag zum Ausbalancieren von Lebens- und Umweltqualität. Wir haben hier ein großes Defizit. Jeder kann helfen, es abzubauen – auch in kleinen, stillen Schritten.

(2) **Interaktionsübungen** fördern Sozialisationserfahrungen. Sie haben gemeinsames Handeln bei Problemlösungssituationen zum Ziel, bei denen beispielsweise im Spiel vorgegebene Schwierigkeiten zu meistern sind. Das kann ein Hindernis sein, das nur gemeinsam überwunden werden kann. Beispielsweise einen schweren Reifen auf einen vier Meter hohen Pfosten ›auffädeln‹. Hier gilt: Nur gemeinsam schaffen wir's!

Bei diesen Übungen ist nicht nur körperliche Geschicklichkeit gefragt, sondern auch kooperatives Handeln innerhalb der Gruppe. Sie verstärken die Freude am gemeinsamen Tun.

Verantwortungsbewußtes Entscheidungs- und Problemlösungsverhalten gilt als ein zentrales Anliegen von Umweltbildung. Es ist jedoch schwierig, Handlungsräume zu finden, in denen sich ein solches Verhalten trainieren läßt. Die Erkundungswanderung, bei der Mitentscheiden, Mitverantwortung und Risikobereitschaft in der Gruppe simuliert werden, hat sich hierfür als besonders geeignet erwiesen (vgl. KNIRSCH, Die Erkundungswanderung).

(3) **Simulation ökologischer Zusammenhänge** zum Verstehen von Umweltproblemen: Mit Hilfe von Simulationen lassen sich Einsichten und Wissen vermitteln, die in Ausschnitten komplexe ökologische Langzeit-Prozesse transparent und einsichtig machen, die sonst kaum erkennbar und erfahrbar werden. Ohne exakt mit der Realität übereinzustimmen, transportieren sie so Vorstellungen und Annahmen über ökologische Abläufe, die auch der Grundschüler versteht. Beispielsweise das ›Zahnstocher-Ökologiespiel‹, das das Prinzip der Auslese in der Natur simuliert (vgl. KNIRSCH, Unsere Umwelt entdecken).

(4) **Fächerübergreifende Projekte und Aktionen**, wie »Bachpatenschaften«, »Verpackungsarm Einkaufen«, »Verrotten alle Abfälle?«, »Boden selbst gemacht«, »Natur an der Schule und im Vorgarten«, »Trockenmauer – ein Haus für Tiere«, »Gegen den Rennfahrer im elektrischen Zählkasten«, »Wasser aus der Dachrinne«, »Motorpause an der Bahnschranke«, »Mit Mikro gegen Lärmsünder«, »Wildkräutersalat statt Nitrat«, »Kräutertee – nicht aus dem Beutel«, »Brot aus Sauerteig«, »Huhn nicht aus der Dose«, »Nisthilfen für Insekten«, »Brennesselgarten für Schmetterlinge«, »Haselnuß gegen Exoten«, »Mein Liebling, der Regenwurm«, »Gemüsetest am Wochenmarkt«, »Öko-Wiese statt Armutsgrün«, »Öko-Gehsteig für unsere Straße«, »Supermarkt 2000«, »Patenschaft für Abfallkörbe«, »Schrott wird flott! – Vom Sperrmüll zum Flohmarkt« und andere mehr.

Auch in der Grundschule können Arbeitsgemeinschaften als »Greenteams« die Kinder motivieren, sich eine Fülle von Problem-, Entscheidungs- und Handlungsfeldern zu erschließen. (Auskunft über Greenteams: Greenpeace, Vorsetzen 53, 2000 Hamburg 11 sowie örtliche Panda-Clubs). Die Literatur bietet zahlreiche Arbeitshilfen (s. Anhang).

Das Umsetzen solcher Felder muß von gesellschaftskritischen Fragestellungen begleitet sein:

- Welches sind die Folgen für die Mitwelt (Natur und Mensch)?
- Wer ist verantwortlich und wie ist es dazu gekommen?
- Wie lassen sich die Folgen abschwächen, beseitigen und künftig vermeiden?
- Wer kann dabei helfen?

Verwaltung wird bei diesen Aktivitäten als Instrument von und für Bürger und nicht als »bürokratische« Anonymität erlebt.

Für diese Aktivitäten gibt es in der Literatur zahlreiche Arbeitshilfen (s. Anhang).

Bei der praktischen Umsetzung haben sich diese Zugänge als brauchbare »Motivationsfilter« erwiesen. Besonders dann, wenn
- persönliche Interessen angesprochen werden;
- die Teilnehmer auf Widersprüche stoßen, die neugierig machen.

So kann folgende methodische Reihe wirksam werden:
- Fragen stellen;
- mehr wissen wollen, zusätzliche Informationen suchen;
- Alternativen prüfen;
- entscheiden und handeln.

> Was immer wir erleben, gewinnt nur dann Bedeutung, wenn es mit **Gefühlen** verbunden ist. Das heißt in der Umkehrung: **Erlebnisse ohne Gefühlsbeteiligung** haben keinerlei seelische Bedeutung für den Menschen (SANDER).

Wir sind sinnlich und leiblich Teil dieser Welt. Würden wir dementsprechend gefühls- und verstandesgemäß handeln, würden wir nicht so viel zerstören. Dieser Anspruch fordert Schule und Lehrer heraus.

7. Schule und regionale Umweltzentren

Die Stundentafel läßt kaum Platz für zeitraubende Umweltarbeit. In den Lehrplänen wird die Umwelt-Problematik nach wie vor in Fach-Schubkästen verteilt. Engagierte Lehrer müssen über aufwendige Koordinations- und Kooperationsabsprachen versuchen, zusammen zu bringen, was zusammen gehört. Muß das sein? Wer kann helfen? Wie kann Abhilfe geschaffen werden?

In den vergangenen Jahren sind zahlreiche **regionale Umweltzentren** entstanden, die beim Lösen dieser Aufgabe helfen wollen. Als außerschulische Bildungsstätten sind sie frei vom Schulreglement. Sie verfügen über Lernorte in der natürlichen und bebauten Umwelt. Sie bieten Informationen und Materialien und sind Basis für gemeinsames Arbeiten und gemeinsame Erfahrungen. Diese Zentren – auch Ökostation, Alternatives Leben, Freilandlabor, Schulbiologiezentrum, Naturschutzzentrum, Informationszentrum genannt – verfügen über ein **Netz didaktisch aufbereiteter Lernorte**, teilweise in Fußgänger-Entfernung zur Schule.

In den USA wird schon seit Jahrzehnten versucht, die Besucher von Umweltzentren nicht nur über die Information, die Wissensvermittlung, sondern auch über das Gefühl, das Ästhetische, das Kreative und das Soziale anzusprechen. Hierin spiegelt sich ein ganzheitliches Verständnis von Bildung wider, das in der BRD als Folge der Bildungsreform von 1970 weitgehend verschüttet worden ist, in der letzten Zeit jedoch eine Wiederbelebung erfahren hat.

Grundlagen für erfolgreiche Bildungsarbeit:
- Ökologisch orientiertes Gesamtkonzept
- Regionales Umweltzentrum
- Netz von Lernorten
- Umwelt-Ecke in der Schule
- Lehrer als Umwelt-Beauftragter der Schule

Die vorhandenen Zentren werden nach einer Untersuchung des *Instituts für Pädagogik der Naturwissenschaften* (IPN) in Kiel von der Schule noch nicht ausreichend genutzt. Mitunter wissen die Kollegen nicht einmal etwas von deren Existenz. Die Erfahrungen belegen, daß Kinder außerhalb der Schule leichter zu **Lust mit Anstrengung** motivierbar sind, daß sie eine Menge »mitnehmen« und an andere weitergeben. Kinder lassen sich eben leichter als Erwachsene gegen Kroko-Handtaschen und Schachfiguren aus Elfenbein immunisieren.

Ein **Umwelt-Lehrer** für jede Schule könnte Mittler sein: Nach innen beispielsweise über eine **Umwelt-Ecke** in der Klasse bzw. Schule, die aktuelle Probleme aufgreift und über Aktionen und Projekte berichtet. Nach außen über eine Zusammenarbeit mit dem kommunalen **Umweltberater**.

Schule und Zentrum könnten sich gemeinsam um ein **ökologisch fundiertes, fächerübergreifendes Curriculum** bemühen, das lokale und regionale Arbeit für die Umwelt ermöglicht. Die Frage, was für den späteren Entscheidungsträger wichtig ist, müßte zentrales Anliegen sein.

Umweltzentren mit ihren Lernorten sind eine Antwort auf uns heute bedrängende Fragen. Sie sind auch eine Antwort auf einen Mangel. Die Qualität dieser Zentren ist so gut wie ihr Programmangebot und die diese Programme umsetzenden Umweltpädagogen. Bekanntlich ist nichts ansteckender als das Vorbild.

8. Umweltpädagoge/Lehrer und Umweltprogramm

Ein engagierter und qualifizierter **Umweltpädagoge** wird in einem Umweltzentrum als »Programm-Manager« ein weites Feld finden. Er ist die Schlüsselfigur. Es liegt an ihm, ob daraus ein Umwelt-Programm wird, das wegführt vom verkopften Sach- und Fachunterricht und hinlenkt zu einer lokal-regionalen und ganzheitlich verstandenen Umweltbildung. Eine Aufgabe, die Schule heute erst in Ansätzen leistet.

Ein solches Programm bietet fächerübergreifende Aktivitäten für unterschiedliche Lernorte mit realer Umweltsituation. Es stützt sich auf die schon erwähnten drei inhaltlichen Säulen sowie die vier methodischen Zugänge von Umweltbildung: Wahrnehmungen, Interaktionen, Projekte, Vermitteln grundlegender ökologischer Einsichten sowie Simulation ökologischer Prozesse im Spiel.

Gemeinsames Ziel aller Aktivitäten müßte es sein:

(1) **Ökologisch:** *Der Natur weiter die Fähigkeit zu erhalten, sich selbst so zu regulieren, um Leben auf der Erde in seinen vielfältigen Formen zu sichern.* Mit anderen Worten: Erhalt der Regenerationsfähigkeit von Natur und nicht Erhalt eines Zustandes. Hierzu gilt es,

– Verantwortung gegenüber anderen Organismen zu tragen (RENÉ DUBOS);
– Fähigsein zur Liebe und zum Staunen gegenüber der Natur (JOSEPH CORNELL);
– auf die Erde zu schauen, auf der man steht, und zu lernen, behutsam mit ihr umzugehen.

Aus unserer engen Menschenperspektive ist ein einziger Quadratmeter Erde wichtiger als alle Planeten des Sonnensystems, da die Erde auch in Zukunft die einzige Heimat für den Menschen sein wird (MUMFORD, 309f). Dieser Quadratmeter ist als Oase des Lebens überall zu finden – in Städten und Dörfern, auf Schulhöfen und Gehsteigen, in Gärten und Parks. Er kann dann zu einem Lernort werden, an dem Natur erlebt wird – wenn man ihm ohne Bestimmungsbuch gegenübertritt.

(2) **Pädagogisch-didaktisch:** *Fähigkeit entwickeln, eigenverantwortlich an Lösungsversuche* heranzugehen nach dem Motto: Ich kann und will etwas tun. Ich kann die Qualität von Umwelt, in der ich lebe, positiv beeinflussen. Es sind auch meine Vorstellungen und nicht nur die meiner Eltern und Lehrer. So wird der Fremdbestimmung gegengesteuert. Hier ist auch die Rolle des Lebens im allgemeinen und die des Menschen im Gesamtsystem der Biosphäre eingeschlossen.

Zum Verhältnis Umweltzentrum und Schule eine Vision: Weil für einen herkömmlichen ›Schulklassentourismus‹ diese Einrichtungen zu schade sind, müssen Lehrer und ihre Helfer in das Umweltprogramm des Umweltzentrum eingeführt und auf ein weitgehend selbständiges Umsetzen vorbereitet werden. Das kann in Zusammenarbeit von Lehrerfortbildung und Schullandheim-Verband im Rahmen eines Wochenendseminars geschehen. Die Teilnehmer werden dabei sowohl mit dem Lernpotential des Umweltstudienplatzes als auch mit ihrem persönlichen Einsatzbereich vertraut gemacht. Sie werden befähigt,

– mit einer Schulklasse oder Gruppe im Verlauf eines ein- oder mehrtägigen Aufenthaltes in einem Zentrum gemeinsam mit dem Umwelt-Pädagogen ausgewählte Aktivitäten durchführen zu können. Dadurch wird langfristig Gruppenarbeit als eine der wichtigsten Voraussetzungen für erfolgreiche Umweltbildung möglich.
– im Sinne eines »Multiplikators« das Lernangebot der eigenen Wohn- und Schulumwelt zu sondieren und zu prüfen, welche Aktivitäten dort mit Schülern entwickelt und durchgeführt werden können.

9. Vokabelfallen im Natur-Mensch-Verhältnis

Bereits Ende der vierziger, massiv in den fünfziger und sechziger Jahren, entwickelt sich in den USA eine Naturschutzbewegung, die sog. *New Conservation Movement*. Aus dieser Bewegung ist in der Bundesrepublik Deutschland insbesondere RACHEL CARSON'S »Der Stumme Frühling« bekannt geworden. RACHEL wendet sich gegen die Bedrohung der Menschen durch den Menschen. Sie kommt zu einem, für alle an der Umwelt interessierten, bedeutsamen Schluß, der, vereinfacht sagt: Nicht nur das Verhältnis der Menschen zueinander ist das Entscheidende, sondern es kommt vielmehr auf das stimmige Verhältnis der Menschen zur gesamten belebten und unbelebten Mitwelt an.

Schauen wir uns um. Wir werden feststellen, wie wenig wir seitdem gelernt und verinnerlicht haben. Als gute Sozialdarwinisten haben wir für Lebewesen, die uns schaden können, nach wie vor kein Mitleid. Unsere Alltagssprache bringt es an den Tag.

Ein wesentlicher Teil der Bildungsarbeit wird auch in der Grundschule über den Kopf, über die Sprache geleistet. Hören wir uns um, wie im Alltag gesprochen wird, wie uns bestimmte Begriffe ohne nachzudenken über die Lippen fließen: Unkräuter – Schädlinge – Ungeziefer – Nützlinge – Parasit – Unland – Ödland – unnütz – nützlich – schädlich – brachliegen – einfrieden – umweltfreundlich – Vogelparadies – Altlast – entsorgen – Killeralgen – Roggensterben und Waldsterben. Auch Begriffe für ein- und denselben Sachverhalt: sterben – verenden; gebären – Junge werfen; Leiche – Kadaver und andere. All diese Begriffe werten allein aus der Sicht des Menschen, wobei allem nicht Menschlichen oder ihm nicht Dienenden etwas Negatives anhaftet.

Wenden wir uns dem menschlichen Ordnungsbegriff zu. Wer macht sich schon Gedanken, ob sein »ordentliches« Handeln nicht Unordnung in dem System Natur schafft? 200 Jahre Ordnungs- und Sauberkeitserziehung lassen sich nicht so einfach aus dem Denken ausradieren. Ich erinnere nur an das Anstands-, Abstands- und Armuts-Grün in Parks und Vorgärten, das kein Erbarmen mit Löwenzahn, Brennessel und andere Wildkräutern kennt. In diesem Ordnungsverhalten, so scheint es, spiegelt sich eine Lebensangst gegenüber der Natur wider. Folglich ist Natur zu bekämpfen und sei es kniend auf dem Gehsteig, um mit Messer oder Pestizid-Spraydose dem Grün zwischen den Plattenritzen den Garaus zu machen.

Wer denkt nach, wenn er über die »Inwertsetzung von Räumen« und von »Aktiv-Passiv-Räumen« spricht? In der Sprache der Ökonomie ist damit ein einseitiges Werten verbunden. Als Passivraum gilt, wo wenig geschieht, wo der Mensch wenig Nutzen hat wie bei Moorlandschaften, Heiden oder Sozialbrachen. Moore werden zum Aktivraum, wenn man sie entwässert, den Torf abbaut und den Grund großflächig der Landwirtschaft zuführt, wenn man sie so »in Wert setzt«. Hierzu zählen auch jene Schlick- und Sandflächen im Watt, deren natürliches Ökosystem im Zuge von Eindeichungen radikal verändert, zum Neuland aus dem Meer wird, das möglichst großflächig unter den Pflug genommen werden soll. Brachflächen verlieren ihren »menschenfeindlichen« Beigeschmack, wenn auf ihnen Wohnsilos 'gen Himmel wachsen.

Wir alle kennen den Begriff »Pflanzenschutzmittel«. Eigentlich ein Hohn, wenn man bedenkt, daß sie dazu da sind, einer einzigen Pflanze das üppige, konkurrenzlose Gedeihen zu ermöglichen. Vielen anderen Lebewesen machen sie den Garaus.

Ein gänzlich anderer Aspekt eröffnet sich uns im Verhältnis Sprache und Natur durch das Humanisieren von Natur, bei dem Sprache verharmlost wird. Etwa nach dem Motto: Es ist nicht, was nicht nach der Ideologie von »Freunden der Natur« sein darf. Was ist damit gemeint?

Wir kennen alle den Fischreiher, diesen rund einen Meter großen Stelzvogel, zumindest dem Namen nach. In der neueren Literatur wird er zum Graureiher. Sozusagen als ein Geschenk für die Sportfischer, für die der Fischreiher eine unliebsame Konkurrenz ist. Graureiher, das ist eben unverfänglicher, harmloser. Diese verbale Verharmlosung erschwert aber das notwendige kritische Auseinandersetzen, das wesentlich für ein Verändern von Einstellungen und Verhalten ist.

Diese Beispiele mögen genügen. Prüfen Sie Ihre Unterrichtshilfen. Hören Sie Umweltpolitikern und auch Naturschützern kritisch zu. Sie werden viele verbale Sünder auf frischer Tat ertappen. Beobachten Sie sich vor allem selbst im alltäglichen Umgang mit ihren Kindern.

Machen wir uns bewußt: All diese uns so leicht über die Lippen gehenden Begriffe sind letztlich Ausdruck eines unökologischen Denkens, eines Denkens, das wir zu Recht anprangern. Ein solch sorgloser Umgang mit Begriffen erschwert die Bemühungen der Umweltbildung. Es muß daher Aufgabe aller gesellschaftlicher Gruppierungen und Einrichtungen sein, also auch der Schule, über eine saubere Begrifflichkeit das Verhältnis zur Natur neu zu bestimmen.

10. Wenn die Schmusekatze eine Maus totbeißt...

Wenn
- die Schmusekatze eine Maus totbeißt,
- eine Amsel einen Regenwurm aus der Erde zerrt,
- ein Rotkehlchen rastlos Ameisen aufpickt,
dann folgen alle einem natürlichen Instinkt.
Doch wir Menschen reagieren ganz unterschiedlich betroffen wenn
- 20 000 Robben in der Nordsee sterben,
- eine Massenkarambolage auf der Autobahn ihre Opfer fordert,
- an Tropenwäldern Raubbau betrieben wird oder das Ozonloch wächst, dann sind das Folgen menschlichen Verhaltens.
Doch wir Menschen reagieren ganz unterschiedlich betroffen.

Wenn offiziell auch nicht zugegeben, hat Umweltbildung als didaktisches Prinzip bisher die in sie gesetzten Erwartungen nicht erfüllt. Sicher auch deshalb nicht, weil Ganzheiten in der Schule die Ausnahme sind. Doch auch Schule wird in Zukunft die Ganzheitlichkeit von Mitwelt stärker berücksichtigen müssen. Hier sollte gelten: Nur wer verändert, wird auch das erhalten, was er bewahren möchte. Dabei müssen wir alle dem gemeinsam bewohnten Haus verpflichtet sein. Für die bei uns »verwirtschaftete« Natur sind nicht nur die Konzerne verantwortlich, sondern alle im

System Bundesrepublik lebenden, konsumwilligen Bürger. Schule hat der ökologischen und gesellschaftlichen Herausforderung unserer Zeit, die sich aus der Bevölkerungsentwicklung und der Befriedigung ihrer Bedürfnisse für das Gesamtsystem Erde und damit auch für das Leben der Menschen ergibt, Rechnung zu tragen. Zentren zur Umweltbildung mit qualifizierten Programmen könnten Hilfe beim Verändern sein.

> Der herkömmliche Heimat- und Sachkundeunterricht könnte zur Keimzelle sowohl für eine humanökologisch ausgerichtete Umweltbildung als auch für den innerlichen und äußerlichen Umbau von Schule werden. Umweltbildung muß Lust auf Zukunft machen, die sich in einer positiven Lebenseinstellung als Voraussetzung für eine angstfreie Pädagogik äußert.

Der Erfolg ist ein mühsamer Weg und nicht zum Nulltarif erhältlich. So gilt es, für Fragen und Probleme der Umwelt eine breite Lobby zu gewinnen. Umweltbildung ist eine wichtige sozialpädagogische und gesellschaftspolitische Aufgabe – auch wenn es nicht immer offenkundig ist. Dieser auf Generationen ausgerichteten Aufgabe müssen sich alle Erzieher stellen, denn der Arbeit mit Kindern kommt eine zentrale Bedeutung zu. Eingedenk der Tatsache, daß die Kinder von heute die politischen Entscheidungsträger von morgen sind. Die Grundschule ist ein Teil dieser Gesellschaft. Einer Gesellschaft, die sich zu einer ökologisch orientierten Experimentier-Demokratie wandeln muß, wenn es nicht bei Lippenbekenntnissen bleiben soll. Hierzu wird auch die Schule neue, unkonventionelle Wege suchen, finden und begehen müssen.

Quellen

KLEEMANN, G.: Wegwerfmenschen und andere Geschichten; München 1982.
MEYER-ABRICH, K.M.: Aufstand für die Natur. Von der Umwelt zur Mitwelt; München 1990.
MUMFORD, L.: Mythos der Maschinen; Wien 1974.
National Education Association (Hrsg.): Man and his environment; Washington D.C. 1970.
SANDER, J.: Vortrag bei der Sigmund Freud-Gesellschaft am 9.11.1990 in Frankfurt/M..
VON CUBE, F. und ALSHUTH, D.: Fordern statt verwöhnen; München 1986.

Ausgewählte Literatur zur Umweltbildung

(Für die Arbeit mit Kindern* und für Pädagogen zur Information).
*BACHMANN, H. und VORTISCH, S.: Saure Zeiten. Viel Theater mit der Umwelt; Ökotopia-Verlag, Münster 1989.
*BREUCKER-RUBIN, A. und RUBIN, D.: Umweltspielekartei – Spielideen und Gestaltungsvorschläge für Kinder ab 3 Jahren; Ökotopia-Verlag, Münster.
*BÜKEN, H.: Kimspiele. Spiele zum Sehen, Schmecken, Riechen, Tasten, Hören und Denken; München 1984.
BURK, K.-H./CLAUSSEN, C. (Hrsg.): Lernorte außerhalb des Klassenzimmers I und II; Arbeitskreis Grundschule, Frankfurt 1980/81.

BURK, K.-H./KRUSE, K. (Hrsg.): Wandertag – Klassenfahrt – Schullandheim, Arbeitskreis Grundschule, Frankfurt 1983.

*CORNELL, J.: Mit Kindern die Natur erleben; Oberbrunn 1979.

*DE HAAN, G.: Ökologie-Handbuch Grundschule; Weinheim 1989.

Deutsches Jugendherbergswerk (Hrsg.), Umweltschutz Handbuch, Detmold 1990.

DIEKMANN, H. (Hrsg.): Umweltzentren in der Bundesrepublik; Bielefeld 1989.

EULEFELD, G. und WINKEL, G. (Hrsg.): Umweltzentren. Stätten der Umwelterziehung; Kiel 1986.

FAUST-SIEHL, G. u.a. (Hrsg.): Kinder heute – Herausforderung für die Schule; Arbeitskreis Grundschule, Band 79/80, FFM 1990.

*GREISENEGGER, I. u.a.: Umweltspürnasen: Aktivbuch »Tümpel und Teich«; Wien 1989.

Hess. Institut für Bildungsplanung und Schulentwicklung (Hrsg.), Welche Erfahrungen machen Kinder mit der Gefährdung ihrer Umwelt? Wiesbaden 1985.

*HOENISCH, N.: Heute streicheln wir den Baum; Ravensburg 1981.

*drs.: Komm liebe Spinne; Ravensburg 1982.

*KNIRSCH, R.: Kommt mit, wir machen was! Ein Umweltbuch für alle, die mit Kindern leben; Ökotopia Münster 1990

*drs.: Unsere Umwelt entdecken. Spiele und Experimente für Eltern und Kinder; Ökotopia Münster 1991.

drs.: Umwelterziehung in den USA. Einführung und Dokumentation mit Folgerungen für die Bundesrepublik Deutschland; FFM 1986.

drs.: Die Erkundungswanderung. Theorie und Praxis einer aktivierenden Form für Unterricht und Freizeit; Paderborn 1979 (Nur beim Verfasser erhältlich: DM 8,- einschl. Porto).

*KREUSCH-JAKOB, D.: (Hrsg.): Lieder von der Natur; Ravensburg 1988.

*KUHN, K. u.a.: Biologie im Freien; Stuttgart 1986

*LÖSCHER, W.: Der Wind, das himmlische Kind. Spiele und Materialien zum Thema Naturerscheinungen; München 1989 (2.).

Naturschutzzentrum Hessen (Hrsg.): Umwelt und Natur in der Lebenswelt der Kinder; Wetzlar 1990.

*Naturschutzzentrum Nordrhein-Westfalen (Hrsg.), Natur – Kinder – Garten; Materialheft; Recklinghausen 1990.

*drs.: Wir erkunden den Wald; Recklinghausen 1990.

*Niedersächsisches Kultusministerium (Hrsg.): Umweltschutz im Schulranzen. Bezug: Schiffsgraben 12, 3000 Hannover.

*OWEN BISHOP, Abenteuer Natur. Kleine Pflanzen selbst erforschen; Stuttgart 1985.

SCHWARZ, H.: Empfehlungen zur Umwelterziehung in der Grundschule; Arbeitskreis Grundschule, FFM 1987.

*SINGEISEN-SCHNEIDER, 1001 Entdeckungen. Natur erleben durchs ganze Jahr; Zürich 1989.

*VON STRAASS: Spielregeln der Natur, Taktik, Tricks und Raffinesse; München 1990.

*WÜPPER; E.: Leselöwen. Umweltgeschichten; Bayreuth 1987.

*Die neuen Spiele, Bd. 1 und 2; Ahorn-Verlag 1979 und 1982.

Jugendbuchverlage haben zahlreiche Umwelt-Bücher für Kinder veröffentlicht. Eine Fundgrube bietet der Katalog des Ökotopia-Verlags, Hafenweg 26, 4400 Münster. Zeitschriften wie »Die Grundschule«, »Die Grundschulzeitschrift«, »Umweltlernen«, »Natur« u.a. enthalten wertvolle Arbeitshilfen. Das Umweltbundesamt in Berlin, die Umweltministerien der Länder, der Bund Umwelt- und Naturschutz Deutschland (B.U.N.D.), der Deutsche Bund für Vogelschutz (DBV) und andere Organisationen veröffentlichen wertvolles Informationsmaterial.

Peter Fauser/Wolfgang Mack

Praktisches Lernen

Erfahrungen aus eigenem Tun

1. Praktisches Lernen, ein Konzept für Reform und Entwicklung der Schule[1]

Praktisches Lernen zielt – als Konzept und als Vorhaben der Schulreform – darauf, den Erfahrungs- und Lebensbezug der Schule zu stärken. Die Schule muß Kindern heute vermehrt Möglichkeiten bieten, Erfahrungen zu machen, die aus eigenem Tun erwachsen. Diese pädagogische Forderung entspringt den gesellschaftlichen Folgen der Modernisierung. Mit der Modernisierung sind wichtige Lebensvollzüge in getrennte, spezialisierte gesellschaftliche Bereiche verlagert worden: Arbeit und Lernen, Familie und Schule treten immer mehr auseinander. Durch die gesellschaftliche Spezialisierung und Differenzierung und durch die technisch-wissenschaftliche Zivilisation wird die moderne Welt immer abstrakter und verschließt sich zunehmend dem unmittelbaren Mittun und Verstehen. Die Folge ist ein Überschießen von Erfahrungen aus zweiter und dritter Hand, besonders im Aufwachsen von Kindern und Jugendlichen (vgl. FÖLLING-ALBERS im ersten Band dieses Handbuches).

Schule darf sich unter diesen Umständen weniger denn je auf bloße Wissensvermittlung beschränken. Sie kann wichtige grundlegende Erfahrungen nicht schon voraussetzen, sondern muß sie allererst ermöglichen – das betrifft besonders die Grundschule. Sie muß beides vermitteln: Wissen und Erfahrung.

> Erfahrung wird dabei mit dem Begriff Praktisches Lernen zweipolig aufgefaßt. Zum einen lenkt der Begriff den Blick auf das eigene Tätigsein von Kindern, zum anderen auf die Mitwirkung an gesellschaftlicher Praxis.

Das Projekt Praktisches Lernen will diese pädagogische Aufgabe deutlicher ins Bewußtsein rufen und solche Schulen, die sich auf die veränderte Situation des Aufwachsens der Kinder einzustellen versuchen, bei der Bewältigung dieser Aufgabe unterstützen. Dazu haben die *Akademie für Bildungsreform*[2] und die *Robert Bosch Stiftung*[3] Anfang der achtziger Jahre ein **Vorhaben zur Schulreform** angestoßen. In diesem Zusammenhang hat sich am Institut für Erziehungswissenschaft der Universität Tübingen eine *Projektgruppe Praktisches Lernen* konstituiert.

Die Robert Bosch Stiftung hat 1983 einen Förderschwerpunkt zum Praktischen Lernen eingerichtet. Bis heute haben sich insgesamt über 850 Schulen, Lehrer und sonst an der Schule Mitarbeitende beworben. Etwa die Hälfte davon konnte auch finanziell unterstützt werden. In verschiedenen Bundesländern wurden und werden Förderpreise »Praktisches Lernen« für den Sekundarbereich ausgeschrieben. Didaktische Arbeitsgruppen führten Lehrer und Wissenschaftler unter der Frage zusammen, welche Möglichkeiten praktischen Lernens im Unterricht bestehen oder sich entwickeln lassen. Es haben sich regionale Initiativkreise zur Unterstützung des Praktischen Lernens gebildet (in Bayern, Baden-Württemberg, Berlin, Hamburg, Hessen, Nordrhein-Westfalen, Schleswig-Holstein und im Saarland). Alle Initiativen haben eine Fülle erprobter und bewährter Ansätze praktischen Lernens zutage gefördert (FAUSER/FINTELMANN/FLITNER 1983/[2]1991; Lernen 1986; GIDION/RUMPF/SCHWEITZER 1987; LIEBAU/MÜNZINGER 1987; FAUSER u.a. 1988; EDELHOFF/LIEBAU 1988; FAUSER/KONRAD/WÖPPEL 1989; Robert Bosch Stiftung 1986, 1988, 1990).

Der Begriff Praktisches Lernen ist von Anfang an als Such- und Reformbegriff aufgefaßt worden, der für Impulse zur Konzeptentwicklung aus der Schule offenbleiben will. Ist Praktisches Lernen anfangs konkretisiert worden als herstellendes und technisches Handeln, als ästhetisches Gestalten und sozial-helfendes Handeln, so sind, angeregt vor allem durch die Arbeit in den Schulen, das Erkunden und Erforschen sowie das ökologische Handeln später hinzugekommen. Das Spektrum der Projekte ist nicht nur in Hinblick auf die Themen, sondern auch in ihrer finanziellen und zeitlichen Dimension sehr groß[4]. Die Spanne in der finanziellen Förderung reicht von einigen hundert Mark (bspw. Zuschuß zu einer Schuldruckerei) bis zu über dreihunderttausend Mark (bspw. für den Um- und Neubau von Werkstätten).

Zeitlich reichen die Projekte von begrenzten Aktionen in einer Projektwoche bis zu langjährigen Reformvorhaben, die das pädagogische Profil einer Schule umgestalten. Eine solche Umgestaltung kann von der professionell unterstützten Theaterarbeit ebenso ausgehen, wie von stadtteilbezogenem Lernen im Bereich der interkulturellen Arbeit oder von tätigem Engagement für ökologische Aufgaben.

Praktisches Lernen kann also im **Fachunterricht** ansetzen oder in **außerunterrichtlichen Arbeitsgemeinschaften,** es kann aber auch die **ganze Schule** einbeziehen und den Entwicklungskern für die grundlegende Reform einer Schule bilden.

2. Praktisches Lernen und Grundschule

Das Praktische Lernen war zunächst auf Sekundarschulen ausgerichtet. Zunehmend haben sich jedoch auch Grundschulen um Förderung beworben. Inzwischen gibt es eine Fülle von Beispielen praktischen Lernens aus Grundschulen; zu nennen sind etwa Schuldruckereien, Schulgärten, Beispiele zur Klassenraumgestaltung oder Schultheater.

Zwischen dem Praktischen Lernen und der Grundschule besteht aber nicht nur eine äußere Verbindung; vielmehr ist eine große innere Nähe festzustellen. Zum einen hat die Grundschule mehr als andere Schulen in den vergangenen Jahrzehnten reformpädagogische Traditionen aufgegriffen und fortgeführt. Genannt seien die *Montessori-Pädagogik,* der *Freinet-Druck,* die Diskussion über den *offenen Unterricht, spiel-, theater- und museumspädagogische Ansätze* u.a. Zum zweiten sind Kinder im Grundschulalter besonders auf ganzheitlich-sinnliche Lernweisen angewiesen. Lernen ist deshalb in der Grundschule auch weniger scharf von der kindlichen Erfahrung getrennt; sie ist im Gegenteil immer wieder Ausgangs- und Bezugspunkt. Auch die Gliederung in gesonderte Unterrichtsfächer läßt sich in der Grundschule deshalb nicht streng durchführen.

> Praktisches Lernen wird daher möglicherweise von der Grundschule mehr und selbstverständlicher als genuiner pädagogischer Anspruch aufgenommen, der nicht als rein methodische Zutat oder als psychologisch-therapeutische Hilfe anzusehen ist, sondern anthropologisch aus dem Lernen selbst erwächst.

Beispiele[5]

● **Schulnaturgarten:** Ökologisch orientiert ist das Schulgarten-Projekt der Tübinger Grundschule an der Hügelstraße. Dort haben Lehrerinnen und Kinder gemeinsam einen Garten angelegt, in dem Heilkräuter, Gemüsepflanzen, Blumen sowie Obst- und Ziergehölze wachsen. Das Studium von Aufbau, Wachstum und Ernährung der Pflanzen bietet den Kindern Einblick in *ökologische Zusammenhänge* und Gelegenheit zum biologischen Experiment.

Das Gelernte wird im Unterricht mit Hilfe von speziellen Lernmaterialien vertieft. Auf diese Weise wird eine enge Verzahnung von systematischem Lernen im Unterricht und forschend-entdeckendem Lernen im Schulnaturgarten erreicht. (Grundschule an der Hügelstraße, Tübingen, ANNIE SANNER)

● **Elterntreff:** Die Grundschule am Richtsberg liegt mit ihren 370 Schülern im größten Stadtteil Marburgs (ca. 8.500 Einwohner). Hohe Arbeitslosenrate, hoher Ausländeranteil, eine große Zahl unvollständiger Familien und eine mangelhafte Infrastruktur haben dazu geführt, daß das Einzugsgebiet der Schule zu einem *»sozialen Brennpunkt«* geworden ist. Einige Lehrerinnen der Schule bemühen sich darum, die wachsende institutionelle Trennung zwischen Elternhaus und Schule durch Stadtteilarbeit zu überwinden.

Die Einrichtung einer offenen Anlaufstelle für Eltern, das »Eltern-Café«, soll »Schwellenängste« der Eltern überwinden helfen; die Umgestaltung des Schulhofes zu einem kindgerechten Spiel- und Kommunikationsraum soll die Schüler auch außerhalb des Unterrichts und der Schulzeit zu sinnvoller Beschäftigung einladen. (Grundschule am Richtsberg, Marburg, BARBARA VON STAKKELBERG)

● **Geschichtsspiel Marburg:** Im Projekt »Geschichtsspiel Marburg« steht das Erforschen und die *Aneignung der Geschichte* Marburgs im Zentrum. Zunächst wurde der Alltag früherer Zeit erkundet, die Kinder wurden mit Berufen und dem Handwerk dieser Zeit bekanntgemacht. Requisiten, Kostüme und die Theaterbühne wurden in Eigenarbeit hergestellt. Daran waren alle Kinder der Schule in unterschiedlicher Weise beteiligt. Erfahrungen im Bereich Theater – Regie, Schauspiel, Maske, Plakate, Beleuchtung und Medien – konnten gesammelt werden. In der Schule selbst wurde das Projekt in mehreren Phasen durchgeführt: zu Anfang exemplarischer Unterricht zur Erarbeitung der historisch-kulturellen Grundlagen, dann Arbeitsgruppen mit der Theaterpädagogin, schließlich Projekte in den einzelnen Klassen und zuletzt die Zusammenführung dieser einzelnen Arbeitsschritte und die Ausdehnung der Projektarbeit auf die ganze Schule.

Die Lernmöglichkeiten im Sinn des praktischen Lernens sind auch hier sehr vielfältig: Ästhetisch-musisches Gestalten verbindet sich mit herstellend-handwerklichen Tätigkeiten. Die Öffnung der Schule zur Stadt – sowohl durch das Thema des Stücks als auch durch die Öffentlichkeit der Veranstaltung – konnte erreicht werden. (Otto-Ubbelohde-Schule, Marburg, STEPHANIE VORTISCH)

● **Lernraum Grundschule:** Die Grundschule in Isingen ist eine der kleinen ländlichen Schulen. Die Schule ist zu einem vielfältigen Lern- und Lebensraum der Schüler geworden: Die Gestaltung der vorhandenen Klassenräume zu anregenden Lernräumen bildet den Ausgangspunkt des praktischen Lernens an dieser Schule. Einzelne Arbeitsbereiche wie Sitz-, Lese-, Spiel-, Theater- und Musikbereich ermöglichen unterschiedliche Aktivitäten.

Durch die später hinzugekommene Druckereiausstattung und den mit viel Eigeninitiative und -arbeit ausgebauten Dachraum der Schule zu einem Werkstattbereich ist das praktische Lernen zu einem zentralen Bestandteil dieser Schule geworden. Herstellen, Gestalten, Erforschen und Erkunden und nicht zuletzt sozial-helfendes Lernen in der Kleingruppe prägen den Schulalltag. (Grundschule Isingen, Isingen-Rosenfeld, JÖRG NÄDELIN/HANS JÄGER)

● **Öffnung der Schule:** Die zweizügige Grundschule Eisingen liegt einige Kilometer südöstlich von Pforzheim in einer Gemeinde mit ca. 4.000 Einwohnern. Die Schule hat zwei Reformkonzepte – das der Nachbarschaftsschule und das des Praktischen Lernens – erfolgreich miteinander verbunden. Aus den Kontakten der Schule mit außerschulischen Institutionen entstand ein breites kulturelles Angebot in der Schule. Die Gemeindebücherei und ein Jugendzentrum sind in der Schule untergebracht. Volkshochschule, Buchhandel und örtliche Vereine benutzen die Räume der Schule und bieten dort in Zusammenarbeit mit Eltern, Lehrern und Kindern Konzerte, Lesungen und Ausstellungen an. Aus dieser Begegnung von Schule und Gemeinde entwickelte sich ein regelmäßiges Freizeit- und Kulturangebot für Kinder, das sogenannte »Entdecker-Programm«, das im Ergänzungsbereich angesiedelt ist. Walderkundungen mit dem Förster, Ralleys rund um den Ort, Kochen in Omas alter Küche, Fahrrad-Bastelkurse und spielerische »Schatzsuche« in Museen sind nur einige der vielen Aktivitäten, die die Kinder mit außerschulischen Lernorten, Institutionen der Gemeinde und externen Fachleuten in Kontakt bringen.

Hierdurch wird die schulübliche Trennung der Generationen teilweise überwunden. Auch in der Freizeit und in Pausen werden die Kinder durch ihre Umgebung zur Aktivität herausgefordert: Die

Aula wurde zu einem Lern- und Freizeitbereich umgestaltet, in dem Orff-Instrumente, Lern- und Bastelmaterialien, zwei Keyboards und eine Druckpresse zur Betätigung sowie Lese- und Ruheecken zur Erholung einladen. (Grundschule Eisingen, Bernd Rechel, vgl. Burk 1988)

Diese Beispiele illustrieren das Spektrum dessen, was unter dem Leitbegriff des Praktischen Lernens in Grundschulen geschieht. Sie zeigen auch, daß Praktisches Lernen nicht als reine Unterrichtsmethode im engen Sinne verstanden werden kann. Es geht beim Praktischen Lernen vielmehr um eine allgemeinpädagogische Aufgabe für die Schule insgesamt.

Systematisch gesehen konzentriert sich das praktische Lernen in Grundschulen im wesentlichen auf folgende Bereiche:

● **Schuldruckereien:** Der Erwerb der sogenannten Kulturtechniken Lesen und Schreiben wird häufig durch den Einsatz von Schuldruckereien unterstützt. Begreifbar wird Schrift den Kindern dann, wenn sie selbst mit Letter und Walze hantieren – die Hand als Organ der Erkenntnis. Freilich geht der Letterndruck, in dem die Tradition Freinets wieder auflebt, deutlich über eine lernpsychologisch-motorische Hilfe hinaus. In der Textherstellung wird die Schrift als kulturgeschichtliche Leistung greifbar. Der handelnde Umgang mit Schrift und Sprache beginnt mit dem einfachen Stempelkasten und kann über die Klassendruckerei allerdings vorwiegend im Sekundarbereich bis hin zu komplexen Druckeinrichtungen führen.
Zwar drucken Kinder anfangs für den eigenen Bedarf, und die selbstverfertigten Broschüren und Büchlein finden allenfalls den Weg zu den Eltern. Bald aber werden Plakate gedruckt, die im Stadtteil auf das Schulfest aufmerksam machen, oder die selbstgestalteten Bilder- und Geschichtenbücher werden in den Räumen der Stadtbücherei präsentiert. Deutlich ist jedenfalls, wie schnell diese Form des praktischen Lernens, die zunächst nur auf eine Optimierung des Lese- und Schreiblernprozesses hinauszulaufen schien, den schulischen Rahmen überwindet und Verbindungen zur gesellschaftlichen Praxis erschließt.

● **Gestaltung der Schule:** Sinnfällig wird diese Öffnung der Schule auch, wenn Kinder nicht nur ihre eigenen Klassenzimmer zur »Schulwohnstube« umgestalten, sondern die unmittelbare schulnahe Umgebung mitgestalten. Gemeint sind hier beispielsweise die künstlerische Gestaltung der Außenwände der Schule oder die Anlage von Biotopen und Schulgärten.

● **Schulspiel und Schultheater:** Unter den Formen des Schulspiels und des Schultheaters finden sich z.B. musikalisch-darstellerische Programme, Singspiele, die Inszenierung selbstverfaßter szenischer Spielhandlungen und Theaterstücke sowie die Aufführung von Tänzen. Dies geschieht häufig in Zusammenarbeit mit dem Schulchor und dem Schulorchester, oft auch unterstützt von den Eltern. Verbreitet sind solche Vorhaben im Rahmen von Projekttagen oder Projektwochen, die in einer Aufführung vor den Eltern, oft aber auch den Bewohnern des Stadtteils gipfeln. Einen langen Atem verlangt etwa der Aufbau eines »Kinder-Zirkus«, der nicht nur vor den Eltern auftritt, sondern sogar kleine Tourneen unternimmt. Das erfordert ein mehrjähriges kontinuierliches Engagement von Schülern und Lehrern, das das Schulleben insgesamt nicht unberührt läßt.

3. Der Wandel des Aufwachsens und der notwendige Wandel der Schule

Die Modernisierung hat dazu geführt, daß Kinder heute kaum noch zusammenhängende und aus eigenem Handeln erwachsende Erfahrungen sammeln können. Diese drastischen Veränderungen der Kindheit haben ROLFF und ZIMMERMANN so formuliert: *»Reduktion von Eigentätigkeit durch konsumierende Aneignung der materiellen Kultur«* und *»Erfahrungen aus zweiter Hand durch mediatisierte Aneignung der symbolischen Kultur«*. Eine technisierte und funktionalisierte Umwelt bietet kaum noch Anlässe und Chancen für eine kindgemäße Auseinandersetzung mit der äußeren Realität. Dabei hat zugleich der Anteil der organisierten und über Erwachsene vermittelten Erfahrungen im Kindesalter stark zugenommen. Von der »musikalischen Früherziehung« über den Ballettunterricht bis hin zum »Kindermalen« bei der VHS sind viele Kinder schon früh in eine Vielzahl von Aktivitäten verwickelt, die Erfahrungen nur noch in schulförmiger Weise zulassen. Von diesen Veränderungsprozessen, die im außerschulischen bzw. vorschulischen Alltag der Kinder Platz gegriffen haben, wird die Schule im Kern berührt.

Früher trat die Schule mit ihrem Lernangebot neben das naturwüchsige Lernen durch Mittun im alltäglichen Leben. Sie konnte für ihren Unterricht einen Fundus primärer Erfahrungen voraussetzen, einen Bereich des im Alltag Angeeigneten und vertraut Gewordenen, und sie konnte sich darauf beschränken, den Kindern mit der Schriftkultur das ihnen Ferne und Fremde nahezubringen, um sie so über ihre unmittelbare Erfahrungswelt hinauszuführen. Heute trifft die Schule auf eine grundlegend andere Situation. Für Kinder scheint von ihrem Angebot kaum mehr etwas neu, fremd oder gar aufregend. Mindestens durch die Medien ist ihnen vieles auch tatsächlich schon begegnet, und zwar spannender und unterhaltsamer, als dies in der Schule möglich ist. Den Verlust an primären Erfahrungen können die Medien freilich nicht ersetzen, denn es ist ein Leben aus zweiter und dritter Hand – gerade nicht Erfahrung –, das den Kindern hier geboten wird. Zwar hat die Schule als Ort des intellektuellen Lernens ihre Bedeutung gewiß nicht eingebüßt. Aber die Schule muß ein Lernangebot eröffnen, das auf die Chancen und Grenzen der gewandelten außerschulischen Situation insgesamt antwortet.

Die Schule kann wichtige elementare Erfahrungen immer weniger schon voraussetzen, sondern muß sie allererst ermöglichen. Sie muß beides tun: Wissen vermitteln und Erfahrungen ermöglichen – Erfahrungen, die einerseits auf dem Tätigsein der Kinder im Sinne einer handelnden Umweltaneignung und andererseits der Teilhabe an gesellschaftlicher Praxis beruhen.

4. Praktisches Lernen und Bildungsreform

Das Praktische Lernen knüpft einerseits an die Bildungsreformen der sechziger und siebziger Jahre an, es ist andererseits aber auch als Korrektur dieser Reformen zu verstehen, als Antwort auf Probleme, die im Zuge dieser Reformen übersehen oder gar – wenn auch ungewollt – durch sie hervorgerufen wurden. Die Bildungsreform hat, durchaus gegen die Intentionen der Reformer, zu einer weiteren Scholastisierung des gesamten Schulwesens geführt, also der sprachlich-kognitiven Rationalität noch mehr Gewicht verliehen. Die höhere Bildungsbeteiligung hat einen starken Zustrom zum Gymnasium bewirkt. Der strukturellen Öffnung und Demokratisierung der Bildungsgänge steht so ihre anthropologische Engführung im Sinne einer falsch verstandenen »Gymnasialisierung« gegenüber. Das Praktische Lernen will die dadurch vernachlässigten Themen und Zugänge zum Lernen betonen. Praktisches Lernen ist daher nicht als Gegenbegriff zum intellektuellen Lernen, sondern als dessen anthropologisch notwendige Ergänzung gemeint.

»Die handwerkliche Tätigkeit, das technische Konstruieren, das ästhetische Gestalten, das ökonomische Handeln, das soziale Lernen. Sie alle sind zugleich Zugangsweisen zum Lernen überhaupt, auch zu den hochgradigen Abstraktionen, die zu unserer Kultur gehören und die hier keinesfalls unterschätzt, sondern nur in den richtigen Zusammenhang gestellt werden sollen« (FLITNER 1990, S. 392).

Hinzu kommt, daß die vorherrschenden kognitiv-symbolischen Arbeitsformen unserer Schule nur einen Teil der Kinder begünstigen, nämlich diejenigen, in deren Elternhäusern sprachliche Reflexion und Schriftkultur besonders gepflegt wird. Diese Kinder werden in unseren Schulen begünstigt, zugleich aber auch benachteiligt, da die Schule ihnen nur das anbietet, was sie ohnehin schon können (vgl. FLITNER 1990). Mit dem praktischen Lernen soll also kognitives Lernen keineswegs abgewertet werden; sondern es wird ein Lernkonzept vertreten, daß Erfahrung und aktiv-produktive, selbstbestimmte Leistung der Lernenden als wesentliche Elemente jedes Lernprozesses sieht.

5. Verwandte Konzepte

Praktisches Lernen ist nicht der einzige pädagogische Ansatz, der auf Aktivität, Erfahrungsbezug und Öffnung der Schule zielt. Im folgenden sollen Gemeinsamkeiten und Unterschiede im Verhältnis zu verwandten Ansätzen – Reformpädagogik, erfahrungsbezogenes Lernen, offener Unterricht, handlungsorientierter Unterricht – skizziert werden.

(1) Aus der **Reformpädagogik** stammende Ansätze, etwa in der Tradition PETER PETERSENS, MARIA MONTESSORIS oder CELESTIN FREINETS haben die Grundschule in den letzten Jahrzehnten auf vielerlei Weise bereichert und verändert. Anders als beim praktischen Lernen wird bei diesen Ansätzen in der Regel eine spezielle Perspektive dominant, so beispielsweise in der Petersen-Pädagogik die schul-

und unterrichtsorganisatorischen Aspekte, während die Freinet-Pädagogik in der Praxis sehr stark auf die Schuldruckerei hin zentriert ist. Erhellend ist das Verhältnis zur Montessori-Pädagogik: Diese eröffnet dem einzelnen Kind eine intensive, fast meditativ zu nennende Begegnung seiner Sinne mit Objekten. Auf diese Weise werden Kinder aus dem gelenkten Unterricht freigelassen zur inneren Arbeit an der eigenen Person. Das Lernen schmiegt sich ganz an die innere Verfassung des Kindes als Individuum an. Das einzelne Kind und seine freie Tätigkeit liegt im Zentrum der Aufmerksamkeit. – Auch das praktische Lernen richtet den Blick auf das frei tätige Kind und erkennt in dessen Praxis einen Brennpunkt vernünftiger Bildung. Diesem einen, inneren Brennpunkt tritt aber ein zweiter zur Seite, der sich aus der Hinwendung zur äußeren Lebenspraxis, aus der Frage nach der Bildsamkeit der Lebensverhältnisse, nach der notwendigen Teilhabe an der gesellschaftlichen Gesamtpraxis ergibt. Nach beiden Seiten hin – der inneren Verfassung des Kindes, seinen Lernbedürfnissen und Entwicklungsmöglichkeiten ebenso wie der Praxis der Gesellschaft muß sich die Schule im Sinne des praktischen Lernens orientieren.

(2) Konzepte des **»erfahrungsbezogenen Lernens«** (GARLICHS/GRODDECK 1978) bzw. **»schüleraktiven Unterrichts«** (BOHNSACK 1984) heben vor allem die vorgängigen Erfahrungen, die Wahrnehmungen, Empfindungen, Wertungen des Lernenden und ihre Thematisierung im Lernen hervor. Durch die biographische und psychologische Ausrichtung rückt dieser Ansatz in die Nähe therapeutischer Verfahren. Lernen muß freilich die subjektive Dimension überschreiten und in den Raum der objektiven Kultur führen. Das gelingt durch die handelnde Auseinandersetzung mit einer Sache oder dem öffentlichen Bezug des Lernens, eben dem, was mit »Praxis« im praktischen Lernen gemeint ist. Das Praktische Lernen schließt deshalb eher an einen Erfahrungsbegriff, etwa den DEWEYS, an, für den die handelnde Auseinandersetzung mit der äußeren Realität konstitutiv ist.

(3) Die stärkste didaktische Korrespondenz weist das Praktische Lernen wohl zum **»offenen Unterricht«** auf (vgl. H. KASPER im ersten Band dieses Handbuches). Dem entspricht es, daß im Förderprogramm der Robert Bosch Stiftung Grundschulwerkstätten unterstützt werden, deren Selbstverständnis auf den »offenen Unterricht« gegründet ist. »Offener Unterricht«, selbst ein Dach- und Sammelbegriff für verschiedene Reformansätze, geht zurück auf eine Bewegung in den sechziger und siebziger Jahren in England und den USA, die unter den Begriffen »open education« und »open classroom« Elemente aus der deutschen und amerikanischen Reformpädagogik der zwanziger und dreißiger Jahre aufgegriffen hat. Programmatisch ist, daß Schulen sich öffnen sollen für praktisches Handeln und konkrete Aktion, für außerschulische Lern- und Wirkungsfelder, für gestaltende, verändernde, selbsttätige Kinder (RAMSEGER 1977). Hier zeigen sich deutliche Affinitäten zum praktischen Lernen. Der »offene Unterricht« will – anders als das »geschlossene Curriculum« – zunächst die institutionelle Öffnung des Lernens in Unterricht und Schule. Er will davor warnen, Lernen wie ein Spiel

nach Drehbuch zu inszenieren. Ihm geht es dabei vor allem um das Lehrerhandeln und dessen Spielräume im Rahmen der institutionellen Bedingungen der Schule. Insofern steht der »Offene Unterricht« zum Praktischen Lernen in einer Art Ergänzungsverhältnis: Praktisches Lernen hebt vor allem die Perspektive des lernenden Kindes hervor, »Offener Unterricht« vor allem diejenige des handelnden Lehrers.

(4) Wenn vom **»handlungsorientierten Unterricht«** oder vom **Projektlernen** die Rede ist, wird mit dem Handlungsbegriff zumeist die Zielgerichtetheit, die planvolle Durchführung und Zweckgebundenheit des Tuns hervorgehoben. Handeln wird gegen bloßen Aktionismus oder äußeres Verhalten gesetzt. Das Denken soll dem bloßen Tun eine vernünftige Ordnung geben. Erst einem in dieser Weise aufgeklärten Handeln – nicht schon dem bloßen Vollzug einer Aktivität – wird der Ausweis der Bildungsbedeutung zugesprochen. Es versteht sich fast von selbst, in einem solchen Handeln den Ausdruck praktischer Vernunft und daher eine Hochform des praktischen Lernens zu erkennen. Diese Art des praktischen Lernens ist in der Projektmethode am konsequentesten durchgebildet. Im Idealfall sollen dort nicht hausgemachte Schulziele verfolgt werden, sondern Aufgaben, die eine objektive Bedeutung für das Gemeinwesen haben; sodann sollen die geeigneten Mittel ausgewählt und Ergebnisse öffentlich dargestellt und somit bewertbar gemacht werden. Praktisches Lernen fällt dann mit politischem Handeln zusammen. Aber nicht alles sinnvolle und bildsame Tun ist ein »Handeln« in diesem Sinne. Freies Spiel und schöpferisches Gestalten, Erforschen und Erkunden, Helfen, Üben und Arbeiten gehen in einer Zweck-Mittel-Struktur nicht auf. Dennoch findet hierbei ein praktisches Lernen statt, denn es werden bildende Erfahrungen ermöglicht.

Unterstrichen sei noch einmal das Gemeinsame. Montessori-Pädagogik, handlungsorientierter Unterricht, Projektlernen und Erfahrungslernen oder offener Unterricht wollen aus unterschiedlichen Perspektiven und von unterschiedlichen Ansatzpunkten her sichern, daß die Schule das Lernen der Kinder und Jugendlichen im Sinne einer aktiven, produktiven Leistung unterstützt. Dennoch: Im Prinzip – nämlich aus der grundlegenden Perspektive beurteilt – setzen diese Konzepte doch anders an als das praktische Lernen. Praktisches Lernen fragt danach, wie die Schule als ganze zwischen dem Lernen des Kindes als einer persönlichen Praxis und der objektiven Kultur als einer gesellschaftlichen Praxis vermitteln kann. Praktisches Lernen hat deshalb methodische, didaktische, psychologisch-therapeutische und politische Implikationen.

Praktisches Lernen geht aber über diese Teilaspekte der Schule hinaus und fragt nach der pädagogisch-anthropologischen Gesamtqualität schulischen Lernens.

Zwar verbindet sich praktisches Lernen mit Fächern, Themen und Methoden des Unterrichts, geht darin aber nicht auf. Vielmehr begreift es das Lernen als ein grundlegendes, vor- und außerschulisch gegebenes Phänomen und gehört daher in die Reihe allgemeinpädagogischer Begriffe. Institutionell gesehen entspricht dem praktischen Lernen eine Ausgestaltung der Schule als Erfahrungsraum und die Öffnung ihrer Grenzen. Diese auf die Schule als ganze bezogene Perspektive verbindet das praktische Lernen mit der »Community Education« (ZIMMER 1986). Dieser Aspekt kann hier nicht weiter verfolgt werden.

6. Zusammenfassung und Perspektiven

Beispiele, Erfahrungen und Konzepte aus dem Bereich der Grundschule und ihrer Pädagogik zeigen, daß viele Grundschulen schon dabei sind, die Folgen der gesellschaftlichen Modernisierung und den Umbruch der Lebensverhältnisse der Kinder pädagogisch zu beantworten. Dies verlangt die Aufgabe eines Verständnisses von Schule als reiner »Unterrichtsschule« und eine methodische, inhaltliche und institutionelle Öffnung des Lernens. Die Schule tritt immer wieder zu beiden – zum Lernen der Kinder und zur gesellschaftlichen Praxis – in ein prekäres Verhältnis und neigt zur Geschlossenheit. Das Praktische Lernen will eine Perspektive beschreiben, die diese Neigung überwinden hilft. Dabei

● plädiert praktisches Lernen für die Wiederherstellung einer »**anthropologischen Balance**« durch die Schule; Kinder brauchen nicht nur Schulwissen, sondern Erfahrungen aus eigenem Tätigsein;
● weist praktisches Lernen darauf hin, daß eine bloß methodische Verbesserung des Unterrichts oder die Aufnahme anderer und neuer Stoffe nicht genügt, es geht um die Antwort auf eine Situation, die die **Schule als ganze** betrifft;
● kann praktisches Lernen als **Bindeglied** zwischen der Grundschule und der Sekundarstufe wirken. Die Art und Weise, in der die Grundschule pädagogisch gestaltet ist, verliert im Übergang zur Sekundarstufe nicht an Relevanz, im Gegenteil, das pädagogische Programm der Grundschule ist auch Anspruch und Herausforderung zumindest für die Eingangsjahre in der Sekundarstufe. Praktischem Lernen, als Konzept und Programm für die Primar- und Sekundarstufe, kann hier eine Brückenfunktion zukommen (FAUSER 1991).

Literatur

BOHNSACK, F. u.a.: Schüleraktiver Unterricht. Möglichkeiten und Grenzen der Überwindung von »Schulmüdigkeit« im Alltagsunterricht. Weinheim 1984.
BURK, K.-H. (Hrsg.): Auf dem Wege zu einem schuleigenen pädagogischen Konzept. Arbeitskreis Grundschule, Frankfurt 1988.
DEWEY, J.: Erziehung durch und für Erfahrung. Hrsg. und kommentiert durch Helmut Schreier. Stuttgart 1986.
EDELHOFF, C./LIEBAU, E. (Hrsg.): Über die Grenze. Weinheim/Basel 1988.
FAUSER, P.: Kontinuität als Anspruch. Schulpädagogische Überlegungen zum Übergang von der Grundschule in die Sekundarstufe I. In: HAMEYER, U./LAUTERBACH, R./WIECHMANN, J. (Hrsg.): Innovationsprozesse in der Grundschule. Bad Heilbrunn 1991, S. 330–352.

FAUSER, P./FINTELMANN, K.-J./FLITNER, A. (Hrsg.): Lernen mit Kopf und Hand. Weinheim ²1991.

FAUSER, P./KONRAD, F.-M./WÖPPEL, J. (Hrsg.): Lern-Arbeit. Weinheim/Basel 1989.

FAUSER, P./FLITNER, A./KONRAD, F.-M./LIEBAU, E./SCHWEITZER, F.: Praktisches Lernen und Schulreform. Eine Projektbeschreibung. In: Zeitschrift für Pädagogik 34 (1988) 6, S. 729–748.

FAUST-SIEHL, G./SCHMITT, R./VALTIN, R. (Hrsg.): Kinder heute – Herausforderung für die Schule. Dokumentation des Bundesgrundschulkongresses 1989 in Frankfurt. Frankfurt/M. 1990.

FLITNER, A.: Schulreform und Praktisches Lernen. In: Neue Sammlung 30(1990)3, S. 385–394.

GARLICHS, A./GRODDECK, N. (Hrsg.): Erfahrungsoffener Unterricht. Freiburg i.Br. 1978.

GIDION, J./RUMPF, H./SCHWEITZER, F. (Hrsg.): Gestalten der Sprache. Weinheim/Basel 1987.

KASPER, H. (Hrsg.): Laßt die Kinder lernen – Offene Lernsituation. Braunschweig 1989.

LERNEN. Ereignis und Routine. Jahresheft des E. Friedrich Verlags. Velber 1986.

MÜNZINGER, W./LIEBAU, E. (Hrsg.): Proben auf's Exempel. Weinheim/Basel 1987.

RAMSEGER, J.: Offener Unterricht in der Erprobung. München 1977.

ROBERT BOSCH STIFTUNG: Berichte 1984–85, 1986–87, 1988–89. Stuttgart 1986, 1988, 1990.

ROLFF, H.-G./ZIMMERMANN, P.: Kindheit im Wandel. Weinheim/Basel 1985.

WALLRABENSTEIN, W.: Offene Schule – Offener Unterricht. Reinbek 1991.

ZIMMER, J.: Die vermauerte Kindheit. Bemerkungen zum Verhältnis von Verschulung und Entschulung. Weinheim/Basel 1986.

Anmerkungen

1 Dieser Text wurde auf der Grundlage früherer Publikationen erstellt von PETER FAUSER und WOLFGANG MACK. Zur Projektgruppe Praktisches Lernen gehören zur Zeit WOLFGANG BEUTEL, PETER FAUSER, ANDREAS FLITNER, FRANZ-MICHAEL KONRAD, WOLFGANG MACK, WOLFGANG SCHÖNIG, GERD SCHUBERT, FRIEDRICH SCHWEITZER, HEINFRIED TACKE.

2 Die Akademie für Bildungsreform (Vorsitzender A. FLITNER) ist ein Zusammenschluß von Wissenschaftlern verschiedener Disziplinen und Praktikern aus Schule, Jugendarbeit und Politik. Ihr Ziel ist die Verbesserung der Lebens- und Lernverhältnisse von Kindern und Jugendlichen. Sie will die Diskussion über Entwicklung und Qualität des Bildungswesens und über notwendige Reformen mit neuen Anregungen versehen. Eine besondere Aufgabe sieht die Akademie darin, wissenschaftliche Erkenntnisse über Erziehung mit Erfahrungen aus der Praxis zu verbinden und auf wichtige Schulmodelle und -versuche aufmerksam zu machen. In der Öffentlichkeit will sie zu einem besseren Verständnis pädagogischer und bildungspolitischer Fragen beitragen. Seit einigen Jahren bildet die Förderung des praktischen Lernens einen Schwerpunkt der Aktivitäten der Akademie.

3 Die Robert Bosch Stiftung gehört zu den großen Stiftungen in der Bundesrepublik. Im Sinne von ROBERT BOSCH, ihrem Gründer, ist ihre Aufgabe ein weites Feld von Aktivitäten im Dienste des Gemeinwohls. In verschiedenen Schwerpunkten ihrer wichtigsten Fördergebiete Gesundheitspflege, Völkerverständigung und Wohlfahrtspflege hat sie auch Themen aufgegriffen, die sich auf die Schule richten, wie die Gesundheitserziehung, die Landeskunde im Fremdsprachenunterricht oder die Zusammenarbeit von Jugendpflege und Schule. Mit der Förderung des praktischen Lernens will die Stiftung dazu beitragen, den Lebensbezug der Schule zu verstärken.

4 Einige Themenbeispiele sind: Umbau und Renovierung einer Fabrik zu einem Kulturzentrum; Herstellung und Vertrieb einer Langspielplatte; Bau eines Windrads; Die Geschichte der jüdischen Gemeinde in Unterschwandorf; Schuleigene Kfz-Werkstatt; Schulspiel als Schulalltag.

5 Die folgenden Projekte sind von der Robert Bosch Stiftung im Rahmen des Förderprogramms Praktisches Lernen gefördert worden. Die ersten vier der hier genannten Projekte sind in der Ausstellung auf dem Grundschulkongreß 1989 in Frankfurt/M. bereits präsentiert und in einem Dokumentationsband zum Kongreß publiziert worden (FAUST-SIEHL u.a. 1990).

V. Der ästhetisch-motorische Lernbereich

Kunst kommt von »Können«, sagt man, denn käme es von Wollen, hieße es »Wullst«. Ohne Können kein Malen, Zeichnen, Modellieren, keine Musik und schon gar kein Sport. Wo aber bleibt da das Musische? Die Kunst als Kunde vom Schönen, Wahren, Guten? Die Musik als Muße im Genuß der Klänge? Der Sport als Spaß an der Bewegung, an körperlicher Befreiung? Und: Sollen Kunst-, Musik- und Sportunterricht nur Experten (Fachlehrern) anvertraut werden, oder dürfen's auch Klassenlehrer/innen (also »Laien«)? Vom reformpädagogischen Glauben an den »Genius im Kinde« vorgestern bis zum baden-württembergischen Big-»MÄG« (Musisch-Ästhetischer Gegenstandsbereich) gestern spannt sich der Bogen didaktischer Kreationen wie Irritationen.

KLAUS MATTHIES: Kunst, Musik, Sport – fachspezifisch oder fächerübergreifend lehren und lernen

ADELHEID STAUDTE: Ästhetische Erziehung und Kunst – Lernen zwischen Sinnlichkeit, Kreativität und Vernunft

RAINER SCHMITT: Musikunterricht in der Grundschule – Konzepte, Verhaltensweisen, Vermittlungsebenen

RENATE ZIMMER: Bewegung, Spiel und Sport – Fachspezifische und fachübergreifende Lern- und Erfahrungsmöglichkeiten

KLAUS MATTHIES

Kunst-Musik-Sport

Fachspezifisch oder fächerübergreifend lehren und lernen

1. Skizzierung der Situation

Die Überschrift kündigt einen Gegensatz und die Getrenntheit von zwei Auffassungen an: entweder separater Unterricht in den drei künstlerischen Fächern, also Kunstunterricht, Musikunterricht, Sportunterricht je für sich und unverbunden (möglichst durch Fachlehrkräfte) erteilt; oder eine integrierende Praxis von ästhetischer Erziehung, die von einer Lehrkraft projektiert oder in ständiger Koordination der beteiligten Lehrkräfte entworfen und durchgeführt wird.

Das Reich der Bilder, die Welt der Musik, der Raum von Körper und Bewegung – bedürfen sie in der Schule von Beginn an fachlich-professioneller Unterrichtung und des fachlich-logischen Aufbaus, wie er für die Weiterführung erwartet wird? Oder sollte ein ganzheitlicher Unterricht den Vorzug haben, der an die vorschulischen Erfahrungen der Kinder anknüpft und sich stärker an übergreifende Themen und die Sinnesaktivitäten und ihre Kombination hält? Hinter den Auffassungen stehen vermeintliche Grundsatzentscheidungen: zugunsten der Künste und ihrer jeweils fachlich-logischen Systematik, z.B. mit einem Aufbau vom Einfachen zum Anspruchsvollen, oder andererseits Vorstellungen zugunsten der Kinder mit ihren Interessen, ihrer Herkunft und in ihrer ganzheitlichen Sinnes- und Körpertätigkeit. Es deutet sich auch der Unterschied einer verschiedenartigen Gewichtung des Handelns an: einmal ein betont aufnehmendes und linear organisiertes Lernen oder andererseits ein mehr komplexes und experimentelles Vorgehen; das eine mit vorherbestimmten formellen Lernzielen, das andere eher mit Richtungsangaben, inhaltlichen Orientierungen und offenem Ende. Genaueren Kennzeichnungen sollen die folgenden Abschnitte dienen. Zuvor ist ein Blick in die Praxis der Unterrichte, insbesondere auf ihre organisatorischen und materiellen Bedingungen angebracht. Das Machbare und das Geschehende sollten berücksichtigt werden, wenn es um Gewichtungen und Vorschläge geht. Räumliche und zeitliche Bedingungen, der Umfang und die Qualität der materiellen Ausstattung geben Auskunft.

● Fachunterricht in Kunst und Musik in der Grundschule ist mit ein bis zwei Wochenstunden pro Fach gesichert, öfter jedoch auf eine Stunde verkürzt; oder kann aus Mangel an fachlich und pädagogisch spezifisch ausgebildeten Lehrkräften nicht als Kontinuum garantiert oder gar nicht durchgeführt werden. Die Gründe liegen in **Ausbildungs- und Anstellungskapazitäten**; natürlich auch in der allgemeinen Einschätzung der Notwendigkeit und Bedeutung dieser Disziplinen als Nebenfächer. Sport als Grundschulfach ist besser gestellt; meist dreistündig, durchgängig auch besser durch Fachlehrkräfte garantiert. Sport, Gesundheit, körperliche Entwicklung und Sicherung physischer Energie bilden einen breit akzeptierten Zusammenhang mit deutlichen Wertzuschreibungen. Sport ist kein Hauptfach, liegt aber deutlich über den Nebenfachpositionen von Kunst und Musik.

- Für den Sport in den Grundschulen stehen i.a. die Sporthalle und die Sportanlagen der Schulen voll zur Verfügung, auch in einer Ausrüstung, die auf die Belange der Kinder abgestimmt ist. Ähnliches kann für die **räumlichen Gegebenheiten** des Musikunterrichts gesagt werden: es gibt spezielle Musikräume für den Fachunterricht, auch mit spezieller Ausstattung an Instrumenten; allerdings nicht so gesichert wie für den Sportunterricht. Über ein Klavier und Teilbestände des Orff-Instrumentariums geht's öfter nicht hinaus. Der Gang in den Musikraum ist nicht so selbstverständlich wie der in die Sporthalle/in die Sportanlagen; er ist für die Kinder auch nicht so interessant und bedürfnisbezogen. Für den Kunstunterricht gibt es in den Grundschulen sehr oft keinen eigenen Fachraum, Zeichnen und Malen finden wie selbstverständlich im Klassenraum statt, sind vertraute Tätigkeiten, unterliegen jedoch entsprechend Beschränkungen im Materialangebot und im Materialgebrauch. Es bedarf der Überbrückungen und Improvisationen, um das Fächersystem aufrechtzuerhalten und als solches vom ersten bis zum vierten Schuljahr tatsächlich auszufüllen – was im Sportunterricht merklich besser und vielleicht mit überzeugenderen Ergebnissen für die meisten der Kinder geschieht.

- Die Idee des fachspezifischen Unterrichts in den Künsten unterliegt ferner jeweiligen Definitionen des pädagogisch Angemessenen und bildungstheoretisch Gesicherten: was **Lehrpläne** und **didaktische Fachkonzeptionen** vorgeben, soll vermittelt werden als gemeinsamer (und auch je individueller) Weg zu den Künsten. Das bedeutet eine doppelte Einschränkung, nämlich gegenüber der aktuell lebendigen alten, neuen und neuesten Kunst bzw. Kunstfertigkeit (!) und gegenüber den unterschiedlichen Voraussetzungen und Interessen der Kinder in der jeweiligen Schulklasse. So ergeben sich gegenüber dem gedachten Optimum weitere Einschränkungen, die notwendig in Kompromissen bzw. in Interessenverlust gegenüber den Gegenständen enden. Es wird gefragt nach den Kenntnissen und dem Können am Ende der Lehrgänge in Kunst, Musik und Sport. Aber wichtiger wäre ein entwickeltes Verhältnis zu diesen Künsten als Richtungen und Sammlungen menschlichen Ausdrucks und der Selbstverwirklichung der heranwachsenden Menschen.

- **Integrierter Unterricht** im Gesamtbereich der ästhetischen Erziehung in der Grundschule würde die Zeit und die Orte und die Mittel zusammenfassen zugunsten größerer gemeinsamer Thematiken und kombinierter Ausdrucksleistungen. Notgedrungen würden die spezifischen und systematischen Fachaspekte zurücktreten und andererseits je nach Thematik auch Sprache, Spiel und Tanz beteiligt sein. Dafür stünden fünf bis acht Unterrichtsstunden pro Woche zur Verfügung, ein erheblicher Zeitkomplex, der als Block konzentriert oder auch verteilt vielfältig genutzt werden könnte. Die Räumlichkeiten der Fächer wären tauglich für Übungen und zusammenfassende Darstellung, sollten aber vielfältiger und unkonventioneller gestaltet und ausgestattet sein. Zielsetzungen und Tätigkeiten würden sich an umfangreichen thematischen Aufgaben orientieren. Zu entnehmen wären sie dem Kinderleben, der Umwelt, zugänglichen Werken oder Vorgängen in den Künsten (Bildern, Musiken, Dichtungen, Körperszenen etc.). Am Ende längerer Arbeitsphasen stünden komplexe Gemeinschaftswerke: als Aufführungen, Ausstellungen, Buchgestaltungen usw. (also alles, was aus einzelnen Projektwochen durchaus schon bekannt ist und nun längerfristig und kontinuierlich ausgelegt würde.)

Wie aber könnten Lernfolgen konsequent aufgebaut, fachliche Fortschritte gesichert, zuverlässiges Wissen und Können in den verschiedenen Künsten erreicht werden? Und wer, als einzelne Lehrperson oder in Lehrgruppen, könnte und wollte auf Dauer solche Komplexformen des Unterrichts vorbereiten, initiieren, begleiten und erfolgssicher abschließen?

In der näheren Betrachtung einiger historischer und systematischer Aspekte soll der Fragenkomplex weiter geklärt und schließlich mit einer Stellungnahme abgeschlossen werden. Die Antworten betreffen viele einzelne Fachlehrkräfte und Klassenlehrerinnen und -lehrer, die sich in den Künsten unterrichtlich engagieren; aber sie betreffen auch das Gesamtverständnis von Grundschulunterricht und die Schulorganisation im ganzen, da sie, wenn eine neue Konzeption der ästhetischen Erziehung sich entwickeln soll, verändert werden müßten.

> Eine Neubestimmung der ästhetischen Erziehung (in der Primarstufe und darüber hinaus) wird einhergehen müssen mit einer (wenigstens teilweisen) Neubestimmung des Verständnisses des Bildungsauftrags der Grundschule insgesamt...

2. Zur Geschichte der Fachkonzepte

Die Unterrichtsfächer Kunst, Musik, Sport haben seit dem Ende des Zweiten Weltkriegs mehrere Phasen unterschiedlicher Arbeits- und Zielbestimmungen durchlaufen. Bei einiger Großzügigkeit kann man sagen, daß sich Parallelen der Entwicklung in den drei Fächern zeigen, die auf der Gleichartigkeit von Grundbestimmungen beruhen und auch gegenwärtig zu parallel laufenden Fragen und Entscheidungen führen. Ein unlängst erschienener gemeinsamer Aufsatz von HERMANN J. KAISER (Musikpädagogik), GUNTER OTTO (Kunstpädagogik), KARLHEINZ SCHERLER (Sportpädagogik) mit dem Titel *»Die Didaktiken ästhetischer Fächer«*[1] zeigt das Vergleichbare unter drei Aspekten: einem übergreifenden Anspruch von ästhetischer Erziehung (im Rückbezug auf FRIEDRICH SCHILLER: Über die ästhetische Erziehung des Menschen)[2], unter dem Lebensweltbegriff, wie er sich in der neueren Soziologie entwickelt hat[3] und unter einem umfassenden lerntheoretischen Didaktikbegriff, der von PAUL HEIMANN ausgehend[4] sich ausgebreitet hat. Dem soll hier, mehr ins Praktische gewendet, nachgegangen werden. Dabei ist (relativierend) zu berücksichtigen, daß es eigenständige Grundschuldidaktiken der Fächer Kunst, Musik und Sport nicht absolut, sondern höchstens in Teilaspekten gegeben hat und gibt, daß also die Fachaspekte der Didaktiken und auch der Lehrpläne in Entwürfen für die schulische Allgemeinbildung insgesamt vorliegen und sich meist direktiv von oben nach unten abbildeten. D.h., daß es jeweils Gesamtvorstellungen davon gab, was in diesen Fächern bis zum Ende der Schullaufbahnen in Haupt- und Realschule und im Gymnasium fachunterrichtlich erreicht werden sollte und wie entsprechend der Anteil der Grundschule in einer Art Vorbildung (nicht so sehr Grundbildung im strengen Verständnis eines selbständigen Anspruchs) zu verstehen und zu sichern war. Das schloß anfängliche spielerische Betätigungen der Kinder ein, sollte sich aber systematisieren im Erreichen von Ausgangsleistungen für die »eigentliche« fachliche Bildung nach dem vierten Schuljahr. Die Klagelieder der Fachlehrkräfte in den weiterführenden Schulen – die Mängel gegenüber dem gesetzten Anspruch betreffend – waren und sind beredtes Zeugnis des etablierten Systems, das von fachlich spezifizierten Vorstellungen und Anforderungen, die auch als »*Ordnung der Disziplinen*« verstanden werden können, geprägt ist. Die Geschichte der Konzeptionen zeigt allerdings, daß zeitweilig auch querlaufende, nicht-fachliche Prinzipien in den ästhetischen Fächern eine Rolle spielten.

2.1 Die»realistische Wende« der Sechziger

● Anfang der sechziger Jahre setzte sich in den Fächern Kunst, Musik, Sport – wie in der Begründung und Durchführung von Fachunterricht überhaupt – ein generell neuer Anspruch und Praxistrend durch. Die Auswahl der Stoffe, die Begründung der Lernziele, die Formen der Vermittlung und die Kontrolle des Gelernten sollten auf der Basis rationaler Begründung und Abwägung festgelegt, entwickelt, transparent gehalten und ständig neu überprüft, d.h. »evaluiert« werden. **Wissenschaft** in die Ausbildung, Wissenschaft in die Schule war, **auch für die künstlerischen Fächer**, die Devise. Die neuen Modelle sollten zu besser begründetem, vernünftiger durchgeführtem, effektiverem Unterricht und qualitativ besseren Ergebnissen führen. Das richtete sich gegen die relativ undeutlichen, auf »Inspiration« setzenden Formen der **musischen Bildung**, gegen die Ganzheitsideologie des musischen Menschen und gegen einen neuerdings registrierten fachlichen Konservatismus und Unernst. Der in den fünfziger Jahren auffällig gewordene »*cultural lag*« (kulturelle Rückstand und Nachholbedarf gegenüber den internationalen Entwicklungen) schlug auf die Schule durch. In den Kunstunterricht wurden Prinzipien der modernen Kunst eingeführt (G. OTTO: Material, Experiment, Montage[5]; REINHARD PFENNIG: Durchdringung und Transparenz, Abstraktion und Konkretion usw.[6]) und systematisch für Lehrgänge, beginnend mit dem ersten Schuljahr, aufbereitet. Andere Konzepte stützten sich auf formalisierte Form- und Farblehren und bezogen »operationalisierbare« Entwicklungen und Fakten der Kunstgeschichte bzw. der Wahrnehmungslehre ein (SCHWERDTFEGER, ROETTGER,

KOWALSKY, STAGUHN, DAUCHER etc.): insgesamt ein Trend der Aktualisierung und Rationalisierung, der sich mit Aufgaben der Form- und Farblehre auch in der Grundschule bemerkbar machte.

● Im **Musikunterricht** war der Wandel nicht ganz so auffällig; aber die vorherige Liederseligkeit mit kleinem **Orff**-Instrumentarium, das beruhigende Zuwarten mit Tri- und Pentatonik und das Beharren auf einem kleinen Programm des Klassischen gingen zu Ende.

Forderungen der **Anpassung an die Moderne**, des neuen Hörens und eines veränderten Anspruchs ans Machen, kamen auf. Kinder sollten nicht nur die alten Musikordnungen des Dur- und Moll-Systems, sondern auch andere Klänge kennenlernen und Bezug gewinnen zu innovativen Formungen in der E-Musik. Kühne Sprünge in die Moderne[7] schienen die richtige oder anregende Herausforderung. Diese Entwicklungen griffen auch in die Grundschule über und brachten die herkömmlichen (z.T. abgenützten und in den Inhalten der Lieder oft allzu angepaßten oder überholten) Repertoire ins Wanken. Volkslied und Volksmusik aus der Zeit der musischen Bildung gerieten in die Kritik, formelle und systematische Gesichtspunkte erhielten mehr Gewicht. Die Zeit einer *»großen Musikdidaktik«* brach an[8] und sollte die *»Sprache der Musik«* auch in der Grundschule etablieren. Die Hoffnungen richteten sich auf die Lehr- und Lernbarkeit des Systems Musik und die Hilfen aus Sachanalyse, Situationsanalyse und entsprechend folgerichtig organisierten Lernprozesse.

● Im Bereich des **Sports** in der Schule wurden die seit langem etablierten »Leibesübungen«, die Teil der »musischen Erziehung« oder ein minimiertes Programm des Ertüchtigungssports waren, abgelöst durch den grundsätzlich neu gedachten und begründeten Sportunterricht, der den Ansprüchen der angestrebten Bildungsreform – wie auch die Änderungen im Kunst- und Musikunterricht – Rechnung tragen sollte: Analyse des Sports **als Übungs- und Qualifikationsfeld** für körperliche Leistungen, Begründung von Lernzielen, Aufbau von unterrichtlichen Lehrgängen, beginnend mit dem ersten Schuljahr und dem Übergang von noch spielerischer Tätigkeit zu allmählich immer stärker systematischer Schulung. Das bedingte vor allem die Neubesinnung über die geeigneten Sportarten und ihre Kombination zu einem qualifizierenden Gesamtprogramm[9]. Wie im Fach Musik beteiligten sich im Sport die großen Verbände und politischen Gremien kräftig an der Diskussion. In der Neuformung sollten der Nachwuchs für den Spitzensport, das nationale Image und das Interesse an Volksgesundheit und Arbeitskraft hinreichend berücksichtigt sein. Andererseits wurde den Interessen an Entlastung, Freizeitvergnügen und Ausgleich (Kompensation für Arbeits- und Lebensstreß) Rechnung getragen. Die Grundsportarten werden nun gründlicher unterrichtet (Geräteturnen, Leichtathletik, Körperschulung, Schwimmen, Sportspiele). Tanzen und Wandern in der herkömmlichen Form treten zurück, neue Sportarten[10] kommen – je nach materieller Ausstattung der Sportbereiche in den Schulen – hinzu. Das wirkt sich in den Grundschulen nicht sonderlich stark aus, insbesondere wenn sie in selbständigen Schulsystemen – abgetrennt von Haupt- und Realschule – organisiert sind. Spielformen und Anfänge der Grundsportarten bleiben bestimmend. Es ist aber auffällig, daß in der Diskussion um den Sportunterricht die Belange der Grundschule, d.h. der Kinder als Lernende und im Bildungssystem zu Qualifizierende, besonders berücksichtigt und für Lernprogramme ausgearbeitet werden[11]. Man hat jedoch den Eindruck – bei aller Differenzierung und curricularen Anstrengung – daß die wesentlichen Veränderungen im Sportunterricht am Beginn und im Laufe der achtziger aufkamen und sich durchsetzten.

- Übereinstimmend für die drei Fächer setzten sich dezidiert verstärkte und abgrenzende **fachliche Ansprüche** durch. Wohl zum ersten Mal wurde konsequent Fachunterricht in Kunst, Musik und Sport vom ersten Schuljahr an gefordert. Dem entsprachen Entwürfe systematischer Lehrgänge mit fachlogischem Aufbau und die Betonung von Leistungsaspekten und -kontrollen. Nicht mehr sensibles Einschwingen und begeistertes Mittun in der Kinder- und Volkskultur waren die Idealvorstellungen, sondern konsequentes Lernen und solides Können am Maßstab der Künste. Das verlangte fachlich gebildete Lehrkräfte in fachlich separiertem Unterricht, Klarheit und Logik der Aufgaben und Vorgehensweisen, sachliche Beurteilung. Machbarkeits- und Aufstiegsmentalität bestimmte die Szenerie.

2.2 Kritisch-emanzipatorische Gegenbewegung

Mitten in die Durchsetzung dieser Programmatik und ihre Festlegung in Lehrplanforderungen drängte sich mit dem Jahr 1968 die Infragestellung der materiellen und intellektuellen Gesamtsituation. Die politischen Aufbrüche in der Studentenrevolte und die generelle Linksbewegung in der Gesellschaft stellten auch die Schulsysteme und deren Fachprogramme in Frage. In den Ausbildungsinstitutionen wurde alles und grundsätzlich neu befragt, auch in den Schulen galt die gerade hergestellte Ordnung und Transparenz des gefächerten Unterrichts – sozusagen von einem Tag auf den anderen – nicht mehr unangefochten, z.T. überhaupt nicht mehr. Relativ schnell setzten sich, besonders vermöge der intensiven Diskussionsprozesse, neue Gesichtspunkte, Inhalte und Unterrichtsformen durch. Bevor noch durch neue Lehrpläne die veränderten Vorstellungen und Ansprüche festgelegt waren, sollten schon Demokratisierung des Unterrichts, kritische Aufklärung in den Medien, emanzipatorische Forderungen der Selbstbildung und der Gruppeninteressen das Arbeitsfeld bestimmen.

- Im **Kunstunterricht** wurden die Formalprogramme abgesetzt, die Alltagswelt der Bilder sollte nun untersucht und genutzt werden. Allgemeine Ziele waren Aufklärung und Emanzipation, als Mittel kamen alle visuellen Materialien und Werkzeuge bzw. Apparate in Frage: Zeichnungen, Fotos, Klebebilder, Wandzeitungen etc. Die spontane Kinderzeichnung und -malerei, die vorher gerade noch geduldet war als Vorstufe zu Abstraktions- und Konstruktionsaufgaben, bekam wieder Bedeutung, jedoch nicht in ihrem »Eigenwert« (wie zuvor in der musischen Bildung), sondern als Mittel für Klärungs- und Demonstrationsabsichten. Comics spielten eine Rolle, die Untersuchung von Reklame, Illustrierten, Kinderfernsehen, Wohnen, Spielzeug, Mode usw. – alles unter dem emanzipatorisch-kritisch gemeinten Stichwort *Visuelle Kommunikation«*. Für diese Konzeption – in verschiedener Ausformung – verwendeten sich die Didaktiker HEINO MÖLLER, HERMANN K. EHMER, HELMUT HARTWIG u.a. Gestaltungsansprüche im Vorfeld der Kunst traten zurück. Es liefen ältere Auffassungen weiter, auch vermischt mit den neuen Zielsetzungen; der Trend aber ging auf den Einbezug der Massenmedien. In den Hochschulen entstanden entsprechend erweiterte Ausbildungskonzepte, nach und nach rückten die neuen Aufgaben auch in die Lehrpläne ein.

● Ähnlich wurde auch im **Musikunterricht** die allgemeine Forderung, der Musik als gesellschaftlichem Gesamtphänomen näher zu kommen und ihr verstärkt als »geistigem« Kulturgut gerecht zu werden, ergänzt durch die Orientierung auf die auditiven und audiovisuellen Massenmedien: Radio, Fernsehen, Schallplatte, Pop-Konzerte, selbstgemachte U-Musik usw.[12] Das Fach hieß nun in der fortschrittlichen Version »Auditive Kommunikation«. Aber wie schon der Begriff war auch das neue Konzept nicht so wirkungsmächtig wie die »Visuelle Kommunikation«. Es gab starke Vorbehalte und Gegenwirkungen von den Musikorganisationen und -institutionen her und die Überformung des Singeunterrichts durch qualitativ neue Ansprüche aus der E-Musik-Kultur – eben und neuerdings auch für die Grund- und Hauptschule – wirkte schon fordernd genug. Zudem fehlte es an entsprechend ausgebildeten Fachlehrkräften, da auch für Studium und Fortbildung die fachlichen Anforderungen hoch lagen (und liegen). So war die Realität des Musikunterrichts in der Grundschule noch stärker als im Kunstunterricht durch ein Gemisch an älteren und neueren Vorstellungen und Arbeitsweisen bestimmt: vom Kinderliedersingen über einfachen Instrumentaleinsatz (Blockflöten und kleines Orff-Ensemble) bis hin zu Experimenten mit neuester E-Musik und Untersuchungen zu Pop und Schlager. Wenn nicht – wie Untersuchungen belegen – der fachliche Musikunterricht in der Grundschule teilweise (30 % und mehr) ganz ausfiel. Das Ergänzen oder Improvisieren durch Nicht-Fachlehrkräfte wie z.T. im Kunstunterricht kam hier wegen der Professionalitätsansprüche und -vorstellungen kaum in Frage. Bei erhöhtem und verändertem Anspruch und der Verringerung von Einstellungen geriet der fachliche Musikunterricht in der Grundschule in Engpässe. Vermehrt richteten sich Hoffnungen – wie z.T. auch für den Sportunterricht – auf außerschulische Ergänzung oder sogar Alternativen, z.B. die Arbeit von Kinder- und Jugendmusikschulen und auch privat angestrebtem und vermitteltem Instrumentalunterricht. Das bedingte vermehrt Aufgaben (auch Chancen) der Koordination der von einzelnen Kindern eingebrachten besonderen Fertigkeiten und Befähigungen, was andererseits dazu führen konnte und kann, daß die außerschulisch nicht geförderten Kinder in ihren Bedürfnissen, auch in ihrer Bedeutung zurückgesetzt werden und das Prinzip der Allgemeinbildung unterlaufen wird.

● Für die **Sportdidaktik** und den **Sportunterricht** sind offensichtlich die achtziger Jahre die Zeit der entschiedenen Innovationen. Eine neue Generation von Didaktikern hat, wohl unter dem Eindruck erneuerter und neuer anthropologischer Fragestellungen[13], die Probleme von Leib und Körper, Körper und Raum, Körper und Bewegung, Körper und Ausdruck etc. betreffend, neue Auffassungen und Konzepte von Körpererfahrung und Bewegungskultur entwickelt[14]. Hier zeichnet sich bereits vieles von dem ab, was in einer erweiterten Auffassung von ästhetischer Erziehung seinen Ort hat und was Aspekte einer integrierten ästhetischen Erziehung ausmacht. Es geht nicht mehr um den Sportkörper und seine optimale Trainierung (Herrichtung), es geht auch nicht mehr vorrangig um die Wahl unter einer Vielfalt von Sportarten und die besonderen Leistungen in einer oder einigen von ihnen, schließlich geht es nicht mehr um gezielte Energieentfaltung für Arbeitsleistungen bzw. Kompensation von Arbeits- und Lebensstreß, sondern um das Ernstnehmen der Daseinsform des Menschen als Subjekt in und mit seinem Körper. Und daß sich dieser Körper in den Lebensphasen entwickelt und verändert und daß er schließlich nachläßt, schrumpft und verschwindet und daß er vermittelt ist mit den anderen Existenzweisen des Menschen, mit den Sinnen, Empfindungen, Gefühlen und dem scheinbar allesvermögenden Intellekt und ferner mit dem nahen, fernen und fernsten Umraum, der je gilt oder je zur Geltung gebracht wird. Es geht tendenziell um eine umfassende und in ihren Teilen zusammenhängende Wirklichkeit des Körpers und seiner Möglichkeiten: im Verein mit den anderen »Vermögen« oder – um einen älteren Ausdruck zu verwenden – »Seinsweisen« des Menschen. Das verlangt nun mehr als zwei oder drei separate Sportstunden pro Woche oder zusätzliche Pausenaktivitäten oder andere Ergänzungen. Es ist nach einer anderen Form von Schule, nach einem anderen Unterricht gefragt, der für die Kunsterziehung besonders deutlich bei GERT SELLE ausgearbeitet wird (Stichwort und Konzeption: »Gebrauch der Sinne«) und primarstufenbezogen besonders in den didaktischen Überlegungen und Ausarbeitungen von ADELHEID STAUDTE (Stichwort und Konzeption: »Mit allen Sinnen lernen«) zum Zuge kommt.

Damit sind wir wieder bei unserer Ausgangsfrage angelangt: getrennter Fachunterricht – unter welchem Anspruch jeweils – oder z.B. fächerübergreifender Unterricht mit Projektorientierung und thematischen Schwerpunkten.

● Für die **letzte Phase** der bisher gekennzeichneten Unterrichtskonzepte läßt sich hinsichtlich der schulischen Praxis kein grundsätzlich neues Paradigma – wie für die sechziger Jahre die Wissenschaftsorientierung und die siebziger Jahre die soziologisch-gesellschaftskritische Orientierung – feststellen. Es herrscht nun ein »aufgeklärtes Gemisch« von Zielsetzungen und Verfahrensweisen. Das läßt sich an den geltenden Lehrplänen ablesen und bedeutet für den gefächerten Unterricht von Kunst, Musik und Sport in der Grundschule eine relative Freiheit für Schwerpunkte, Methoden und Leistungsbemessung. Andererseits fehlen die besonderen Antriebe für generelle Neuerungen – ausgenommen die freimütig und experimentell ansetzenden Versuche einer »integrierten ästhetischen Erziehung«, die z.B. in den Bundesländern Bremen und Baden-Württemberg in der Ausbildung von Lehrkräften (Studium) und in schulischer Praxis erheblich an Boden gewonnen haben und andernorts vereinzelt und vorsichtig erprobt werden.

3. Exkurs: ästhetische Erziehung

Für die Schul- und Unterrichtsdiskussion kam der Begriff, der nicht neu ist (siehe Fr. SCHILLER), aber etwas fremd und sperrig wirkt, am Ende der sechziger Jahre in die Diskussion, insbesondere durch HARTMUT VON HENTIG mit seinem Aufsatz »*Ästhetische Erziehung im politischen Zeitalter*«[15] und durch die zehn Thesen zur ästhetischen Erziehung von DIETHART KERBS[16] (ehemals Assistent v. HENTIGS), der die grundsätzlichen Überlegungen besonders auf Kunstunterricht und visuelle Kommunikation zuschnitt. Nicht mehr die Künste im einzelnen bildeten den Orientierungshorizont, sondern eine umfassende Ästhetik als ein Gemeinsames aller Künste, aber mehr noch als etwas, was es im Leben aller Menschen gibt: die sinnliche Wahrnehmung (aisthesis = Wahrnehmung) und die sinnliche und sinnhafte Gestaltung der Alltagswelt und (vorsichtig wieder zugelassen) auch in den Künsten: für die Wahrnehmung und den sinnvermittelnden Gebrauch. So sollte nun Unterricht in den verschiedenen Wahrnehmungsbereichen: im Sehen, Hören, Tasten, Sich-Bewegen etc. ansetzen und nicht nur zu Aufklärung, Einsichten, Gestaltungsleistungen führen, sondern auch sinnlich befriedigen, Spaß machen, Lust bewirken und dem Leben kraftvolle Impulse für Selbstbestimmung und persönlichen Einsatz für andere Menschen vermitteln. Dahinter standen weitreichende Erwartungen aus den Künsten und Kunsttheorien (BRECHT, ENZENSBERGER, MAJAKOWSKY usw.) und aus der Philosophie (BLOCH, ADORNO, MARCUSE usw.), aber auch alte Hoffnungen aus großen Zeiten der Künste (Antike, Renaissance, Klassik). Dies Verständnis von ästhetischer Erziehung, das wesentlich im Bereich Bildende Kunst (Visuelle Kommunikation) Bedeutung gewann, begleitete die Fachentwicklung kritisch wie aufmunternd. Das betonte Lust-Prinzip (Hedonismus) lockerte manche Verbissenheit bei dem Versuch, die künstlerischen Fächer in der Schule, auch in der Grundschule, zu politisieren. In den achtziger Jahren setzte sich jedoch ein Rückgang in rein schulische bzw. rein fachliche (wieder quasi-künstlerische) Bestimmungen durch. Die politischen Hoffnungen waren enttäuscht oder ersetzt durch »qualifizierten Konsum«, der eine gesteigerte Ästhetisierung des Alltagslebens (die teureren Moden, das bessere Design, die alles durchdringenden Farbigkeiten und Klänge und die schönen Massenspektakel) einschloß. Dem schienen nur noch Kunst-Leistungen, besondere Kunstfertigkeit (spezialistisches Können) und erneute Betonung des Individuellen widerstehen oder entsprechen zu können. Schulisch schlug das besonders auf das Jugendalter durch, nicht so sehr auf die Kinder in der Grundschule, die nun jedoch außerschulischen »Ästhetisierungen« mehr und mehr ausgesetzt sind und entsprechend »spezialistisch« reagieren, womit herkömmlicher Kunst-, Musik- und Sportunterricht unter Druck gerät. Dieser bietet für die Kinder scheinbar zu wenig Spektakel, bringt die »ersehnten Spiegelungen« nicht hervor.

> Am Beginn eines Zeitalters vermehrter und durchdringender Ästhetisierung, das uns die Soziologen und Philosophen ankündigen, sind die künstlerischen Fächer anscheinend besonders gefragt: auf neue Weise ästhetisches Verhalten zu fördern und Werke und Können hervorzubringen, die Selbstausdruck, Identität, soziale Kommunikation und Interaktion = Lebenssinn enthalten oder ermöglichen.

4. Integrierte ästhetische Erziehung

Fächerübergreifende Übungen und Projekte von Kunst, Musik und Sport, die auch Dichtung, Tanz und Spiel einbeziehen, sind sicher nicht die Lösung der vielfältigen Probleme, die in und mit den künstlerischen Fächern in der Grundschule bestehen. Sie sind kein Ersatzprogramm und nicht die ausschließende Alternative. Integrierte ästhetische Erziehung ist primär ein Bildungsmodell unter allgemeinpädagogischem Anspruch – wie früher einmal gesamtmusischer Unterricht oder Ganzheitsunterricht und für das, was noch heute in Versuchsschulen (Glocksee in Hannover, Laborschule in Bielefeld, die Odenwaldschule, Weißensee oder in anderen Ländern: Twind, Dänemark, Bemposta, Spanien, die Freinet-Schulen usw.) als Ideal gilt: jenes entscheidende Mehr an Zusammenhängen, an Lebensnähe, an sozialer Qualität, an Selbst- und Mitbestimmung zu erreichen. Auch die Waldorfschulen realisieren mehr von diesem Auftrag als die Staatsschulen der BRD (hoch administrierte, konkurrenzlose, ökonomisch gesicherte – und damit auch stark rationalisierte und rationalistisch orientierte – Systeme) sich zur Aufgabe setzen oder initiativ verwirklichen. In den letzten Jahren kündigt sich ein Wandel an: die Diskussion um den »offenen Unterricht«, der eine »offene Schule« im Gefolge haben wird, die Wiederbelebung der Diskussion um die Kindheit als eigenwertige Lebensphase und um das Prinzip »Ganzheitlichkeit«, die »Wiederkehr des Körpers«, die Frage nach dem »Sinn der Sinne« und nach einem »Lernen mit allen Sinnen« machen dies deutlich. So liegt es nahe, sich die Organisation des Grundschulunterrichts in anderen Gruppierungen und Tendenzen vorzustellen als nach der Linearität der Fächer.

Integrierte ästhetische Erziehung stellt in diesem Sinne – wie in anderer Weise Sachunterricht und technische Bildung – ein Lernfeld dar, in dem übergreifende Prinzipien der Sinnestätigkeiten, der Körperaktivität und der Künste gelten, d.h. Impulse liefern, Anstöße geben, Themen nahelegen und Formen des Wahrnehmens, der Bearbeitung, des Darstellens anbieten.

> Nicht die formalen Bestimmungen und Qualitäten einer Disziplin (!) wie Bildende Kunst, Musik, Sport geben den Ausschlag, sondern die Situationen des Lebens, des Kinder-Alltags in einer Vorausschau auf das, was im weiteren Leben Bedeutung haben soll.

Allgemein kann dies als Arbeit an Selbstbestimmung, an kultureller Orientierung, an Offenheit für die Vielfalt und die sozialen Aspekte der Sinnestätigkeiten und der Körperbildung »*im Angesicht der Künste*« bezeichnet werden. Nichts anderes also, als was die einzelnen Fächer je für sich anstreben, was ihnen aber allzuoft entgleitet oder mißlingt, weil sie die Verbundenheit der Sinne, den Körperbezug, die Vermitteltheit der Künste in den Empfindungen und Gefühlen vergessen oder auf eine formale Lineatur verkürzen.

● Integrierte ästhetische Erziehung soll die **Verbindungen zwischen den Sinnes- und Ausdrucksaktivitäten** ernstnehmen und fördern, also Sehen, Hören, Tasten, (auch Riechen, Schmecken usw.) aufeinander beziehen und miteinander in Verbindung halten, wo und wann immer es real angelegt ist oder Erfahrung und Ausdruck bereichern kann. Und das ist bei vielem, was Kinder von sich aus tun und was sie entwickeln können, der Fall... und bei Jugendlichen und Erwachsenen ebenso, wenn sie nicht spezialistisch oder trennend eingeengt sind. Dabei kommt es nicht auf Höchstleistungen an (die oft genug einseitig und eindimensional sind), sondern auf Kombinations- und Integrationsleistungen, die auf Realitäts- und Sinnzusammenhänge in der Lebenswirklichkeit verweisen oder ihnen entsprechen können: also *Szenen mit Bild, Musik, Bewegung,* in denen die mitwirkenden Personen direkt in Rollen agieren; *Inszenierungen eines Theaters der Gegenstände,* in dem die mitwirkenden Personen mit ihren gegenständlichen Hervorbringungen zugleich vermittelnd tätig sind; *Direktauftritte in der Öffentlichkeit,* bei denen ein Wechselspiel mit anderen Menschen erprobt wird; ein *Theater mit Masken und/oder Puppen,* die mit und vor den Spielenden spielen; *Komplex-Räume* (environments) oder *Komplex-Bücher,* in denen Erlebnisse oder Problemerfahrungen zusammengefaßt und demonstrativ vorgestellt werden; *Varieté- oder Zirkus-Vorstellungen,* die neue Kunststücke oder neue Kombinationen zeigen; *thematische Feste und Feiern,* in denen alle Anwesenden gestaltend oder darstellend beteiligt sind. Es ließen sich weitere Formen, besonders aus den Praktiken der *Performances* in den verschiedenen Künsten(!) gewinnen, so daß keinesfalls ein herkömmliches Schultheater und Rollenspiel, sondern die Herausforderungen von *Collage* und *Montage,* von *happening, fluxus* und *performance* als Anregung dienen.

● **Durchführen** sollen und können dies die Klassenlehrerinnen und Klassenlehrer der Kinder oder Fachlehrerinnen und Fachlehrer aus Kunst oder Musik oder Sport, sofern sie die Kinder – und nicht nur ihr Fach – wirklich kennen. Sie können es in ersten kleinen und begrenzten Versuchen der Kombination und der Vorführung erproben und nach und nach ausweiten und an die Stelle von Fachunterricht setzen, bis schließlich ein ganzes **System von Projekten** die ästhetische Erziehung in der Grundschule ausfüllt: vorbereitet, durchsetzt, begleitet von einer Vielzahl von kleineren und ausgedehnteren Übungen zur Sinneserfahrung, zur Körpererfahrung, zu Ausdruck und Darstellung im Gesamtfeld – orientiert an

Raum, Zeit, Volumen, Oberfläche, Gleichgewicht, Temperatur, Nähe und Ferne – wofür Sinn und Sinne vorhanden sind und der Entfaltung bedürfen[17]. Gerade auch in diesem Anspruch und Verständnis kann eine integrierte ästhetische Erziehung sich qualitativ entwickeln[18]. Dem müssen Ausbildungskonzepte in Studium[19], in Referendariat, Fort- und Weiterbildung entsprechen und dienlich werden.

● In der **Grundschule** sollte es neben den integrierten Übungen und Projekten nach und nach **Kurse in speziellen Bereichen** geben, die bisherigen Anteilen in den Fächern entsprechen, also zum Zeichnen, Malen, Singen, Instrumentenspiel, zum Sportspiel, Geräteturnen, Schwimmen, zur Leichtathletik, zum Tanzen, Scaten, Radfahren, Jonglieren, Balancieren etc.

> Das alles macht deutlich, daß die Schule anders organisiert werden müßte: in einem System von Kernfächern (Deutsch, Mathematik), Lernfeldern (Sachkunde, Ästhetische Erziehung, Technische Bildung) und Förder- und Wahl-Kursen, was auch einen verschiedenartigen Einsatz verschiedenartiger Lehrkräfte (und vielleicht auch Hilfskräfte (!) zur Folge (bzw. zur Voraussetzung) hätte.

Die Entwicklung der sogenannten »mobilen Gesellschaft« in unserer als »Postmoderne« bezeichneten Zeit sollte dies nicht unmöglich erscheinen lassen! In der Zwischenzeit könnten einige verändernde Schritte auf ein solches Ziel hin getan werden, ohne daß die geordnete Grundschule ins Chaos versinken müßte: z.B. durch die Vermehrung und Ausdehnung von Projektwochen, wie es sie in Ansätzen an vielen Grundschulen bereits gibt, z.B. durch die Veränderung der Fachunterrichts-Konzepte in der genannten Richtung. Von jedem der beteiligten Fächer her kann die neue Orientierung entwickelt werden: im produktiv gemeinten Verzicht auf Fach-Systematik, besonders im Blick über den Zaun des Faches (auf die Fächer nebenan), im Interesse an thematischer Arbeit in größeren Zusammenhängen, an Verknüpfungen, auch unter sozialem Aspekt, und erstlich und letztlich im Interesse an den Kindern und ihrem erwartbaren Lebensschicksal in einer Welt der Abstraktionen und der Trennungen[20].

Wer soll all dies sich als Aufgabe setzen und qualifiziert durchführen – noch ehe es Vorschriften und Lehrpläne gibt, noch ehe es entsprechend ausgelegte Studien und Studienseminare und so professionalisierte Lehrkräfte gibt? Wer Interesse und Einsichten in dieser Richtung hat, kann damit beginnen. Das Modell liegt im Trend der erwarteten Interessen- und Fähigkeitsveränderungen in der Gesellschaft: mehr Flexibilität, mehr Übersicht, mehr Freizeit, mehr Subjektivität, mehr Sinnsuche. Was ist nötig? Erstens: ein Interesse an Kindern mit ihrer Sinnlichkeit, Phantasie, Lernbereitschaft, Neugier, Vitalität und ihrem in uns gesetzten Vertrauen. Zweitens: Interesse an Sinnestätigkeiten, Körperbewegung und Körperausdruck und thematisch verpflichtender Ausdrucksarbeit. Drittens: Interesse an Kunst, an vielen Künsten (Bildende Kunst, Musik, Darstellende Kunst, Tanz, Dichtung usw.), verknüpft mit kleineren eigenen Versuchen (ohne spezialistischen Anspruch, aber mit Eigensinn, vielfältig und inspirierend). Schließlich: Lust und Ernsthaftigkeit im Verknüpfen der genannten Interessen und Tätigkeiten bei und mit Kindern (auch Jugendlichen und Erwachsenen) mit dem Ziel von kleinen und großen Inszenierungen, ohne und mit

Publikum. Die Stichworte wären: von Sinneserfahrung zu Ausdruckserfahrung, von Sinnesbildung zu Sinn-Erfahrungen und einem Beitrag zur Menschenbildung im ganzen. Integrierte ästhetische Erziehung ist in diesem Sinne der Daseinsrealität der Kinder und ihrer sinnlich-ästhetischen Möglichkeiten in der Zukunft verpflichtet. Das fordert, ihnen den kulturellen Reichtum unserer Gesellschaften vielfältig, angstvermeidend und lebenspraktisch in exemplarischen Anfangsformen zugänglich zu machen.

Nach der ausgiebigen Grundlegung im Elementaren und Zusammenhängenden kann und sollte nach der Grundschule (Grund-Schulung) systematischer Fachunterricht einsetzen und die Basis allgemeiner und gemeinsamer Erfahrungen durch fachlich-systematische Einübung ergänzen und übersteigen. Davor und im Unterschied dazu ist ästhetische Grundbildung in der integrierten Form konstitutiver Teil der Reform und grundsätzlichen Erneuerung der Primarschule durch **offenen** Unterricht und **kreative** Erziehung.

Literatur

HENTIG, H.: Ergötzen, Belehren, Befreien. Schriften zur ästhetischen Erziehung. München 1985

KÜKELHAUS, H.: Fassen Fühlen Bilden. Organerfahrungen im Umgang mit Phänomenen. 4. Aufl., Köln 1986

LIPPE, R. zur: Sinnenbewußtsein. Grundlegung einer anthropologischen Ästhetik. Reinbek 1987

MATTHIES K./POLZIN, M./SCHMITT, R. (Hrsg.): Ästhetische Erziehung in der Grundschule. Integration der Fächer Kunst/Musik/Sport. Frankfurt 1987

MATTHIES, K.: Schönheit, Nachahmung, Läuterung – Drei Grundkategorien für ästhetische Erziehung. Frankfurt 1988

MONTAGU, A.: Zum Kinde reifen. Stuttgart 1984

POLZIN, M.: Bewegung, Spiel und Sport in der Grundschule, Ffm. 1992

RUMPF, H.: Die übergangene Sinnlichkeit. München 1981

SCHNEIDER, G. (Hrsg.): Ästhetische Erziehung in der Grundschule. Argumente für ein fächerübergreifendes Unterrichtsprinzip, darin besonders G. BREUER zur Theoriebildung

SELLE, G.: Gebrauch der Sinne. Eine kunstpädagogische Praxis. Reinbek 1988

Anmerkungen

1 H. J. KAISER/G. OTTO/ K. SCHERLER: Die Didaktiken ästhetischer Fächer, in: Zeitschrift, Pädagogik, Beltz Verlag 1/1989, S. 45–50.

2 F. SCHILLER: Über die ästhetische Erziehung des Menschen, Tübingen 1795.

3 A. SCHÜTZ/T. LUCKMANN: Strukturen der Lebenswelt, Frankfurt/M. 1979/84.

4 P. HEIMANN: Didaktik als Theorie und Lehre, in: Die Deutsche Schule, 54. Jg. (1962), S. 407–427

5 G. OTTO: Kunst als Prozeß im Unterricht, Braunschweig 1964.

6 R. PFENNIG: Gegenwart der Bildenden Kunst – Erziehung zum bildnerischen Denken, Oldenburg 1964.

7 beginnend mit den Didaktikern ABRAHAM (1963), GÜNTHER (1964), SEGLER (1966), etwas später besonders DANKMAR VENUS; Unterweisung im Musikhören (1969), 2. Aufl., Wilhelmshaven 1984.

8 z.B. MICHAEL ALT, Didaktik der Musik, Düsseldorf 1968 und HEINZ ANTHOLZ, Unterricht in Musik, Düsseldorf 1970; etwas später HEINZ LEMMERMANN, Musikunterricht, Heilbronn 1977.

9 siehe die Arbeiten der Didaktiker BRODTMANN, DIETRICH, GRUPE, GEBHARD, HAGEDORN, JOST, HECKER, KRETSCHMER, MESTER, PASCHEN, SEYBOLD u.a.

10 z.B. Tischtennis, Badminton, Tennis, Rudern, Skifahren, Ringen, Judo, Radfahren, Fechten, Jazz-dance, Segeln usw.

11 u.a. siehe: Zeitschrift Sportwissenschaft 1977/1 mit dem Schwerpunktthema Sport in Vor- und Grundschule; besonders die Beiträge von D. BRODTMANN/M. KLEINE-TEBBE »Aufgaben des Sportunterrichts im Primarbereich« und LISELOTT DIEM »Sport und Sportunterricht im Elementar- und Primarbereich«.

12 hierzu besonders die Untersuchungen und handlungsorientierten Konzepte der Arbeitsgruppe H. RAUHE (mit REINECKE und RIBKE) zum »Hören und Verstehen« und der produktionsorientierte Ansatz von GÜNTHER (mit OTT und RITZEL).

13 z.B. H. PLESSNER, Philosophische Anthropologie; P. ARIES, Geschichte der Kindheit; M. MAUSS, Soziologie und Anthropologie; R.Z. LIPPE, Am eigenen Leibe; H. KÜKELHAUS, Entfaltung der Sinne; D. KAMPER/V. RITTNER, Geschichte des Körpers, usw.

14 z.B. EVA BANNMÜLLER, Neuorientierung der Bewegungserziehung in der Grundschule, Stuttgart 1979; HORST EHNI/JÜRGEN KRETSCHMER/KARLHEINZ SCHERLER, Spiel und Sport mit Kindern, Reinbek 1985; JÜRGEN FUNKE (Hrsg.), Sportunterricht als Körpererfahrung, Reinbek 1983.

15 HARTMUT VON HENTIG, Spielraum und Ernstfall, Stuttgart 1969.

16 DIETHART KERBS in: Zum Begriff der ästhetischen Erziehung, die deutsche Schule, Heft IX, 1970.

17 die Arbeiten und Versuche von HUGO KÜKELHAUS geben dazu Auskunft; aber wichtig sind auch eigene Erfindungen und Erprobungen.

18 Weitere Begründungen und Unterrichts-Beispiele finden sich in den Veröffentlichungen des Arbeitskreises Grundschule: Ästhetische Erziehung in der Grundschule (MATTHIES/POLZIN/SCHMITT) und Lyrik für Kinder (FORYTTA/HANKE).

19 Wie z.B. im 8-semestrigen Primarstufenstudium an der Universität Bremen und den noch etwas zu straff gefaßten 6-semestrigen Studiengängen an den Pädagogischen Hochschulen in Baden-Württemberg.

20 dazu der Hinweis auf die Analysen und Vorschläge von WOLFGANG RUMPF, HARTMUT VON HENTIG, RUDOLF ZUR LIPPE u.a. und Überlegungen zu Grundprinzipien in KLAUS MATTHIES: Schönheit, Nachahmung, Läuterung, PETER LANG, Frankfurt/Bern 1988.

ADELHEID STAUDTE

Ästhetische Erziehung und Kunst

Lernen zwischen Sinnlichkeit, Kreativität und Vernunft

Auf dem 1. Kunsterziehungstag in Dresden 1901 forderte der Hamburger Lehrer und Schulreformer CARL GÖTZE, »*daß der Zeichenunterricht ein Hauptunterrichtsfach in jeder Schule werden müsse.*« (GÖTZE 1902, S. 144) Er begründete diese, damals wie heute utopisch anmutende Forderung mit einer Kritik des einseitig abstrakten Lernens, für die sich ebenfalls Parallelen in der Diskussion um die Grenzen und Defizite der wissenschaftsorientierten Bildungsreform der siebziger Jahre finden lassen:

»*Unsere hauptsächlich nach Rücksichten des Verstandes geordnete Bildung erzeugt (...) unfehlbar die Gewohnheit eines anschauungsarmen, abstrakten Denkens – und das ist mit seinen von dem Leben der wirklichen Erscheinungen abgezogenen Begriffen und Allgemeinheiten das unbrauchbarste Werkzeug für die Entwicklung derjenigen Lebensäußerungen, durch die wir vermöge der Kunst unser Verhältnis zu Welt und Leben bestimmen*« (ebd. S.142).

Zur Überwindung dieses klassischen Gegensatzes zwischen sinnlicher und begrifflicher Erkenntnis fordert GÖTZE:

»*Wir müssen dem Zeichnen gegenüber der Sprache seine natürliche Stellung zurückgeben. Das Zeichnen ist, wie das Sprechen, ein vom Kinde und von der Menschheit selbständig entwickeltes Ausdrucksmittel. (...) Und beides sind gleich notwendige Ausdrucksmittel, die sich wohl ergänzen, aber nicht ersetzen können. Neben dem Wort als begrifflichem Symbol behauptet sich das Bild – sinnlich wahrnehmbare Zeichen zum Ausdruck der den Geist beherrschenden Vorstellungen und Gefühle.*« (ebd.). Um »*Anschauen und Denken, Kenntnis und Erkenntnis in lebensvolle Beziehung zueinander zu bringen, (...) müssen wir dem Zeichnen gegenüber dem Lesen und Schreiben aufhelfen*« (ebd. S.146f.).

Aus eigener Beobachtung, aus eigener Anschauung der Natur und der Gegenstände seiner Umgebung sollte das Kind von Anfang seiner Schulzeit an sich sein eigenes Bild von der Welt machen können. Über Bücher vermitteltes Wissen sollte nur dann herangezogen werden, wenn »*Wissen aus erster Hand nicht zu haben ist*« (ebd. S.149).

Inzwischen geht das »*Jahrhundert des Kindes*« (ELLEN KEY) seinem Ende zu und wir sind heute von einer gleichberechtigten Ausbildung des anschaulichen Denkens und der Bildsprache wohl ebenso weit entfernt wie um 1900. Dabei hat die Vermittlung des Wissens »*aus zweiter Hand*« und die Einschränkung der unmittelbaren sinnlichen Erfahrungsmöglichkeiten die Lebenswelt von Kindern in einem damals nicht vorhersehbaren Maße qualitativ so verändert, daß die kritischen Forderungen der

292

Jahrhundertwende heute in einem neuen Licht erscheinen. Ästhetische Erziehung wird darum wieder als ein für alle Lernbereiche notwendiges Prinzip des Lernens diskutiert, das das wissenschaftliche Lernen nicht nur ergänzen, sondern vertiefen und erst wirklich »vernünftig« machen müsse. Doch statt endlich gleichberechtigtes »Hauptfach« zu sein, wie GÖTZE forderte, ist der Kunstunterricht nicht einmal mehr als »Nebenfach« in allen Klassenstufen als eigenständiges Fach vertreten, sondern soll technisches und textiles Werken gleich mit vermitteln oder wird mit anderen, immer noch »musisch« genannten Fächern in einer administrativen Zwangszusammenführung in seiner Stundenzahl gekürzt.

Angesichts der Diskrepanz zwischen der Konjunktur des Ästhetischen im theoretischen Diskurs einerseits und der weitgehenden Folgenlosigkeit aller schulreformerischen Bemühungen um diesen Bereich andererseits erscheint es um so notwendiger, einige Begriffe aus dem Umfeld der ästhetischen Erziehung zumindest ansatzweise in ihrem historischen und gegenwärtigen Gebrauch zu erläutern, um nicht zugleich mit dem Gebrauch traditionsreicher Begriffe auch die Tradition der Mißverständnisse und Versäumnisse fortzusetzen.

1. Erläuterungen zum Wortschatz der Kunstpädagogik

1.1 Ästhetische Erziehung, Aisthesis und Ästhesik

Seit Beginn der siebziger Jahre hat sich in der fachdidaktischen Diskussion zunehmend der Begriff *»ästhetische Erziehung«* zur Bezeichnung des Lernbereichs durchgesetzt, der heute noch je nach Bundesland »Kunsterziehung«, »Kunstunterricht«, »Bildende Kunst«, »Musisch-Ästhetische Erziehung« oder einfach »Kunst« genannt wird. Die Bezeichnung »ästhetische Erziehung« ist ein »schillernder« Begriff, nicht nur im Hinblick auf die ausdrückliche Bezugnahme auf SCHILLERS Briefe *»Über die ästhetische Erziehung des Menschen«* (1793/1795), mit der dieser Begriff in der Kunstpädagogik wieder aufgenommen wurde. Der Begriff ist darum so mißverständlich, weil im umgangssprachlichen Verständnis ästhetisch als *»schön, ausgewogen, geschmackvoll, ansprechend; auch abschätzig für : überfeinert«* (Duden Fremdwörterbuch) gilt. Dieses Verständnis leitet sich von einer Ästhetik her, die ihre Aufgabe vor allem in der Theorie des Schönen, des Kunstverständnisses und der Geschmacksbildung sah.

Mit der Rückbesinnung auf den Begriff der ästhetischen Erziehung im Sinne der ursprünglichen umfassenden Bedeutung von **aisthesis** (griech.) als der Lehre von den sinnlichen Wahrnehmungen, war jedoch gerade die Ablösung von Kunst als einem Wertbegriff intendiert und die Erweiterung der fachdidaktischen Reflexion über den Bereich der Kunst hinaus auf allgemeine Wahrnehmungs-, Darstellungs- und Interpretationsprozesse intendiert. Im frühen antiken Aisthesisbegriff sind Sinnlichkeit und Vernunft, Anschauung und Denken noch untrennbar miteinander verbunden. Zugleich umfaßt Aisthesis im Griechischen nicht nur die Wahrnehmung durch die Sinne sondern auch die Gefühlswahrnehmung, ähnlich wie bei uns der Begriff der Empfindung sinnliche und psychische Wahrnehmung verbindet. Als auf dem Höhepunkt der Aufklärung ALEX-

ANDER GOTTLIEB BAUMGARTEN (1714-1762) die **Ästhetik** als die Wissenschaft von der sinnlichen Erkenntnis begründete, stellte er damit der dominierenden Logik und Rationalität der Vernunft die sinnliche Erkenntnis der wahren Schönheit und der geschmackvollen Form gegenüber. In der Folge dieses Dualismus hat sich die Ästhetik vor allem als eine Theorie der Kunst, des Kunstwerks und der Kunsterfahrung entwickelt, obgleich immer auch ästhetische Phänomene außerhalb der Kunst und vor allem die Naturerfahrung Gegenstand der Ästhetik waren.

Die gegenwärtige philosophische Diskussion versucht, diese Verengung auf die Kunst oder gar nur auf das Schöne rückgängig zu machen. Sie begreift Ästhetik wieder in ihrem ursprünglichen Sinne als eine Theorie der sinnlichen Erkenntnis, *»als Thematisierung von Wahrnehmungen aller Art, sinnenhaften ebenso wie geistigen, alltäglichen wie sublimen, lebensweltlichen wie künstlerischen«* (WELSCH 1990, s. 9f.). Sie plädiert für eine »ökologische Naturästhetik«, die das Sichbefinden des Menschen als leiblich sinnliches Wesen in Umwelten als Grundthema einer neuen Ästhetik versteht (BÖHME 1989, S.9). Diese gegenwärtig beginnende Öffnung der Ästhetik zu einer allgemeinen Wahrnehmungstheorie, die die Sinnesarbeit des Subjekts in seiner Lebenswelt in das Zentrum der Aufmerksamkeit rückt, trifft auf parallele fachdikaktische Entwicklungen, die die Kunstpädagogik vom Kunstunterricht zur ästhetischen Erziehung geführt haben.

Wie die Ästhetik ist auch die ästhetische Erziehung nur zu begreifen vor dem Hintergrund der Aufklärung und der Erziehung zur Vernunft sowie den damit einhergehenden gesellschaftlichen Veränderungen durch Spezialisierung und Arbeitsteilung. Erst wenn im Prozeß der Zivilisation ein diszipliniertes, zweckgerichtetes, reflektierendes Verhalten zur Welt und zum eigenen Ich ausgebildet ist, wird der Verlust an Nähe, Sinnlichkeit, Unmittelbarkeit und Selbstverständlichkeit als Defizit spürbar. Seit SCHILLER verbindet sich mit ästhetischer Erziehung die Hoffnung, durch die Mittel der Kunst diesen Mangel zu überwinden.

> Die ästhetische Erziehung des Menschen soll die Spannung zwischen Sinnlichkeit und Vernunft aufheben und ihn zu mehr Selbstbestimmung und Verantwortungsbewußtsein führen – in SCHILLERS Worten zu Freiheit und Sittlichkeit.

1.2 Musische Bildung

In der Tradition unseres Faches drängt sich in diesem Zusammenhang der Begriff der **»musischen Bildung«** auf, die in der Nachkriegszeit ebenfalls als Gegengewicht gegen die einseitige Ausbildung des Intellekts die Wiederherstellung eines ganzen, heilen und sittlichen Menschen in einer zerstörten Welt versprach. In Fortführung der schon in der Jugendbewegung und der *Kunsterziehungsbewegung* um 1900 enthaltenen kulturkritischen Impulse tauchte der Begriff der musischen Bildung als Prinzip einer ganzheitlichen Menschenbildung erstmals in der Reformpädagogik der zwanziger Jahre auf. Doch erst in der Restaurationsphase des Bildungswesens nach 1945 fand er breite Akzeptanz vor allem in den sogenannten musischen Fächern der Musikerziehung, der Kunsterziehung, der Leibeserziehung und der Spracherziehung.

»Das Musische ist dem Menschen eingeboren. Wir bezeichnen damit einmal die Kräfte, die aus Herz und Gemüt kommend, dem Sachdenken und dem bewußten Willen gegenüberstehen, zum anderen aber auch einen Zustand, in dem die musischen Kräfte ihre volle Wirksamkeit entfalten, eine Haltung, die auf einer völligen Harmonie aller seelischen Kraftquellen beruht« (TRÜMPER 1953, S.21).

Statt auf wissenschaftliche Erkenntnis und kritischen Verstand setzte musische Bildung auf die natürlichen Seelenkräfte des Kindes, das durch musisches Erleben und Tun die im politischen und wirtschaftlichen Zusammenbruch verloren gegangene Harmonie und Sittlichkeit wiedergewinnen sollte.

Während GÖTZE noch *»Anschauen und Denken, Kenntnis und Erkenntnis in lebensvolle Beziehung zu einander zu bringen«* suchte, sollte nun das intuitive, spontane, »natürliche« Empfinden *anstatt* rationaler Analyse das Urteil bestimmen. Mit ihrer Flucht in die Innerlichkeit und der romantischen Verklärung des naturhaft schöpferischen Kindes verlor die musische Erziehung jedoch nicht nur den Bezug zur historischen und gesellschaftlichen Lebenswirklichkeit der Kinder, sondern auch zur Entwicklung der Kunst der Moderne. Nur noch die gleichsam naturhaft verstandene Entwicklung der Kindererzeichnung sowie die ihr strukturell als verwandt gesehene Volkskunst bildeten einen Orientierungsrahmen für die *»Kinderkunst«*.

Dennoch wird dieser verschwommene und ideologisch belastete Begriff der musischen Bildung auch heute noch immer dann bemüht, wenn angesichts der Defizite einer ausschließlich wissenschaftsorientierten und bürokratisierten Lernschule von den dann meist auf Kunst, Musik und Sport reduzierten »musischen« Fächern eine fachlich anspruchslose entlastende und ausgleichende Erziehung verlangt wird. Dieser kompensatorische Mißbrauch des Ästhetischen ist jedoch tendenziell auch in der ästhetischen Erziehung angelegt, sofern es ihr nicht gelingt, die Spannung zwischen der Unmittelbarkeit und Subjektivität der sinnlichen Wahrnehmung und der distanzierenden Arbeit des Bewußtseins als produktive Grundbedingung ästhetischen Lernens begreifen. Bindestrichkombinationen, die beide Begriffe zu einem *»musisch-ästhetischen Gegenstandsbereich«* (Baden-Württemberg) oder zu *»Musisch-Ästhetischer Erziehung«* (SCHNEIDER/SCHULZ 1989) zusammenschließen, unterstützen diese Erwartung.

1.3 Ästhetisches Verhalten

Der Begriff des ästhetischen Verhaltens unterscheidet sich von dem der ästhetischen Erziehung vor allem durch den Perspektivwechsel von der Orientierung und Vermittlung zum Beobachten und Verstehen:

> Wie Kinder aktiv ihre Welt erfahren, sich selbst mit Neuem und Fremden vertraut machen, durch Phantasie und Spiel sich die Realität aneignen und zugleich umformen, sich ihre eigenen Vorstellungen und Begriffe bilden, wird zur Grundlage und Herausforderung der pädagogischen Tätigkeit.

Die Aufmerksamkeit für diese spezifischen Weisen der kindlichen Welt- und Selbsterfahrung geschieht nicht im Sinne einer vorpädagogischen Bestandsaufnahme, die damit die Voraussetzungen für das optimale Lehrprogramm erkundet. Sie ist vielmehr Ausdruck eines pädagogischen Konzeptes, das das Kind nicht als Zögling sieht, der im Erziehungsprozeß in eine vom Lehrenden vorgegebene Richtung gezogen und damit erzogen wird, sondern das Kind als Subjekt seines eigenen Lern- und Bildungsvorganges begreift. Die phänomenologische Pädagogik hat auf die Notwendigkeit dieser teilnehmenden pädagogischen Erforschung aufmerksam gemacht und zugleich gezeigt, daß damit Lehren und Lernen dialogisch verändert werden im Sinne der *»Belehrbarkeit des Lehrenden durch den Lernenden«* (MEYER-DRAWE 1984, S.63 ff.)

In der Kunstpädagogik konzentrierte sich das Interesse daran, wie das Kind sich selbständig handelnd mit der Wirklichkeit auseinandersetzt, lange Zeit weitgehend auf die Kinderzeichnung. Erst mit dem fachdidaktischen Konzept der *Visuellen Kommunikation* (EHMER 1971) wurden seit den siebziger Jahren auch Kindermedien und vor allem die kommerzielle Kinderkultur ins Auge gefaßt (EHMER 1979; BAUER/HENGST 1978). Diese Dominanz der Kinderzeichnung läßt leicht vergessen, daß das Phänomen der freien Kinderzeichnung nicht nur in der Kunstpädagogik sondern auch in der Pädagogik bis vor etwa 100 Jahren fast völlig unberücksichtigt geblieben ist. Auch PESTALOZZI, auf den sich die Entwicklung des ersten spezifischen Zeichenunterrichts für die Schule gründet, hat das gegenständliche Zeichnen der Kinder vor und außerhalb der gezielten Unterweisung nicht einmal als Vorstufe anerkannt. Nur ROUSSEAU wollte als Erzieher zu Beginn des Zeichenunterrichts ebenso »schmieren« wie Emile, doch nur, um ihn dann umso rascher zur realistischen Wiedergabe der Natur zu bringen:

»Ich werde anfänglich einen Menschen so zeichnen, wie ihn die Dienerschaft an die Wand schmiert: einen Strich statt jedes Armes, einen Strich statt jedes Beines, die Finger größer als der Arm. Lange danach werden wir einer den anderen auf dieses Mißverhältnis aufmerksam machen. Wir bemerken, daß ein Bein eine gewisse Stärke hat, daß diese Stärke nicht überall gleich ist, daß der Arm im Verhältnis zum Körper eine bestimmte Länge hat usw.« (ROUSSEAU *nach* KEMP 1979, S. 229).

Der Kunsthistoriker WOLFGANG KEMP hat diese von der Pädagogik versäumte wissenschaftliche Entdeckung der Kinderzeichnung nachgezeichnet und belegt, daß zunächst Künstler und Kunstschriftsteller das Faktum der Kinderzeichnung realisierten, ehe dann der Kunsthistoriker CORRADO RICCI im Winter 1882/83 durch die Kritzeleien an der Mauer eines Bogenganges in Bologna zur ersten wissenschaftlichen Studie über das *freie Zeichnen* von Kindern inspiriert wurde (RICCI 1887).

Bereits in der 1895 erschienenen ersten Kinder- und Jugendpsychologie des Engländers JAMES SULLY, die sofort auch in deutscher Übersetzung breit rezipiert wurde, findet sich ein eigenes Kapitel über die ersten Zeichenversuche (das »Kritzeln« wird erstmals überhaupt positiv beachtet), sowie über die Zeichnungen »ungeübter Kinder« von Menschen und Tieren. Im Gegensatz zu den ersten deutschen Veröffentlichungen und Ausstellungen von Kinderzeichnungen, die das Kind als Künstler feiern (GÖTZE 1898), differenziert der Entwicklungspsychologe SULLY die Kinderzeichnung sowohl gegenüber historischen und gegenwärtigen Formen der Kunst als auch gegenüber der sog. primitiven Kunst: »*Die Kinderkunst ist etwas für sich und darf nicht ohne weiteres mit der rohen Kunst der ungebildeten Erwachsenen zusammengestellt werden*« (SULLY 1909, S.329). Sein Forschungsinteresse richtet sich auf das »*Verstehen, welchen Prozeß der Geist des Kindes durchläuft, wenn es etwas zeichnet*« (ebd. S.329).

Diese erste entwickungspsychologische Analyse der Kinderzeichnungen steht bei SULLY noch im Kontext einer umfassenden Untersuchung der Anfänge des ästhetischen Verhaltens. Er versucht sowohl »*die ersten schwachen Kundgebungen des ästhetischen Gefühls in einem beschauenden Verhalten der Kinder gegenüber den Naturobjekten und den Kunstdarstellungen zu erfassen*« (ebd. S.270) als auch »*die Anfänge der Kunstproduktion*«.

»*Ich würde die Kunsttätigkeit dahin abgrenzen, daß sie alle kindlichen Handlungen einschließt, welche bewußt auf ein äußeres Resultat gerichtet sind, insofern dies als schön anerkannt wird und bei den Sinnen und der Phantasie ein Gefallen erregt. So ist die Geste oder der Ausdruck der Stimme – wenn sie durch ein Gefühl für das Schöne und Nette motiviert werden – ebenso sehr eine Art der Kunsttätigkeit wie die Hervorbringung eines bleibenden ästhetischen Objektes z.B. einer Zeichnung*« (ebd. S.270).

An diese umfassende Sicht des ästhetischen Verhaltens, das durch die folgende wissenschaftliche Spezialisierung sowohl der Psychologie wie der Kunstpädagogik verloren gegangen ist, versuchen gegenwärtige Studien zur Kultur der Kindheit anzuschließen.

»*Dort, wo das Kind sich selbständig handelnd mit der Wirklichkeit auseinandersetzt, kann man von kultureller Tätigkeit sprechen. Deshalb ist es möglich, von einer eigenen Kultur der Kindheit zu sprechen, die in Formen des Aufnehmens und Verarbeitens von Wirklichkeit zum Ausdruck kommt*« (DUNCKER u.a. 1990, S.10).

Vor allem die Phänomenlogie, aber auch tiefenpsychologische und strukturalistische Hermeneutik helfen, bisher weniger beachtete Phänomene des Kinderlebens genauer ins Auge zu fassen. Was dabei in den Blick gerät, ist so alltäglich und zugleich der Wissenschaft so fremd, daß die Forschung auf einzelne Beobachtungen, zufällige Fundstücke und vor allem auf biografische Berichte zurückgreifen muß, um dieses fremde Terrain zu erschließen. Welche sinnvollen Strategien etwa im Sammeleifer, im Basteln oder im Abzeichnen stecken, führt uns nicht nur zu einem besseren Verständnis des Denkens und Handelns von Kindern, sondern kann zugleich der methodischen Phantasie aufhelfen, wenn sie sich auf die »*hundert Sprachen der Kinder*« (REGIONE EMILIA 1987) einläßt.

Was geschieht, »*wenn das Auge über die Mauer springt*«, hatte zuerst in Berlin, Frankfurt und Hamburg eine Ausstellung von Kinderarbeiten aus der kommunalen Vorschulerziehung in Italien nach dem Konzept von LORIS MALAGUZZI der staunenden Öffentlichkeit gezeigt (HERMANN u.a. 1987; GÖHLICH 1988). Hier werden die Fähigkeiten der Kinder, selbst aktiv ihre Umwelt zu entdecken und ihre Erfahrungen in Worten, Bildern, Gesten, Klängen auszudrücken, zum leitenden Prinzip der Erziehung. Doch auch der durchaus eigenständige Gebrauch, den Kinder heute von den Angeboten der Konsum- und Medienwelt machen, verdient unsere Aufmerksamkeit. Heute liefert kaum noch das Märchen, sondern das Fernsehen als das Leitmedium den Kindern den Stoff für ihre Phantasien, die Werbung entwirft auch für sie, was im raschen Wechsel der Mode »schön« ist. Das Plastikspielzeug bietet im Medienverbund mit Kinderfilm, Video, Kinderkassette, T-Shirt und Kinderschokolade nicht nur die Figuren an, sondern auch die Drehbücher, mit deren Hilfe sie sich ihr eigenes »Image« herstellen sollen. Wir sollten diese neuen Phänomene mit der gleichen Aufmerksamkeit und Intensität untersuchen, die vor 100 Jahren die »Entdeckung« der Kinderzeichnung ausgelöst hat und vielleicht aus der Geschichte lernen, unseren eigenen Vorurteilen gründlich zu mißtrauen. »*Wer sich als Erwachsener in der beschriebenen Weise auf Phänomene des Kinderlebens einläßt, bleibt von ihnen nicht unbeeinflußt*« (DUNCKER u.a. 1990, S.49). Der hier entfaltete Begriff des ästhetischen Verhaltens umfaßt sowohl Wahrnehmungstätigkeiten als auch produktive Prozesse im weitesten Sinne. In der reduziertesten Form finden sich diese rezeptiven und produktiven Anteile ästhetischen Verhaltens im Gegenüber von Kunstbetrachtung und Zeichnen, erweitert in der Grundfigur der Kunsterziehung zur Einheit von Eindruck und Ausdruck, und ebenso im methodischen Konstrukt des Kunstunterrichts als Ineinander von Produktion und Reflexion. Jede Form der ästhetischen Erziehung bewegt sich in dieser Spannung zwischen Wahrnehmung und Darstellung, denn »gerade die Dialektik von Rezipieren und schöpferischem Gestalten markiert in der anthropologischen Diskussion den Kern des Kulturbegriffs« (DUNCKER u.a. 1990, S.10).

2. Wahrnehmung, Sinnenbewußtsein und ästhetische Erfahrung

Mit dem Begriff der ästhetischen Erziehung verbunden ist der Anspruch der systematischen Ausbildung der Wahrnehmungsmöglichkeiten, des Wahrnehmungsgenusses und der Wahrnehmungskritik des Menschen (v.HENTIG 1975, S.26). Vor allem die durch den Medienkonsum veränderten Wahrnehmungsgewohnheiten von Kindern und Jugendlichen sowie die Kritik an der »*übergangenen Sinnlichkeit*« (RUMPF 1981) im Alltag der Schule nach der Verwissenschaftlichung der Curricula haben in den letzten zehn Jahren zu einer »Wiederentdeckung« der sinnlichen und leiblichen Grundlagen des Lernens für alle Lernbereiche geführt. »*Mit allen Sinnen lernen*« war daher auch sicher zu Recht das Motto vieler Grundschultage und Fortbildungstagungen.

Am Beispiel der Naturbeobachtung hat JOHANNES EUCKER mit dem Hinweis auf

GOETHES Nachwort zu seiner Farbenlehre auf die lange Tradition dieser Bemühungen verwiesen:

»Denn das bloße Anblicken einer Sache kann uns nicht fördern. Jedes Ansehen geht über in ein Betrachten, jedes Betrachten in ein Sinnen, jedes Sinnen in ein Verknüpfen, und so kann man sagen, daß wir schon bei jedem aufmerksamen Blick in die Welt theoretisieren« (GOETHE *in* EUCKER *1987, S.14).*

Solches Sehen, das die subjektiven Gefühlsmomente der Empfindung mit forschendem Betrachten vor dem Hintergrund von Erinnerungen und Kenntnissen zu einer bewußten Erfahrung verbindet, will gelernt werden. Erweitert und vertieft wird es, wenn sich die Wahrnehmung nicht auf den Augensinn beschränkt, sondern wenn der *»Gebrauch der Sinne«* (SELLE 1988) alle unsere Systeme der sinnlichen Wahrnehmung einbezieht. Auf die besondere Bedeutung der zumeist »übersehenen« Tasterfahrung haben vor allem viele Übungen aufmerksam gemacht, die zunächst den raschen orientierenden und erkennenden Sehsinn ausschalten und »blind« nicht nur die tastende Hand sondern den ganzen Körper in den Wahrnehmungsvorgang einbeziehen (BAUMANN u.a. 1979, LIPPITZ/PLAUM 1981, SELLE 1988).

Diese neue Aufmerksamkeit für die sinnliche Empfindungsfähigkeit und die Differenzen zwischen den verschiedenen Sinnen hat den noch im Begriff der *Visuellen Kommunikation* enthaltenen traditionellen Vorrang des Sehens durchbrochen. Eine »sinnvolle« ästhetische Erziehung kann sich jedoch nicht auf die Sensibilisierung und Intensivierung der bloßen Sinnenwahrnehmungen beschränken, sondern muß auch nach ihrem Sinn fragen. Schon GOETHE hat so Wahrnehmung im weiterreichenden Sinne von *»Gewahrwerden«* begriffen:

»Sobald der Mensch die Gegenstände um sich her gewahr wird, betrachtet er sie in Bezug auf sich selbst, und mit Recht. Denn es hängt sein ganzes Schicksal davon ab, ob sie ihm gefallen oder mißfallen, ob sie ihn anziehen oder abstoßen, ob sie ihm nutzen oder schaden« (GOETHE *in* EUCKER *1987, S.14).*

Denn wir nehmen nicht Töne, Laute, Farben und Strukturen wahr, sondern Gegenstände, Situationen und Personen, die für uns eine bestimmte Bedeutung haben. Erleben durch die Sinne muß sich mit dem Wissen von seinen Hintergründen und Zusammenhängen verbinden, mit dem Erfassen von Sachverhalten und dem Begreifen allgemeiner Prinzipien. Erst in diesem reflexiven Prozeß kann aus sinnlicher Empfindung ästhetische Erfahrung werden. Deshalb ist auch die ästhetische Dimension der Wahrnehmung nie auf Dauer abtrennbar von der inhaltlichen Bedeutung des Wahrgenommenen – schon gar nicht für Kinder. Systematisch beschreibt auch der Philosoph WOLFGANG WELSCH diesen Prozeß der ästhetischen Erfahrung als notwendige Schritte ästhetischen Denkens:

»Insgesamt kann man vier Schritte unterscheiden. Stets stellt eine schlichte Beobachtung des Ausgangspunkt und die Inspirationsquelle alles Folgenden dar. Von ihr aus bildet sich dann – zweitens – eine generalisierte, wahrnehmungshafte Sinnvermutung. Diese wird anschließend reflexiv ausgelotet und geprüft. Daraus resultiert schließlich eine Gesamtsicht des betreffenden Phänomen-

bereichs, die durch ästhetische Grundierung mit reflexivem Durchschuß gekennzeichnet ist« (WELSCH 1990, S.49).

Nicht enthalten ist in diesem Konzept ästhetischen Denkens die schon in dem GOE-THE-Zitat angesprochene subjektive Bedeutung ästhetischer Erfahrung, die sowohl die Grundlage für das »Sinnenbewußtsein« (ZUR LIPPE 1987) bildet als auch für eine ökologische Naturästhetik (BÖHME 1989).

Dieser anthropologisch orientierten Ästhetik geht es heute darum, »die leiblich-sinnlichen Erfahrungsmöglichkeiten des Menschen wieder zu entwickeln und ihm als Weisen seiner Kreatürlichkeit zum Bewußtsein zu bringen. Die Entfaltung des Sinnenbewußtseins des Menschen, zu dem die Kunst beitragen kann, ist zugleich die notwendige Wiedereingliederung seiner Natürlichkeit in sein Selbstverständnis, wie sie das Umweltproblem dem Menschen heute abverlangt« (ebd. S.15).

Am Beispiel von Naturstudien in der Grundschule hat die Lehrerin UTE ANDRESEN diese Intentionen auf den Begriff gebracht: »*Anschauen, Mitempfinden, Lieben, Bewahren«* (ANDRESEN 1988). Daß diese so verstandene ästhetische Erfahrung nicht unkritisch und unpolitisch bleiben kann, ist angesichts der »*Allgegenwart ästhetischer Macht und Gewalt«* (BÖHME 1989, S.15) für beide Autoren selbstverständlich.

3. Ästhetische Praxis

Mit dem Hinweis auf den Beitrag der Kunst zur Ausbildung dieser ästhetischen Erfahrungsfähigkeit ist bereits der Schritt vom Wahrnehmen zum Gestalten angesprochen. Wenn wir uns aufgrund unserer eigenen Wahrnehmung eine eigene Sichtweise zutrauen und damit zu einem eigenen Urteil kommen, oft in Abgrenzung gegen das, was andere uns vorsetzen, dann ist es gelungen, uns selbst ein Bild zu machen im Sinne einer inneren Vorstellung.

»Mit solchen inneren Bildern gehen wir alle, gleich ob kunstbewandert oder kunstfern, ob bewußt oder unbewußt alltäglich um – in unseren Tag- und Nachtträumen, in unseren Erinnerungen, Erwartungen und Entwürfen. In solchen Bildern suchen wir unser Leben zu artikulieren und mit Sinn zu erfüllen. Unablässig sind wir damit beschäftigt, Bilder von uns selbst, von anderen und von der Welt, in der wir leben, zu entwerfen, frühere Bilder zu verwerfen und neue zu erfinden.« (SCHULZE 1986, S.24).

Ästhetische Tätigkeit gibt diesen inneren Bildern eine sinnliche faßbare äußere Gestalt, »*ein Gedicht oder ein Bild stellen Material dar, daß durch den Destillierapparat der persönlichen Erfahrung gegangen ist«* (DEWEY 1980, S.98). Zugleich verändert und konkretisiert ästhetische Praxis ihrerseits die Wahrnehmung und bindet die flüchtigen Bilder der Vorstellung in eine neu geschaffene Realität. Dabei muß diese praktische Tätigkeit nicht unbedingt schon den mit dem Begriff der Gestaltung verbundenen qualitativen Ansprüchen genügen:

300

»Das Sammeln, Pressen und Einkleben von Blättern ist auch eine Reflexion, ein Nachgehen des Weges vom Ding in der Wirklichkeit zur Abbildung. Diesen Weg sollte man mit den Kindern immer wieder hin und her gehen, um ihren Wirklichkeitssinn zu stärken gegen die Dominanz der Bilder, der oft so flachen Bilder, von denen sie allenthalben umgeben sind und zerstreut werden« ANDRESEN 1988, S.125).

Zwar ist bereits der Wahrnehmungsvorgang nur zu verstehen als eine aktive Auseinandersetzung mit der Wirklichkeit, doch erst der Schritt von der Wahrnehmung zur Darstellung schafft eine Vergegenständlichung unseres inneren Bildes und damit ein Objekt, das selbst wieder ein Gegenüber der ästhetischen Erfahrung werden kann.

Mit Farben, Linien, Formen, Materialien können wir versuchen, die flüchtige Sinneserfahrung auf je spezifische Weise umzusetzen und damit unsere Sicht der Dinge darzustellen. Dabei läßt man selbst beim Versuch der Nachahmung der Wirklichkeit vieles weg, akzentuiert anders, transformiert die Ausgangserfahrung in verschiedenen Brechungen.

Im Begriff der ästhetischen Praxis sind die verschiedenen Möglichkeiten ästhetischer Gestaltung und Inszenierung im Alltag ebenso enthalten wie die traditionellen künstlerischen Darstellungsweisen. Der früher in der Kunstpädagogik zur Unterscheidung gegenüber der künstlerischen Produktion verwandte Begriff des bildnerischen Gestaltens erfaßt dagegen nur ein schmales Spektrum und legt die Beschränkung auf das zweidimensionale Bild nahe. Die »Hundert Sprachen der Kinder« äußern sich jedoch in allen Gestaltungsmedien, die wir ihnen zur Verfügung stellen. Kinder zeichnen und malen, drucken und fotografieren, sammeln und collagieren Bilder, Bildserien und Bücher, sie formen, bauen und montieren Objekte, verändern und gestalten Räume und inszenieren Spiele mit Masken, Figuren, Schatten und Dingen. Dabei sind Klänge und Rhythmen, Bewegung, Mimik und Gestik ebenso integrale Elemente der ästhetischen Tätigkeit wie gesprochene und geschriebene Worte.

Das spezifische Potential künstlerischer Produktionsweisen kann sich jedoch erst dann wirklich entfalten, wenn die ästhetische Tätigkeit über den spontanen Ausdruck einer Empfindung hinausgeht, wenn spielerische Phasen der Aktion einmünden in konzentrierte Arbeit am Gegenstand, die bewußte Entscheidungen abverlangt für eine abgrenzende Linie, für einen Farbton, für eine stabile oder eine bewegliche Konstruktion.

Je differenzierter sich die Wahrnehmungsfähigkeit der Kinder entwickelt, umso kritischer und selbstkritischer werden auch die eigenen Produkte wahrgenommen und z.B. mit den industriell gefertigten Kindermedien verglichen.

Das Interesse der Schülerinnen und Schüler ist nicht ausschließlich darauf gerichtet, was sie darstellen. Im Verlauf der Grundschule wird die im engeren Sinne ästhetische Frage zunehmend wichtiger, wie die Darstellung in Relation zum inhaltlichen Anspruch gelöst wird. Erst wenn sich die **Darstellungsabsicht** mit **fachlichem Können** verbindet, entsteht eine Form, die mehr ist als ein Zufallsprodukt. Es ist die Aufgabe der ästhetischen Erziehung, dieses für jede Gestaltung notwendige Können zu entfalten und zu steigern. Dazu gehören technisches Wissen und handwerkliche Geschicklichkeit ebenso wie die den Produktionsprozeß begleitende Analyse und Beurteilung der entstehenden Form im Hinblick auf die beabsichtigte Wirkung.

»Wo das Gewollte nicht gekonnt ist, ja nicht gekonnt sein kann ohne jede Orientierung, bleibt auch (…) die beabsichtigte Ermutigung durch motivierende Selbsttätigkeit über kurz oder lang wirkungslos. Die Schüler/innen spüren bei dieser Art des Unterrichts selbst sehr bald, daß sie nicht weiterkommen« (LEGLER 1989, S.72).

So notwendig es ist, das eigenständige ästhetische Verhalten der Kinder und Jugendlichen ernst zu nehmen, so problematisch wäre der Verzicht auf die Auseinandersetzung mit den Ausdrucks- und Gestaltungsmöglichkeiten, die die Kunst erforscht und entwickelt hat (ebd. S.73).

Nur durch den künstlerischen Anspruch an die im Unterricht initiierte ästhetische Praxis läßt sich entscheiden, was »besser« oder »schlechter« ist.

»Denn es mag zwar schwierig sein, für die Kunst in diesem Jahrhundert verallgemeinerbare Qualitätskriterien zu definieren, weil sich das Spektrum oft hochspezialisierter künstlerischer Problemstellungen beinahe ins Grenzenlose erweitert hat. Im Werk jedes einzelnen Künstlers/ jeder einzelnen Künstlerin sind solche Maßstäbe jedoch durchaus gegenwärtig und (…) meist auch deutlich zu bestimmen« (ebd. S.71).

Die Aufgabe der ästhetischen Erziehung besteht also nicht nur darin, die »Hundert Sprachen der Kinder« zu erforschen und zu entfalten, sondern auch darin, sie im Gebrauch und Verstehen der Sprachen der Künste zu unterrichten. Eine so verstandene ästhetische Erziehung ist zugleich Erziehung durch die Kunst als auch Erziehung zur Kunst, das heißt sowohl Selbstbildung als auch Erschließen der gesellschaftlich entwickelten Kunst und Kultur. Von Lehrern und Lehrerinnen verlangt dies sowohl sensible pädagogische und psychologische Kompetenz als auch fachlich qualifizierte künstlerische Kompetenz – ein »Kunststück« für die Ausbildung und Weiterbildung von Lehrerinnen und Lehrern.

Literatur

ANDRESEN, U.: Anschauen, Mitempfinden, Lieben, Bewahren. Naturstudien in der Grundschule. In: Kunst – Unterricht, 125/1988, S.25–27.
BAUER; K. W./HENGST, H. (Hrsg.): Kritische Stichwörter zur Kinderkultur. München 1978.
BAUMANN, K./SPITZER, K./SALZMANN, I.: Tasten, Wahrnehmen, Erkennen. Theorie und ästhetische Praxis zu 6 Unterrichtsbeispielen im haptisch-visuellen Bereich. Ravensburg 1979.
BÖHME, G.: Für eine ökologische Naturästhetik. Frankfurt 1989.
BRÄUER; G./SCHNEIDER, G./SCHULZ, W. K.: Musisch-Ästhetische Erziehung in der Grundschule. Grundbaustein Teil 1: Zugänge zur ästhetischen Elementarerziehung. Tübingen 1989.
DEWEY, J.: Kunst als Erfahrung. Frankfurt 1980.

DUNCKER, L./MAURER, F./SCHÄFER, G. E. (Hrsg.): Kindliche Phantasie und ästhetische Erfahrung. Wirklichkeiten zwischen Ich und Welt. Langenau-Ulm 1990.

EHMER, H. K. (Hrsg.): Visuelle Kommunikation. Beiträge zur Kritik der Bewußtseinsindustrie. Köln 1971.

EHMER, H. K. (Hrsg.): Ästhetische Erziehung und Alltag. Gießen 1979.

EUCKER, J.: Zum Beispiel Goethe, Dürer, Merian. In: Die Grundschulzeitschrift, 3/1987, S. 13–15.

EUCKER, J./RUPPIK; B.: Kunstunterricht 1–2. Unterrichtsentwürfe zur Ästhetischen Erziehung. Weinheim/Basel 1983.

GÖHLICH, H.D. M.: Reggiopädagogik – innovative Pädagogik heute. Frankfurt 1988.

GÖTZE, C.: Das Kind als Künstler. Ausstellung von freien Kinderzeichnungen in der Kunsthalle Hamburg. Hamburg 1898.

GÖTZE, C.: Zeichnen und Formen. In: Kunsterziehung. Ergebnisse und Anregungen des Kunsterziehungstages in Dresden am 28. und 29. September 1901. Leipzig 1902.

VON HENTIG, H.: Das Leben mit der Aisthesis (1969). In: OTTO, G. (Hrsg.): Texte zur Ästhetischen Erziehung. Braunschweig 1975.

HERMANN, G. u.a.: Das Auge schläft, bis es der Geist mit einer Frage weckt. Krippen und Kindergärten in Reggio/Emilia. 3. Aufl. Berlin 1987.

KEMP, W.: »… einen wahrhaft bildenden Zeichenunterricht überall einzuführen« Zeichnen und Zeichenunterricht der Laien 1500–1870. Frankfurt 1979.

LEGLER, W.: Ermutigung und künstlerischer Anspruch. In: BDK (Hrsg.): Schüler verstehen. Reader zum Kunstpädagogischen Landeskongreß des BDK – NRW im Oktober 1989 in Düsseldorf. BDK-Text 25, Düsseldorf 1989.

ZUR LIPPE, R.: Sinnenbewußtsein. Grundlegung einer anthropologischen Ästhetik. Reinbek b. Hamburg 1987.

LIPPITZ, W./PLAUM, J.: Tasten, Gestalten, Genießen. Einführung in konkretes pädagogisch-anthropologisches Denken an Unterrichtsbeispielen aus der Grundschule. Königstein 1981.

MATTHIES, K./POLZIN, M./SCHMITT, R. (Hrsg.): Ästhetische Erziehung in der Grundschule. Frankfurt 1987.

MEYER-DRAWE, K.: Die Belehrbarkeit des Lehrenden durch den Lernenden – Fragen an den Primat des Pädagogischen Bezugs. In: LIPPITZ, W./MEYER-DRAWE, K. (Hrsg.): Kind und Welt. Phänomenologische Studien zur Pädagogik.

OTTO, G./OTTO, M.: Ästhetisches Verhalten. Ein Plädoyer für eine vernachlässigte Erkenntnisweise. In: Kunst – Unterricht, 107/1986, S.13–19.

REGIONE EMILIA ROMAGNA (Hrsg.): I cento linguaggi dei bambini. Katalog zur Ausstellung. Texte ital. und engl. Modena 1987.

RUMPF, H.: Die übergangene Sinnlichkeit. München 1981.

SCHILLER, F.: Über die ästhetische Erziehung des Menschen in einer Reihe von Briefen. (1793/1795) Stuttgart 1965.

SCHNEIDER, G. (Hrsg.): Ästhetische Erziehung in der Grundschule. Argumente für ein fächerübergreifendes Unterrichtsprinzip. Weinheim 1988.

SCHULZE, TH.: Ästhetische Erziehung in der Schule? Hintergrund, Horizont und Perspektive für das »Denken in Bildern«. In: Kunst – Unterricht, 107/1986, S. 22–24.

SELLE, G.: Gebrauch der Sinne. Eine kunstpädagogische Praxis. Reinbek b. Hamburg 1988.

STAUDTE, A.: Ästhetische Erziehung 1–4. München/Wien/Baltimore 1980.

STAUDTE; A.: Sich selbst ein Bild machen – erleben, begreifen, gestalten. In: FAUST-SIEHL, G. u.a. (Hrsg.): Kinder heute – Herausforderung für die Schule. Dokumentation des Bundesgrundschulkongresses 1989 in Frankfurt/M. Frankfurt 1990.

TRÜMPER, H.: Theoretische Grundlagen der Kunstpädagogik. In: ders.: Handbuch der Kunst- und Werkerziehung. Bd. 1, 2. Aufl., Berlin 1953.

WELSCH, W.: Ästhetisches Denken. Stuttgart 1990

Rainer Schmitt

Musikunterricht in der Grundschule

Konzepte-Verhaltensweisen-Vermittlungsebenen

Der Musikunterricht in der Grundschule befindet sich seit Anfang der siebziger Jahre im Umbruch. Das Fach »Gesang«, dessen Geschichte bis ins Mittelalter zurückreicht und das die musikalische Unterweisung der Kinder und Jugendlichen nicht nur an Kloster- und Stiftsschulen, sondern seit dem 18. Jahrhundert auch an bürgerlichen Schulen wesentlich prägte, war bereits 1927 vom preußischen Kulturpolitiker und Schulreformer Leo Kestenberg in das Schulfach »Musik« umbenannt worden, ohne daß sich jedoch zugleich das Bewußtsein um die Bedeutung des Faches wesentlich änderte. Erst als mit dem Gegenstand Musik nicht mehr nur Lied und Singen gemeint waren – und dieser Prozeß dauerte noch einige Jahrzehnte, gelang dem Musikunterricht die Befreiung aus den funktionalen Zwängen, die in der Vergangenheit Kirche und Staat mit ihrer verordneten Orientierung an geistlichen und vaterländischen Gesängen auferlegt hatten.

Dennoch besteht auch heute noch ein nicht unbedeutender Einfluß des Staates auf die Erziehung der Kinder, und es stimmt nachdenklich, daß gerade Musikunterricht davon nach wie vor in besonderer Weise betroffen wird. Förderten die Ministerien und Schulbehörden zu Beginn der siebziger Jahre zunächst ein »offenes Curriculum«, so versuchen sie seit Anfang der achtziger Jahre erneut, über Lehrpläne und Richtlinien wieder einen stärkeren Einfluß auf Ziele und Inhalte des Unterrichts zu nehmen. Werden dem Musikunterricht in diesem Zusammenhang sogar verbindliche Liederlisten verordnet, ist Kritik selbst dann angebracht, wenn hinter solcher Reglementierung angeblich keine ideologischen Absichten stehen.

> Zu oft sind die Wirkungen des Liedes, denen sich weder einzelne noch gesellschaftliche Gruppen entziehen können, zu Zwecken der Manipulation mißbraucht worden, als daß wir uns heute leisten dürfen, mit diesem zweifellos relevanten musikalischen Gegenstand unreflektiert umzugehen.

1. Neuorientierung

Die Anfang der siebziger Jahre eingeleiteten Veränderungen des Musikunterrichts, die nicht nur die Grundschule betrafen, hatten verschiedene Ursachen, von denen hier nur zwei genannt werden sollen.

● Zunächst war festzustellen, daß die zunehmende Bedeutung **elektroakustischer und audiovisueller Medien** eine Neuorientierung des Musikunterrichts in allen Schularten und für alle Klassenstufen erforderlich machte, denn es wurde immer deutlicher, daß die Medien einen erheblichen Einfluß nicht nur auf den Musikkonsum der Erwachsenen, sondern auch auf die musikalischen Lebenswelten der Kinder und Jugendlichen haben. Wie groß dieser Einfluß heute ist, bestätigt eine Untersuchung von mehreren tausend Schülerbildern eines Malwettbewerbs zum Thema »*Musik verbindet*«. Ihre Ergebnisse zeigen, daß die Musik in den Medien bereits für Kinder im Grundschulalter Leitbildfunktion hat und deren musikalische Verhaltensweisen wesentlich prägt (KLEINEN/SCHMITT 1991). So wird zum Beispiel die Vorstellung vom Erfolg professioneller Solisten und Gruppen auf das eigene Musikmachen übertragen, und der mediale Musikkonsum über Radiorekorder oder Walkman verschafft bereits Sechsjährigen die Möglichkeit, »ihre« Musik an fast jedem Ort und zu fast jeder Gelegenheit zu genießen.

● Ein weiterer Impuls zur Neuorientierung des Musikunterrichts kam aus den Reihen derjenigen, die sich **kritisch** mit den bisherigen Bildungsidealen des Faches und ihren **gesellschaftlichen Hintergründen** befaßten. allen voran ging hier THEODOR W.ADORNO, der in seinen Beiträgen »*Kritik des Musikanten*« (1956) und »*Zur Musikpädagogik* « (1961) die an der Jugendmusikbewegung der zwanziger Jahre orientierte Musische Bildung seiner Zeit kritisierte. Einige Jahre später wurden die kritischen Signale auch von der Musikdidaktik verstanden und aufgegriffen. Schon die Titel der wichtigsten musikdidaktischen Publikationen Ende der sechziger und Anfang der siebziger Jahre zeigen, daß man Musik nicht mehr als Unterrichtsprinzip mit funktionalem Hintergrund akzeptieren wollte und statt dessen ein selbständiges Fach mit kritisch reflektierten Zielen und Inhalten anstrebte. Im Mittelpunkt sollte eine stärkere Konzentration auf die unterschiedlichen Erscheinungsformen des Gegenstandes und eine Berücksichtigung der Musik als »*soziale Tatsache*« (ADORNO) stehen.

Für ein neues Selbstverständnis des Faches Musik unter diesen Aspekten traten vor allem ein die Musikpädagogen HELMUT SEGLER (*Musik als Schulfach,* 1966 zusammen mit LARS ULRICH ABRAHAM), MICHAEL ALT (*Didaktik der Musik,* 1968), DANKMAR VENUS (*Unterweisung im Musikhören,* 1969), HEINZ ANTHOLZ (*Unterricht in Musik,* 1970) und SIEGFRIED VOGELSÄNGER (*Musik als Unterrichtsgegenstand,*1970). Entscheidende Anstöße speziell zur Neuorientierung des Musikunterrichts in der Grundschule gingen ferner aus von ULRICH GÜNTHER (*Musikerziehung in der Grundschule*, Referat zum Grundschulkongreß 1969), GUDRUN MEYER-DENKMANN (*Klangexperimente und Gestaltungsversuche im Kindesalter*, 1970), SIGRID ABEL -STRUTH (*Musikalischer Beginn in Kindergarten und Vorschule*, 1971ff.), LILLI FRIEDEMANN (*Kinder spielen mit Klängen und Tönen*, 1972), MARGIT KÜNTZEL-HANSEN (*Musik mit Kindern*, 1973) und PETER FUCHS (*Karlsruher Versuche für den Musikunterricht in der Grundschule*, 1974).

Die in Angriff genommene Neuorientierung des Musikunterrichts in der Grundschule zielte auf folgende Punkte:

- Berücksichtigung des Musikhörens als musikbezogene Verhaltensweise
- Improvisatorischer und kreativer Umgang mit unterschiedlichem musikalischen Material
- Einbeziehung funktionaler und sozialer Aspekte der Musik
- Integration neuer und populärer Musik
- Kritische Distanz zu Lied und Singen
- Bevorzugung handlungs- und schülerorientierter Ansätze
- Bemühung um Integration des Faches Musik in eine allgemeine ästhetische Bildung

Heute – zwanzig Jahre nach dieser für den Musikunterricht der Grundschule bahnbrechenden Neuorientierung – ist der Prozeß der Veränderung noch voll im Gang. Daß er noch nicht abgeschlossen ist, hat verschiedene Ursachen, auf die im folgenden kurz eingegangen werden soll.

(1) Zunächst ist festzustellen, daß in der Grundschule immer noch **Mangel an ausgebildeten Fachlehrer/innen** in Musik besteht. Dies ist vor allem darauf zurückzuführen, daß eine qualifizierte Fachlehrerausbildung erst seit Mitte der siebziger Jahre existiert. Musik wurde zwar schon vorher in den Pädagogischen Hochschulen, Akademien und Instituten gelehrt, hatte aber nicht die Ausbildung zum Fachlehrer, sondern nur zum fachlich (aus)gebildeten Klassenlehrer zum Ziel. Die Folge war, daß sich die Situation des Musikunterrichts in der Grundschule bis in die siebziger Jahre hinein nicht wesentlich von der des 19.Jahrhunderts unterschied, als die musikalische Unterweisung der Kinder denjenigen überlassen wurde, die sich als Schul- oder Hilfslehrer (z.B. Kantor) den Unterricht zutrauten. Das Ergebnis war in der Regel ein Gesangsunterricht, dessen Begründung und Funktionalisierung sich mit dem fragwürdigen Ziel elementarer, *»volkstümlicher Bildung«* verband.

(2) Ein weiteres, noch nicht gelöstes Problem des Musikunterrichts in der Grundschule ist der **Mangel an Fachstunden.** Es besteht generell die Tendenz, Kürzungen oder Veränderungen von Stundentafeln zu Lasten nicht leistungsorientierter Fächer wie Musik und Kunst durchzuführen. Die Erfolge in der musikalischen Früherziehung und Grundausbildung außerhalb der allgemeinbildenden Schule bestätigen jedoch, daß gerade in der Grundschule den ästhetisch orientierten Fächern größeres Gewicht zukommen müßte. Wo das Fach Musik mit nur einer Unterrichtsstunde auskommen muß, wird dem Kind die Möglichkeit genommen, seine musikalische Wahrnehmungsfähigkeit und Kreativität zu entfalten.

(3) Ein drittes Problem stellt der in vielen Grundschulen bestehende **Mangel an ausreichenden räumlichen und apparativen Ausstattungen** für Musikunterricht dar. Einen hinreichend eingerichteten Fachraum besitzen nur wenige Schulen, und allgemein darf bereits ein für Musikunterricht reservierter Klassenraum als Glücksfall gelten. Vielfach fehlt es auch an tontechnischen Geräten, Instrumenten und anderen

fachspezifischen Medien. Wo jedoch die medialen Voraussetzungen für einen guten Fachunterricht in Musik fehlen, werden auch neue musikpädagogische Konzepte nicht greifen können.

● Trotz dieser und anderer Probleme darf nicht übersehen werden, daß die Chancen für Innovationen wohl in keiner Schulart so günstig sind wie in der **Grundschule**, denn Lehrerinnen und Lehrer besitzen hier besonders viel Freiheiten sowohl in der Gestaltung als auch in der Organisation ihres Unterrichts. Durch das **Klassenlehrerprinzip** besteht die Möglichkeit, längere Zeit mit der gleichen Schülergruppe täglich zu arbeiten, Unterrichtsfächer epochal zu unterrichten und Unterrichtsinhalte verschiedener Fächer aufeinander abzustimmen. Eine Besonderheit der Grundschule besteht ferner darin, daß sie nicht – wie die Schulen der Sekundarstufe – in Konkurrenz oder Abgrenzung zu anderen Schularten treten muß.

> Dadurch ergibt sich für den Musikunterricht die Chance, ein spezielles Profil zu entwickeln, das 6-10jährigen Kindern angemessen ist und diese auch ausnahmslos erreicht. Hierzu ist allerdings notwendig, daß sich die Grundschule nicht länger lediglich als Vorstufe zur Sekundarstufe versteht.

● Der Musikunterricht in der Grundschule bietet auch besonders günstige Voraussetzungen für **fächerverbindende Arbeit** im Rahmen allgemeiner ästhetischer Bildung. Dabei muß grundsätzlich bedacht werden, daß das Lernen in Fächern ein Konstrukt ist, mit dem so komplexe Gegenstände wie Musik niemals hinreichend erfaßt werden können. Dies gilt selbst dann, wenn mit Musik – was leider nicht selten vorkommt – nur die europäische Kunst seit dem 18.Jahrhundert gemeint ist. Denn auch musikalische Werke lassen sich nur hinreichend erschließen, wenn außer den musikimmanenten Strukturen auch den Aspekten der Entstehung, Vermittlung, Wahrnehmung und Wirkung eines Musikwerkes nachgegangen wird.

Dies kann z.B. durch folgende Fragen geschehen: Aus welchen Gründen und zu welchem Zweck entstand die jeweilige Musik? Welche politischen, gesellschaftlichen und kulturellen Verhältnisse beeinflußten sie? Wie wird sie heute interpretiert und dargeboten? Warum wird sie aufgeführt? Welche außermusikalischen Faktoren beeinflussen die Wahrnehmung? Wie lassen sich die jeweiligen musikalischen Zeichen und Symbole deuten? Wie wirkt die Musik auf uns? Wie reagieren wir auf sie? Diesen und anderen Problemen muß sich Musikunterricht stellen, wenn er Einseitigkeit in der Auseinandersetzung mit Musik als Kunst vermeiden will.

Es liegt nahe, daß sich das Spektrum der Fragen noch vergrößert, wenn man den Musikbegriff im Hinblick auf die musikkulturelle Wirklichkeit und im Sinn einer zeitgemäßen Musikdidaktik erweitert.

● Gerade unsere Musikkultur zeigt deutlich, daß **Musik** nicht nur Kunst, sondern auch **Gebrauchsgegenstand** des Menschen ist, mit dem sich dieser in ganz bestimmter Weise ausdrückt und anderen mitteilt. Film- und Werbemusik, Jazz- und

Popmusik, musikalische Performances und Unterhaltungsmusik sind nur wenige Beispiele dafür, daß der traditionelle Kunstbegriff nicht ausreicht, um die musikalischen Phänomene der Gegenwart hinreichend zu bezeichnen. WOLFGANG ROSCHER hat als Folgerung aus dieser Erkenntnis sein Konzept einer Polyästhetischen Erziehung entworfen, in das er den Musikunterricht integriert sehen will. Dieses Konzept wird getragen von einem multimedialen, interdisziplinären, traditionsintegrativen, interkulturellen und sozialkommunikativen Aspekt. Angesichts der zahlreichen Grundschulklassen mit hohem Ausländeranteil sollten besonders die letztgenannten Gesichtspunkte nicht unbeachtet bleiben. Wünschenswert wäre für die Grundschule ein Musikunterricht, der nicht einseitig auf bestimmte musikalische Gegenstände fixiert ist, der den vielfachen »*Weisen ästhetischen Verhaltens*« (WOLFGANG ROSCHER) nachspürt und der geleitet ist von der Idee, »*den Menschen von klein auf die Gestaltbarkeit der Welt erfahren zu lassen, ihn anzuhalten, mit der Mächtigkeit der ästhetischen Wirkungen zu experimentieren und die unendliche Variation nicht nur der Ausdrucksmöglichkeiten, sondern gerade auch der Aufnahme- und Genußmöglichkeiten zu erkennen*« (HARTMUT VON HENTIG).

2. Lernbereiche und Inhalte

Die Neuorientierungen des Musikunterrichts in der Grundschule wurden begleitet von einer lebhaften Diskussion um die wichtigsten Lernbereiche des Faches, deren Bestimmung die Musikdidaktik der letzten Jahrzehnte wesentlich beeinflußte. Konkret ging es um die Frage, welche Beziehungen zwischen Mensch und Musik das kulturelle Leben unserer Gesellschaft so wesentlich prägen, daß sie für den Unterricht im Fach Musik als bedeutsam angesehen werden können.

Einen entscheidenden Einfluß auf den Verlauf der Diskussion hatte DANKMAR VENUS mit seinem 1969 erschienenen Buch »*Unterweisung im Musikhören*«, in dessen Einführungskapitel er sich mit dem Problem der Inhalte des Musikunterrichts auseinandersetzt und einen möglichen Ansatz zu dessen Lösung in einer Konzentration auf fünf Verhaltensweisen gegenüber Musik sieht. Ihre Definition leitet er mit folgenden Sätzen ein:

»*Seitdem an die Stelle einer überwiegend gesangsbezogenen Umwelt ein pluralistisches Angebot verschiedenartiger Musik getreten ist, muß der Musikunterricht mit einer Vielzahl von Inhalten und Methoden reagieren. Zum Zwecke einer umfassenden musikalischen Unterweisung scheint es daher notwendig, die fünf vorrangigen Verhaltensweisen gegenüber der Musik nicht in Abhängigkeit von einer einzigen Tätigkeit zu sehen, sondern sie als gleichwertige, eigenständige Unterrichtsinhalte in der schulischen Praxis zu berücksichtigen.*«

In folgender Systematik, die keine Vollständigkeit anstrebt, stellt VENUS fünf zentrale Verhaltensweisen vor:

I **Produktion von Musik** (Komposition, Improvisation)

II **Reproduktion von Musik** (vokal oder instrumental, solistisch oder chorisch)

III **Rezeption von Musik** (Hören von selbst reproduzierter oder improvisierter Musik, Hören von nicht selbst reproduzierter Musik in Gegenwart Musizierender oder durch technische Mittler)

IV **Transpositon von Musik** (in Bewegung, in sprachliche oder bildliche Darstellung)

V **Reflexion über Musik** (Nachdenken und Sprechen über Musik, Aneignung theoretischer Kenntnisse)

Mit der Nennung dieser Verhaltensweisen und davon abgeleiteter grundständiger Unterrichtsinhalte, »*die alle vom ersten Schuljahr an beachtet werden müssen*«, wies VENUS dem Musikunterricht nicht nur in der Grundschule neue Wege.

> Eine Beachtung der fünf Verhaltensweisen ermöglichte die Orientierung des Unterrichts am gesellschaftlichen und musikkulturellen Umfeld, verhinderte die einseitige Ausrichtung fachspezifischer Lernziele, eröffnete eine dem Gegenstand Musik angemessene Vielfalt der Unterrichtsinhalte und stellte schließlich sicher, daß dem Prozeß des Lernens mindestens ebensoviel Aufmerksamkeit gewidmet wird wie dem Unterrichtsstoff.

Alles, was in der musikpädagogischen Literatur in der Folgezeit an Lernbereichen definiert wurde, läßt sich entweder auf die genannten fünf Verhaltensweisen zurückführen oder von diesen ableiten. Dies gilt sowohl für die in vielen neuen Lehrplänen des Faches Musik vorgenommene Grobgliederung der Lernfelder in die Bereiche Musikhören, Musikmachen und Musikverstehen wie auch für differenziertere Gliederungen, die in einigen neueren Schulbüchern und in manchen musikdidaktischen Publikationen zu finden sind. Fest steht, daß ein Musikunterricht, der die fünf zentralen Verhaltensweisen gegenüber Musik ausgewogen und hinreichend berücksichtigt, die beste Gewähr für die Erfüllung seines Bildungsauftrags bietet. Skepsis ist daher angezeigt, wenn sich die musikpädagogischen Lernbereiche nicht an den genannten Verhaltensweisen gegenüber Musik orientieren.

Man sollte annehmen, daß ein überzeugendes System, wie es DANKMAR VENUS vorgestellt hat, die weitere Diskussion um Lernbereiche und Inhalte des Musikunterrichts überflüssig macht, zumal die von ihm aufgeführten Verhaltensweisen mit bestimmten Bereichen musikalischer Kommunikation, wie sie in der Folgezeit anhand sogenannter kommunikativer Regelkreise des Musiklebens definiert wurden, weitgehend übereinstimmen. Wenn wir heute dennoch mit **unterschiedlichen musikdidaktischen Positionen** konfrontiert werden, hat dies verschiedene Gründe.

(1) Zum einen besteht – worauf bereits VENUS hinwies – die Notwendigkeit, den Anteil jeder der fünf Verhaltensweisen in den einzelnen **Altersstufen** zu variieren. So führten entwicklungspsycholgische Aspekte und die Bedeutung, die man dem »*entdeckenden Lernen*« im Kindesalter beimißt, in der Grundschule zu einer stärkeren Gewichtung der Bereiche Produktion, Reproduktion und Transposition. Fast unüberschaubar ist die Anzahl der Publikationen, die seit Anfang der siebziger Jahre praxisorientiertes musikalisches Spielmaterial für den Musikunterricht in der Grundschule

bereitstellen. Mit Klangexperimenten und Gestaltungsaufgaben wird dem Prinzip des »entdeckenden Lernens« entsprochen und bereits Geschaffenes noch einmal nachgeschaffen. Der eigene, produktive Umgang mit musikalischem Material soll die Kinder befähigen, selbst die Grundlagen und Verfahren zu erkunden, nach denen Musik gebaut ist beziehungsweise gemacht wird. Gegen eine solche musikdidaktische Position ist sicher nichts einzuwenden, wenn sie erstens zu einem erweiterten Musikbegriff führt, zweitens die im Kindesalter prinzipiell vorhandene Offenheit gegenüber verschiedenen Erscheinungsformen von Musik erhält und drittens kritisches Hinterfragen fördert.

> Nicht selten wird jedoch unter dem Vorwand kreativen Handelns eine pädagogische Musik produziert, die weit entfernt ist von der Wirklichkeit musikalischer Kunst und die das Kind zu einem eher naiven und unreflektierten Umgang mit Musik anleitet.

(2) Ein weiterer Grund für die Existenz voneinander abweichender musikdidaktischer Positionen ist die unterschiedliche Beantwortung der Frage nach den **übergeordneten Bildungszielen** des Musikunterrichts. Wer beispielsweise in unserem Zeitalter der tontechnischen Massenmedien und des gesteigerten Musikkonsums eine »Hörerziehung« als Hauptaufgabe des Musikunterrichts betrachtet, wird zur Verwirklichung dieses Ziels den Schwerpunkt seiner musikpädagogischen Arbeit auf den rezeptiven Lernbereich legen und danach die Inhalte des Unterrichts ausrichten. Jede Zielsetzung des Musikunterrichts, selbst eine so allgemeine wie die Orientierung an der musikalischen Wirklichkeit, impliziert stets auch mehr oder weniger verdeckte Wertentscheidungen und davon abhängige Unterrichtsinhalte.

> Da aber pädagogisches Handeln nicht ohne Festlegung von Intentionen und Lerninhalten auskommt, müssen normative Setzungen als unumgänglich hingenommen werden. Sie sollten jedoch stets ideologiekritischer Reflexion unterzogen werden, damit unheilvolle Entwicklungen, wie sie die Geschichte des Musikunterrichts gerade in unserem Jahrhundert mehrfach aufweist, vermieden werden.

(3) Bedingt ist die Existenz unterschiedlicher musikdidaktischer Positionen schließlich auch dadurch, daß die Orientierung der Lernbereiche des Musikunterrichts an den **vorrangigen Verhaltensweisen** gegenüber Musik zwar eine Vielfalt möglicher Unterrichtsinhalte offenlegt, jedoch nicht das Problem ihrer Auswahl löst. Die von HEINZ MEYER 1975 definierten vier Prinzipien zur Stoffauswahl, nämlich Vielseitigkeit, Rechtzeitigkeit, Exemplarität und Aktualität, richten sich einseitig auf den Aspekt des **Hörens von Musikwerken** und können daher nicht den Anspruch erheben, das Problem grundsätzlich zu lösen. Einen anderen Ansatz zur Inhaltsauswahl bietet ein Jahr zuvor HERMANN RAUHE. In einer »Kommunikationsmatrix des Musiklebens« setzt er jedes Feld des kommmunikativen Regelkreises der Musik (Umwelt, Produkt, Interpretation, Medien und Rezipient) zu jedem in Beziehung. Auf diese Weise gelingt ihm zwar auch keine grundlegende Bestimmung der Inhalte des Mu-

310

sikunterrichts, wohl aber eine Definition von 25 Bereichen, die wegen ihrer Nähe zum Musikleben bis heute eine wichtige Orientierungshilfe bei der Auswahl von Inhalten darstellen.

> Das Inhaltsproblem des Musikunterrichts kann offensichtlich nicht gelöst werden, und daher werden wir auch weiterhin mit kontroversen musikdidaktischen Positionen rechnen müssen. Diese Tatsache muß jedoch nicht von Schaden sein, solange dadurch die Diskussionen um den Bildungsauftrag des Faches in Gang gehalten und die Musiklehrer/innen zu eigener Verantwortung ihres pädagogischen Handelns herausgefordert werden.

Die Wahl eines bestimmten Schulbuches kann hier bereits zum Prüfstein für musikdidaktische Reflexion werden.

3. Spiel als Vermittlungskategorie

3.1 Musik und Spiel

Einer Orientierung des Musikunterrichts am Begriff **Spiel** kommt in mehrfacher Hinsicht exemplarische Bedeutung zu.

Zunächst kann durch eine solche Orientierung in anschaulicher Weise aufgezeigt werden, was Musik dem Wesen nach ist. Schon die Tatsache, daß uns Musik und Spiel im alltäglichen Sprachgebrauch als vertrautes Begriffspaar begegnen, weist auf deren enge Beziehung hin: **Spiel** kennzeichnet den **Umgang der Musiker mit Musik**, und auch eine Komposition offenbart sich als notiertes Spiel vorgestellter Töne und Klänge. So ist es naheliegend, bei den Fragen nach Erscheinungsformen, Funktionen und Wirkungen von Musik dem Spielbegriff besondere Aufmerksamkeit zu schenken, denn er kann einen möglichen Weg weisen zu ihrem Verständnis als ästhetisches Phänomen.

● An Musik kann aufgezeigt werden, was Spiel ist. Dies beschreibt KARL-HEINZ DIKKOPP im »Wörterbuch der Pädagogik« (Bd.3, 1977) wie folgt:

»Spiel ist ein Existential menschlichen Seins, etwas, das generell für den Menschen als Menschen kennzeichnend und bedeutsam ist. Im Spiel nimmt der Mensch als einzelner seine konkrete menschliche Position wahr, konstituiert seine Identität im Verhältnis zu Dingen und Mitmenschen und handhabt das jedes Spiel bestimmende Gefüge von Freiheit und Gesetzlichkeit des Handelns. Spiel ist insofern ein Geschehen, in dem sich für den einzelnen Menschlichkeit realisiert und immer wieder neu konstituiert; im Spiel erweitert der Mensch seine Existenzweisen und vermag sich selbst und andere in unterschiedlichen Situationen zu erfahren und zu verstehen.«

Im Spiel mit musikalischem Material werden die Schülerinnen und Schüler nicht nur Musik, sondern auch **sich selbst erfahren**. Spiele mit Musik fördern das Selbstbewußtsein, indem sie persönliche Ausdrucksformen zulassen, sie leisten einen Beitrag zur Selbstbestimmung, indem sie Entscheidungen abfordern, und sie bieten die Möglichkeit zur Selbstentfaltung, indem sie die Phantasie und den

Gestaltungswillen anregen. Darüber hinaus verlangen Spiele mit klingendem Material die Bereitschaft, sich zu integrieren, auf andere zu hören und sich anderen mitzuteilen. Insofern leisten sie auch einen wichtigen Beitrag zur Sozialisation.

● Lehrerinnen und Lehrer wissen, wie wichtig gerade für den Unterricht in der Grundschule die Integration des **Spiels als natürliche Form menschlichen Lernens** ist (vgl. NAEGELE/HAARMANN in diesem Band des Handbuches). Beim Spiel geht es nicht nur um den Aufbau von Beziehungen zwischen Kindern und Gegenständen, sondern auch um Lebenspraxis, Selbsterfahrung, Sozialisation und Umweltverständnis. Spielen mit Musik heißt auch Spielen mit den Sinnen, und so tauglich der Begriff Spiel zur Beschreibung des ästhetischen Phänomens Musik ist, so geeignet ist auch die Musik zur Erfahrung von Spiel. Spiele mit Musik wirken einer »*Entsinnlichung*« des Menschen entgegen. Sie ermöglichen individuellen Ausdruck, befreien aus musikkultureller Enge und regen die Phantasie an. Indem sie Interaktion und Kommunikation fördern, verhindern Spiele auch Isolation und Eskapismus. Musikunterricht in der Grundschule sollte sich daher bemühen, *Musik als Spiel* erfahrbar zu machen und durch *Spiele mit Musik* die vielfachen Möglichkeiten des Umgangs mit ihr zu verdeutlichen. Gelingt dies, so wird ein Begreifen von Musik nicht allein auf den strukturellen Bereich begrenzt bleiben, sondern die verschiedenen Aspekte von Produktion, Interpretation und Rezeption einbeziehen.

3.2 Vermittlungsebenen

Mit der als notwendig erachteten Spiel-Orientierung des Musikunterrichts in der Grundschule stellt sich die Frage nach geeigneten Vermittlungsebenen. Wenn wir uns bewußt machen, daß sich Musik nicht ausschließlich als klangliche Zeitgestalt vermittelt, stoßen wir auf die Bereiche Sprache, Bewegung und Bild als bedeutsame Vermittlungsebenen, deren Beziehung zur Musik wie folgt dargestellt werden kann:

Musik als Spiel – Spiele mit Musik (Bedürfnis nach Ausdruck, Wahrnehmung und Kommunikation)		
Sprache	*Bewegung*	*Bild*
Sprachcharakter der Musik (Klang/Syntax/Semantik)	Musik durch Bewegung (Klangerzeugung)	Musik als Bild oder Grafik (Notation)
Musik zur Sprache (Textvertonung)	Bewegung zur Musik (z.B. Tanz)	Bilder zur Musik (Assoziation/Malen zur Musik)
Sprache als Material für Musik (Sprachkomposition)	Musik zur Bewegung (z.B. Filmmusik)	Musik zu Bildern (z.B. Programmusik)
Musik erfahren – Musik begreifen		

3.3 Musik und Bewegung

Die musikdidaktische Relevanz der drei genannten Vermittlungsebenen soll im folgenden am Beispiel der Bewegung verdeutlicht werden.

- Zunächst steht fest: Ohne Bewegung gäbe es keine Musik, und es stimmt die Behauptung, daß **Musik in Bewegungen des Menschen ihren Ursprung hat.** Das Zusammenschlagen von zwei Feuersteinen, die schwingende Saite des Jagdbogens, das Stampfen von Getreide im hölzernen Trog und vieles andere mehr weisen nicht nur auf die Entstehung bestimmter Musikinstrumente hin, sondern auch auf Bewegung als Ursache für Klänge und Geräusche. In den Bewegungen des menschlichen Körpers einschließlich seiner Stimmorgane liegt der Ursprung der Musik, und durch die Benutzung von Instrumenten wird die Wirkung dieser Bewegungen verstärkt. Der Musikethnologe CURT SACHS bezeichnete in diesem Zusammenhang die Musikinstrumente treffend als »Organprojektionen«.
- Wenn nun der Mensch mit seinen körperlichen Bewegungen die Musik verursacht, ist naheliegend, daß die dadurch vorliegende enge Beziehung zwischen **Körper und Klang wechselseitig** verläuft, denn der Mensch ist über das Ohr ja auch Empfänger der selbst oder fremd produzierten Musik. Wir wissen heute, daß Musik auch dann den ganzen Körper des Menschen »zum Schwingen« bringt, wenn dies nicht – wie beim Tanzen – äußerlich sichtbar ist. Bestimmte körperliche Funktionen werden generell durch Musik verändert. Zwischen Musik und Vegetativum bestehen empirisch nachweisbare Zusammenhänge, die den Aspekt Bewegung zur Musik in neues Licht rücken: Tanz und Bewegung sind nicht nur kultische oder künstlerische Transpositionen von Musik, sondern auch das Ergebnis von Reizen der Musik auf den Körper des Menschen. So wie die Schwingung eines Gegenstandes einen anderen mit gleicher Frequenz anregt, gibt Musik dem Körper entscheidende Bewegungsimpulse.
- Wenn wir im Musikunterricht von den beiden Lernbereichen »Musik zur Bewegung« und »Bewegung zur Musik« sprechen, sollten die soeben angesprochenen, grundsätzlichen Beziehungen wieder ins Bewußtsein rücken. Sowohl die Begleitung von Bewegungen mit Musik wie auch die Umsetzung von Musik in Bewegungen sind im Grunde nichts anderes als funktionale oder künstlerische **Umsetzungsformen naturgegebener Beziehungen** zwischen Musik und Bewegung.

In der Verbindung mit Musik bieten Sprache, Bewegung und Bild angemessene Möglichkeiten, das Bedürfnis des Menschen nach Ausdruck, Kommunikation und Wahrnehmung zu befriedigen. Hierin liegt letztlich auch der Sinn des Musikunterrichts in der Grundschule, in dessen Mittelpunkt stets der Schüler und nicht die Sache Musik stehen sollte.

> In der Begegnung mit Musik kann der Mensch zu sich selbst finden und einen Teil seiner eigenen Lebenswelt kreativ gestalten.

Wenn sich Musikunterricht zur Aufgabe macht, hierzu mögliche Wege zu weisen, wird er die in der Vergangenheit gemachten Fehler vermutlich nicht wiederholen. Ob es sich um die Kriegserziehung im Kaiserreich, die Jugendmusikbewegung der zwanziger Jahre, die nationalsozialistische Volksgemeinschaftsideologie oder die musische Bildung der fünfziger Jahre handelt, stets wurde eine *Erziehung durch Musik* angestrebt. Wir sollten endgültig Abstand nehmen von der Versuchung, den Menschen durch Musik zu erziehen. Zeigen wir ihm statt dessen, welche Befreiung er durch selbstbestimmten Umgang mit Musik erlangen kann.

Literatur

ABEL-STRUTH, S.: Grundriß der Musikpädagogik, Mainz 1985.

FISCHER, W. u.a. (Hrsg.): Musikunterricht Grundschule, Schüler- u. Lehrerband, Mainz 1978. Neubearbeitung in Vorbereitung.

FUCHS, P. u.a. (Hrsg.) : Unser Musikbuch Quartett 1–4, Schüler- und Lehrerbände, Stuttgart 1989 ff.

GIESELER, W. (Hrsg.): Kritische Stichwörter zum Musikunterricht, München 1978.

GÜNTHER, U.: Die Schulmusikerziehung von der Kestenberg-Reform bis zum Ende des Dritten Reiches, Neuwied u. Darmstadt 1967.

GUNDLACH, W. (Hrsg.): Handbuch Musikunterricht Grundschule, Düsseldorf 1984.

HOPF, H. u.a. (Hrsg.): Lexikon der Musikpädagogik, Regensburg 1984.

KAISER, H.J. u. NOLTE, E.: Musikdidaktik. Sachverhalte – Argumente – Begründungen. Ein Lese- und Arbeitsbuch, Mainz 1989.

KLEINEN, G. (Hrsg.): Kind und Musik. Musikpädagogische Forschung Bd.5, Laaber 1984.

KLEINEN, G. u. SCHMITT, R.: »Musik verbindet« – Musikalische Lebenswelten auf Schülerbildern, Essen 1991.

LEMMERMANN, H.: Musikunterricht. Hinweise – Bemerkungen – Erfahrungen – Anregungen. Bad Heilbrunn 1984 (3.Aufl.).

ROSCHER, W. Hrsg.): Polyästhetische Erziehung. Klänge – Texte – Bilder – Szenen, Köln 1976.

SCHMIDT, H. CHR. (Hrsg.): Handbuch der Musikpädagogik, 5 Bde. Kassel 1986ff. (bisher erschienen Bd. 1 »Geschichte der Musikpädagogik« u. Bd. 4 »Psychologische Grundlagen des Musiklernens«).

SCHMIDT-BRUNNER, W.: Methoden des Musikunterrichts. Eine Bestandsaufnahme, Mainz 1982.

SCHMITT, R.: Musik und Spiel in Religionsunterricht und Jugendarbeit. Praktische Anleitungen, Beispiele und Modelle, Stuttgart u. München 1983.

WEYER, R. (Hrsg.): Medienhandbuch für Musikpädagogen, Regensburg 1989.

RENATE ZIMMER

Bewegung, Spiel und Sport

Fachspezifische und fachübergreifende Lern- und Erfahrungsmöglichkeiten

Mit dem Eintritt in die Grundschule wird das Kind mit Anforderungen konfrontiert, die es vor allem in der Erfüllung seiner Spiel- und Bewegungsbedürfnisse einschränken. Stillzusitzen, sich zu konzentrieren, eigene Interessen zurückzustellen – dies stellt an Schulanfänger hohe Ansprüche, die viele von ihnen nicht auf Anhieb erfüllen können. Obwohl Kinder im Grundschulalter vorwiegend handelnd lernen und begreifen und Bewegung zu ihren elementaren Bedürfnissen und Ausdrucksformen gehört, wird diesem Bereich in der Grundschule allgemein noch zu wenig Beachtung geschenkt. Bewegung wird im schulischen Alltag vorwiegend als »Sport« begriffen und in ein Fach verwiesen: der Sportunterricht übernimmt die Aufgabe der körperlich-sinnlichen Erziehung und des Ausgleichs für ansonsten hauptsächlich kognitive Belastungen.

> Über einen längeren Zeitraum stillzusitzen entspricht keinesfalls den körperlichen, aber auch nicht den geistig emotionalen Bedürfnissen eines aktiven, neugierigen Grundschulkindes und sollte daher nicht zu seiner vorrangigen Tätigkeit in der Schule gehören. In einer Zeit zunehmender Bewegungseinschränkungen durch die Umwelt, von der besonders Kinder betroffen sind, muß die Schule sich verstärkt darum bemühen, auf die physischen und psychischen Bedürfnisse von Kindern einzugehen.

Auch in der Grundschule ist Lernen noch ein ganzheitlicher Prozeß, an dem Bewegung und Wahrnehmung in hohem Maße beteiligt sind.

Nun lassen sich die Bewegungsbedürfnisse von Grundschulkindern nicht auf zeitlich fixierte Sportstunden eingrenzen und sind vor allem nicht allein mit sportlichen Inhalten zu erfüllen.

Im folgenden soll daher der Lernbereich Bewegung, Spiel und Sport in einem umfassenden Bezugsrahmen diskutiert werden:

- Bewegungsangebote als Ausgleich für unterdrückte Bewegungsbedürfnisse – Die »tägliche Bewegungszeit«
- Bewegungs- und Sporterziehung als Unterrichtsfach
- spezielle Fördermaßnahmen für Kinder mit motorischen Schwächen
- Bewegung als fachübergreifendes Lernprinzip
- Bewegung und Sport als Teil des Schullebens

1. Kinder ohne Bewegungsraum – zum Verlust körperlich sinnlicher Erfahrungen und den Folgen für die Entwicklung

Die Lebensbedingungen, unter denen Kinder heute aufwachsen, erlauben ihnen nur noch in sehr eingeschränktem Maße das Ausleben ihrer Bewegungsbedürfnisse. Ihre Umwelt wird immer stärker motorisiert, technisiert, den Bedürfnissen der Erwachsenen angepaßt (vgl. FÖLLING-ALBERS im ersten Band dieses Handbuches). Spielen unterliegt mehr und mehr der Steuerung von Spielzeugherstellern und Industriezweigen. Natürliche Spiel- und Bewegungsmöglichkeiten werden durch künstlich geschaffene Spielplätze ersetzt und in speziell hierfür hergerichtete Räume verlagert.

Auch in der Schule wird dem Körper und seinen Bedürfnissen nur wenig Beachtung geschenkt. Toleriert wird Bewegung im Sportunterricht und in den Pausenzeiten, der hierfür vorgesehene Raum ist die Turnhalle und der Pausenspielhof. Darüber hinaus wirkt der Bewegungsdrang der Kinder störend, der Klassenraum ist in erster Linie ein Sitzraum, und umherlaufende, sich bewegende Kinder werden als Quellen der Unruhe empfunden.

Die Erziehungs- und Bildungstheorie scheint nach wie vor – trotz vieler anderslautender Beteuerungen – noch an einem vorwiegend dualistischen Menschenbild festzuhalten. Schule hat den Ruf, leibfeindlich und körperfern zu sein (RUMPF 1981), das abstrakte Denken anstelle des praktischen Lernens und der Verbindung von Erkenntnis und Handeln zu favorisieren.

> Die Bedürfnisse des Körpers werden in die Verantwortung eines Faches gelegt, das mit 2 – bestenfalls 3 – Wochenstunden die kognitiven Anforderungen von 24 anderen Stunden kompensieren soll.

Die einseitige Orientierung schulischer Bildungsinhalte auf die »kopflastigen« kognitiven Fächer steht einer Vernachlässigung musischer, körperlicher Betätigungen gegenüber.

Eine ganzheitliche Erziehung, wie sie bereits von PESTALOZZI und Vertretern der Reformpädagogik gefordert wurde, ist auch heute noch weit von ihrer Realisierung entfernt.

In einer Altersstufe, in der Bewegung unverzichtbare Voraussetzung für eine gesunde, harmonische Persönlichkeitsentwicklung ist, hat dies unverantwortbare Konsequenzen für die körperliche und psychische Entwicklung der Kinder.

2. Orientierungsrahmen von Bewegung und Sport

Bewegung, Spiel und Sport sind unverzichtbare Bestandteile von Bildung und Erziehung. In der Grundschule können sie in mehrfacher Hinsicht zu besonderen Lern- und Erfahrungsgelegenheiten werden.

Um diese näher zu analysieren, sollen im folgenden unterschiedliche Perspektiven der Bedeutung von Bewegung und Sport diskutiert werden. Diese Perspektiven, die auch als Orientierungsrahmen von Bewegungs- und Sportangeboten gelten können, liegen nicht eindeutig auf einer Ebene; sie schließen sich weder gegenseitig aus noch sind sie die einzigen Gesichtspunkte, unter denen die Bewegungsaktivitäten von Kindern betrachtet werden können. Sie verdeutlichen jedoch, daß Bewegung für Kinder eine andere Bedeutung als für Erwachsene hat und begründen, warum aus entwicklungspsychologischer und anthropologischer Sicht die Bewegungs- und Sporterziehung in der Grundschule unterschiedliche Sinngebungen berücksichtigen muß.

2.1 Bewegung als anthropologisch begründbares Grundbedürfnis

Der Mensch ist ein auf Bewegung angelegtes Wesen, besonders Kinder brauchen Bewegung, um sich auf ihre Umwelt einstellen und sich mit ihr auseinandersetzen zu können. Bewegung eröffnet Kindern den Zugang zur Welt; sie vermittelt zwischen Kind und Welt, sie ist das Medium, durch das es sich die Welt erschließt, auf sie zugeht, sie erfaßt und begreift. In Bewegung paßt sich das Kind den Erfordernissen der Umwelt an, es greift jedoch auch in sie ein, gestaltet sie, macht sie sich passend.

Durch Bewegung tritt das Kind mit seiner Umwelt in einen Dialog, die Erfahrungen, die es in diesem Prozeß macht, stellen die Grundlage des kindlichen Handelns .

2.2 Bewegung als Grundlage vielfältiger Erfahrungen

Bewegung, Spiel und Sport geben Kindern die Möglichkeit, die für ihre Entwicklung so notwendigen Primärerfahrungen zu gewinnen.

Kinder nehmen ihre Umwelt heute in erster Linie aus zweiter Hand wahr. Sie machen Erfahrungen, die bereits gefiltert, von anderen ausgewählt und aufbereitet sind. Bewegung, Spiel und Sport stellen Situationen dar, in denen Kinder noch selbst tätig werden können. Hier sind Erfahrungen unmittelbar an die Handlung gebunden, Kinder erleben sich selbst als Urheber von Wirkungen. Folgende Erfahrungsbereiche lassen sich hier unterscheiden:

● **Bewegungserfahrungen sind sinnliche Erfahrungen.**
Das Kind lernt mit seinem ganzen Körper, mit allen seinen Sinnen. Gerade die sinnlichen Erfahrungen stellen die Grundlage kindlichen Handelns dar; sie sind wesentliche Erkenntnisquellen zur Aufnahme und Verarbeitung von Umwelteindrücken.
Voraussetzung für die Orientierung in der Umwelt ist die Fähigkeit, Sinnesreize zu differenzieren, wichtige Informationen von unwichtigen zu unterscheiden, sich z.B. auch bei einem hohen Geräuschpegel im Klassenraum auf die Stimme des Lehrers konzentrieren zu können.
Ein Kind muß die auf es einströmenden Informationen filtern, so daß nur das durchkommt, was für die jeweilige Situation wesentlich ist. Oft liegt der Grund für Lern- und Konzentrationsstörungen von Kindern in der mangelnden Fähigkeit, Sinneswahrnehmungen zu »integrieren«, d.h. sinnliche Reize zu sortieren, zu ordnen und

zu verarbeiten. Sinnliche Erfahrungen in der richtigen Weise miteinander zu verbinden ist auch zur Bewältigung komplexerer Handlungen wie z.B. für das Schreiben- und Lesenlernen erforderlich (AYRES 1984).

Der Ort der Integration und Koordination der Reaktionen auf sensorische Reize ist das zentrale Nervensystem. Um sich entwickeln zu können, bedarf das Gehirn vielfältiger Empfindungen und Informationen: sie dienen quasi als »sensorische Nahrung«, die dazu führt, daß es sich weiterentwickelt und richtig funktioniert.
Das Zusammenspiel der Sinne wird gefördert durch körperliche Aktivitäten, sie setzen komplexe Anpassungsreaktionen in Gang.
Die Basis der sensorischen Verarbeitung stellen die taktil-kinästhetischen und die vestibulären Sinneserfahrungen, da sie die von der Entwicklung her jüngeren Formen der Wahrnehmung sind, auf denen alle weiteren (visuelle und akustische Erfahrungen) aufbauen.

Kinder lieben »sensorische Sensationen«, – nicht weil damit ihre Gehirnfunktionen trainiert werden, sondern weil es schön, spannend und lustvoll ist, zu springen, zu rennen, sich zu drehen, zu schwingen und zu schaukeln.

Wahrnehmungsförderung sollte daher auch nicht die Form eines Funktionstrainings annehmen, sondern eher den Charakter erlebnisreicher Bewegungsangebote oder spannender Reaktionsspiele haben.

Beispiele hierzu siehe BRAND/BREITENBACH/MAISEL 1985, KIPHARD 1988, OLBRICH 1989, ZIMMER 1990.

● **Erfahrungen der gegenständlichen und räumlichen Umwelt.**
Bewegung kann sowohl Gegenstand als auch Medium der Erfahrung sein. Im ersten – engeren Sinne – sind die Objekte, an oder mit denen man sich bewegt, nur der Anlaß oder die Möglichkeit zur Variation und Ausformung von Bewegungen. Die hier erworbenen Erfahrungen beziehen sich auf die Bewegungshandlung selbst, Ziel ist die Ökonomisierung, Harmonisierung oder Verbesserung ihrer Ausführung.
Wird Bewegung dagegen als Medium der Erfahrung betrachtet, rücken andere Zielvorstellungen in den Vordergrund. Es geht weniger darum, eine Bewegung in ihrer Qualität oder Quantität zu verbessern, hier werden vielmehr Überlegungen angestellt, wie Kinder ihre räumlich-dingliche Umwelt und die Eigenschaften und Gesetzmäßigkeiten der Bewegungs- und Sportgeräte erfahren.
Im Umgang mit Gegenständen und Bewegungssituationen gewinnt das Kind Erkenntnisse, die für das Verstehen der Umweltgegebenheiten von grundlegender Bedeutung sind. Begriffe wie »*Schwung, Gleichgewicht, Schwerkraft und Reibung*« sind unmittelbar an die Handlung gebunden und können von Kindern nur über grundlegende Bewegungstätigkeiten beim Schaukeln, Rutschen, Balancieren, Rollen, Klettern etc. erworben werden. Über die Variation der Handlungsbedingungen (z.B. Laufen auf unterschiedlichem Untergrund – Wiese, Aschenbahn,

Turnhallenboden, Waldwege – oder beim Balancieren unterschiedlicher Gegenstände auf verschiedenen Körperteilen) erleben sie unmittelbar, Ursache und Wirkungen zu unterscheiden und lernen, Zusammenhänge zu erkennen.

Die Bedeutung dieser Erfahrungen liegt auch darin, daß sie die Grundlage der kognitiven Entwicklung darstellen. Nach PIAGET (1975) wird jede Erkenntnisgewinnung auf den einfachsten Handlungen der Kinder aufgebaut. Denken vollzieht sich zunächst in der Form aktiven Handelns; über die praktische Bewältigung von Problemen gelangt das Kind zu deren theoretischen Beherrschung. Die Handlungen werden so verinnerlicht, daß die Abstraktion von der konkreten Tätigkeit möglich ist, die Ergebnisse der Handlungen antizipiert werden können und somit intelligentes Verhalten entstehen kann (SCHERLER 1975, ZIMMER 1981).

> Diese Art der Erfahrungsgewinnung ist an ein erkundendes, experimentierendes Verhalten des Kindes gebunden, es benötigt einen ausreichend großen Handlungsspielraum, innerhalb dessen es verschiedene Wege erproben und Problemlösungen finden kann.

● **Bewegungserfahrungen sind personale und soziale Erfahrungen**
Bewegungssituationen geben Gelegenheit zur Erfahrung des Selbst, zur Erfahrung von Können und Versagen, sie geben Möglichkeiten, sich selbst einzuschätzen und Identität aufzubauen, Vertrauen in sich selbst zu gewinnen.
Körper- und Bewegungserfahrungen, die das Kind im Sportunterricht macht, haben oft unmittelbare Auswirkungen auf ihr Selbstwertgefühl und können die Entwicklung der kindlichen Persönlichkeit und auch die schulische Leistungsbereitschaft entscheidend beeinflussen. Ob sich ein Kind für stark oder schwach hält, welche Eigenschaften es sich zuschreibt, welche Erwartungen es an sich hat, dies alles fließt in das Bild von sich selbst ein.

Es sind jedoch nicht allein die objektiven Leistungen und körperlichen Fähigkeiten, die die Einstellung eines Kindes zu seinem Körper bestimmen, ausschlaggebend ist vielmehr, wie das Kind die erlebte Situation interpretiert. Dies wird entscheidend beeinflußt durch die Art und Weise, wie der Lehrer z.B. mit Leistungsschwächen der Kinder umgeht, wie er sie kommentiert und auf diskriminierende Äußerungen von Mitschülern reagiert (vgl. VOLKAMER 1987).

> Bewegung und Sport stellen also auch immer soziale Ereignisse dar, sie geben Gelegenheiten zu Erfahrungen des Mit- und des Gegeneinanders, des Akzeptiertseins oder des Abgelehntwerdens.

Die sozialen Erfahrungen können daher sowohl positiver als auch negativer Art sein.

2.3 Der Beitrag zu Gesundheit und Wohlbefinden

Um sich gesund entwickeln zu können, brauchen Kinder vielseitige, regelmäßige, ja sogar tägliche Bewegungsmöglichkeiten. Im Alltag ist hierzu meist nicht genug Raum bzw. Gelegenheit vorhanden.

Die Einschränkung der Lebens- und Erfahrungswelt der Kinder hat natürlich nicht nur Folgen für deren psycho-soziale, sondern auch für ihre körperlich-motorische Entwicklung.

Haltungs- und Muskelschwächen, Übergewicht und mangelndes Koordinationsvermögen, diese Beeinträchtigungen der körperlichen Gesundheit haben häufig auch Auswirkungen auf das psychische Befinden. Besonders deutlich wird dies bei Kindern, die körperliche und motorische Schwächen haben: Spiel und Sport stellen für Kinder bedeutsame Situationen dar, in denen Anerkennung und Prestige über körperliche und motorische Fähigkeiten und Leistungen erreicht werden. In einem Alter, in dem Geschicklichkeit, körperliche Leistung und motorische Fähigkeiten hoch im Kurs stehen, wirkt sich die Erfahrung körperlicher Unterlegenheit, Ängstlichkeit und Unsicherheit schnell auf das Selbstbild des Kindes und ebenso auf den sozialen Status und die Position in der Gruppe aus. Mangelndes Selbstvertrauen, Frustration und Resignation sind die Folgen eines in seiner Tragweite oft noch gar nicht absehbaren Prozesses.

Zwar bewirken 2 Sportstunden pro Woche noch keine weitreichenden gesundheitlichen Veränderungen, sie können jedoch dazu beitragen, daß Kinder bereits frühzeitig gegenüber der sportlichen Betätigung eine positive Einstellung entwickeln (sofern sie hier positive Erfahrungen sammeln konnten) und damit die Grundlage für eine gesunde Lebensführung erwerben.

Indem sie z.B. dauerhafte Gewohnheiten hinsichtlich ihrer Sportaktivitäten entwickeln, können Bewegung und Sport so zum Teil ihrer persönlichen Lebensführung werden.

Sehr gute Hinweise auf eine Gesundheitserziehung in der Grundschule haben die Kultusministerien Nordrhein-Westfalens und Niedersachsens in den Medienpaketen *»Gesundheitserziehung in der Schule durch Sport«* entwickelt.

3. Bewegung und Sport in der Grundschule

Um der Vielfalt dieser unterschiedlichen Perspektiven und Orientierungen von Sport und Bewegung gerecht werden zu können, dürfen sich die Bewegungsmöglichkeiten in der Grundschule nicht allein auf den Sportunterricht beschränken.

Ein umfassendes Konzept von Bewegungs- und Sporterziehung schließt verschiedene Angebotsformen ein und kann in folgenden Situationen Anwendung finden:

3.1 Die »tägliche Bewegungszeit«

Ein Ziel von Sport und Bewegung in der Schule wird im Ausgleich von Belastungen gesehen, die durch die einseitige Orientierung auf vorwiegend kopflastige Unterrichtsinhalte und bewegungsarme Unterrichtsformen entstehen.

Diesem Anspruch kommt die Forderung nach einer täglichen Bewegungszeit entgegen. Die körperliche Betätigung – notwendig vor allem an Tagen, an denen kein Sportunterricht stattfindet, soll Ausgleichsmöglichkeiten für die Bewegungseinschränkungen im schulischen Alltag schaffen.

Es existieren unterschiedliche Auffassungen von der Art und Weise, wie eine tägliche Bewegungszeit in der Grundschule gestaltet werden soll. Diese reichen von schnell und einfach organisierbaren Spiel- und Bewegungsformen, die eine intensive physische Belastung zur Folge haben, bis hin zu offenen Konzepten, in denen Kinder selbst darüber entscheiden können, welche Spiel- und Bewegungsangebote sie annehmen (vgl. WASMUND-BODENSTEDT 1984).

Auch eine in der Praxis realisierte tägliche Bewegungszeit darf allerdings nicht Legitimation dafür sein, den übrigen Unterricht handlungsfern und ohne Einbeziehung körperlich-sinnlicher Erfahrungen durchzuführen. Es ist vielmehr sinnvoll, Phasen des gemeinsamen Spielens, der Schaffung von Bewegungsgelegenheiten zu verbinden mit kognitiven Lerneinheiten, nicht allein aus dem Grund, weil dann »mehr Mathematik in die Köpfe der Kinder hineingeht«, sondern auch, weil das Handeln und Tun eher den kindlichen Lernvoraussetzungen und Bedürfnissen entspricht.

3.2 Bewegungs- und Sporterziehung als Unterrichtsfach

In den siebziger Jahren herrschte eine lernzielorientierte Konzeption von Sportunterricht vor, die die Vermittlung von Sportarten und -techniken in den Vordergrund stellte. Lernprogramme mit operationalisierten Lernschritten und Lernzielen sollten Schüler gemäß ihren Lernvoraussetzungen in die Sportarten einführen und ihnen die erforderlichen Techniken vermitteln (vgl. HAGEDORN u.a. 1972).

Die Kritik an diesen Lernprogrammen richtete sich einerseits auf die Einengung des pädagogischen Handlungsspielraums des Lehrers, andererseits wurde die Gefahr bei einem lernzielorientierten Unterricht vor allem auch darin gesehen, daß die große Zahl nicht planbarer, nicht organisierbarer und operationalisierbarer Lernprozesse außer acht gelassen wurde; eine zu frühe und zu einseitige Festlegung auf schematisierte Bewegungsabläufe führe zur Einengung der motorischen und zugleich auch der kognitiven Entwicklung des Kindes (GABLER/GRUPE 1975, 208).

Aus pädagogischer Sicht sollte der Sport in der Grundschule sich nicht nur in der Vermittlung traditioneller Sportformen erschöpfen, sondern um weitere Perspektiven ergänzt werden.

Wenn Bewegung nur in ihrer instrumentellen Bedeutung berücksichtigt und der Unterricht sich auf die Vermittlung von Bewegungsfertigkeiten und die Verbesserung konditioneller und koordinativer Fähigkeiten beschränken würde, hätte dies eine Verarmung der möglichen Erfahrungen zur Folge.

> Die Breite der Erlebnisinhalte von Bewegung und Sport muß ebenso berücksichtigt werden wie die Vielfalt der Orientierungsmöglichkeiten, die Bewegung und Sport für Kinder und auch für Erwachsene haben können.

- Sportunterricht in der Grundschule sollte vor allem auch die **Vielseitigkeit der Bewegungserlebnisse** des Grundschulkindes berücksichtigen, muß seinem Spielbedürfnis entgegenkommen und gleichzeitig aber auch dem wachsenden Interesse am Sporttreiben und dem Erwerb der Voraussetzungen für bestimmte Sportarten gerecht werden.
- Neben sportartorientierten Angeboten müssen auch Inhalte aufgenommen werden, die **sportartunabhängig** sind und keine vorgegebenen Bewegungs- und Leistungsnormen enthalten. Durch sie sollen körperliche, materiale und soziale Erfahrungen gewonnen werden, die über die Perspektive des Sports hinausführen.
- Auch Inhalte des **traditionellen Sports** können kindgerecht aufgearbeitet und spielerisch umgesetzt werden. So besteht die Leichtathletik z.B. nicht nur aus den Disziplinen, die bei den Bundesjugendspielen berücksichtigt werden, sie baut vielmehr auf den Grundbewegungsformen des Menschen auf, und diese können zunächst in ihrer elementaren Form im Sportunterricht angesprochen und vielseitig variiert werden.

Wird das *Laufen* z.B. zum Thema des Unterrichts, können Kinder Erfahrungen machen beim Bergauf- und Bergablaufen, beim Laufen auf Waldboden und auf Asphalt, indem sie auf Veränderungen in ihrem Körper achten, wenn sie schnell laufen oder einen Dauerlauf machen (Schwitzen, Pulsschlag) und indem sie selbst herausfinden, wie man das Lauftempo einteilen muß, wenn man eine längere Strecke durchhalten will, ohne außer Atem zu kommen.

Auch das *Turnen* besitzt aufgrund der Vielfalt der hier einsetzbaren Geräte und der vielseitigen Erfahrungsmöglichkeiten für Kinder einen hohen Motivationswert. Erlebnisse des Schwingens, Springens, Rollens, Stützens, Drehens, Fliegens und Überschlagens sind in keiner anderen Sportart so vielseitig und mit neuen Körpererfahrungen verbunden.

Gleichzeitig erweckt aber das *Geräteturnen* gerade bei schwächeren Schülern manchmal auch Angst vor Versagen, vor dem Zurschaustellen ihrer Schwachstellen. Es liegt in erster Linie an der Art der Vermittlung, ob das Geräteturnen in der Grundschule zu einem erlebnisreichen Erfahrungsfeld wird oder ob die Kunstfertigkeiten von den Schülern lediglich als Übungen des Kunst- und Wettkampfturnens ohne darüber hinausgehenden erkennbaren Zusammenhang wahrgenommen werden. Im »*Abenteuerturnen*« wird das Balancieren über wacklige Balken und schmale Stege zum risikoreichen Überwinden eines reißenden Flußes, im Turnzirkus können Kunststücke erprobt und vorgeführt werden (vgl. BRUCKMANN/DIECKERT/HERRMANN 1991).

So werden Sportarten und Bewegungsformen für Kinder in einen Sinnzusammenhang gestellt, der sowohl leistungsstärkeren als auch schwächeren und ängstlichen Kindern die Chance gibt, sich ihren Fähigkeiten entsprechende Ziele zu setzen.

> Der Bewegungsdrang der Kinder, ihr Bedürfnis nach Eigenaktivität, ihre Begeisterungsfähigkeit und ihre gute motorische Lernfähigkeit bieten die besten Voraussetzungen für einen freudvollen Sportunterricht. Sie sind auch eine gute Basis für einen schülerzentrierten Unterricht, der dem entdeckenden Lernen viel Raum gibt und Schülern den Sinn sportlichen Handelns selbstbestimmt erfahren läßt.

Allerdings erweist sich der Sportunterricht in der Praxis als sehr resistent gegenüber neueren Konzepten, die in der Fachliteratur entwickelt werden. So lassen sich durchaus verschiedene, sich als ganzheitlich verstehende Konzeptionen eines offenen Unterrichts (HILDEBRANDT/LAGING 1981), problemorientierten Vorgehens (BRODTMANN 1984), kindorientierten (KRETSCHMER 1981) oder psychomotorischen Konzeptes (ZIMMER/CICURS 1990) unterscheiden, inwieweit diese jedoch auch tatsächlich in die Praxis des Sportunterrichts einmünden und zu Veränderungen der inhaltlichen sowie methodischen Vorgehensweise geführt haben, ist nur schwer abzuschätzen.

Die **Realisierung** o.g. Forderungen und Ansprüche wird nur dann gelingen, wenn für den Sportunterricht in der Grundschule entsprechende Rahmenbedingungen geschaffen werden. Dazu gehören z.B.:

- an die Stelle vorgegebener, bis ins Detail vorgeplanter Lernschritte sollten Lernangebote treten, die experimentierendes Lernen und problemlösendes Handeln ermöglichen;
- durch organisatorische Maßnahmen sollte die Möglichkeit zur Arbeit in kleinen Gruppen geschaffen werden (keine Warteschlangen vor Geräten, Berücksichtigung individueller Könnensstufen);
- das gemeinsame Sporttreiben von Jungen und Mädchen sollte in der Grundschule ebenso selbstverständlich sein wie die Integration verschiedener Leistungsstufen;
- Schüler sollten Einsicht darin gewinnen können, wie durch Regelveränderungen eine gleichberechtigte Teilnahme aller Mitspieler möglich gemacht werden kann.

Zwar sind die Inhalte des Sportunterrichts auch durch Rahmenrichtlinien und Lehrpläne mitbestimmt, diese weisen jedoch meistens so viel Spielraum auf, daß individuelle Bedürfnisse und Interessen der Schüler berücksichtigt werden können.

3.3 Spezielle Fördermaßnahmen in Bewegung und Sport

Besondere Aufmerksamkeit muß die Grundschule den Schülern widmen, die motorische Leistungsschwächen und Entwicklungsdefizite aufweisen. Die psychosozialen Auswirkungen der Leistungsschwächen führen häufig zu einer Außenseiterstellung des Kindes und darüber hinaus auch zu Lern- und Leistungsstörungen in anderen Fächern.

Spezielle ausgleichende Maßnahmen wie der Sportförderunterricht können dafür sorgen, daß die betroffenen Schüler wieder positive Bewegungserfahrungen machen und ihnen eine erfolgreiche Teilnahme am Sportunterricht sowie an außerschulischen Bewegungsaktivitäten möglich ist.

Ein solcher Sportförderunterricht darf sich jedoch nicht – wie es beim herkömmlichen Schulsonderturnen der Fall war, auf die Behandlung von Haltungsauffälligkeiten, Organleistungsschwächen und Koordinationsstörungen beschränken, die Probleme sportschwacher Schüler müssen vielmehr in ihrer Wechselwirkung mit der psychischen, geistigen und sozialen Entwicklung gesehen werden. Hinweise zur Neuorientierung des Sportförderunterrichts sind zu finden in den Konzepten von DORDEL (1987) und ZIMMER/CICURS (1990).

3.4 Bewegung als fachübergreifendes Lernprinzip

Bewegung kann auch zum Medium der Erfahrungsgewinnung in anderen Unterrichtsfächern werden. Als fachübergreifendes Lernprinzip rückt die körperlich-sinnliche Aneignung in den Vordergrund einer handlungsorientierten Unterrichtsmethode und macht auch abstrakte Lerninhalte »begreifbar«, »erfaßbar« und damit auch nachvollziehbar.

Erfahrungen sind umso unmittelbarer und nachhaltiger, je mehr sie aus der Lebenswirklichkeit der Kinder stammen und je »körpernaher« sie sind. Je mehr der eigene Körper Medium der Erfahrungsgewinnung ist und je mehr Erkenntnisse nicht nur auf kognitiver Ebene, sondern mit Hilfe mehrerer Sinne erworben werden, um so mehr empfinden Kinder sie als unmittelbar zu ihnen selbst gehörend, selbst gesteuert und auch selbst bestimmt. So können auch physikalische Grundkenntnisse wie z.B. Kraft, Schwung, Gleichgewicht vor allem durch Bewegungshandlungen erfahren und verstanden werden.

Dies sind Themen, die sowohl im Sport- als auch im Sachunterricht bearbeitet werden können, hier bieten sich gemeinsame Unterrichtseinheiten geradezu an. Hier werden Fragen nicht vom Lehrer eingebracht, um Lernanstöße zu geben, sondern ein Naturphänomen, dem Kinder in Bewegungssituationen begegnen, regt an zum Variieren der Bedingungen, zum Experimentieren, zum Spiel mit körperlichen Fähigkeiten sowie mit physikalischen Erscheinungen (z.B. Bau einer Wippe – Ungleichgewichtssituationen).

Kinder treten so in einen Dialog mit ihrer Umwelt ein, versuchen sie zu ergründen, es entwickelt sich Neugier, der Motor jeden Lernens. Die Kinder gewinnen neue Einsichten, der Kontakt zur Umwelt wird über die Sinne hergestellt. Wie im Sachunterricht über Bewegungserfahrungen das Thema »*Kräfte sparen mit einfachen Maschinen*« (»Physik spüren«) vermittelt werden kann, beschreiben z.B. KAHLERT-REBY/ MIEDZINSKI (1988).

3.5 Bewegung und Sport als Teil des Schullebens

Sollen die zuvor dargestellten unterschiedlichen Orientierungsrahmen von Bewegung, Spiel und Sport in der Schule verwirklicht werden, müssen neben dem regulären, verpflichtenden Sportunterricht auch außerunterrichtliche Gelegenheiten für gemeinsames Spielen, Bewegen und Sporttreiben genutzt werden. So bieten die Unterrichtspausen Zeit und Raum für Bewegungsspiele.

Voraussetzung hierfür ist allerdings eine entsprechende Gestaltung der Schul- und Pausenhöfe. Die Ausstattung mit bewegungsanregenden Großgeräten (Klettergerüste, Schaukeln, Reckstangen, Hangelgeräte, Balancierbalken) sollte für die Grundschule selbstverständlich sein. Darüber hinaus sollten jedoch auch Kleingeräte zur Verfügung gestellt werden (z.B. Sprung- und Schwungseile, Speckbrettschläger, Schaumstoffbälle in verschiedenen Größen, Stelzen, Frisbeespiele, Pedalos etc.).

Das Anbringen von Linien, Feldern und Markierungen auf dem Boden oder an fensterlosen Wänden kann zu Ball- und Rückschlagspielen anregen.

Auf einem solchen Schulhof kann von Zeit zu Zeit auch der Sportunterricht durchgeführt werden, um mit den Schülern neue Ideen für die Verwendungsmöglichkeiten der Geräte herauszufinden. Ansonsten entziehen sich Pausen und Schulspielhöfe einer Pädagogisierung und tragen zu einer »Entschulung des Sports« bei.

Weitere Gelegenheiten für gemeinsames Spielen, Bewegen und Sporttreiben ergeben sich auch bei Landschulheimaufenthalten und Wanderungen (vgl. BURK/KRUSE 1983) oder bei Spiel- und Sportfesten (vgl. BRODTMANN/LANDAU 1983, HEINEMANN 1988).

4. Bewegung, Spiel und Sport als Teil der Gesamtkonzeption der Grundschule

Die kindliche Motorik darf nicht allein hinsichtlich ihres Verwendungszweckes »Sport«, in ihrer instrumentellen Bedeutung gesehen, sondern muß in einen übergreifenden Rahmen gestellt werden.

> Kinder erfahren ihre Welt als Bewegungswelt; eine Konzeption von Grundschule muß diese Bewegungswelt als Lernanlaß verstehen und didaktisch nutzen.

Wird Bewegung, Spiel und Sport in erster Linie in den Sportunterricht ausgegrenzt und die Bewegungsbedürfnisse der Kinder ansonsten im allgemeinen Schulbetrieb eher als störend empfunden, trägt dies ein weiteres Stück zur Zergliederung der Erfahrungswelt des Kindes in einzelne Fachdisziplinen bei. Eine Integration der einzelnen Fächer darf nicht in erster Linie vom Kind selbst zu leisten sein, der Zusammenhang der einzelnen Lerninhalte sollte unmittelbar erfahrbar sein.

Eine Didaktik, die von der Lebenswelt von Kindern ausgeht, die sie dafür qualifizieren will, gegenwärtige und zukünftige Situationen ihres Lebens zu bewältigen und zunehmend selbstbestimmter zu handeln, muß sich daran orientieren, daß sich das Kind seine Umwelt handelnd erschließt.

Bewegung vermittelt Kindern Freude, Lust, Spannung und Entspannung zugleich, sie macht Spaß und trägt zu Wohlbefinden sowohl auf physischer als auch auf psychischer Ebene bei. Darüber hinaus stellt sie auch die Basis der kognitiven Entwicklung im Kindesalter dar, da durch den handelnden Umgang mit Objekten und Situationen die Bildung kognitiver Strukturen, die zur Bewältigung von Problemsituationen erforderlich sind, unterstützt werden. Da sie zudem dazu beiträgt, das Selbstkonzept eines Kindes nachhaltig zu beeinflussen, ist es unumgänglich, Bewegung in der Grundschule nicht allein als Gegenstand eines spezifischen Faches zu sehen, sondern ihr einen übergeordneten Stellenwert im Schulalltag beizumessen.

Literatur

AYRES, J.: Bausteine der kindlichen Entwicklung. Berlin – Heidelberg: Springer 1984.

BRAND, I./BREITENBACH, E./MAISEL, V.: Integrationsstörungen. Würzburg: Selbstverlag 1985.

BRODTMANN; D.: Unterrichtsmodelle zum problemorientierten Sportunterricht. Reinbek 1984.

BRODTMANN, D./LANDAU, G.: Wettkämpfe, Sportfeste, Spielfeste. Reinbek 1983.

BRUCKMANN, M./DIECKERT, J:/ HERRMANN, K.: Geräteturnen für alle. Celle 1991.

BURK, K./KRUSE, K. (Hrsg.): Wandertag – Klassenfahrt – Schullandheim. Frankfurt 1983.

DORDEL, S.: Bewegungsförderung in der Schule. Dortmund 1987.

GABLER, H./GRUPE, O.: Bewegung, Spiel und Sport. In: DEUTSCHER BILDUNGSRAT (Hrsg.): Die Eingangsstufe des Primarbereichs. Stuttgart 1975.

HAGEDORN, G. u.a.: Sport in der Primarstufe. Frankfurt 1972.

HILDEBRANDT, R./LAGING, R. (Hrsg.): Offene Konzepte im Sportunterricht. Bad Homburg 1981.

HEINEMANN, S.: Alternative Spiel- und Sportfeste. Lichtenau: AOL-Verlag 1988.

KAHLERT-REBY, J./MIEDZINSKI, K.: Physik spüren. In: Grundschule 20 (1988), 3, S. 30–33.

KIPHARD, E.J.: Das Problem der Hyperaktivität. In: Motorik 11 (1988), 1.

KRETSCHMER, J.: Sport und Bewegungsunterricht 1–4 München 1981.

OLBRICH, I.: Auditive Wahrnehmung und Sprache. Dortmund 1989.

PIAGET, J.: Das Erwachen der Intelligenz beim Kinde. Stuttgart 1975.

RUMPF, H.: Die übergangene Sinnlichkeit. München 1981.

SCHERLER, K.: Sensomotorische Entwicklung und materiale Erfahrung. Schorndorf 1975.

WASMUND-BODENSTEDT, U.: Tägliche Bewegungszeit in der Grundschule. Schorndorf 1984.

VOLKAMER, M.: Von der Last mit der Lust im Schulsport. Schorndorf 1987.

VOLKAMER, M./ZIMMER, R.: Vom Mut, trotzdem Lehrer zu sein. Schorndorf 1990[2].

ZIMMER, R.: Motorik und Persönlichkeitsentwicklung bei Kindern. Schorndorf 1981.

ZIMMER, R.: Kreative Bewegungsspiele. Freiburg 1990[2].

ZIMMER, R./CICURS, H.: Psychomotorik. Schorndorf 1990[2].

ZIMMER, R./CICURS, H.: Kinder brauchen Bewegung – Brauchen Kinder Sport? Aachen 1991.

VI. Grundsatzdiskussion: »Grundlegende Bildung«

Es gibt Diskussionen, die sind so überflüssig wie ein Kropf. So der Streit, ob der Auftrag der Grundschule in der »Grundlegung der Bildung« liege, somit »richtige« (mittlere, höhere) Bildung nur vorbereite, oder *in »grundlegender Bildung«, die bereits als richtige, vollwertige, in und für sich gültige Bildung anzuerkennen sei. Wieso »oder«? Die Grundschule ist für die Kinder hier und heute da, vermittelt also grundlegende Bildung für hier und heute. Die Grundschule ist aber auch für das Morgen und Übermorgen der Kinder verantwortlich, schafft mithin* **auch** *die Grundlage für weiterführende Bildung jeglicher Art. Eines geht nicht ohne das andere. Ziemlich frei nach Kant: Die Zukunft des Kindes ohne erfüllte Gegenwart wäre leer, seine Gegenwart ohne Blick auf die Zukunft blind. In dieser Zwickmühle steckt der Unterricht von Grund auf.*

HANS GLÖCKEL: Grundlegende Bildung – ein »offener« Begriff im pädagogischen Spannungsfeld

HANS GLÖCKEL

Grundsatzdiskussion VI: Grundlegende Bildung

Ein »offener« Begriff im pädagogischen Spannungsfeld

1. »Grundlegung«

1.1 Mittel und Selbstzweck

Wenn wir von »grundlegender« Bildung[1] sprechen, verwenden wir ein Bild aus dem Bauwesen. Solche Metaphern können, wenn sie gut sind, wesentliche Züge des an sich abstrakten Sachverhalts erhellen, sie können in ihrer massiven Konkretheit aber auch andere, ebenso wesentliche Momente verdunkeln (vgl. GLÖCKEL 1988).

Ein Grund **wird gelegt** aus zweck- und planmäßig verwendetem Material. Er soll fest und tragfähig sein, sich nicht mehr verändern. Er wird für ein Bauwerk gelegt, das auf ihm sicher, ohne Nachbesserung und Stütze, für lange Zeit stehen soll. Ist dieses einmal errichtet, dann sieht man vom Fundament nichts mehr und kann es vergessen.

Auch grundlegende Bildung soll solide und tragfähig sein, aber doch nicht nur etwas Passives, Statisches, sondern aktiv Erworbenes, lebendig Weiterwirkendes. Auch sie ist Voraussetzung für alles Weitere und Spätere, aber sie sollte Eigenwert haben, die auf sie verwendete Lebenszeit sollte ihren Sinn in sich selbst tragen.

»Die Lebenstätigkeit, die ihre Beziehung auf die Zukunft hat, muß zugleich auch ihre Befriedigung in der Gegenwart haben; so muß auch jeder pädagogische Moment, der als solcher seine Beziehung auf die Zukunft hat, zugleich auch die Befriedigung sein für den Menschen, wie er gerade ist. Je mehr sich beides durchdringt, um so sittlich vollkommener ist die pädagogische Tätigkeit«, (SCHLEIERMACHER 1826, hier nach 1966, 48).

1.2 Grundlage und Teil der Allgemeinbildung

Das gelegte Fundament ruht selbst wieder auf einem schon vorhandenen Untergrund, und mit dem Höherwachsen des Gebäudes wird immer augenfälliger, daß jedes Stockwerk **selbst wieder die Grundlage** für die nächsten bildet.

So ist es auch im Falle der Bildung: Familie und Kindergarten, Grundschule, Sekundar- und Kollegstufe bauen auf dem Vorhergehenden auf und sind Grundlage für das Folgende. So hat man *»Grundlegende Geistesbildung«* schon ausdrücklich als Aufgabe der höheren Schule bezeichnet (FLITNER 1965, 12; SPRANGER 1923), und in jüngster Zeit spricht man wieder von *»Grundbildung«* als Antwort auf gewisse Fehlentwicklungen der Kollegstufe. Sogar an der Universität gibt es ein »*Grund-*« und ein »*Aufbaustudium*«, und immer mehr Berufszweige wollen der Spezialisierung ein »Berufsgrundschuljahr« vorausschicken. Doch können wir von der Fachbildung hier absehen. Für den Bereich der allgemeinen Bildung ist die Relativität einer »grundlegenden Bildung« jedenfalls offenkundig, und beide Begriffe sind nicht sauber zu trennen. Im Grunde handelt es sich um zwei Aspekte der gleichen Sache:

> Bei der Allgemeinbildung denkt man mehr an das Ziel, bei der grundlegenden Bildung mehr an den Anfang. Als »*Anfang der Allgemeinbildung*« soll unser Begriff demnach verstanden werden. (Vgl. WITTENBRUCH 1990).

1.3 Bestimmter Anfang – offenes Ende

Die Legung eines Fundaments erfolgt in Absicht gemäß einem Plan. Auch bei unserem Leitbegriff denkt man an zielstrebige, planmäßige »Bildungsarbeit«. Nun kann man eine solche zwar auch bei manchen Eltern und in stärkerem Maße im Kindergarten finden, und die Bedeutung dieser Einflüsse darf nicht gering geschätzt werden. Aber erst die Schule geht nach genauen und verbindlichen Lehrplänen vor, ihre Bildungsarbeit unterliegt dem öffentlichen Eingriff und der Kontrolle. So ist es üblich und auch sinnvoll, den Beginn der grundlegenden Bildung mit dem Eintritt in die Schule anzusetzen.

Damit ist der Anfang klar, aber noch nicht die Dauer. Manche neigen dazu, den Begriff für die **ersten Schuljahre** zu reservieren (z.B. LICHTENSTEIN-ROTHER/RÖBE 1982, 9, 77). Häufiger bezieht man den Begriff hierzulande auf die **vierjährige Grundschule,** jedenfalls seit deren Begründung in der Weimarer Zeit:

> »*Die Grundschule als die gemeinsame Schule für alle Kinder der ersten vier Schuljahre hat die Aufgabe, den sie besuchenden Kindern eine grundlegende Bildung zu vermitteln, an die sowohl die Volksschule der vier oberen Jahrgänge wie die mittleren und höheren Schulen mit ihrem weiterführenden Unterricht anknüpfen können...*« (Reichsministerium des Inneren 1921, hier nach Wenzel 1970, 50).

Wieder andere (z.B. R. PETER 1954, 137) verstehen darunter den Unterricht für die **gesamte Zeit der Kindheit** vor dem Einsetzen des Reifealters und betonen damit die pädagogisch wichtige Einsicht, daß das Kind sich wesenhaft vom Jugendlichen unterscheidet. So etwa versteht man die »*elementary education*« in den englischsprachigen Ländern, die »*istruzione elementare*« in Italien, den »*basis onderwijs*« in den Niederlanden. Man kann als grundlegende Bildung auch die Aufgabe der gesamten Pflichtschule sehen, die dann in die Jugendjahre hineinreicht. Das gilt z.B. für die »*educación basica*« in Spanien und für die »*Sozialistische Allgemeinbildung*« in der früheren DDR, die eine »*unerläßliche Grundlage für die Entwicklung der sozialistischen Persönlichkeit*«, ein »*solides Fundament für jede weiterführende Bildung*« schaffen sollte, Aufgabe der »*zehn-klassigen polytechnischen Oberschule als grund-*

legende Erziehungs- und Bildungsstätte für alle Kinder des werktätigen Volkes« (NEUNER 1973, 23ff.).

Endlich gibt es im Rahmen der UNESCO noch einen Begriff der *»Fundamental Education«* für die Erwachsenenbildung, vor allem die Alphabetisierung in den Entwicklungsländern. Sie steht in völlig anderen gesellschaftlichen und lebensgeschichtlichen Zusammenhängen, hat aber inhaltlich doch einiges mit unserem Begriff gemein. Die Frage der Dauer ist also durchaus offen. Für unsere Zwecke ist sie durch den Kontext vorgegeben:

> Wir reden hinfort von grundlegender Bildung, soweit mit ihr die **Aufgabe der vierjährigen Grundschule** gemeint ist.

Das tun wir im Bewußtsein, daß für diese Festlegung mehr politische als pädagogische Gründe maßgebend sind; die Geltung der letzteren läßt sich nicht so streng begrenzen.

1.4 Aufgabe der Schule

Eine weitere, wichtige Bestimmung ist im Bisherigen enthalten: Es geht um Bildungserwerb unter den **Bedingungen von Schule** überhaupt. Damit eröffnet sich ein weites Feld von Fragen: Was ist Aufgabe und Funktion der Schule? Was kann man, was soll man in ihr lernen, in der ihr vorbehaltenen Zeit, auf den ihr möglichen Wegen, mit den ihr verfügbaren Mitteln? Was muß man in der Schule lernen, weil man es nur in ihr richtig lernen kann? Es müßte Vorrang vor allem anderen erhalten, das wünschenswert sein mag, aber zur Not auch anderswo gelernt werden kann. Was kann Schule überhaupt bewirken? Was bewirkt sie tatsächlich in planmäßiger Bildungsarbeit, was in ihren unbeabsichtigten Nebenwirkungen? Solche Überlegungen führen tief in Grundfragen der Schultheorie hinein, die hier nicht behandelt werden können, die wir aber immer im Auge behalten müssen, wenn wir uns nicht in Wunschträume verlieren wollen.

> Dies ist jedenfalls gewiß: Die Grundschule leistet planmäßige Bildungsarbeit. Sie soll und kann einen soliden Grund für deren Weiterführung legen, und sie kann diese doch nur anfangen und anbahnen, nichts fertig machen und abschließen. Sie ist hierfür notwendig und unersetzlich, und sie kann es doch nicht allein tun.

2. Ziele und Aufgaben

Grundlegende Allgemeinbildung in unserem heutigen Sinne hat, wenn sie auch aus unterschiedlichen Wurzeln stammen mag, ihren ersten, großartigen Ausdruck in der Vision des COMENIUS gefunden: *»omnes omnia omnino«* – *alle* sollen *alles* in einer auf das *Ganze,* das Wesentliche bezogenen Weise lernen, und das soll »*secundum naturam*«, auf naturgemäßem Wege geschehen. Was damals Utopie war, ist heute greifbare Wirklichkeit einer allgemeinen öffentlichen Erziehung, die freilich nicht frei von Problemen, Widersprüchen und Antinomien ist.

2.1 Omnes: Gleiche und gemeinsame Bildung für alle

● **Gleich**

Dies ist das gesellschaftspolitische Anliegen, das sich gegen zähe Widerstände durchgesetzt hat und heute, jedenfalls öffentlich, nicht mehr bestritten wird: Innerhalb der Gesellschaft, des Volkes der Nation soll es keine Unterschiede zwischen Ständen, Klassen, Schichten, Gruppen, Einzelmenschen geben. Mit der Durchsetzung der Schulpflicht ist dies vom äußeren Rahmen her gesichert, freilich nur in den »entwickelten« Kulturländern. Der heute zwingend geforderte weltweite Blick zeigt, daß die Menschheit noch einen weiten Weg zu diesem Ziele hat. Und auch bei uns besteht diese Gleichheit ja nur ein Stück weit. Die Bildungswege führen in unterschiedliche Weite und Höhe, und sie unterscheiden sich schon während der Pflichtschulzeit.

● **Gemeinsam erworben**

Erst spät ist das weitere Anliegen hinzugekommen, daß diese Grundbildung auch gemeinsam in derselben Schule erworben werden solle. In bezug auf die Inhalte ist das nicht zwingend nötig, es erscheint aber im Hinblick auf die »Nebeneffekte« schulischen Lernens – die man auch als Haupteffekte betrachten kann – für wünschenswert, ja unabdingbar. Die Einheits- bzw. Gesamtschulbestrebungen haben darin ihr Leitmotiv. Mit der Weimarer Grundschule ist das gemeinsame Lernen in unserem Lande wenigstens für die ersten vier Schuljahre erreicht worden.

● **Ausgleichend**

Wer Ungleiche gleich behandelt, kann die Ungleichheit vergrößern. Die vor- und außerschulischen Lebensbedingungen der Kinder sind so verschieden, daß das gleiche schulische Angebot dem Ziel der Gleichheit geradezu entgegenwirkt und damit als diskriminierend empfunden wird. Solche Erfahrungen und Überlegungen gaben einen der Anstöße zur Grundschulreform der sechziger und siebziger Jahre. Zum einen sollte in der Grundschule insgesamt mehr gelernt, das Niveau ihres Angebots und ihrer Anforderungen für alle gehoben werden. Zum anderen sollte sie durch besondere Zuwendung zu den benachteiligten Kindern bestehende Unterschiede kompensieren, um der Gleichheit der Chancen, jedenfalls der Startchancen im Wettlauf des Lebens willen. Dagegen stand aber wieder ein anderes Prinzip: Auch die durch Natur und Umwelt Begünstigten sollten ein Recht auf Förderung ihrer Fähigkeiten haben. Im Strukturplan des Deutschen Bildungsrats (1970) lautete das so:

»In einem einheitlichen Grundprogramm sollen alle Kinder besser gefördert werden«, (121); und »Kinder, die besonderer Lernhilfen bedürfen, sollen in dafür geeigneten Kursen die notwendige Unterstützung erfahren (129); aber auch »durch Zusatzangebote sollen möglichst alle Kinder in ihren besonderen Neigungen angesprochen und darin weiter angeregt werden« (29); denn »Chancengleichheit darf nicht durch eine Nivellierung der Ansprüche angestrebt werden« (30).

Darin war das Programm einer weitgehenden Differenzierung der grundlegenden Bildungsarbeit enthalten.

● **Gleich und doch ungleich**

Wer könnte etwas gegen diese drei Zielsetzungen haben? Sie sind alle richtig, ja notwendig. Aber hier wie in anderen Punkten des recht oberflächlich gearbeiteten Strukturplanes hat der Bildungsrat es sich leicht gemacht. Er stellt die drei Forderungen nebeneinander, wie wenn sie sich in Harmonie vereinbaren ließen, während sie in Wirklichkeit doch in Spannung zueinander stehen. Die außerordentlich vielfältigen, weltweit mit großem Engagement betriebenen Bemühungen um die Verwirklichung des Differenzierungsauftrags in der Praxis haben durch die Erfahrung das bestätigt, was bei nüchterner Überlegung zu erwarten war:

▶ Die Schule muß **Gleiches** bieten und fordern, um überkommene soziale (familiäre, lokale, schichtbestimmte, nationale) Ungleichheiten zu überwinden, und erreicht damit tatsächlich einerseits Angleichung, andererseits Vergrößerung der Unterschiede.

▶ Sie muß gleichzeitig **Unterschiedliches** bieten und fordern, differenzieren und individualisieren, und dies aus gegensätzlichen Motiven:

▶ einerseits um bestehende Defizite kompensatorisch **auszugleichen** und gleiche Chancen zu fördern, was im Interesse sowohl des Einzelnen sowie der Gesellschaft ist,

▶ andererseits, mit dem Ziel, die **individuelle Eigenart zu fördern** und dadurch notwendigerweise die Unterschiede zu vergrößern, und das ebenfalls um des Einzelnen und der Gesellschaft willen.

> Grundlegende Bildungsarbeit steht damit vor einem Dilemma, dem sie nicht ausweichen und das sie doch nicht voll bewältigen kann. Denn in ihm spiegelt sich die Grundspannung unseres heutigen Welt- und Gesellschaftsbildes, das zugleich bestimmt ist von den Ideen der Freiheit und der Gleichheit, vom Recht des Individuums und dem Anspruch der Gesellschaft, vom liberalen und vom sozialen Prinzip.

Beiden Prinzipien sind wir zutiefst verpflichtet; deswegen ist das Differenzierungsproblem grundsätzlich nicht lösbar, und die jeweiligen praktischen Lösungen können nie voll befriedigen. (Vgl. GLÖCKEL 1983; EINSIEDLER in SCHORCH 1988).

● **Mehr gleich als ungleich**

Wenn das klar erkannt ist, kann man an die Arbeit gehen, um das jeweils Mögliche zur Bewältigung dieser Grundspannung zu tun. Für den Bereich der grundlegenden Bildung wird – aus den schon genannten Gründen – die Gleichheit größeres Gewicht erhalten. Das Hauptinteresse gilt hier einem »*Fundamentum*«, das mehr als einen bloßen »Minimalkatalog« umfassen, aber doch so bemessen sein sollte, daß es für die Mehrzahl der Schüler zum sicheren Besitz werden kann. Daneben bedarf es der gruppenspezifischen und individuellen Angebote, teils mehr kompensatorisch-ausgleichenden, teils mehr zusätzlich fördernden Charakters.

● **Doch ungleich**
Aber auch dann bleibt eine Minderzahl von Kindern, lernschwachen, unterschiedlich behinderten, die auch mit dem »*Fundamentum*« nicht voll zurechtkommen werden. Ob man sie besser in »separierten« Sonderschulen oder »integriert« in der Normalschule betreut, ist gegenwärtig umstritten. Wenn breitere Erfahrungen gesammelt sind, wird man diese Frage differenziert beantworten. In jedem Falle bleibt das Ziel einer völligen Gleichheit eine – letztlich inhumane – Fiktion; auch bei der grundlegenden Bildung muß man schon mit Niveauunterschieden rechnen.

2.2 Omnia: Allseitige, vollständige, ausgewogene Bildung

Daß dieses »omnia« nicht eine enzyklopädische Vollständigkeit bedeuten kann, auch keine Alleinzuständigkeit der Schule für alles Wissen, wie sie Comenius noch vorgeschwebt haben mag, dürfte in unserer Zeit klar sein. Und doch steckt darin ein berechtigter, pädagogisch unaufgebbarer Anspruch: Der ganze Mensch soll gebildet, die volle Teilhabe an der Kultur soll ihm ermöglicht werden.

2.2.1 Allseitige Bildung

Nur mit korrespondierenden Begriffen läßt sich diese »Allseitigkeit«, das »Ganze des Menschen« ausdrücken.

● **Totalität und Universalität**
In der klassischen Bildungstheorie sprach man von der »Totalität« der entfalteten Kräfte und der »Universalität« der erschlossenen Kulturbereiche in ihrer wechselseitigen Bedingtheit: Die individuellen Interessen, Fähigkeiten, »Kräfte« können sich nur in der Begegnung mit Sachverhalten entfalten, und diese »Kulturgüter« leben nur weiter im Interesse, Wissen und Können lebendiger Menschen. Sie sind nicht beliebiges Material zur Formung der »Persönlichkeit«, sie haben Eigenwert; sie dienen dem Menschen, indem er ihnen dient. Damit ist Entscheidendes für das Verhältnis von Person und Sache, Einzelnem und Gesellschaft erkannt.

● **Material und formal**
An »materiale« und »formale« Bildung denkt man, wenn man einerseits »Kenntnisse« und »Einsichten«, andererseits »Fähigkeiten, Arbeitstechniken« vermitteln will. In der Praxis herrschen wohl oft die ersteren vor, in der Theorie werden zur

Zeit die letzteren betont, weil es vor allem auf das »Lernen des Lernens« ankomme. In Wirklichkeit bedingen beide Seiten einander. Einzelinhalte nützen wenig, wenn man mit ihnen nicht umzugehen weiß; und die sogenannten »formalen« Fähigkeiten lassen sich nur an Inhalten üben. Diese werden mitgelernt und sollten daher auch nach ihrem eigenen Wert ausgewählt sein. Das Einprägen beziehungsloser Einzelkenntnisse ist ebenso eine Fehlform des Unterrichts wie die Schulung von Arbeitsweisen an wertlosen Inhalten.

Im Begriff der *kategorialen Bildung* ist der Gegensatz von »material« und »formal« aufgehoben. Richtig Gelerntes, d.h. an geeigneten Sachverhalten methodenbewußt und verständig gewonnenes Wissen wird selbst zur »Kraft«, zur Kategorie, zur »Form und Regel der Auffassung künftigen Wissens im jeweiligen Gegenstandsbereich« (SCHELER 1947, 23; KLAFKI 1963, 44).

Das empfängliche, zunehmend leistungsfähige Gedächtnis des Grundschulkindes und seine schier unbegrenzte Übungsbereitschaft machen es bereit sowohl zur Aufnahme einer Fülle von Informationen – Bildern, Vorstellungen, Namen, Erklärungen –, wenn sie nur altersgemäß dargeboten werden, als auch für die gründliche Einschulung von Fertigkeiten und Arbeitsweisen. Diese Bereitschaft muß so gut wie möglich genutzt werden.

● **Kopf, Herz und Hand**
Mit Wendungen, wie *»Denken, Fühlen, Wollen«*, *»kognitiv, affektiv, pragmatisch«*, poetischer *»Kopf, Herz und Hand«* o.ä. drückt man die Einsicht aus, daß die »Kräfte«, »Funktionen« oder »Persönlichkeitsbereiche« des Menschen von verschiedener Qualität sind und erst zusammen ein Ganzes ausmachen. Sie sind einerseits engstens verwoben, nur in analytischer Betrachtung zu trennen. Andererseits können sie doch einseitig gefördert oder vernachlässigt werden. Sie brauchen das sachliche Gegenüber in ihnen entsprechenden Inhalten und Kulturbereichen, wenn sie sich ausgewogen entwickeln sollen.

● **Wissen und Haltung**
Diese Formel, die wichtigste von allen, erinnert daran, daß noch so reiches Wissen und sicheres Können nur von Wert sind, wenn sie mit Wertempfänglichkeit, sittlichem Empfinden, Gewissen verbunden sind und zu verantwortlichem Handeln führen. Bloße Förderung der Tüchtigkeit bleibt unzureichend, ja gefährlich, wenn mit ihr nicht die Kultivierung der Gefühle, die Klärung des Werterlebens und der Aufruf zur Verantwortungsbereitschaft einhergehen. Schule hat nicht nur einen Unterrichts-, sondern auch einen Erziehungsauftrag.

2.2.2 Inhaltlich vollständige Bildung

● **Historisch geworden**
Die bisherigen Bestimmungen, so wichtig sie zur grundsätzlichen Orientierung sind, bleiben formal und allgemein. Aus ihnen kann man ebensowenig Einzelin-

halte ableiten wie aus »Bildungsidealen« oder »Richtzielen«. Inhalte sind geschichtlich vorgegeben, vertreten durch Menschengruppen, die sie wertschätzen und im Ringen um den Lehrplan mit Hartnäckigkeit verfechten. Dabei stehen überkommene, für bewährt geltende Inhalte gegen neue, die sie ersetzen wollen oder doch wenigstens zusätzliche Aufnahme fordern.

W. FLITNER (1958) hat gezeigt, wie der gegenwärtige Kanon der Volksschulbildung, die wir hier mit grundlegender Bildung gleichsetzen dürfen, historisch geworden ist, jeweils bedingt durch ein bestimmtes Bild vom Menschen und von der Aufgabe der Schule:

▶ Die *»deutsche Schule«* des ausgehenden Mittelalters lehrte Schreiben, Lesen und, wenn es hoch kam, elementares Rechnen als isolierte Brauchkünste für das wirtschaftlich-praktische Leben.

▶ Die *katechetische Schule* der Reformation und Gegenreformation brachte die systematische und religiöse Unterweisung für den kirchlichen Laien, der sich seines Glaubens vergewissern sollte.

▶ In der *realistischen Muttersprachschule* des 18. Jahrhunderts, von aufgeklärten Fürsten befördert zur Erzeugung billiger und brauchbarer Untertanen, kamen gemeinnützige Realien, praktische Künste und die Muttersprache in ihrer Verständigungsfunktion hinzu.

▶ *Nationalerziehung* und *volkstümliche Bildung* bestimmten im 19. Jahrhundert das Programm. Der einzelne sollte in die Lebens- und Kulturgemeinschaft seines Volkes eingeführt werden durch Pflege von nationaler Geschichte und Literatur, vertiefte Besinnung auf die Gehalte der Muttersprache, Musik und Kunst.

● **Stofflich überladen**
In unserer Zeit zeichnet sich ein **fünfter Schub** ab, gekennzeichnet durch die Einführung von Sozial- und Erziehungskunde, Wirtschafts- und Arbeitslehre, Werken bzw. Polytechnischem Unterricht und Informatik, Sexual- und Verkehrskunde, dazu einer verpflichtenden Fremdsprache. Dies entspricht dem *Leitbild vom mündigen Bürger des demokratischen Gemeinwesens* in einer von Wissenschaft und Technik, Medien und weltweiter Verständigung bestimmten Gesellschaft.

Hinzu kommen vielfältige aktuelle Aufgaben, die aus den Nöten der Zeit erwachsen und die Mithilfe der Schule fordern, als da sind Friedens- und Umwelterziehung, Sicherheits-, Gesundheits-, Bewegungs- und Ernährungserziehung, Wirtschafts-, Rechts- und Verbrauchererziehung, Freizeit-, Medien-, Computer-, Antidrogen- und Antisektenerziehung usw. Solche »Bindestrich-Erziehungsaufträge«, auch wenn sie ihre Alibi-Funktion angesichts des Versagens der Erwachsenen kaum verbergen können, erscheinen als einzelne doch zumeist legitim und lassen sich kaum abweisen. Sie sind aber nur schwer in den sowieso zu vollen Kanon zu integrieren und mit den Mitteln der Schule nur höchst unzulänglich zu erfüllen. Jedenfalls belasten sie den Lehrplan und führen in ihrer Buntheit die Idee einer ausgewogenen »Vollständigkeit« eher ad absurdum (vgl. GLÖCKEL 1985).

● **Qualitativ vollständig – quantitativ bescheiden**
Angesichts der Uferlosigkeit vieler im einzelnen leicht zu begründender, in der

Fülle nicht mehr zu bewältigender Stoffe kann es nur um *»qualitative Vollständigkeit«* (DÖRPFELD) gehen. Sie zu gewährleisten, ist Sorge der Lehrplantheorie. Ihr Anliegen ist, die wesentlichen *»Interessen«* (HERBART), *»geistigen Grundrichtungen«* (FLITNER), *»Sinnprinzipien der Kulturbereiche«* (KOPP) herauszuarbeiten, die nicht notwendig mit den herkömmlichen Schulfächern zusammenfallen, in ihrer Gesamtheit aber doch den Bereich möglicher Inhalte grundsätzlich abdecken. Auf ihre Vollständigkeit, nicht auf die Menge der Einzelinhalte kommt es an. *»Befreiende Weite des Horizonts«* muß einhergehen mit *»Sparsamkeit und Strenge«* in der Beschränkung auf *»die wirklich schulenden geistigen Beschäftigungen«* (FLITNER 1965, 60). Offenheit für vielseitige Anregungen muß sich vereinen mit Gründlichkeit und Treue solider Lernarbeit im schulischen Alltag. Gleichwohl muß um jede Einzelentscheidung noch gerungen werden; denn nicht alle Wünsche sind zu erfüllen, nicht alle Forderungen zu vereinbaren, es sei denn auf Kosten der Solidität des gelegten Grundes.

2.2.3 Ausgewogene Bildung

Allseitigkeit der personalen Entfaltung und Vollständigkeit der geistigen Grundrichtungen unserer Kultur fordern die Ausgewogenheit des Lehrplans, wenn kein Prinzip vorherrschen, kein Gegenstandsbereich die anderen an die Wand drücken soll.

● **Orientierung am Kind und Wegweisung nach vorn**
Der Lehrplan muß sich am Kind orientieren, seinen »Bedürfnissen« entgegenkommen, seine »spontanen Interessen« befriedigen, weil sich in ihnen besonders deutlich zeigt, welche Gegenstände und welche Lernwege Kindern gemäß sind. Andererseits erwachsen Interessen aus Anregungen von außen, und hier ist es Aufgabe der Schule, in einem verbindlich vorgegebenen Lehrplan den zufälligen, oft beschränkten, ja fragwürdigen Einflüssen der Umwelt ein vielseitiges, ausgewogenes, verantwortlich begründetes Angebot entgegenzusetzen. Das zentrale »Bedürfnis« der Kinder besteht ja darin, solche Anregungen zu erhalten, neue Interessen zu gewinnen, die Welt immer besser kennen und verstehen zu lernen.
● **Anpassung und Widerstand**
Die Lebenssituation der Kinder unserer Zeit ist ernst zu nehmen mit all ihren Beschränkungen von Spiel und Bewegung, Primärerfahrung und verantwortlicher Teilhabe, der Flut von Informationen aus zweiter Hand, den schwer durchschaubaren Strukturen, dem Übermaß an Abwechslung und Zerstreuung. Andererseits darf die Schule diese Unruhe und Zersplitterung nicht noch verstärken. Sie muß ihr entgegenwirken, indem sie Erfahrung aus erster Hand ermöglicht, die Informationsfülle klärt und ordnet, zum genauen Schauen, Hören und Fragen anleitet, verbindliche Aufgaben stellt, konkrete Verantwortung überträgt, die Freude wirklichen Verstehens und Gelingens erleben läßt, wie sie aus ruhiger Konzentration auf Wesentliches erwachsen.

336

- **Nützliches und Wertvolles**

Grundlegende Bildung muß gegenwarts- und lebensnahe Themen aufgreifen und so den Kindern die eigene Lebenswirklichkeit erschließen helfen – und darf sich doch nicht in bloß Aktuelles und Nützlich-Pragmatisches, in Trivialitäten des Alltags verlieren, erst recht nicht die Kinder mit Erwachsenenproblemen bedrängen, die ihnen noch wenig bedeuten, mit Erwachsenenkonflikten belasten, die das Vertrauen und die Lebenszuversicht erschüttern, die Kinder doch brauchen, um später für die vollen Lebensprobleme um so besser gerüstet zu sein.

Der Pädagoge muß sich der Fragwürdigkeit eines vordergründig verstandenen Prinzips der »*Lebensnähe*« bewußt sein.

▶ Zum einen gibt es gerade im grundlegenden Lernen eine Vielzahl von Themen, die nicht zur unmittelbaren Lebenserschließung, sondern wegen ihrer systematischen Bedeutung für späteres Lernen, also gewissermaßen auf Vorrat gelernt werden müssen. Sie werfen manchmal Motivationsprobleme auf, die sich aber lösen lassen.

▶ Zum anderen darf die Schule grundsätzlich nicht das Leben, wie es ist, zum Maßstab nehmen und es so bloß reproduzieren. Ihre Aufgabe besteht auch und gerade darin, dieses Leben reicher und tiefer zu machen, dem Kinde Bereiche aufzuschließen, zu denen es sonst keinen Zugang fände und die doch wertvoll und wichtig sind. Hier ist vor allem an die Inhalte von bleibender Bedeutung zu denken, die »*erwiesenen Gehalte*«, die zum Schlüssel für Weltverständnis und Sinndeutung des Lebens werden können. Sie begegnen dem Kinde in gültig gestalteter Form, in »*Bildern und Geschichten*«, die über das Alltagsleben hinaus in das Reich der Phantasie führen und dem Geist des Kindes die Substanz geben, von der es ein Leben lang zehren kann (FLITNER 1956, 30; 1965, 12 und passim). Das so Gelernte gibt selbst seine Stimme zum Leben, macht es reicher und menschlicher, schafft Distanz zum Leben, wie es ist, legt die Basis mündigen Selbstandes. »*Wird dieser Grund nicht gelegt, so fehlt etwas*« (SPRANGER 1955, 22).

Das alles bedeutet nicht das Vorspielen einer »*heilen Welt*«, das Vertuschen von Konflikten, wohl aber die Gewährleistung einer verläßlichen, von Kindern seelisch zu bewältigenden Welt mit kindgemäßen Freuden und Beschwernissen.

Grundlegende Bildung im Kindesalter muß, um einen sicheren Grund zu legen, diesen Inhalten von bleibender menschlicher Bedeutung sogar den Vorrang geben und darf sich auch von daher nicht **nur** der Aktualität ausliefern.

- Überkommenes und Neues

Wenn so gerade für die »*Grundlegung*« die Bedeutung des Überlieferten betont wird, der gemeinsame Grundbestand geistiger Inhalte in Sitte und Alltagspraxis, Musik und Kunst, Sprache und Dichtung, die als Reservat wechselseitiger Verständigung, kollektiver Lebenserfahrung und kultureller Identität nicht verloren gehen dürfen, so sind diese doch nicht für alle Zeiten der Kritik und Neubestimmung entzogen. Die – in der Regel im Generationenabstand – immer wieder notwendige Umschichtung und Neubewertung bedeutet Bereicherung und Verlust zugleich. Neues, das an die Stelle von Altem treten soll, muß sorgfältig auf seine Qualität geprüft werden. Nur dann hat es Aussicht zu überdauern. Nur Gutes kann einen sicheren Grund legen.

- **Lesen, Schreiben, Rechnen**

  Die historisch und systematisch erste Aufgabe grundlegender Bildung ist, Lesen, Schreiben und Rechnen zu lehren. Es wäre eine ganz und gar unzureichende Bildungstheorie, die diese »*Kulturtechniken*« als bloße »*Hilfsmittel*« verstehen wollte (z.B. Deutscher Bildungsrat 1970, 139). Sie sind gewiß Techniken, aber sie sind auch ein Stück Kultur, im vollen Wortsinn deren »*Grundlage*«. Mit ihrer Erlernung tut der kleine Mensch einen entscheidenden Schritt in diese Kultur und Gesellschaft. Er erwirbt vertieftes Verständnis für Sprache und Sachen, für den Umgang mit Symbolen als Voraussetzung jeder höheren geistigen Tätigkeit. Er gewinnt Selbständigkeit im Zugang zu Sachbereichen und mit ihr ein Stück Mündigkeit. Lesen, Schreiben und Rechnen sind in erster Linie das, was man nur in der Schule richtig lernen kann und was daher alle Beteiligten mit Recht von ihr erwarten. Die Erleichterung ihres Lernens durch Verbesserung der Methoden ist selbst eine Kulturtat ersten Ranges. Aber sie sind immer noch schwierig, müssen zu einem soliden Können geführt werden, bedürfen eines hohen Aufwands an Zeit und Mühe und müssen ihn bekommen (Litt 1926, 46; Bärmann 1979, 53; Schorch 1983; Glöckel 1987, vgl. auch Kap. II in diesem Band des Handbuches).

2.3 Omnino: Verfahrensweisen grundlegender Bildungsarbeit

Vielfältige Aufgaben fordern vielfältige Methoden. Wie die Ziele, so sind auch die Verfahren grundlegender Bildungsarbeit »*reich an Kontrasten*« (Rabenstein 1982 b, 63).

- **Kind- und sachgemäß**

  Der Unterricht soll kindgemäß sein, die durch Natur und Umwelt bedingten Verstehens- und Erlebnismöglichkeiten der Entwicklungsstufe berücksichtigen, und er soll zugleich sachgemäß sein, sich »*an Wissenschaft orientieren*«.
  Beide Forderungen lassen sich vereinen, wenn »Wissenschaftsorientierung« richtig verstanden wird, nämlich als eigentätige Erkenntnisarbeit in unmittelbarer Auseinandersetzung mit exemplarisch ausgewählten Sachverhalten unter fachlich angemessener Fragestellung.

- **Zukunftsgerichtet und gegenwartsnah**

  Der Unterricht soll zielgemäß sein, den vielseitig interessierten, fachlich tüchtigen, sozial verantwortlichen, mündigen Menschen vor Augen haben und dieses Ziel in vielen kleinen Schritten vorwegnehmen. Zugleich soll er dem Eigenwert der Kindheit Raum geben, jede Altersstufe voll durchleben lassen.
  Beide Forderungen lassen sich vereinen, wenn Kinder ernst genommen, vor angemessene Aufgaben gestellt werden – und wenn dies doch mit Gelassenheit und Zuversicht geschieht im Wissen darum, daß eine erfüllte, um ihrer selbst willen

gelebte Kindheit die beste Vorbereitung für die Forderungen des Erwachsenenlebens sein kann.

- **Gemeinsam und differenzierend**
  Der Unterricht soll in gemeinsamer Arbeit einheitliche Grundlagen schaffen, und er soll der Differenzierung und Individualisierung Raum geben, um der Einheitlichkeit wie auch der Unterschiedlichkeit willen.
  Beide Forderungen lassen sich, wie oben gezeigt, grundsätzlich nicht, praktisch ein Stück weit vereinbaren, wenn man der Fiktion einer völligen Gleichheit absagt, der Arbeit am *»Fundamentum«* den Vorrang gibt und für die damit nicht ausgelasteten Kinder doch genügend Anregung und Herausforderung bereithält.

- **Gegenstandsnah und distanzierend**
  Die Unterrichtsverfahren sind bestimmt durch konkret-anschauliche Sachverhalte, gefühlhaft-personbezogene Einbettung und lebendig-fantasievolle Gestaltung, handelnd-denkende Erarbeitung, handelnd-darstellende Aufarbeitung, abwechslungsreiches Üben. Sie fördern sammelndes, erkundendes, entdeckendes, schaffendes, übendes, spielendes, aber auch empfangendes, teilnehmendes, nachahmendes, intuitives Lernen, wie es Kindern dieser Altersstufe entspricht. Sie vermitteln insbesondere die sonst immer mehr verkümmernden Erfahrungen aus erster Hand durch originale Begegnung, unmittelbare Auseinandersetzung mit Sachen und Menschen.
  Sie geben aber auch Hilfe zur gedanklichen und bewertenden Klärung von Erfahrungen und Informationen aus zweiter Hand durch konsequente Anleitung zu präziser sprachlicher Benennung, schrittweise abstrahierender Begriffsbildung, erklärender und begründender Verknüpfung, abwägender Beurteilung, nachdenklichem Fragen nach dem Sinn. In ihrer Vielfalt geben sie den so unterschiedlichen Kindern immer neue Chancen, auf ihnen gemäße Weise zu lernen.

- **Eigenständig und vermittelnd**
  Grundlegende Bildung beansprucht eigenen Raum und folgt eigenen Gesetzen, aber sie hat ihre Vorstufe, und sie führt weiter. Der Erstunterricht bemüht sich um einen *»bruchlosen Übergang von der Spielwelt zur Arbeitswelt«* (RABENSTEIN 1982 b, 62ff.), ohne dem Kinde das Bildungserlebnis zu versagen, das mit dem Eintritt in die Schule als etwas Neues und Andersartiges verbunden ist. Er bemüht sich um *»langfristige, umfassende und nachhaltige Förderung von Arbeitshaltung und Arbeitsverhalten in kleinsten Schritten«*, den Ausgleich von *»Abschnitten intensiver Lern- und Übungsarbeit mit spannungsfreien, spielähnlichen Unterrichtsphasen«* (RABENSTEIN ebenda; vgl. SCHORCH 1988, 34ff.). Grundschule blickt aber auch nach vorn. Sie macht Kinder erst eigentlich zu Schülern, bereit zum Übertritt in die Sekundarstufe mit ihren höheren Anforderungen an Verständnis, Lernwillen und Arbeitshaltung. Solange mit diesem Übertritt eine erste Auslese verbunden ist, werden deren Schatten auf die letzten Jahre der Grundschule zurückfallen, ohne daß sie diese zu sehr beunruhigen dürfen.

● **Geplant und offen**

Die Lehrpläne enthalten einen nicht zu kleinen Mindestkatalog verbindlicher Anforderungen und lassen einen weiten Freiraum der Entscheidung für Lehrer und Schüler. Sie vermitteln das *»Elementare«* der Fachgebiete mit der jeweils angemessenen Methode:

▶ in elementaren *Lehrgängen* mit lückenlosem, wenn auch variablem Aufbau, sorgfältiger Kontrolle und Sicherung des Lernerfolgs, insbesondere im Lesen, Schreiben und in der elementaren Mathematik,

▶ in nicht lehrgangsgebundenen *Unterrichtseinheiten,* vor allem im Sachunterricht, die der ersten Begegnung mit unterschiedlichen Sachverhalten, dem Erlernen fachgemäßer Arbeitsweisen, der Weckung weiterwirkender Interessen dienen,

▶ in individueller *Freiarbeit* und im freien gemeinsamen *Gespräch,*

▶ in einer Fülle »grundlegender Geistestätigkeiten«, die *spontane Akte* eines konzentrisch sich erweiternden, gewissermaßen wachstümlichen Lernens ermöglichen,

▶ über den planmäßigen Unterricht hinaus in den Aktivitäten eines vielseitig anregenden, kindgemäßen *Schullebens* (vgl. WITTENBRUCH im ersten Band dieses Handbuches).

● **Unterrichtend und erziehend**

Aller Unterricht und alles Schulleben dienen sowohl dem Erwerb von Wissen, Verstehen und Können als auch der *Erziehung zu sittlicher Haltung.* Diese schließt Wertempfänglichkeit, Einfühlungsvermögen, sittliches Urteil, Fähigkeit und Bereitschaft zur Mitverantwortung ein. Sie wird gefördert durch unreflektierte Erfahrung im engen Kreis gesitteten Zusammenlebens, Mit- und Selbertun in konkreter Verantwortung, Besinnung auf die Motive eigenen und fremden, selbst erlebten und unterrichtlich vermittelten Handelns (BRESLAUER und PFEUFFER in SCHORCH 1988, GLÖCKEL 1985).

In einer Atmosphäre der Sicherheit und Geborgenheit erfährt das Kind Zuwendung und Anerkennung, Hilfe und Führung, angemessene Forderung und Bestätigung, wächst es heran in langjährigem Umgang mit gebildeten Erwachsenen. So werden ihm alle Chancen einer zeitgerechten grundlegenden Bildung geboten. Ergreifen muß es sie freilich selbst – wenn es wirklich *Bildung* erwerben soll.

3. »Bildung«

Bisher haben wir diesen Begriff fraglos vorausgesetzt, der so schwierig und voraussetzungsvoll, so vielfältig und umstritten ist – und den wir doch als *»regulative pädagogische Idee«* (E. WEBER) nicht entbehren können. Um ihn voll zu verstehen, müßte man um seine wechselhafte Geschichte wissen:

● seinen Ursprung in der Idee Menschenbildung während der »pädagogischen Epoche« zwischen ausgehender Aufklärung, Idealismus und Neuhumanismus,

- seine Verflachung zum literarisch-ästhetischen Kult der Innerlichkeit eines privilegierten Bürgertums,
- seine »Demokratisierung« unter gesellschaftspolitischen und sozialethischen Einflüssen um die Jahrhundertwende,
- seine Vertiefung nach der Erschütterung der Weltkriege,
- seine Verschiebung aus dem pädagogischen in den organisatorisch-politischen Bereich während der »Bildungsreform« der sechziger und siebziger Jahre,
- seine Wiederbelebung als unverzichtbares Wortsymbol für den eigentlichen Sinn, das zentrale Anliegen allen Erziehens und Unterrichtens (vgl. GUARDINI 1959; MENZE 1970; WEBER 1972; KLAFKI 1985; KÖSSLER 1990).

Viele und unterschiedliche Motive schwingen in ihm mit:

- »Materiale« Inhalte, Kenntnisse, Einsichten – und »formale« Fähigkeiten, Fertigkeiten, Kräfte,
- spezielle »Qualifikationen« als Ergebnis solider Ausbildung – und der weite Horizont, der ihnen erst Ort und Stellenwert zuweist,
- Aneignung des gemeinsamen Kulturbesitzes als Voraussetzung der Verständigung – und Findung des persönlichen Standpunktes, mündige Selbstbestimmung,
- geistige Kultiviertheit durch Beschäftigung mit wertvollen Kulturgütern – und »Herzensbildung«, verfeinertes Gemüt, gewecktes Gewissen, nuancierte und tatbereite Sittlichkeit,
- »Wissen« im Sinne umfassenden Selbst- und Weltverständnisses – und »Haltung«, gefestigte Gesinnung, verantwortliches Handeln,
- persönliche Selbstentfaltung, »Selbstverwirklichung« – die doch nur erreichbar ist im Dienste der Sache und des Mitmenschen,
- Zustand, anzustrebende Gesamtverfassung des Menschen – und zugleich Vorgang, aus Entwicklungs- und Lernprozessen verwobener persönlicher Bildungsgang,
- zu erwerbendes Gut – und lebenslange Aufgabe,
- was planbar ist und geplant werden muß – und was aus spontaner Selbstentfaltung, freiwilligem Interesse und eigener Entscheidung entspringt,
- was die Schule geben kann – und was Lohn eines gemeisterten Lebens ist,
- was menschlicher Absicht unterliegt – und was Freiheit, Geschenk, Gnade bleibt.

Bildung ist an **Unterricht** und **Erziehung** gebunden und geht doch nicht in ihnen auf. Die Schule leistet das Ihre durch solide Unterrichts- und Erziehungsarbeit. Je besser sie das tut, desto eher darf sie hoffen, daß daraus **Bildung** erwachse.

Es ist eine immer von neuem beglückende Erfahrung, mit welcher Lernbereitschaft, welcher Zuversicht und welchem Lebensmut Kinder dieses Angebot annehmen und so die Grundlagen für den langen Weg eines durch Bildung bestimmten und bereicherten Lebens erwerben.

Literatur

Arbeitsgemeinschaft Evang. Erzieher in Deutschland (AEED): Plädoyer für Grundbildung. Memorandum zur gymnasialen Oberstufe. Münster 1985.

BÄRMANN, F.: Schrift und Schreiben. Braunschweig 1979

BAUER, H.F. u.a.: Fachgemäße Arbeitsweisen im Sachunterricht der Grundschule. Bad Heilbrunn 1975 (3).

Deutscher Bildungsrat: Strukturplan für das Bildungswesen (1970). Stuttgart 1972 (4).

EINSIEDLER, W./RABENSTEIN, R. (Hrsg.): Grundlegendes Lernen im Sachunterricht. Bad Heilbrunn 1985.

FLITNER, W.: Theorie des pädagogischen Wegs und der Methode (1928). Weinheim 1956 (3).

FLITNER, W.: Die vier Quellen des Volksschulgedankens (1941). Stuttgart 1958 (4).

FLITNER, W.: Grundlegende Geistesbildung. Studie zur Theorie wissenschaftlicher Grundbildung und ihrer kulturellen Basis. Heidelberg 1965.

GLÖCKEL, H.: Das Grundschulkind in unserer Zeit. In: Pädagogische Welt 8/1982.

GLÖCKEL, H.: Individuelle Förderung in der Schule. In: Pädagogische Welt 8/1983.

GLÖCKEL, H.: Erziehungsauftrag oder Erziehungsaufträge? Von der Aufgabe der Schule in unserer Zeit. In: W. TWELLMANN (Hrsg.): Handbuch Schule und Unterricht, Band 7. Düsseldorf 1985.

GLÖCKEL, H.: Vom Beitrag des Schreibens zur Kultivierung des Menschen. In: Grundschule 4/1987.

GLÖCKEL, H.: Was ist grundlegende Bildung? In: G. SCHORCH (Hrsg.): Grundlegende Bildung. Bad Heilbrunn 1988.

GLÖCKEL, H.: Vom Unterricht. Lehrbuch der Allgemeinen Didaktik. Bad Heilbrunn 1990.

GUARDINI, R.: Grundlegende Bildungslehre (1928). Würzburg 1959 (4).

HENDRICKS, J.: Grundlegende Bildung. In: W. WITTENBRUCH (Hrsg.): Das pädagogische Profil der Grundschule. Heinsberg 1989 (2).

KLAFKI, W.: Studien zur Bildungstheorie und Didaktik. Weinheim 1963.

KLAFKI, W.: Neue Studien zur Bildungstheorie und Didaktik. Weinheim 1985.

KÖSSLER, H.: Bildung und Identität. In: Erlanger Forschungen, Reihe B, Band 20. Erlangen 1990.

LICHTENSTEIN-ROTHER, I./RÖBE, E.: Grundschule – der pädagogische Raum für Grundlegung der Bildung. München 1982.

LITT, Th.: Möglichkeiten und Grenzen der Pädagogik. Leipzig 1926.

MENZE, C.: Bildung. In: J. SPECK/G. WEHLE (Hrsg.): Handbuch pädagogischer Grundbegriffe. München 1970.

NEUNER, G.: Allgemeinbildung – Lehrplanwerk – Unterricht. Berlin (Ost) 1973.

PETER, R.: Grundlegender Unterricht. Bad Heilbrunn 1954.

RABENSTEIN, R.: Grundlegender Unterricht. In: G. MAHLER/E. SELZLE (Hrsg.): Lehrplan für die Grundschule mit Erläuterungen und Handreichungen. Band 1 und 2. Donauwörth 1982.

SCHELER, M.: Bildung und Wissen. Frankfurt 1947.

SCHLEIERMACHER, Fr.: Vorlesungen aus dem Jahre 1826. Hrsg. E. WENIGER, Düsseldorf 1966 (2).

SCHORCH, G. (Hrsg.): Schreibenlernen und Schriftspracherwerb. Bad Heilbrunn 1983.

SCHORCH, G. (Hrsg.): Grundlegende Bildung. Erziehung und Unterricht in der Grundschule. Bad Heilbrunn 1988.

SCHWARTZ, E. u.a.: Grundschulkongreß 1969, Band 3: Inhalte grundlegender Bildung. Frankfurt 1970.

SCHWARTZ, E.: Grundschule – Funktion und Reform, Braunschweig 1969.

SPRANGER, E.: Der Eigengeist der Volksschule. Heidelberg 1955.

SPRANGER, E.: Grundlegende Bildung, Allgemeinbildung, Berufsbildung (1923). Heidelberg 1965.

WEBER, E.: Pädagogik. Grundfragen und Grundbegriffe. Band 1. Donauwörth 1972.

WENZEL, A.: Grundschulpädagogik. Bad Heilbrunn 1970.

WITTENBRUCH, W. (Hrsg.): Das pädagogische Profil der Grundschule. Heinsberg ²1989.

WITTENBRUCH, W./SORGER, P. (Hrsg.): Allgemeinbildung und Grundschule. Münster 1990.

VII. Sachregister

346

Inhaltsverzeichnis Band 1

Dieter Haarmann (Hrsg.): Handbuch Grundschule, Band 1. Allgemeine Didaktik: Voraussetzungen und Formen grundlegender Bildung. 1991. 288 Seiten. Pappband. ISBN 3-407-62146-9

Reihe »Werkstattbuch Grundschule«

Herausgegeben von Dieter Haarmann

Leonhard Blumenstock / Erich Renner (Hrsg.)
Freies und angeleitetes Schreiben
Beispiele aus dem Vor- und Grundschulalter.
142 S. Br. DM 32,– / öS 250,– / sFr 33,20
ISBN 3-407-62131-0
Eine Fülle praktischer und von jedem nach-
vollziehbarer Beispiele zeigt, wie »freies und
angeleitetes Schreiben« in konstruktivem Verbund sich stufenweise entfaltet.

Helmut Breuer/Maria Weuffen
Lernschwierigkeiten am Schulanfang
Schuleingangsdiagnostik zur Früherkennung
und Frühförderung.
198 S. Br. DM 36,– / öS 281,– / sFr 37,20
ISBN 3-407-62170-1
Je früher Ursachen für Lernschwierigkeiten
im Anfangsunterricht erkannt werden, desto
besser gelingt individuelle Förderung. Das
Buch bietet dafür konkrete Hinweise und
Ratschläge.

Maria Fölling-Albers
Schulkinder heute
Auswirkungen veränderter Kindheit auf
Unterricht und Schulleben.
130 S. Br. DM 36,– / öS 281,– / sFr 37,20
ISBN 3-407-62160-4
Schulkinder wachsen heute unter anderen Be-
dingungen auf. Der Band beschreibt, wie die
Grundschule auf die veränderten Erfordernis-
se der »Schulkinder heute« eingeht.

Irmintraut Hegele (Hrsg.)
Lernziel: Freie Arbeit
Unterrichtsbeispiele aus der Grundschule.
181 S. Br. DM 36,– / öS 281,– / sFr 37,20
ISBN 3-407-62105-1
Der Band enthält Unterrichtseinheiten für
die Grundschule, die den Unterricht für die
Erfahrungen und Handlungsmöglichkeiten
von Kindern öffnen lernen.

Klaus-Dieter Lenzen
Erzähl' mir k(l)eine Märchen!
125 S. Br. DM 34,– / öS 265,– / sFr 35,20
ISBN 3-407-62175-2
Neue und alte Märchen – so kann eine leben-

dige Erzählkultur im Sachunterricht der
Grundschule gefördert werden.

Christine Mann
Selbstbestimmtes Rechtschreiblernen
Rechtschreibunterricht als Strategie-
vermittlung.
78 S. Br. DM 26,– / öS 203,– / sFr 27,30
ISBN 3-407-62134-5
Aus dem Inhalt: Lesevorgang beim kompeten-
ten Leser und beim Leseanfänger; Arten von
Legasthenie; Ursachen von Legasthenie; Laut-
Buchstaben-Verbindungen; Erlernen der Syn-
these; Motivation zum Schriftspracherwerb.

Brunhilde Marquardt-Mau / Rudolf Schmitt
(Hrsg.)
Chima baut sich eine Uhr
Dritte-Welt-Erziehung im Sachunterricht:
Thema Zeit.
151 S. Über 100 Abb. Br.
DM 32,– / öS 250,– / sFr 33,20
ISBN 3-407-62128-0
Die erprobten Unterrichtsbeispiele enthalten
Vorschläge für offene Lernsituationen, in de-
nen sich die Kinder mit dem Thema Zeit be-
schäftigen können.

Christa Röber-Siekmeyer
Die Schriftsprache entdecken
Rechtschreiben im offenen Unterricht.
226 S. Br. DM 46,– / öS 359,– / sFr 47,40
ISBN 3-407-62167-1
Dieses Buch öffnet neue Wege zu einer
aktiven und individualisierten Aneignung der
deutschen Grammatik und Rechtschreibung
ohne Drill, Leistungsdruck und Versagens-
angst.

Heinz Schernikau/Barbara Zahn (Hrsg.)
Frieden ist der Weg
Bausteine für das soziale und politische
Lernen.
204 S. Br. DM 38,– / öS 297,– / sFr 39,20
ISBN 3-407-62129-9
Texte, Bilder, Lieder, Spiele, Themenvor-
schläge und Unterrichtsprojekte für eine
Friedenserziehung in der Grundschule.

Beltz Verlag · Postfach 10 01 54 · 69441 Weinheim

B_216

Reihe »Werkstattbuch Grundschule«

Herausgegeben von Dieter Haarmann

Adelheid Staudte (Hrsg.)
Ästhetisches Lernen auf neuen Wegen
176 S. Br. DM 39,80 / öS 311,– / sFr 41,–
ISBN 3-407-62172-8
Argumente und Beispiele für ästhetisches Lernen als fächerübergreifendes und fächerverbindendes Prinzip in allen Lernbereichen der Grundschule.

Dagmar Wehr
»Eigentlich ist es etwas Zärtliches«
Erfahrungsbericht über die Auseinandersetzung mit Sexualität in einer dritten Grundschulklasse.
84 S. Br. DM 26,– / öS 203,– / sFr 27,30
ISBN 3-407-62168-X

Hildegund Weigert/Edgar Weigert
Schuleingangsphase
Hilfen für eine kindgerechte Einschulung.
153 S. Br. DM 29,80 / öS 233,– / sFr 31,–
ISBN 3-407-62127-2
Ein empfehlenswertes, in sich geschlossenes Einschulungskonzept. Anregungen für die praktische Gestaltung und Spielvorschläge erleichtern den Lehrern ihre Vorbereitung.

Hildegund Weigert/Edgar Weigert
Schülerbeobachtung
Ein pädagogischer Auftrag.
126 S. Br. DM 34,– / öS 265,– / sFr 35,20
ISBN 3-407-62171-X
Konsequente Schülerbeobachtung ist Voraussetzung für gezielte Beratung, fundierte Beurteilung und Überprüfung der eigenen pädagogischen Tätigkeit. Auswertbare Ergebnisse helfen, den Unterricht/die Schule zu öffnen.

Ingeborg Wolf-Weber/Mechthild Dehn
Geschichten vom Schulanfang
»Die Regensonne« und andere Berichte.
128 S. Br. DM 29,80 / öS 233,– / sFr 31,–
ISBN 3-407-62174-4
Wie sehen wir Schulanfänger und wie können wir sie erreichen – auch die, die uns Widerstand zeigen? Das sind Fragen, die die Erzählungen einer Lehrerin aus Klasse 1 und aus der Vorschulklasse bestimmen.

In Vorbereitung:

Kurt Czerwenka (Hrsg.)
Das hyperaktive Kind
Ursachenforschung – Pädagogische Ansätze – Didaktische Konzepte.
Ca. 200 S. Br. DM 36,– / öS 281,– / sFr 37,20
ISBN 3-407-62188-4
Das Hyperaktivitäts- oder »Zappelphilipp«-Syndrom wird aus verschiedenen Fachaspekten beschrieben.

Mechthild Dehn
Schlüsselszenen zum Schrifterwerb
Ca. 168 S. Br. DM 34,– / öS 265,– / sFr 35,20
ISBN 3-407-62181-7
Über die Analyse und Interpretation von Ausschnitten aus Unterrichtsprotokollen werden zentrale Aspekte des Schrifterwerbs zugänglich gemacht.

Irmintraut Hegele (Hrsg.)
Lernziel: Offener Unterricht
Ca. 220 S. Br. DM 36,– / öS 281,– / sFr 37,20
ISBN 3-407-62184-1
Die Unterrichtsbeispiele geben Anregung und Hilfen, wie das Lernen in der Grundschule offener gestaltet werden kann mit Projektlernen, Freiarbeit, Wochenplan, Stationenarbeit und Gruppenunterricht.

Ulf Mühlhausen
Überraschungen im Unterricht
Situative Unterrichtsplanung.
Ca. 288 S. Br. DM 48,– / öS 375,– / sFr 49,40
ISBN 3-407-62192-2
Das Konzept »situativer Unterrichtsplanung« als Gegenentwurf zum herkömmlichen didaktischen Planungsbegriff, vorgestellt mit Unterrichtsszenen und Analyseverfahren – ein Plädoyer für einen »überraschungsoffenen« Unterricht.

Beltz Verlag · Postfach 10 01 54 · 69441 Weinheim   B_216